es 1264

edition suhrkamp

Neue Folge Band 264

Neue Historische Bibliothek
Herausgegeben von Hans-Ulrich Wehler

Die Französische Revolution gab mit ihrem Modernisierungsschub in Staat und Gesellschaft den Anstoß zur Entwicklung des politischen Katholizismus. Die Kirche mußte ihre Einfluß-, Besitz- und Organisationsstrukturen wiederherstellen, zugleich aber auch ihren religiösen Bestand gegenüber dem modernen Denken und Handeln behaupten bzw. neu begründen und verbreiten. Das führte auf der einen Seite dazu, daß der katholische Klerus und zunehmend auch katholische Laien eine Massenbasis zu aktivieren und zu organisieren suchten und dazu moderne Freiheitsrechte in Anspruch nahmen. Das brachte zum anderen mit sich, daß die anwachsende katholische Bewegung, und nicht zuletzt die römische Kurie, Konzentrationstendenzen folgten und sich gegenüber den verschiedensten Modernisierungstendenzen im politischen Denken und Handeln durch scharfe Abgrenzung zu behaupten suchten.

Eine durch Abstand zu den modernen Entwicklungen geförderte Aufgeschlossenheit gegenüber neuen sozialen Problemen und die Rücksichten auf bestehende politische und gesellschaftliche Machtverhältnisse führten den sich nach der Mitte des 19. Jahrhunderts immer fester organisierenden politischen Katholizismus in eine Schlüsselstellung zwischen den sozialen und wirtschaftlichen Bedürfnissen von breiten sozialen Unterschichten und den Herrschaftsinteressen überkommener Führungsgruppen. Im Wilhelminischen Kaiserreich, in der Weimarer Republik und gegenüber dem Nationalsozialismus sowie der Nachkriegszeit wirkte sich diese Schlüsselstellung des politischen Katholizismus auf je eigene Weise aus, sowohl positiv wie negativ.

Auch wenn der Schwerpunkt der Darstellung auf der deutschen Entwicklung liegt, werden die Verhältnisse in Frankreich, von wo die moderne Welt und der Katholizismus wichtige Impulse erhielten, und in Italien, wo die Reaktion des Papsttums auf die sich verändernde Welt von besonderem Interesse ist, ebenfalls nachvollzogen.

Karl-Egon Lönne ist Professor für Neuere Geschichte an der Universität Düsseldorf.

Karl-Egon Lönne
Politischer Katholizismus
im 19. und 20. Jahrhundert

Suhrkamp

edition suhrkamp 1264
Neue Folge Band 264
Erste Auflage 1986
© Suhrkamp Verlag Frankfurt am Main 1986
Alle Rechte vorbehalten, insbesondere das der Übersetzung,
des öffentlichen Vortrags
sowie der Übertragung durch Rundfunk und Fernsehen,
auch einzelner Teile.
Satz: Leingärtner, Nabburg
Druck: Nomos Verlagsgesellschaft, Baden-Baden
Umschlagentwurf: Willy Fleckhaus
Printed in Germany

1 2 3 4 5 6 – 91 90 89 88 87 86

Inhalt

I. *Einleitung* 9

II. *Der politische Katholizismus von der Französischen*
Revolution bis zum Wiener Kongreß

1. Kirche, Staat und Gesellschaft in der vorrevolutionären
Zeit 14
2. Kirche und Revolution 18
3. Einflüsse der Revolution auf Italien 28
4. Der Untergang der deutschen Reichskirche 31
5. Napoleon, die französische Kirche und das Papsttum 40

III. *Der politische Katholizismus von 1815 bis 1848*

1. Die organisatorische Neuordnung der Kirche innerhalb
des Deutschen Bundes und die geistig-religiöse Erneuerung des deutschen Katholizismus 51
2. Staat, Kirche und Katholizismus unter der bourbonischen
Restauration und während des Bürgerkönigtums 85
3. Staat, Kirche und Katholizismus in der Staatenwelt des italienischen Risorgimento 94

IV. *Die Revolution von 1848/49*

1. Der Katholizismus in der deutschen Revolution 106
2. Der Katholizismus in Frankreich nach der Februarrevolution 116
3. Der Katholizismus in der italienischen Revolution 120

V. *Der politische Katholizismus von 1848 bis 1870*

1. Der deutsche Katholizismus in der Reaktionszeit 123
2. Der französische Katholizismus zur Zeit Napoleons III. 139
3. Der politische Katholizismus und die Einigung Italiens 143

VI. *Der politische Katholizismus von 1870 bis 1918*

1. Der politische Katholizismus im Deutschen Kaiserreich 151
2. Der politische Katholizismus in der Dritten Republik 192
3. Der politische Katholizismus und das geeinte Italien 203

VII. *Der politische Katholizismus von 1918 bis 1945*

1. Das Zentrum als politischer Faktor der Weimarer Republik und seine Entmachtung durch die Nationalsozialisten 217
2. Neuansätze im politischen Katholizismus Frankreichs 248
3. Der politische Katholizismus in Italien vom »Partito Popolare« zum Arrangement mit dem Faschismus 253

VIII. *Der politische Katholizismus nach 1945*

1. Die Neukonstituierung des politischen Katholizismus in Deutschland als überkonfessionelle Sammlungspartei 263
2. Der Versuch der Gründung einer Mittelpartei durch den politischen Katholizismus in Frankreich 285
3. Die »Democrazia Cristiana« als politische Führungskraft des republikanischen Italien 295

Schlußbetrachtung 307

Anmerkungen 312
Auswahlbibliographie 327

Für
Johannes Georg

I. Einleitung

Der politische Katholizismus ist eine Erscheinung der sich modernisierenden Welt, deren kirchliche Strukturen noch weitgehend von der mittelalterlichen Ordnung geprägt waren. Staat und Kirche standen einander in Europa in einer spezifischen Weise gegenüber, deren Wurzeln weit zurückreichten.[1] Der Ausgang des Investiturstreites hatte darüber entschieden, daß es weder in Mitteleuropa noch in seinen Randgebieten zu einem cäsaropapistischen Universalsystem kam, sondern daß Kirche und Staat ihre eigenen Macht- und Einflußsphären wahrten. Seither eigenständig, waren sie darauf angewiesen und darum bemüht, immer neue Vereinbarungen zu suchen und zu finden, die bei allen ständig neu virulent werdenden Kämpfen um die Vormacht und um besondere Rechte doch letzten Endes immer wieder darin mündeten, daß sie sich gegenseitig in ihrer Führungsstellung legitimierten und stützten.

Die Reformation brachte dann auch in das Verhältnis von Kirche und Staat ein neues Element. Es war nicht mehr nur die eine katholische Kirche, die, wie in sich differenziert auch immer, Gegenspieler und Partner der Staaten war, sondern über weite Teile Europas verbreiteten sich die reformatorischen Kirchen mit ihrem besonderen Verhältnis zum Staat. Gegen sie konnte die katholische Kirche in der Gegenreformation wieder an Einfluß gewinnen, und es blieb in der Folge dabei, daß die katholische Kirche in einem beachtlichen Teil der europäischen Staatenwelt der Partner des Staates blieb. Aber in den protestantischen Staaten waren eben auch andere Zustände zu beobachten, und vor allem in Deutschland herrschte ein enges Nebeneinander der Konfessionen, aus dem immer wieder Konflikte entstanden.

Durch die Französische Revolution wurde das überkommene Verhältnis von katholischer Kirche und Staat tiefgehend erschüttert. Es mußte durch neue Regelungen ersetzt werden. Das umso mehr, als die Auflösung der ständischen Gesellschaft parallel zu einem allgemeinen Säkularisierungsprozeß verlief, der in den verschiedenen Ausprägungen des Liberalismus eine Hauptantriebskraft besaß. Der Säkularisierung war

9

sowohl der Staat als auch die Gesellschaft ausgesetzt. Beide gerieten in eine Spannung, da sich in ihnen der Modernisierungsprozeß in wechselnden, ungleichen Rhythmen vollzog. Die Kirche verlor im Zuge dieser Transformation die feste, durch die gemeinsame christliche Grundlage gesicherte Zusammenarbeit mit dem Staat, wie sie der absolutistische Staat besonders in Frankreich geboten hatte. Andererseits besaß sie jedoch infolge des Säkularisierungstrends auch in der Gesellschaft keine gesicherte Position. Wenn sie sich in der entstehenden modernen Welt behaupten wollte, mußte sie darauf bedacht sein, nicht nur ein neues Verhältnis zu den in tiefgehender Umgestaltung begriffenen Staaten zu finden, sondern auch ihre Stellung durch direkten Einfluß auf die Gesellschaft zu sichern.

Dem diente zum einen die organisatorische und geistige Erneuerung nach der Französischen Revolution und in der napoleonischen Zeit, zum andern aber auch eine direkte Mobilisierung der gesellschaftlichen Kräfte in Fällen, in denen die Kirche ihre Stellung im modernen Staat und durch ihn bedroht sah. Möglich wurde diese Mobilisierung, wenn der Katholizismus bereit war, sich zu politisieren und mit Hilfe dieser Politisierung seine in der Gesellschaft vorhandenen Kräfte in die Auseinandersetzung um die Beeinflussung der Staatsmacht eingreifen zu lassen. Der Grad der Politisierung im Katholizismus war nach Ort und Zeit sehr verschieden; ihrer jeweiligen Ausprägung wird im einzelnen zu folgen sein.

Die Politisierung des Katholizismus wuchs im Laufe der Entwicklung über die Anstöße, die aus dem konkreten Bedürfnis der Vertretung der Interessen der katholischen Lehr- und Glaubensgemeinschaft in der Gesellschaft stammten, weit hinaus. Sie entwickelte die Tendenz zu einem festen, parteimäßigen Zusammenschluß. Sie verknüpfte sich dabei mit vielfältigen anderen Interessen der durch die Bewegung mobilisierten und in sie integrierten sozialen Gruppen. Der politische Katholizismus mußte in dieser Entwicklung, soweit ihm dies die unterschiedliche Interessenlage seiner verschiedenen Führungsgruppen und Anhängermassen gestattete, versuchen, zu den anfallenden politischen Fragen Stellung zu nehmen und ein allseitiges politisches, wirtschaftliches und gesellschaftliches Programm zu entwickeln. In der katholischen

Lehre waren dafür eine breite Grundlage und zahlreiche Ansatzpunkte zur Weiterentwicklung gegeben.

Zu einer breiteren Interessenvertretung wurde der Katholizismus durch die vielfältigen Spannungen und Widersprüche gezwungen, welche die Modernisierung im Verhältnis zu religiösen und kirchlichen Positionen und Zielen aufwarf, die tatsächlich oder anscheinend durch die allgemeine Entwicklung bedroht oder verletzt wurden. Herausgefordert von den tiefgreifenden politischen und gesellschaftlichen Veränderungen durch die Französische Revolution und die von ihr entscheidend ausgelösten und vorangetriebenen Säkularisationsmaßnahmen fühlte sich gemäß ihrer traditionellen und tatsächlichen Führungsstellung zunächst die Amtskirche. Tätig wurden dann aber mehr und mehr auch einzelne Katholiken und Gruppen von Katholiken, die besondere kirchliche und religiöse Interessen und Bedürfnisse in der sich verändernden Welt erkannten und sie zu verteidigen und zu fördern suchten. Dazu bot die moderne Welt der Amtskirche und den Gläubigen in den von den Liberalen propagierten und durchgesetzten Freiheitsrechten neue Mittel, die den Katholiken jedoch zuerst und teilweise noch auf lange Zeit vielfältig belastet, wenn nicht gar völlig diskreditiert schienen. Sie waren vom aufgeklärten, rationalistischen Denken entwickelt worden, und ihre radikale politische Umsetzung hatte eine wesentliche Rolle in der Revolution gespielt, in jener Revolution, der die Kirche ihre allgemein verschlechterte Lage anlastete und die für sie ein lang nachwirkendes Trauma blieb, auch dann noch, als sich Katholiken ihre freiheitlichen Errungenschaften schon eifrig politisch zunutze zu machen versuchten.

Der politische Katholizismus entwickelte sich in engstem Zusammenhang mit der kirchlichen Hierarchie, unterlag aber im einzelnen und auf längere Sicht einer Tendenz zur Verlagerung auf Laien, zur graduellen Verselbständigung auch gegenüber der kirchlichen Hierarchie und zu einer Verstärkung der individuellen politischen Verantwortung des politischen Handelns aus dem katholischen Glauben. Der politische Katholizismus ist daher nicht im Hinblick auf die Bindung an die politische Linie der kirchlichen Hierarchie, sondern hinsichtlich des Willens zu definieren, Politik aus der Bindung und Selbstbindung an die katholische Lehr- und Glaubensgemeinschaft, an ihre Bedürfnisse und Ziele zu gestalten. Offen blieb dabei, welche Politik auf dieser Grundlage im einzelnen entwickelt wurde. Insofern umfaßt der politische Katholizismus nicht nur Persönlichkeiten und Gruppen, die durch ihr Wirken im Sinne ihrer Glaubensgemeinschaft geschichtlich wirksam geworden und im historischen Bewußtsein gleichsam kanonisiert worden sind, sondern auch Minderheiten, Abweichler von der »offiziellen« oder »offiziösen« Linie und Einzelgänger. Wenn sie in der folgenden Darstellung weniger stark hervortreten, liegt das an dem Zwang, auf begrenztem Raum einen Überblick zu geben, nicht aber an ihrem prinzipiellen Ausschluß aus dem politischen Katholizismus. Es wird vielmehr lohnend sein, in der Einzelforschung solchen Phänomenen nachzugehen, die nicht nur das Verständnis für politisches Handeln aus christlichem Glauben allgemein erweitern, sondern auch Anregungen für die Reflexion der Stellung solcher Gruppen und Persönlichkeiten innerhalb der Großgruppe vermitteln können.

Schließlich darf nicht vergessen werden, daß politisches Engagement aus der Prägung durch den Glauben nur in Kernbereichen und bei Grundsatzentscheidungen starken Einfluß ausübte und daß der politische Katholizismus bei seiner Verwirklichung durch einzelne und durch Gruppen selbstverständlich eine Fülle von Interessen berücksichtigte, die dann mehr oder weniger gewichtig sein äußeres Auftreten mitbestimmten oder der Situation entsprechend dazu neigten, die zunächst genannten grundsätzlichen Impulse in den Hintergrund zu drängen und zu verdecken. Das mag man aus grundsätzlichen Erwägungen bedauern, im Grunde aber ist es eine Folgerung aus dem Politisch-Werden einer Glaubenshaltung und von ihr nicht ohne Gewaltsamkeit zu trennen.

Die vorliegende Darstellung gilt dem politischen Katholizismus im 19. und 20. Jahrhundert. Sie faßt ihn als komplexes Phänomen auf, dessen Hauptlinien, wie sie für die Gesamtentwicklung und aus der Perspektive der Gegenwart hervortreten, verfolgt werden, während andere Aspekte, die von ihrem religiösen Antrieb oder in ihrem besonderen zeitlichen und räumlichen Umfeld ebenfalls wichtige Ausprägungen aufweisen, ausgespart werden. Besondere Aufmerksamkeit richtet sich auf die Entwicklung in Deutschland, in Frankreich und in

Italien: auf Deutschland, weil die Darstellung aus »deutscher Sicht« erfolgt und weil hier, wo der politische Katholizismus ein wichtiges Element der allgemeinen Entwicklung darstellte, seine durchgehende Linie verfolgt werden soll; auf Frankreich, weil die Entwicklung der modernen Welt und des Katholizismus von dort grundlegende Impulse erhielten; auf Italien, weil seine Verhältnisse aufgrund der Reaktion des Papsttums auf die moderne Welt von besonderer Bedeutung für den politischen Katholizismus aller anderen Länder wurden.

Die grundlegende Voraussetzung für die Entfaltung des politischen Katholizismus blieb, daß die katholische Kirche auch über die Französische Revolution und die Säkularisation hinaus für gesellschaftlich wichtige Gruppen religiöse Prägekraft behielt oder wiedergewann. Dadurch fiel die Entscheidung über das Potential, das unter katholischem Vorzeichen zu politisch-gesellschaftlicher Aktivität bereit war. Dieser Voraussetzung, ihren vielfältigen Implikationen und Entwicklungen muß daher in begrenztem Umfang ebenfalls Aufmerksamkeit geschenkt werden.

II. Der politische Katholizismus
von der Französischen Revolution
bis zum Wiener Kongreß

1. Kirche, Staat und Gesellschaft
in der vorrevolutionären Zeit

Die Welt des Ancien Régime war geprägt durch ihre ständische Gliederung. Unter den Fürsten bildeten Adel und Klerus in ihren verschiedenen Abstufungen eine Hierarchie von Herrschaftsträgern, denen Bürger und Bauern, allerdings auch wiederum nach unterschiedlicher wirtschaftlicher und gesellschaftlicher Stellung differenziert, untergeordnet waren. Die katholische Kirche war in dieses System voll integriert. In Deutschland bildete die hohe Geistlichkeit durchweg adeliger Herkunft unter dem kaiserlichen Oberherrn eine über 70 Mitglieder umfassende Gruppe der Reichsstände, d. h. der das Reich bildenden, im Regensburger Reichstag vertretenen ständischen Landesherrschaften. Die wichtige Besonderheit dieser deutschen reichskirchlichen Ordnung, die sich aus ottonisch-salischer Zeit herleitete, lag darin, daß diese Mitglieder des hohen und mittleren Klerus zugleich Landesherren waren, mithin in einer Doppelfunktion kirchlich-religiöse und weltlich-herrschaftliche Aufgaben wahrnahmen. Darin bestand ihre besondere Machtstellung, die noch dadurch ergänzt wurde, daß die einzelnen kirchlichen Institutionen über reichen Grundbesitz und über Abgaberechte verfügten. In Frankreich war die Stellung der Kirche durch das Staatskirchentum des Gallikanismus geprägt, das die Bischöfe weithin dem päpstlichen Einfluß entzog, andererseits aber dem Königtum eine ausgedehnte Machtposition gegenüber der französischen Kirche einräumte. Der Kampf mit dem Papsttum um die gallikanischen Freiheiten hatte der französischen Kirche eine weitreichende Unabhängigkeit von Rom gebracht, er hatte jedoch gleichzeitig dem Königtum zu einer gewaltigen Stärkung seiner Einflußnahme auf die französische Kirche verholfen und war daher in eine äußerst enge, für die Kirche nicht selten drückende Verbindung von Kirche und Staat eingemündet. Die französische Kirche verfügte, regional allerdings in sehr unterschiedlichem Umfang, über großen Grundbesitz und über hohe Einnahmen aus den Abgaben. Die Besetzung von Bistümern und Abteien entschied der König, wenn er auch formal um die Zustimmung des Papstes nachsuchte. Der König vergab auch einen Großteil der kirchlichen Pfründen.

In Italien war die Lage uneinheitlich, da das Land in verschiedene politische Herrschaftsgebiete aufgeteilt war. In den österreichisch beherrschten Gebieten Oberitaliens und in dem von einer bourbonischen Dynastie beherrschten Neapel-Sizilien war die Kirche – freilich wiederum in anderen Formen und Modalitäten als in Deutschland und in Frankreich – bei einer starken Stellung der staatlichen Gewalt den hierarchisch gegliederten Monarchien integriert; wirtschaftlich aber war sie, wie in den anderen Ländern, unabhängig und gut fundiert. Im Kirchenstaat, der ganz Mittelitalien bis hinauf ins Potal umfaßte, war der Papst weltlicher Herrscher und höchstes geistliches Oberhaupt. Diese Doppelstellung verwickelte den Papst in einer seiner geistlichen Funktion abträglichen Weise in die Politik der europäischen Großmächte und band ihn allgemein an die Staatsräson des Kirchenstaates, obwohl die territoriale Selbständigkeit in bestimmten Situationen auch durchaus eine Sicherung der Unabhängigkeit in seinen geistlichen Führungsfunktionen bedeuten konnte. Die Konflikte zwischen staatlichen und religiösen Interessen mußten im Kirchenstaat innerhalb ein und derselben Institution ausgetragen werden – eine Problematik, die für die Entwicklung des politischen Katholizismus im 19. und 20. Jahrhundert allergrößte Bedeutung erlangen sollte, da Erfordernisse der internationalen Politik und der weltlichen Herrschaft das Verhalten des Papsttums in seiner geistlichen Funktion vielfältig beeinflußten.

Die hierarchische Gliederung der Gesellschaft und die Integrierung der Kirche in diese Hierarchie hatten zur Folge, daß Konflikte im Verhältnis von Kirche und Staat und innerhalb der Kirche selber im Rahmen und mit den Mitteln dieses Systems ausgetragen wurden, und zwar in einem Kräftefeld, in dem Kaiser- bzw. Königtum und Landesherrschaft, Episkopat und Papsttum die Hauptbezugspunkte bildeten.[2] An Konflikten fehlte es in diesem Kräftefeld nicht. In der Reichskirche entwickelte sich in der zweiten Hälfte des 18. Jahrhunderts die episkopale und nationalkirchliche Elemente enthaltende Bewegung des Febronianismus, so genannt nach einer unter dem Namen Febronius kryptonym erschienenen Streitschrift. In ihr suchte der deutsche Episkopat sich von der jurisdiktionellen Vorherrschaft des Papstes zu befreien und setzte dabei auf die Unterstützung des Kaisers, der ebenfalls daran interessiert sein konnte, den päpstlichen Einfluß auf die Reichskirche zurückzudrängen. Der deutsche Episkopat mußte jedoch erleben, daß Joseph II. im Interesse seiner Kirchenherrschaft in den österreichischen Erblanden rücksichtslos in Diözesanrechte eingriff und damit erkennen ließ, daß das Kaisertum für die Bischöfe nicht nur ein Verbündeter gegen Rom, sondern auch ein Konkurrent um kirchliche Rechte war. Jahrelang beschäftigten Konflikte dieser Art Kanzleien und Diplomaten der deutschen Bischöfe, des Kaisers und des Papstes, bis der Umschwung der Verhältnisse durch die Französische Revolution den episkopalen Bestrebungen die Grundlage entzog, da die bisherige Machtstellung der Bischöfe durch die neue politische Situation unmittelbar bedroht wurde.

Stärker in die kirchliche Praxis und damit in das Leben des Kirchenvolks griff die katholische Aufklärung ein, die in einer Zurückdrängung von veräußerlichten, wenn auch volkstümlichen Frömmigkeitsübungen wie Wallfahrten, Prozessionen usw. eine eher den rationalistischen Maßstäben des aufklärerischen Zeitgeistes standhaltenden Gestaltung des kirchlich-religiösen Lebens und zugleich auch seine Vertiefung durch Predigt und Belehrung anstrebte. In den österreichischen Erblanden wurden durch den Josephinismus entsprechende Maßnahmen vom Staat radikal durchgeführt. Die Auseinandersetzungen über rationalistische Einflüsse auf kirchliche Einrichtungen und Praktiken sowie das erwähnte Ringen um die Erweiterung der bischöflichen Rechte gegenüber dem Papsttum spielten sich im wesentlichen innerhalb der kirchlichen und weltlichen Hierarchie und zwischen ihnen ab; sie betrafen die Masse der Katholiken durchweg nur in ihren Auswirkungen, lösten damit aber gelegentlich Proteste einer traditionsverbundenen Bevölkerung aus.

Ein schon lange bestehendes, in der zweiten Hälfte des 18.

Jahrhunderts jedoch an Aktualität gewinnendes Problem war der ausgedehnte Grundbesitz kirchlicher Einrichtungen, dessen Bedeutung umso größer war, als er allgemein das Privileg der Abgabenfreiheit genoß, das durch die umfangreichen Rechte auf Abgaben ergänzt wurde. Die schnell anwachsenden finanziellen Bedürfnisse der Staaten und Fürstenhöfe mußten ebenso dazu anregen, nach Wegen zu suchen, diesen Besitz sowohl für staatliche Zwecke heranzuziehen als ihn auch für das wirtschaftlich aufstrebende Bürgertum nutzbar zu machen.

Aus der wachsenden Kritik an dem parasitären Charakter von Klöstern und Mönchen kam es in vielen europäischen Staaten – etwa in den österreichischen Erblanden, in den italienischen Staaten, in Frankreich, aber auch in Bayern – schon in vorrevolutionärer Zeit zunächst zu einer umfangreichen Enteignung von Klosterbesitz, von der meist nur Orden mit Lehr- und Krankenpflegefunktionen verschont blieben. Der Gesichtspunkt der Utilität für Gesellschaft und Staat gewann auch gegenüber der Kirche und kirchlichen Einrichtungen sichtbar an Bedeutung. Vor allem in der wachsenden Finanznot des französischen Staates wurde der von Abgaben ausgenommene riesige kirchliche Grundbesitz – er machte in den verschiedenen Landschaften bis zu 20% der gesamten Bodenfläche aus – zum Ärgernis, und auch freiwillige Zahlungen der Kirche an den Staat reichten nicht aus, dieses Ärgernis zu neutralisieren.

Kirchliche Institutionen und Glaubenssätze und -praktiken waren in der Zeit des Ancien Régime ein Gegenstand der Politik und Diplomatie der herrschenden Hierarchien. Für einen politischen Katholizismus, der kirchliche und religiöse Interessen eigenständig oder auch nur in mehr oder weniger enger Anlehnung an die kirchliche Hierarchie verfolgt hätte, war weder politisch noch gesellschaftlich Raum vorhanden, und noch fehlten ihm die Trägerschichten. Verschiedene kirchliche Institutionen rangen um Macht, und der Staat forcierte seine Kompetenz in kirchlichen Angelegenheiten, weil Staat und Kirche so eng miteinander verbunden waren, daß beide nur im Konflikt ihre Rechte wahren oder Veränderungen durchsetzen konnten.

Obwohl in der gallikanischen Kirche und in der Reichskirche der Adel bis 1789 bzw. 1803 eine eindeutige Führungsstellung einnahm, blieben im Klerus für bürgerliche und bäuerliche Gläubige breite Wirkungsbereiche, zumal in den speziell geistlichen und seelsorgerischen Aufgaben. Die wirtschaftliche Lage des niederen Klerus war aber zumindest in Frankreich so schlecht, daß sich scharfe soziale Spannungen zwischen ihm und dem hohen Klerus entwickelten. Das trug dazu bei, daß zahlreiche Angehörige des niederen Klerus, vor allem in der Anfangsphase der Revolution, dieser aufgeschlossen gegenüberstanden oder sogar mit dem »Dritten Stand« eng zusammenarbeiteten.

Der Aufstieg des Bürgertums bestimmte den Grundzug der gesellschaftlichen Spannungen der vorrevolutionären Zeit und gab ihnen ihre eigentliche Sprengkraft. In der Revolution erwies sich das Bürgertum als die Kraft, welche die Bewegung trug, wenn sich auch zeitweilig die unteren städtischen Volksschichten und aufständische Bauern in den Verlauf massiv einschalteten. In die Kirche war das Bürgertum im vorrevolutionären Frankreich als ganzes nicht integriert und wurde das auch später weder dort noch in den anderen europäischen Staaten. Das bedeutete keineswegs ein generelles Desinteresse an Religion und Kirche. Das Bürgertum versuchte vielmehr, die Stellung der Kirche auch in der neuen Ordnung zu wahren, jedoch in Formen und unter Umständen, die weniger deren besonderen Charakter als vielmehr ihre Nützlichkeit innerhalb von Staat und Gesellschaft berücksichtigten und die im Verlauf der Revolution nach und nach einen frontalen, später traumatisch nachwirkenden Zusammenstoß mit der katholischen Kirche zur Folge hatten.

2. Kirche und Revolution

Bei den Vorgängen, die zum unmittelbaren Vorspiel der Revolution wurden, obwohl sie zunächst im Hinblick auf unumgänglich erscheinende Reformen eingeleitet worden waren, spielten Kirche und Klerus entsprechend ihrer Stellung im vorrevolutionären Frankreich eine wichtige Rolle.[3] Die Einberufung der Generalstände erschien als ein von den Parlamenten, den obersten französischen Gerichtshöfen, erzwungener Kompromiß, mit dessen Hilfe nach dem Scheitern anderer Reformansätze ein Ausweg aus der bedrängten wirtschaftlichen und politischen Situation gesucht werden sollte. Dabei stellten die Generalstände das traditionale ständische Gegengewicht gegen das Königtum dar. Daß sie seit 1614 nicht zusammengetreten waren, bildete ein deutliches Anzeichen und eine Besiegelung der Machtfülle des absolutistischen Königtums. Frankreich hatte jedoch vor allem infolge seiner internationalen Politik – zuletzt durch seine Teilnahme am amerikanischen Unabhängigkeitskrieg – die staatliche Schuldenlast so vermehrt, daß ihre Tilgung 1788 die Hälfte der Staatseinnahmen beanspruchte. Dieses Problem war ohne außerordentliche Maßnahmen nicht mehr zu lösen, und diese sollten nach Auffassung der vom Adel beherrschten Parlamente durch eine allgemeine Ständeversammlung getroffen werden.

In ihr gaben dem Herkommen nach die bevorrechtigten Stände Klerus und Adel den Ausschlag. 1788 wurde zwar die zu wählende Zahl der Vertreter des »Dritten Standes« auf das Doppelte vermehrt, so daß ihre Kopfzahl insgesamt den Vertretern der anderen Stände gleichkam, aber die vorgesehene getrennte Verhandlung und Abstimmung der verschiedenen Stände sollte Klerus und Adel das herkömmliche Übergewicht sichern. Es war also eine entscheidende Frage, ob der »Dritte Stand« sich mit seiner Forderung der Abstimmung nach Köpfen ohne Rücksicht auf Standesgrenzen durchsetzen konnte, da sich bei Geltung dieses Prinzips das Gewicht der Versammlung eindeutig auf ihn verlagern mußte. Als die gemeinsame Sitzung der Stände nicht zustande zu kommen drohte, verselbständigten sich die Vertreter des »Dritten Standes«, indem sie sich als Nationalversammlung deklarierten und damit der Regierung und den übrigen Ständen die Initiative aus der Hand nahmen. Sie konnten ihre Auffassung dadurch bestätigt sehen, daß sich ihnen zahlreiche Vertreter der anderen Stände, vor allem Angehörige des niederen Klerus, anschlossen, die auch die Abstimmung nach Köpfen befürworteten. Der Anspruch auf eine tiefgreifende Neuordnung, der innerhalb und außerhalb der Versammlung immer mehr an Einfluß gewann, sollte bald auch Bereiche von Klerus und Kirche erfassen.

Die ersten wichtigen Entscheidungen der Nationalversammlung schienen die Weichen für eine friedliche Entwicklung zu stellen. Es kam nicht nur zu der erwähnten Zusammenarbeit zwischen den Vertretern des »Dritten Standes« und des niederen Klerus, sondern die hohe Geistlichkeit verzichtete auch im August 1789 freiwillig auf ihre Feudalrechte. Sie stimmte der entschädigungslosen Abschaffung des Kirchenzehnten zu und leistete einen Beitrag zur Bekämpfung der aktuellen Finanznot des Staates durch den Verkauf des Kirchensilbers. Die Nationalversammlung beauftragte ein kirchliches Komitee damit, die Fragen der weiteren Finanzierung von Gottesdienst, Priesterschaft und Fürsorge unter den neuen wirtschaftlichen Bedingungen der Kirche zu klären. Verbreiteter Widerstand entzündete sich im Klerus dagegen an dem Vorhaben der Nationalversammlung, zur Deckung des staatlichen Finanzbedarfs eine Enteignung und Veräußerung der Kirchengüter vorzunehmen, da die Kirche durch diese Maßnahme ihre wirtschaftliche Unabhängigkeit verlieren mußte und der Unterhalt des Klerus nur noch mit staatlichen Mitteln erfolgen konnte. Die Nationalversammlung ergänzte ihren trotz des Widerstandes zustande kommenden Beschluß über die Veräußerung der Kirchengüter durch weitere Beschlüsse, die Armenpflege und die Gehälter der Bischöfe und Priester mit staatlichen Mitteln zu bestreiten. Die Einnahmen der Pfarrer sollten teilweise erheblich gesteigert werden.

Die eigenständige Stellung der Kirche, die unter dem gallikanischen Kirchenregiment gegenüber der Monarchie, wenn auch nur in bestimmten Grenzen, gewahrt worden war, drohte aufgrund dieser wirtschaftlichen Maßnahmen verlorenzugehen. Trotz des kirchlichen Widerstands wurde der Verkauf des Kirchenbesitzes von der Nationalversammlung nach langer Diskussion beschlossen und umgehend in Angriff genommen. Die kirchliche Opposition gegen diesen Beschluß wuchs im Verlauf seiner Verwirklichung. Sie wurde auch in katholische Kreise hineingetragen, die als Käufer potentiell in Betracht kamen. So wurde der Kauf von Kirchengütern schnell zu einer manifesten Stellungnahme gegen Klerus und Kirche. Er stellte ein Element der in die Gesellschaft übergreifenden Auseinandersetzung zwischen Nationalversammlung und Kirche dar. Diese verschärfte sich mit der Ausarbeitung der Zivilkonstitution des Klerus von 1790 sehr schnell. Eine breite Auswirkung hatten auch die gleichzeitigen Maßnahmen gegen die geistlichen Orden. Soweit sie nicht in der Krankenpflege oder im Unterrichtswesen tätig waren, wurden sie sofort aufgehoben. Ihre Angehörigen konnten mit einer Staatspension die Gemeinschaft verlassen oder sich lebenslänglich in Häuser zurückziehen, die ihnen zur Verfügung gestellt wurden. Im August 1792 wurden alle, auch die in der Armenfürsorge stehenden Klostergemeinschaften aufgelöst.

Die Arbeit der Verfassunggebenden Versammlung und auch ihre kirchenpolitischen Maßnahmen fanden zunächst die Mitarbeit von großen Teilen des niederen Klerus, auch verschiedener Mitglieder des hohen Klerus. Die Religionsfreiheit war in die Formulierung der Menschen- und Bürgerrechte nur in der negativen Form aufgenommen worden: »Niemand darf wegen seiner Überzeugungen, auch der religiösen, beunruhigt werden.« Den Protestanten war jedoch Kultgleichheit nicht zugestanden worden. Erhalten blieb daher vorläufig das besondere Verhältnis von Katholizismus und französischem Staat, und mancher Kleriker mochte von der weiteren kirchlichen Neuordnung eine neue Blüte des kirchlich-religiösen Lebens erwarten. Andererseits waren mit den gefällten Entscheidungen Bedingungen für die künftige Gestaltung der französischen Kirche geschaffen, auf die nur nach der Überwindung großer Schwierigkeiten eine neue Kirchenordnung gegründet werden konnte. Nur wenn es dem Staat bzw. der Verfassunggebenden Versammlung gelang, das religiös-kirchliche Bewußtsein in die Neuordnung einzubinden und sie in Zusammenarbeit mit der Kirche durchzuführen, konnte sie gelingen.

In der Kirche wuchs aber auch der Widerstand gegen die Revolution an. In Südfrankreich brachen alte Gegensätze auf, als Priester und Massen sich gegen reiche Hugenotten wandten, die mit der neuen Ordnung sympathisierten und von ihr eine Verbesserung ihrer religiösen Lage erhofften. Gegen sie wurde eine ausdrückliche Bestätigung des Katholizismus als Staatsreligion verlangt und in der Konstituante auch beantragt. Daß dieser Antrag abgelehnt wurde, erregte Unverständnis und Unwillen bei vielen Katholiken. Es erschien wie ein offizielles Abrücken vom wahren Glauben und bewirkte bei vielen eine Distanzierung von der Verfassunggebenden Versammlung. Daß gleichzeitig einige Bischöfe in der Provinz begannen, den Widerstand der Bürger gegen die Kirchenpolitik der Nationalversammlung zu organisieren, ließ in der Versammlung den Eindruck einer gegenrevolutionären Verschwörung aufkommen und schuf in den Verhandlungen über die kirchliche Neuordnung ein gereiztes Klima, das sich durch Pressepolemiken noch weiter verschlechterte.

Den Gedanken der Einberufung eines Nationalkonzils zur Ausarbeitung der Neuordnung lehnte die Nationalversammlung ab, da das bedeutet hätte, sie dem Klerus und der durch seine Tradition geprägten Kirche anzuvertrauen. Statt dessen setzte sich der Plan einer Zivilkonstitution des Klerus durch, mit deren Ausarbeitung das Komitee für kirchliche Angelegenheiten beauftragt wurde. Im Juli 1790 wurde die Zivilkonstitution von der Versammlung verabschiedet. In ihr wirkten sich verschiedene Einflüsse aus. Sie werden im historischen Rückblick unterschiedlich beurteilt, je nachdem innerkirchlichen jansenistisch-gallikanischen Traditionen größere Bedeutung beigemessen wird oder dem Willen der Verfassunggebenden Versammlung, eine möglichst unumstrittene Herrschaft des Staates über die Kirche zu etablieren. Jansenistische Einflüsse zielten auf eine Vereinfachung des kirchlichen Lebens, in dem Verhältnisse der Urkirche eine starke Vorbildwirkung erlangen sollten. Die gallikanische Tradition mußte nahelegen, daß die neue Ordnung in deutlicher Unabhängigkeit von Rom vollzogen wurde. Dagegen ist die Macht der Revolution bei dem Zustandekommen der neuen Kirchenordnung stark betont worden: »Die Revolution [wollte] die Kirche gänzlich von Rom trennen, um sie dem Staat nicht nur unterzuordnen, sondern um ihren hierarchischen Zusammenhalt auf allen Stufen und in allen Formen, der monarchisch-päpstlichen sowohl wie der aristokratisch-konziliaren, aufzulösen. Sie leugnete, daß die Kirche, in welcher Form auch immer, eine souveräne Gesellschaft sei. Damit aber entzog sie dem Gallikanismus seine eigene Voraussetzung. Von Freiheit zu sprechen und das Wesen der Kirche zu leugnen, war offensichtlich eine Denkweise, die sich legitimerweise auf die Erbschaft der gallikanischen Tradition nicht berufen konnte.«[4] Diese Interpretation nimmt den antikirchlichen Herrschaftswillen der Nationalversammlung als absolut gegeben an. Die Betonung der religiösen Motivierung der Zivilkonstitution kann eher die Frage aufwerfen, ob es Wege gegeben hätte, ihre Ziele mit der kirchlichen Selbstbehauptung zu verbinden. Derartige Möglichkeiten sind in einer sich schließlich als unfruchtbar erweisenden Fühlungnahme zwischen Nationalversammlung und Papsttum zu sehen. Der Inhalt der Zivilkonstitution und die Entwicklung des Verhältnisses zwischen Nationalversammlung und Papsttum spricht dafür, daß sich trotz der anfänglichen Mitarbeit großer Teile des Klerus in der Nationalversammlung und trotz ihrer Zustimmung zu den grundlegenden kirchenpolitischen Entscheidungen ein ständig wachsendes Konfliktpotential zwischen dem bestimmenden Willen der Versammlung und religiös-kirchlichen Erwartungen und Forderungen gebildet hatte, dessen Virulenz schließlich unvermeidlich wurde.

Die Zivilkonstitution des Klerus verminderte die Bistümer und teilte sie entsprechend der Departement-Gliederung neu ein. Bischöfe und Pfarrer sollten durch politische Wahlkörperschaften bestimmt werden. Der Papst war über die Einsetzung der Bischöfe durch die Metropoliten der französischen Kirche nur noch nachträglich zu unterrichten. Bei seinen Amtsgeschäften wurde der Bischof an die Mitwirkung eines Priesterrates gebunden. Die Konstituante erließ die Zivilkonstitution aus eigenem Machtanspruch. Offizielle Verhandlungen mit der päpstlichen Kurie über die durch das Konkordat von 1560 rechtlich fundierte Stellung der französischen Kirche wurden bewußt unterlassen. Nur der König und die Bischöfe trugen die Fragen der Neuordnung in Rom vor, jedoch auch, ohne daß es zu ernsthaften Verhandlungen gekommen wäre. Dem uneingeschränkten Selbstbewußtsein und dem Machtanspruch der Nationalversammlung entsprach bei der Kurie eine kritische Einstellung zur Revolution schon in ihren ersten Phasen. So hatte die Erklärung der Menschenrechte bereits zu einer internen Verurteilung durch den Papst geführt. Besorgnis um die kirchliche Herrschaft über die Grafschaft Avignon und Unsicherheit über die tatsächliche Lage der Kirche in Frankreich, aber auch Furcht vor einem eventuellen Schisma veranlaßten die Kurie weiterhin zu allgemeiner Zurückhaltung gegenüber der Entwicklung in Frankreich, die damit sich selber überlassen blieb und ganz durch die Zivilkonstitution und die auf sie folgende Reaktion bestimmt wurde. Es dürfte aber auch nur eine geringe Chance bestanden haben, daß die Kurie mäßigend auf die sich entwickelnden Konflikte um die

Zivilkonstitution hätte einwirken können, denn die darin dem Papsttum zugemutete erneute Einbuße an Einfluß auf die französische Kirche mußte die Kurie abschrecken und konnte bei ihr kaum eine Neigung aufkommen lassen, der Zivilkonstitution auch in leicht modifizierter Form zur allgemeinen Annahme zu verhelfen.

Die französischen Bischöfe hatten inzwischen gefordert, die Zivilkonstitution erst nach ihrer Annahme durch die Kurie anzuwenden. Die Notwendigkeit, kirchliche Verhältnisse praktisch zu regeln, und das Anwachsen einer Opposition gegen die Neuordnung veranlaßten die Nationalversammlung jedoch, von den Priestern in öffentlicher Funktion – wie schon bisher von den übrigen Beamten – einen Eid auf die Verfassung zu verlangen, der auch die Zustimmung zur Zivilkonstitution einschloß. Die Ablehnung des Eides sollte als Amtsverzicht gewertet, tätige Opposition gegen die neue Kirchenordnung gerichtlich verfolgt werden. Der Klerus wurde damit unvermittelt vor eine Entscheidung für oder gegen die Zivilkonstitution gestellt, ohne daß in Verhandlungen mit der Kurie auch nur der Versuch gemacht worden wäre, zu einer vom Papst akzeptierten Lösung zu kommen. Überraschend stark war die Ablehnung der Eidforderung. Sie wurde von fast allen Bischöfen und von zwei Dritteln der geistlichen Abgeordneten der Nationalversammlung ausgesprochen. Auch der Pfarrklerus widersetzte sich – regional allerdings in sehr unterschiedlichem Maße – zu großen Teilen oder machte bei der Eidleistung einen Vorbehalt zugunsten geistlicher Fragen geltend. Ein reibungsloser Übergang auf das konstitutionelle System war deshalb nicht möglich. Die Nationalversammlung mußte der Neuordnung durch die Durchführung der angeordneten Gewaltmaßnahmen, etwa durch Entsetzung der eidverweigernden Kleriker, Bahn brechen. Unter Schwierigkeiten wurden die ersten neun Bischöfe geweiht. Eidverweigernde Pfarrer wurden durch ehemalige Mönche ersetzt, aber auch, weil deren Zahl nicht ausreichte, widerwillig im Amt belassen. Andere Pfarrstellen blieben unbesetzt.

Die sich dadurch vollziehende Spaltung der Kirche wurde unheilbar vertieft, als Pius VI. im März und April 1791 die Zivilkonstitution und die auf sie gegründeten Maßnahmen verurteilte, die Weihe der neuen Bischöfe als ungültig bezeich-

nete, ihnen selber jede Amtshandlung verbot und den eidleistenden Priestern für den Fall mit Suspension drohte, daß sie
ihre Entscheidung nicht rückgängig machten.[5] Der Papst ging
darüber aber noch hinaus. Er verurteilte die Erklärung der
Menschenrechte, da sie im Hinblick auf den Ursprung der
Staatsgewalt, auf die Religionsfreiheit und auf die gesellschaftliche Ungleichheit im Gegensatz zur katholischen Lehre stünden. Noch bei der innerkatholischen Diskussion über die
Weimarer Verfassung spielte übrigens die Frage vom Ursprung der Staatsgewalt angesichts des Satzes »Alle Gewalt
geht vom Volke aus« eine wichtige Rolle. Sie wurde nur dadurch entschärft, daß man es ablehnte, in dem Satz eine Aussage über die eigentlich göttliche Herkunft der Staatsgewalt zu
sehen, an deren theologischer Interpretation nicht gerüttelt
werden sollte.

  Die Entwicklung der Kirchenpolitik der Nationalversammlung sowie die durch sie hervorgerufene Reaktion im französischen Klerus und bei der Kurie riß von nun ab die französische
Kirche – und zwar die Gesamtheit ihrer Mitglieder – in einen
Strudel geistiger und politischer Auseinandersetzungen, während deren vielfältige Frontbildungen entstanden, da eine
Vielzahl grundlegend wichtiger Probleme zu unterschiedlichen Stellungnahmen herausforderte. Zu der Spaltung in einen
eidleistenden und einen eidverweigernden Klerus kamen die
gegensätzlichen Auffassungen über das päpstliche Eingreifen,
das denjenigen, die in der gallikanischen staatskirchlichen Tradition dachten, als unzumutbar erschien, selbst wenn sie andererseits das Vorgehen der Nationalversammlung mit Hilfe der
konstitutionellen Kirche mehr oder weniger mißbilligten.
Scharfe Konflikte hatte auch die päpstliche Verurteilung der
Menschenrechte zur Folge. Während die einen die Menschenrechte und ihre Forderung nach Freiheit und Brüderlichkeit
als Postulate ansahen, die mit Grundzielen der christlichen
Lehre übereinstimmten, befürchteten andere von ihnen die
Untergrabung der kirchlichen Autorität. Die Schärfe der
Konflikte zwischen den verschiedenen Auffassungen nahm
schnell zu, zumal sie unvermeidlich in den Sog des allgemeinen Kampfes zwischen Revolution und Konterrevolution hin-
eingerissen wurden.

  Die Kirchenpolitik der Konstituante wollte in der Fortführung staatskirchlicher Traditionen und aus eigener Machtvollkommenheit Kirche und Religion die Stellung und Funktion im Staat anweisen, die ihr für beide: für Staat und Kirche, als nützlich erschien. Auf kirchliche Besonderheiten wie die Verbindung mit Rom nahm sie keine Rücksicht. Das hatte 1791 zu einer scharfen Frontstellung zwischen konstitutionellem und eidverweigerndem Klerus geführt, wobei auf beiden Seiten einzelne Positionen und Maßnahmen auch innerhalb der beiden Gruppen hart umstritten waren. Unter der Herrschaft der Gesetzgebenden Nationalversammlung, welche die Konstituante im Oktober 1791 ablöste, kam es gleichzeitig mit einer allgemeinen Radikalisierung zu einer Verschärfung der Kirchenpolitik. Als nach der Absetzung des Königs ein neuer Eid auf die politische Ordnung der Revolution verlangt wurde und seine Ablehnung mit Verbannung bedroht wurde, flüchteten mehr als 30000 Priester ins Ausland; die zurückbleibenden wurden dann wenig später mit Todesstrafe und Verbannung verfolgt. Nach und nach verlor die konstitutionelle Kirche die Unterstützung der Revolution. In der Kirche stieß die Erlaubnis der Eheschließung von Priestern und Geschiedenen auf Widerstand. Unzufriedenheit mit der politischen Entwicklung führte immer mehr zu einer Verschlechterung des Verhältnisses zwischen Staat und konstitutioneller Kirche, bis schließlich 1793/94 auch sie Verfolgungsmaßnahmen über sich ergehen lassen mußte. Die Kirchenpolitik der Französischen Revolution mündete in eine Welle gewaltsamer und systematischer Entchristianisierung.

Diese Maßnahmen wurden zwar 1794 eingestellt, aber der Nationalkonvent strebte nun die Trennung von Kirche und Staat an. Er brach zunächst die Gehaltszahlungen an den konstitutionellen Klerus ab und strich dann generell die Mittel für die Durchführung des christlichen Kults. In der Verfassung des Jahres III (1795) wurde die Trennung von Kirche und Staat ebenso eindeutig wie in den Vereinigten Staaten festgelegt. Mit dem Kult der Vernunft und dem Kult des »Höchsten Wesens« machte die Revolution Versuche, sich einen eigenen Kult zu schaffen. Dadurch sollte die gewaltsam verfolgte Befreiung von der christlichen Religion besiegelt werden. Nachdem die Zeit des Direktoriums zunächst eine Erleichterung für beide rivalisierenden Kirchen gebracht hatte – beide machten auch

erfolgreiche Anstrengungen einer ersten geistigen und organisatorischen Erneuerung –, kam es 1797 zu einer erneuten Verbannung der romtreuen Priester und zu einer neuen Eidforderung an die Priester, diesmal eines Eides des Hasses gegen das
Königtum. Das Ende der Direktorialzeit war daher erneut von
schärfster Konfrontation zwischen revolutionärem Staat und
katholischer Kirche Frankreichs bestimmt, deren Widerstand
durch Rom unterstützt und verschärft wurde.

Die Revolution war zu einem Versuch geworden, die politischen und gesellschaftlichen Verhältnisse Frankreichs
ungehindert durch Rücksichten auf das Bestehende und Alt-
hergebrachte nach den Überlegungen der frei planenden
menschlichen Vernunft und unter Freisetzung der menschlichen Individuen von allen Bindungen der ständischen Ordnung nach Maßgabe der politischen und rechtlichen Gleichheit
aller neu zu gestalten. Der Klerus hatte sich an ersten wichtigen
Schritten in großer Zahl beteiligt, sei es, daß er, wie der niedere
Klerus, wichtige eigene Beschwerdepunkte besaß – seine z. T.
bedrückende wirtschaftliche Lage oder seinen Mangel an
Rechten innerhalb der Kirchenordnung –, sei es, daß er sich der
Notwendigkeit von Reformen auch der kirchlichen Verhältnisse nicht verschloß. Dies geschah, solange er hoffen konnte,
die Stellung der Kirche insgesamt in einer neuen politischen
Ordnung zu wahren und damit auch die eigene Position zu
stabilisieren, obschon unter einschneidenden Veränderungen
vor allem der kirchlichen Besitz- und Einkommensverhält-
nisse. Als der erste Optimismus einer möglichen Zusammenarbeit zwischen Staat und Kirche verflogen war und sich unter
dem Klerus Tendenzen ausbreiteten, in dem einen oder anderen Punkt von der Revolution Einhalt zu fordern, war die
Störwirkung auf die staatlich-kirchliche Kooperation groß, da
die Revolution mit Recht um ihre Bewegungsfreiheit gegenüber reaktionären Kräften besorgt war und jeden Widerstand
als Ansatz einer zu befürchtenden reaktionären Welle interpretierte. Zudem entfielen taktische Rücksichten auf die Kirche bei jenen, denen prinzipiell alle Mittel zur Entmachtung
der Kirche und zu ihrer Ein- und Unterordnung unter den
Staat recht waren.

Zu dieser Situation des drohenden und dann tatsächlich ausbrechenden Konflikts zwischen Staat und Kirche mußte es

wohl zwangsläufig kommen, nachdem mit dem Fortschreiten der Neuordnung die Phase zu Ende ging, in der beide Seiten noch hoffen konnten, die andere für ihre eigenen Interessen einzusetzen, ohne sich selber in der Zusammenarbeit Entscheidendes zu vergeben. Als die Nationalversammlung mit der Zivilordnung des Klerus rücksichtslos über Herkommen und kanonisches Recht hinwegschritt, das bisher dem Königtum zwar weitgehend die Auswahl des höheren Klerus überlassen hatte, dann aber vor der geistlichen Inthronisation doch auch den Papst beteiligt hatte, wurde damit ein absoluter Herrschaftsanspruch des Staates signalisiert. Ihm wurde zwar hauptsächlich Widerstand von der Kurie entgegengestellt. Die oppositionellen Kräfte mußten sich jedoch auch in der französischen Kirche vom hohen bis zum niederen Klerus und weiterhin auch im Kirchenvolk vermehren und aktivieren. Daß dieser Widerstand in eine blutige Kirchenverfolgung mündete, hatte Auswirkungen nicht nur für den Augenblick und auf die französische Kirche, sondern auch auf die gesamte Entwicklung des politischen Katholizismus. Denn dadurch unterlag die Französische Revolution in ihren Ansätzen und in ihrer Gesamtheit einer Diskreditierung, die es Katholiken auf lange Zeit erschwerte oder sogar unmöglich machte, die Beseitigung der ständischen Ordnung als Befreiung auch der Kirche und ihrer Anhänger von veralteten wirtschaftlichen, gesellschaftlichen und politischen Strukturen zu verstehen. Sie vermochten mithin nicht die Chancen zu erkennen, die eine Freisetzung des Menschen aus zu engen politischen und gesellschaftlichen Bindungen in eine selbstverantwortete Freiheit christlich-katholischer Existenz durch Mitarbeit und Mitgestaltung in allen Bereichen der modernen Welt in sich barg.

3. Einflüsse der Revolution auf Italien

Auch Italien wurde unter dem Direktorium nach und nach in das System der französischen Satelliten einbezogen.[6] Das bewirkte jedoch keineswegs allgemein eine schroffe Konfrontation zwischen Kirche und Staat, da die französische Eroberungsmacht vor allem in der Person ihres Repräsentanten, des Oberbefehlshabers der französischen Armee in Italien, Napoleon Bonaparte, aus taktischen Gründen auf die katholische Bevölkerung Rücksicht nahm und weniger mit den kleineren Gruppen einheimischer Jakobiner und Demokraten, den Sympathisanten der Freiheits- und Gleichheitsideale der Französischen Revolution, als mit einer Führungsschicht von aufgeklärten Katholiken zusammenarbeitete. Diese dünne, meist bürgerliche Schicht verdankte ihren wirtschaftlichen Aufstieg und damit ihre Existenz den Maßnahmen des aufgeklärten Absolutismus, die unter der Führung der habsburgischen Herrscher in der Lombardei und der Toskana bzw. der bourbonischen in Neapel-Sizilien eine Zurückdrängung von Rechten von Kirche, Klerus und Adel bewirkt hatten, nun aber teils aus Gründen der Erschlaffung ihres reformerischen Impetus, teils aber auch als Reaktion auf den Ausbruch der Französischen Revolution zum Erliegen gekommen waren. In verschiedenen Abstufungen enthielten die Verfassungen der nach und nach unter dem militärischen Druck Frankreichs gegründeten Republiken eine mehr oder minder große Beschneidung der kirchlichen Rechte. Die Cispadanische Republik – bestehend aus dem Herzogtum Modena und den früher päpstlichen Gebieten der Emilia und der Romagna – behielt den Katholizismus offiziell als Religion bei. Napoleon selber übernahm in die Verfassung der Cisalpinischen Republik, die große Teile Norditaliens umfaßte, den Grundsatz der Kultgleichheit und der Neutralität des Staates in Religionsangelegenheiten. Die Aufhebung der kirchlichen Orden und die Einführung der obligatorischen Zivilehe bedeuteten dann aber doch einen tiefen Einschnitt in das kirchliche Leben, während andererseits weder der Besitz der Pfarrgeistlichen enteignet noch der Kirchenzehnt abgeschafft wurde. Die Verfassungen der Parthenopeischen Republik in Neapel und der Römischen Republik übernahmen aus der französischen Direktorialverfassung die Trennung von Kirche und Staat.

Die Stellungnahme der Kurie gegen die Revolution war schon 1791 in eindeutiger Schärfe erfolgt, und der Papst bekräftigte diese Haltung in den nächsten Jahren durch eine intensive Unterstützung der europäischen Konterrevolution. Durch den Einmarsch Bonapartes in Italien geriet das Papsttum unter direkten französischen Druck und sah sich zur Abtretung eines Teiles seines Territoriums und zu erheblichen

Geldzahlungen genötigt. Seine Verurteilung der Zivilkonstitution gab Pius VI. trotz langer Verhandlungen nicht auf. Durch die Errichtung der Römischen Republik, getragen von den französischen Bajonetten und einheimischen Jakobinern, wurde der Papst aus Rom vertrieben und später von den Franzosen nach Frankreich verschleppt, wo er im August 1799 starb. Die Veränderung der politischen Lage Frankreichs zu Beginn des Zweiten Koalitionskrieges bewirkte 1799 einen zeitweiligen Zusammenbruch der französischen Machtposition und mit ihr der republikanischen Satelliten in Italien. Religiös aktivierte ländliche Unterschichten in Piemont, in der Toskana und im Königreich Neapel trugen in fanatischer Kampfbereitschaft zum Sturz der sozial isolierten bürgerlich-republikanischen Kräfte bei und zeigten dadurch, daß sie eher durch ein Bündnis zwischen traditionellen monarchisch-kirchlichen Kräften als durch die bürgerlich-revolutionären Freiheitsgedanken und Gleichheitsideale zu aktivieren waren. Diese Ideale drohten für sie schon deshalb leere Parolen zu bleiben, weil die Führung der Bewegung und auch die politisch-wirtschaftlichen Vorteile einseitig der dünnen bürgerlich-adeligen Oberschicht zufielen, eine Tatsache, die durch das vielfach eingeführte Zensuswahlrecht in den Republiken auch direkt in politische Macht umgesetzt wurde.

Gewarnt durch die Umwälzungen der letzten Jahre hatte Pius VI. bestimmt, daß die nächste Papstwahl nicht unbedingt in Rom, sondern irgendwo auf dem Territorium eines katholischen Fürsten vorgenommen werden könne. Die Wahlversammlung der Kardinäle, das Konklave, fand seit Ende 1799 in Venedig, also auf österreichischem Herrschaftsgebiet, statt. Erst nach langen Auseinandersetzungen zwischen der auf politischen Ausgleich bedachten Kardinalsgruppe der »politicanti« mit den an allen tradierten Positionen starr festhaltenden »celanti« wurde aus der ersten Gruppe der Kardinal Graf Chiaramonti, der als Papst den Namen Pius VII. annahm, gewählt. Trotz der bestehenden Konflikte der Kirche mit dem revolutionären Frankreich hatte Chiaramonti die demokratische Regierungsform als mit dem Evangelium vereinbar erklärt, ja, der Religion eine besondere Bedeutung in der Demokratie zugesprochen. Dem von Pius VII. ernannten Staatssekretär Consalvi gelang es schon bald, von Neapolitanern und

Österreichern eine Rückgabe der von ihnen besetzten Gebiete des Kirchenstaates zu erreichen. Mit der Einführung des Freihandels, einer begrenzten Aufteilung von Latifundien und Straffung der Verwaltung versuchte er auch die Einleitung einer inneren Reform des Kirchenstaates, ohne sich damit jedoch vollständig durchsetzen zu können.

4. Der Untergang der deutschen Reichskirche

Die katholische Kirche besaß im Heiligen Römischen Reich eine Sonderstellung, da zahlreiche Mitglieder des hohen Klerus als reichsunmittelbare Stände Herrschaftspositionen innerhalb des Reiches einnahmen. Die höchsten Würden im Reich besaßen die rheinischen geistlichen Kurfürsten von Mainz, Köln und Trier. Rund 70 weitere Standesherrschaften, nach Umfang und Bedeutung stark abgestuft, wurden ebenfalls von Welt- oder Ordensgeistlichen regiert. Als Territorialherren waren die hohen Amtsträger der Reichskirche Mitgestalter der inneren und äußeren Politik des Reiches und zugleich mehr oder minder wichtige Teilnehmer an den Auseinandersetzungen im Innern des Reiches. Diese wurden vor allem durch die Eigeninteressen der großen weltlichen Stände Österreich, Preußen, Bayern, um nur einige zu nennen, dann aber auch durch die fortbestehenden Konfessionsgegensätze zwischen den Ständen ausgelöst. Pläne und Bestrebungen zur Aufhebung von geistlichen Herrschaften zugunsten weltlicher Stände waren in den letzten Jahrzehnten des 18. Jahrhunderts nicht selten.[7] Sie entsprachen der Tendenz der sich modernisierenden Staaten zur Zentralisierung, zur Arrondierung und Erweiterung des eigenen Herrschaftsgebiets. Solche Pläne, verbunden mit der sich im Zeitalter der Aufklärung verbreitenden Kritik an den aus der mittelalterlichen Tradition überkommenen geistlichen Herrschaften, bereiteten den Boden für die Säkularisation, die seit 1803 in großem Umfang durchgeführt wurde.

Die unmittelbare Vorgeschichte dieser Säkularisation begann im Ersten Koalitionskrieg von 1792 bis 1799, der ersten großen militärischen Auseinandersetzung der europäischen Mächte mit dem revolutionären Frankreich. Als Preußen 1795 und wenig später auch Hessen-Kassel, Württemberg, Baden und Bayern aus der antifranzösischen Koalition ausscherten, wurden in den Verhandlungen geheime Abmachungen getroffen, daß bei dauerhaften Erwerbungen Frankreichs auf dem linken Rheinufer die betroffenen Reichsstände rechtsrheinisch entschädigt werden sollten. Das konnte nach Lage der Verhältnisse u. a. auf Kosten geistlicher Territorien geschehen. Ähnliche Abmachungen wurden in den nächsten Jahren von Frankreich mit Österreich und mit dem Reich ausgehandelt. Im Friedensschluß von Lunéville 1801 mußten Kaiser und Reich in die Abtretung der linksrheinischen Gebiete an Frankreich einwilligen und zugleich die Entschädigung der betroffenen Reichsstände rechts des Rheins zugestehen.

Der im selben Jahr erfolgende Abschluß des Konkordats zwischen Napoleon und der Kurie trieb die Entwicklung insofern voran, als dort für das gesamte linksrheinische Gebiet, ungeachtet der Rechte der rheinischen Erzbischöfe, eine Neuordnung der kirchlichen Organisation im Rahmen der französischen Kirche vereinbart wurde. Weiter gab der Papst durch die Anerkennung der Besitzumschichtung auf Kosten des kirchlichen Grundbesitzes zu erkennen, daß Säkularisation für die Kirche keinen existentiellen Streitpunkt darstellte. Daß es schließlich zur Säkularisation geistlicher Herrschaften und geistlichen Besitzes in dem tatsächlichen Umfang kam, wurde aber erst durch zahlreiche weitere Entwicklungsschritte bewirkt. Für sie war es von ausschlaggebender Bedeutung, daß die weltlichen Stände nach Gebiets- und Machterweiterung strebten, daß Napoleon – in diesem Punkt einig mit Zar Alexander I. – an der Schaffung von verstärkten und selbstbewußten Mittelstaaten im alten Reich gelegen war, und daß weder Kaiser noch Papst noch irgendein anderer ins Gewicht fallender Machtfaktor sich energisch für die Erhaltung der geistlichen Herrschaften einsetzte. Das Deutsche Reich unter Franz II. (Franz I.) setzte sich mehr für die österreichische Machtstellung, die Hausmacht des Kaisers, als für die Interessen der geistlichen Reichsstände ein, obwohl sie bisher die zuverlässigste kaiserliche Gefolgschaft im Reich dargestellt hatten. Dem Papst kam eine Schwächung der überaus selbstbewußten Reichskirche, mit der er in den vergangenen Jahrzehnten erbitterte Auseinandersetzungen geführt hatte, nicht ungelegen, mußte sie doch am sichersten auch die episkopalistischen und febronianistischen Bestrebungen in Deutschland dämpfen und neutralisieren.

Die formale Entscheidung über die Säkularisation fiel durch den Reichsdeputationshauptschluß vom 25. Februar 1803, der sofort ohne größere Schwierigkeiten durch Reichstag und Kaiser ratifiziert wurde. Dem Beschluß lagen französisch-russische Vereinbarungen zugrunde, die mit nur geringfügigen Veränderungen übernommen wurden. Mit dem Ziel der Beeinflussung zu ihren Gunsten hatten Abgesandte der einzelnen Reichsstände monatelang bei Napoleon antichambriert, denn sein Einfluß auf die Gestaltung der Säkularisationsmaßnahmen war von ausschlaggebender Bedeutung. Bis auf wenige Ausnahmen – das für den Kurerzkanzler v. Dalberg als Herrschaftsgebiet geschaffene Territorium um Regensburg und Aschaffenburg und die Territorien des Malteser- und Deutschritterordens, die aber 1810 bzw. 1809 aufgehoben wurden – wurden alle reichsunmittelbaren geistlichen Herrschaften beseitigt und ihre Gebiete auf größere und kleinere weltliche Stände verteilt. Landsässige Stifte, Abteien und Klöster wurden den jeweiligen Landesherren zur Säkularisation zur Verfügung gestellt. Allerdings sollten die damit anfallenden Vermögenswerte auch gottesdienstlichen Zwecken, der Ausstattung der Domkirchen und der Pensionszahlung für die betroffenen Geistlichen dienen.

Damit verfielen der Säkularisation nicht nur etwa 70 reichsunmittelbare geistliche Herrschaften, sondern auch viele geistliche Institutionen mit oft großem Grundbesitz, die in den einzelnen Territorialstaaten verstreut lagen. Der Gesichtspunkt der Entschädigung für linksrheinische Verluste trat in der letzten Phase der Verhandlungen vollständig in den Hintergrund, so daß einzelne Staaten wie Preußen, Bayern, Württemberg und Baden das Vier- bis Siebenfache ihres Verlustes hinzuerhielten. Die Auswirkung bestand in einer erheblichen Vergrößerung der betroffenen weltlichen Territorialstaaten zu arrondierten Mittelstaaten, ein Ergebnis, das durch die Einbeziehung zahlreicher bislang freier Reichsstädte in die Herrschafts- und Besitzumschichtung und durch die 1805 folgende Mediatisierung vieler kleinerer weltlicher Reichsstände ergänzt und vollendet wurde.

Bedeutete die Säkularisation den Untergang der deutschen Adelskirche, da die hohen reichskirchlichen Ämter sowie zahlreiche Kapitelsitze und Pfründen dem Adel vorbehalten gewesen waren, verlor der Adel mit der Mediatisierung weitere wichtige Stützen seiner Stellung.[8] Er spielte jedoch innerhalb der einzelnen Territorialstaaten durchaus noch eine beachtliche Rolle, die durch seine Zusammenarbeit mit den verschiedenen regierenden Dynastien und den Aufbau neuer wirtschaftlicher und politischer Machtpositionen im Laufe des 19. Jahrhunderts sogar wieder ausgebaut werden konnte.

Für die Kirche und für den deutschen Katholizismus bedeutete die Säkularisation eine Veränderung, die aufs tiefste in ihre Verhältnisse eingriff. Sie brachte große Macht- und Besitzverluste mit sich, schuf zugleich aber auch neue Möglichkeiten, von deren zweckdienlicher Nutzung die weitere Entwicklung abhängen mußte. Die Kirche verlor ihre rechtlich privilegierte Stellung im Reich, die sich über ein Jahrtausend entwickelt hatte. Drastisch verschob sich im Reich das Verhältnis der katholischen und evangelischen Reichsstände. Das 1806 eintretende Ende des Reiches, das ein Jahrtausend lang die politische Organisation des mitteleuropäischen Raumes dargestellt und das trotz seiner Mängel und Schwächen eine gewisse Schutz- und Ausgleichsfunktion ausgeübt hatte, besaß eine wesentliche Ursache darin, daß das Kaisertum durch Säkularisation und Mediatisierung seine wichtigste Klientel im Reich verloren hatte.

Außer der reichsrechtlichen Stellung und reichspolitischen Funktion verloren Kirche und Katholizismus riesige Vermögenswerte, vor allem an Grundbesitz, aber auch an Gebäuden und Kunstwerten. Die Kirche büßte damit für immer ihre wirtschaftliche Unabhängigkeit ein, denn eine Entschädigung, die sie dauerhaft von laufenden staatlichen Zahlungen unabhängig gemacht hätte, erfolgte weder im Vollzug der Säkularisation noch später. Die Zusage von Staatsleistungen an die katholische Kirche in Deutschland wurde deshalb nicht nur im Reichsdeputationshauptschluß ausgesprochen, sondern sie gelangte später über die Rheinbundakte, über das Recht der einzelnen deutschen Staaten und über die Weimarer Verfassung auch in die Verfassung der Bundesrepublik. Zahlreiche städtische und ländliche Zentren büßten mit ihrer

Funktion auch ihre wirtschaftliche und kulturelle Lebenskraft und damit ihre belebende Wirkung für mehr oder minder enge, aber selbständig zentrierte Lebensräume ein, deren Eigenständigkeit sich nun im größeren Territorium verlor. Wertvolle Kirchen und Klöster verfielen, wurden abgerissen oder erst im Laufe einer längeren Entwicklung ihrem gottesdienstlichen Zweck wieder zugänglich gemacht. Der Bibliotheks- und Kunstbesitz der Kirchen und Klöster wurde nicht so sorgfältig behandelt, wie es seinem Kulturwert angemessen und für seine Erhaltung notwendig gewesen wäre. Vielfach mußte erst die sich ausbreitende Romantik den Sinn für das kirchlich-kulturelle Erbe schärfen, ehe die Verluste eingedämmt und das Erhaltene gesammelt werden konnte.

Mit den kirchlichen Territorien und Klöstern mußte der Katholizismus eine Fülle kultureller Zentren und Bildungsstätten, sowohl Universitäten als auch Gymnasien, aus der Hand geben. Ihre Wirkung war keineswegs nur auf den Adel beschränkt gewesen, sondern sie hatten auch Bürgertum und Bauernschaft in vielfacher Weise beeinflußt, da sie auch Angehörigen dieser Stände Bildung vermittelt und Aufstiegsmöglichkeiten geboten hatten. Zahlreiche Katholiken kamen unter die Herrschaft evangelischer Landesherren, die für ihre besonderen Bedürfnisse und Interessen keineswegs immer zugänglich waren, sondern vor allem einen möglichst einheitlichen Untertanenverband wünschten. Gegenüber ihren evangelischen Mitbürgern gerieten die Katholiken oft in eine Minderheitensituation mit den vielfältigen Nachteilen, die eine solche Position mit sich brachte.

Der Rückgang der kulturellen Stellung des Katholizismus und das vielfach festgestellte »Bildungsdefizit« der Katholiken hat in der Säkularisation eine wichtige, aber sekundäre Ursache. Ihr Hauptgrund dürfte darin liegen, daß die moderne Welt mit ihrem stark rational und individualistisch geprägten Charakter dem katholischen Verhalten eine besondere, vielfach unerfüllbare Leistung abverlangte. Der zunehmenden Rationalität und Individualisierung des modernen Denkens und Handelns der umgebenden Gesellschaft gegenüber waren religiöse Gemeinschaftswerte zu behaupten. Sie besaßen bei den oft sehr handfesten Praktiken der äußeren Einflußnahme und -wahrung des Klerus auf die Gläubigen ihr Zentrum in der

Eröffnung und Offenhaltung der Dimension des christlich-katholischen Glaubens, dessen tiefe Verbindung mit der menschlichen Existenz zwar nicht rational zu beweisen, aber auch nicht zu widerlegen war. Moderne säkularisierte Bildung und die Modernisierung der politisch-gesellschaftlichen und wirtschaftlichen Verhältnisse unter den Leitbildern von Freiheit, Gleichheit und leistungssteigernder Konkurrenz nahmen in den Augen von Katholiken leicht den Anschein einer Gefahr für den Glauben an, die man ohne Kompromiß und Toleranz bekämpfen zu müssen meinte. Es war nicht leicht, die Unterscheidung der verschiedenen Qualitäten der Bereiche von Rationalität und Glauben und ihre sinnvolle Abgrenzung und Zuordnung als genügenden Schutz gegen einen rationalistischen Abbau des Glaubens zu erkennen und anzuerkennen. Ebenso schwer war es zu verstehen, daß sich Menschen anschickten, unter dem Einfluß neuer Ideen und Bedürfnisse eine in Jahrhunderten gewachsene, fast statische Wirtschafts- und Gesellschaftsordnung tiefgreifend umzugestalten und damit zu neuen Lebensformen und Verhaltensweisen zu zwingen, die die Unsicherheit und Bedrohung des Neuen und Unerprobten und in seinen Wirkungen schwer Abschätzbaren gegen sich hatten und die den einzelnen durch seine Isolierung zu überfordern und damit verderblichen Einflüssen auszuliefern drohten. Durch diese Befürchtungen wurde in den katholischen Führungsschichten die Neigung gefördert, mehr auf Gefolgschaft als auf mündige Teilnahme der Gläubigen zu setzen. Mancher Bildungsimpetus bei den Gläubigen mag an der Furcht gescheitert sein, an der Seele Schaden zu nehmen, auch wenn dabei Talente brachliegen gelassen wurden und der Auftrag zur Gestaltung einer menschlichen Welt unberücksichtigt blieb. Die begründete Überzeugung von Schwächen und Versuchungen der menschlichen Natur stellte und stellt eine Versuchung des Katholizismus dar, dort auf Führung und Reglementierung zu setzen, wo die jederzeit neue Konfrontation zwischen Glauben und Welt eher als Gefahr denn als Chance verstanden wird, während demgegenüber die immer vorhandenen Gefahren und Versuchungen patriarchalischen Denkens allzu leicht übersehen werden.

Neben der unübersehbaren Schädigung kirchlicher und katholischer Interessen durch die Säkularisation ist deren Modernisierungswirkung innerhalb und außerhalb der Kirche nicht zu unterschätzen. Ohne daß man die kirchlichen Herrschaften in Bausch und Bogen als Relikte einer vergangenen Zeit verurteilen kann, die an ihrer eigenen Unzulänglichkeit zugrunde gegangen seien, läßt sich doch feststellen, daß ihnen manche Möglichkeiten der Modernisierung fehlten. Diese waren im Rahmen größerer Staaten mit weltlicher Organisation und bereits weiter entwickelter Zweckrationalität gegeben und konnten mit den Mitteln des sich modernisierenden Beamten- und Verfassungsstaats genutzt werden. Vielfach gewannen diese Staaten erst durch die Säkularisation und die auf sie folgende Mediatisierung eine Geschlossenheit und einen Umfang, die ihren Modernisierungsleistungen auf staatlichem, gesellschaftlichem und wirtschaftlichem Gebiet durchschlagenden Erfolg brachten. Innerhalb der neuen Staaten konnte dann eine, wenn auch langsame Überwindung des Feudalsystems durch eine durchgreifende Modernisierung von Verwaltung und Rechtspflege und die Durchsetzung einer modernen Wirtschaftsordnung durch konsequente Reformen erfolgen. Den geistlichen Herrschern hatten teilweise der Wille, durchweg jedenfalls die wirksamen Mittel gefehlt, die Modernisierung ihrer Staaten entschlossen voranzutreiben. Dadurch waren ihren Untertanen manche Anstöße vorenthalten geblieben, die in den weltlichen Territorien durch die Rationalisierung der Staaten und die Aktivierung eines selbständigen Bürgertums gegeben wurden. In der Konkurrenz der Territorien untereinander hatte sich die Gefahr ergeben, daß die geistlichen Herrschaften generell ins Hintertreffen gerieten, soweit dies nicht schon geschehen war. Die Säkularisation eröffnete wenigstens auf längere Sicht neue Perspektiven innerhalb eines größeren und leistungsfähigeren politischen, sozialen und wirtschaftlichen Verbandes.

Über die direkten strukturellen wirtschaftlichen und sozialen Auswirkungen der Säkularisation lassen sich nur schwer exakte Aussagen machen. Sie sind von den jeweiligen Umständen, wie der Größe der Residenz oder dem Umfang und der Stückelung des geistlichen Grundeigentums, ebenso abhängig wie von dem Zustand der sie umgebenden städtischen oder ländlichen Wirtschaft und Gesellschaft. Das historische Urteil über die wirtschaftlichen Auswirkungen der Säkularisation hat sich in den letzten Jahren insofern gewandelt, als, gestützt auf Regionalstudien, die ältere Auffassung, nach der die Säkularisation allgemein tiefgreifende Änderungen in der Wirtschafts- und Sozialstruktur zur Folge gehabt habe[9], modifiziert worden ist durch eine stärkere Betonung der regionalen Unterschiede und durch den Hinweis darauf, daß die Form der fiskalischen Behandlung des ehemaligen kirchlichen Grundbesitzes gebietsweise ein effektives Durchschlagen auf die Wirtschafts- und Sozialstruktur verhindert habe.[10] Soweit die Staaten auf einen schnellen Verkauf des Grundbesitzes verzichteten und ihn statt dessen ihrem Domänenbesitz zuschlugen, den sie – wie bisher die Kirche auch – verpachteten, waren die strukturellen Auswirkungen der Säkularisation gering. Nur wo, wenn auch in unterschiedlichem zeitlichen Abstand zur Säkularisation, eine massierte Veräußerung des ehemaligen geistlichen Besitzes erfolgte – was aber in weiten Gebieten u. a. links des Rheins, in Bayern und in der bayerischen Pfalz, in Nassau, im Großherzogtum Berg und in Preußen der Fall war –, ergaben sich aus dem Ausmaß und der Schnelligkeit der Besitzumschichtung größere wirtschaftliche und soziale Auswirkungen. Sie hatten jedoch auch dort, je nach besonderen örtlichen Gegebenheiten, unterschiedlichen Umfang.[11]

Zu den positiven Auswirkungen der Säkularisation gehörte es, daß die Kirche und ihre hohen geistlichen Würdenträger von ihren Herrschaftsaufgaben im weltlichen Bereich entlastet wurden. Auch der reiche Kirchenbesitz hatte nicht nur die positive Wirkung der wirtschaftlichen Sicherung zur Folge gehabt, sondern zugleich auch die Ablenkung von dem eigentlichen geistlichen Aufgabenbereich und die Verstrickung in viele kleine und große weltliche Händel. Die Aufhebung des Adelsprivilegs hatte ein schnelles Emporkommen bürgerlicher und bäuerlicher Elemente auch im hohen Klerus zur Folge, wodurch die inneren sozialen Spannungen im Gesamtklerus abgebaut wurden. Mit dieser Umstrukturierung wuchs im Klerus der Einblick in die Lage auch und gerade der unteren Volksschichten, deren Zahl und Bedeutung im 19. Jahrhundert schnell zunehmen sollte.

Es war damit jedoch noch nicht darüber entschieden, wie die Kirche und der Katholizismus die unteren Volksschichten ansprechen würden, ob vorwiegend karitativ und durch Beschwichtigung und Tröstung im Hinblick auf die Härten ihrer sozialen und wirtschaftlichen Stellung, oder ob durch Ermünterung, mit den Mitteln der modernen Welt für Kirche und Katholizismus, aber auch für ihre eigenen Interessen einzutreten. Gegen diese Form des Einflusses konnten sich die erwähnten Vorbehalte gegen die moderne Welt auswirken.[12] Im Verhältnis der Kirche zur Masse ihrer Gläubigen mußte es positive Auswirkungen haben, daß die geistlichen Würdenträger nicht mehr zugleich weltliche Obrigkeit und großen Besitz repräsentierten und dadurch die religiöse Unterweisung und Betreuung von viel störendem Beiwerk entlastet wurde. Allerdings fielen auch infolge der Säkularisation die Klöster weg, die mit den Kontakten der Ordensgeistlichen zur Bevölkerung wichtige Faktoren religiöser Beeinflussung und Unterweisung dargestellt hatten. Auch die zahlenmäßige Abnahme des Klerus hat sich stellenweise ungünstig auf die religiöse Betreuung der Bevölkerung ausgewirkt.

Alles in allem läßt sich die Säkularisation als ein unter maßgebendem Einfluß Napoleons von den weltlichen Ständen eigennützig durchgeführter gewaltsamer Akt gegen die geistlichen Herrschaften und kirchlichen Institutionen verstehen, welcher der Kirche durch Besitzverluste, die teilweise Zerstörung ihrer Organisation und Beschneidung ihrer kulturellen Basis schwere Schäden zufügte und auch durch die engeren Bindungen an die verbleibenden, meist konfessionell gemischten Staaten, an ihre Verwaltung und ihre Finanzen künftige Konflikte zwischen Kirche und Staat vorbereitete. Andrerseits wurden durch die Säkularisation Hindernisse beseitigt, die ein zeitgemäßes religiöses Wirken in der sich modernisierenden Welt behinderten. Für die Entwicklung der modernen Welt bedeutete die Säkularisation eine konsequente Einbeziehung von historisch entstandenen Enklaven, sie verstärkte die allgemeinen Modernisierungstrends und verhinderte eine weitere Zunahme der lokalen Ungleichheiten in der Durchsetzung dieser Trends, die im Laufe des 19. Jahrhunderts sicherlich zusätzliche politische und soziale Belastungen mit sich gebracht hätte.

Daß nach der Säkularisation der Reichskirche das Bedürfnis nach einer kirchlich-organisatorischen Neuordnung der katholischen Kirche in Deutschland bestand, konnte nicht in

Zweifel stehen. Die ehemaligen linksrheinischen Reichsgebiete waren im Zusammenhang des napoleonischen Konkordats in die französische Bistumsordnung miteinbezogen worden, und von den deutschen linksrheinischen Bistümern waren nur noch die rechtsrheinischen Teile erhalten geblieben. Die territorialen Veränderungen innerhalb des Reiches, die große katholische Bevölkerungsteile unter die Herrschaft evangelischer Fürsten gebracht hatten, drängten ebenfalls auf eine möglichst schnelle Erneuerung der kirchlichen Organisation und Klärung des Verhältnisses von Staat und Kirche unter Berücksichtigung der veränderten konfessionellen Verhältnisse.

Der Reichsdeputationshauptschluß hatte eine reichsrechtliche Regelung ins Auge gefaßt, die jedoch spätestens 1806 durch die Niederlegung der Würde des deutschen Kaisers durch Franz II. und das dadurch bewirkte Ende des Reiches hinfällig wurde. Ihre Verwirklichung war schon zuvor aufgrund des wachsenden Selbstbewußtseins der Einzelstaaten unwahrscheinlich gewesen, da in den Einzelstaaten die Neigung zugenommen hatte, die kirchlichen Verhältnisse ohne Rücksicht auf größere Zusammenhänge möglichst im eigenen Interesse zu gestalten. Verhandlungen wurden mit der Kurie bereits geführt, ohne daß sie zum Abschluß gekommen wären. Da auch Napoleons Vorhaben, das französische Konkordat auf den Rheinbund auszudehnen, nicht verwirklicht wurde, stand die kirchliche Reorganisation noch bei den Verhandlungen über die Neuordnung Europas nach der napoleonischen Zeit auf dem Wiener Kongreß aus. Sie wurde auch dort trotz mancherlei Plänen nicht gelöst und wurde daher zu einer Aufgabe der Einzelstaaten.

5. Napoleon, die französische Kirche und das Papsttum

Napoleon revidierte die herrschende kirchenfeindliche Politik in Frankreich, nachdem er die Direktorialverfassung beseitigt und als erster Konsul die Herrschaft praktisch an sich gerissen hatte. Er ließ an Pius VII. den Vorschlag einer vertraglichen Regelung der kirchlichen Angelegenheiten herantragen.[13] Dabei wurde er durch den Willen zur innen- und außenpolitischen Stabilisierung seiner Herrschaft bestimmt, die bei einer Übereinkunft mit dem Papsttum zu erwarten war. Da auch Pius VII. für die französische Kirche eine Wiederherstellung und für das Papsttum selber eine Erhöhung des Prestiges erhoffte, ging er auf das Angebot ein. Nach langen Gesprächen in Paris und Rom gelang es dem bevollmächtigten Staatssekretär Consalvi, in intensiven Verhandlungen die Übereinkunft über ein Konkordat zu erzielen, indem er für die Kurie erhebliche Zugeständnisse machte. Die Republik wurde als rechtmäßig anerkannt. Dem Katholizismus wurde in Frankreich eine Sonderstellung, aber kein rechtlicher Vorrang zugebilligt. Die katholische Kirche war nicht mehr aufs engste mit dem Staat wie in der vorrevolutionären Zeit verbunden. Die Kultfreiheit wurde bestätigt, aber der Staat behielt sich Eingriffe nach Maßgabe der öffentlichen Ordnung vor. Die Verstaatlichung des kirchlichen Besitzes wurde von der Kurie sanktioniert. Dadurch wurden die tiefgreifenden Änderungen der Besitzordnung zugunsten der neuen, meist bürgerlichen Besitzer anerkannt, ein für die soziale Absicherung der napoleonischen Herrschaft äußerst wichtiges Zugeständnis. Der Staat kam der Kirche mit der Verpflichtung entgegen, ein angemessenes Gehalt an Bischöfe und Priester zu zahlen. Das Problem des einander gegenüberstehenden altkirchlichen und konstitutionellen Episkopats wurde dadurch gelöst, daß der Rücktritt beider den Weg zur Einsetzung eines neuen Episkopats aufgrund staatlicher Nomination und kanonischer Institution von seiten des Papstes freimachen sollte. Der Kurie wurde das Recht zugesprochen, die Diözesen neu zu gliedern. Die Bischöfe sollten die Pfarrer ernennen, die jedoch der Bestätigung durch den Staat bedurften.

Da in dem Konkordat beide Seiten Zugeständnisse gemacht hatten, wurde es auch von Angehörigen beider Seiten stark angefeindet. Pius VII. setzte sich über die Widerstände im Kardinalskollegium hinweg. Napoleon nahm der Opposition ihre Kraft, indem er dem Konkordat sog. organische Artikel hinzufügte, die der Papst hinnahm, um die Einigung nicht noch rückwirkend zu gefährden. Mit den organischen Artikeln wurden Bischöfe und Pfarrer strengen Vorschriften unterworfen, die sie in wichtigen Amtshandlungen an die Zustimmung der staatlichen Behörden banden, z. B. vor der Veröffentlichung päpstlicher Dokumente, vor der Einberufung von Synoden und bei der Neugründung von Pfarreien. Die Vorschriften ermöglichten einerseits den zuständigen staatlichen Stellen eine genaue Kontrolle von Bischöfen und Pfarrern, sie unterwarfen andererseits die Pfarrer der strikten Disziplin der Bischöfe. Die Prinzipien der straffen französischen Verwaltung wurden dergestalt auf die Kirche Frankreichs übertragen und wirkten über sie auf die Dauer auch auf die Gesamtkirche zurück. Der sich im Konkordat äußernde gesteigerte Einfluß des Papsttums auf die französische Kirche mußte als Reaktion auf die vorgesehenen, an gallikanische Traditionen anschließenden starken Eingriffe des Staates in kirchliche Angelegenheiten dazu führen, daß diese Kirche zunehmend in Rom Rückhalt suchte. Die Zentralisierung der Staatsmacht wirkte direkt oder indirekt auch auf eine Zentralisierung der Kirche unter der Führung des Papsttums hin. Damit beschwor sie zugleich neue Konflikte zwischen dem seine Verwaltungstätigkeit auch auf kirchlichem Gebiet intensivierenden Staat und der an Einfluß und Selbstbewußtsein gewinnenden Kirche herauf.

Trotz der organischen Artikel bot das Konkordat der Kirche vor allem nach einer tatsächlichen Überwindung der Spaltung die Chance, durch geistige und organisatorische Regeneration eine Überwindung der in der Revolution erlittenen Schäden in Angriff nehmen zu können. Da sich die im Konkordat vorgesehene Neubildung des Episkopats trotz der Widerstände innerhalb eines Jahres durchsetzte und aus altkirchlichen und konstitutionellen Bischöfen und aus neu gewählten Priestern bald ein vollzähliger neuer Episkopat gebildet wurde, konnte auch der weitere Wiederaufbau der kirchlichen Organisation in die Wege geleitet werden. Er wurde dadurch gefördert, daß der Staat sowohl durch erhöhte finanzielle Leistungen als auch durch weitere Zeichen der Duldung und des Entgegenkommens gegenüber kirchlicher Aktivität eine gewisse Hilfestellung leistete. Das Verhältnis zwischen Staat und Kirche verschlechterte sich dann wieder wegen der Auseinandersetzungen zwischen Napoleon und der Kurie um die Kontinentalsperre.

Der Pfarrklerus konnte innerhalb kurzer Zeit nicht voll ergänzt werden, da die Nachwirkungen der vorangegangenen

Konflikte es unmöglich machten, alle verfügbaren Geistlichen ohne Berücksichtigung ihres Verhaltens in der Revolutionszeit wieder heranzuziehen. Der Überalterung war besonders schwer abzuhelfen, da die Wiedereröffnung der Ausbildungsseminare nur langsam erfolgte und die neugeweihten Priester weniger als ein Zehntel der Zahl in der vorrevolutionären Zeit ausmachten. Sogar im Ordenswesen, das im Konkordat nicht geregelt worden war, konnte eine Regeneration erfolgen. Es mußte sich zwar auf Missions-, Schul- und Krankenpflegeorden beschränken, führte aber immerhin im ersten Jahrzehnt des 19. Jahrhunderts wieder zur Entstehung von über 2000 Klöstern. Schwieriger und in seinen Erfolgen schwer zu beurteilen war der Versuch, der durch die Revolution vielfältig geförderten Entchristlichung entgegenzuwirken. Einerseits hatte die Revolution im Zeichen der Verfolgung christliches Bewußtsein im Widerstand aktiviert. Sie hatte es nicht selten zu todesmutigem Durchhalten gesteigert und damit das Ansehen der Kleriker und die Einsatzbereitschaft der Laien gehoben. Andererseits hatten die Konflikte zwischen alter und konstitutioneller Kirche der Religion allgemein geschadet. Zusammen mit der systematischen Entchristlichung und der mangelnden religiösen Unterweisung hatte dies dazu beigetragen, das christliche Bewußtsein vor allem in den Städten, aber auch in manchen ländlichen Gegenden, wenn auch regional stark unterschiedlich, bedeutend zu schwächen. Initiativen verschiedener Art, Predigten, Volksmissionen, neue religiöse Kongregationen, u. a. auch von Laien, versuchten, christliche Traditionen neu zu beleben, aber auch neu entstehende Lebensformen christlich zu durchdringen und zu prägen. Ihre Wirksamkeit läßt sich aber ebenso schwer abschätzen wie die Frage, ob die Entchristlichung des Lebens in Frankreich vor allem ein Ergebnis der Revolution war, oder ob ihre Ursachen nicht viel weiter in die vorrevolutionäre Zeit zurückreichen. Jedenfalls trugen die neuen Impulse dazu bei, dem Katholizismus auch für das 19. Jahrhundert eine Basis zu sichern, ohne die ihm eine politische Wirksamkeit in dem dann tatsächlich ausgeübten Maße nicht möglich gewesen wäre.

Eine grundsätzliche geistige Auseinandersetzung mit der gesamten Entwicklung von Christentum und Staat, wie sie in die Revolution gemündet war, betrieben die sog. Traditionalisten, als deren Hauptvertreter De Maistre, De Bonald und in einer ersten Lebensphase auch Lamennais anzusehen sind, deren Denken aber auch Chateaubriand nahestand.[14] Die Wirkungen des Traditionalismus auf den französischen Katholizismus und den der Nachbarländer sind bis 1830 beträchtlich gewesen und bestanden auch darüber hinaus fort, insofern als sich das Selbstverständnis des Katholizismus weitgehend angeregt durch die Stellungnahme des Traditionalismus und in der Auseinandersetzung mit ihm entwickelt hat.

De Maistre, De Bonald[15] und Lamennais war gemeinsam, daß sie eine harte Abwehrstellung gegen die Revolution einnahmen und sie dennoch in ihre Geschichtstheologie einordneten. In einer umfassend christlich geprägten Interpretation glaubten sie, die Revolution nur als göttliche Strafe auffassen zu können, durch die Frankreich und die gegenwärtige Menschheit insgesamt auf den rechten Weg der Entwicklung zurückgebracht werden sollten. Die Revolution fiel aus dem Rahmen der Entwicklung heraus, der durch die menschheitliche Uroffenbarung gegeben, durch die Tradition übermittelt und vom Christentum geprägt worden war, der aber auch die Monarchie mit umfaßte. Der rechte Weg sollte nach Überwindung der Revolution wiederaufgenommen werden. Die Lehre der Traditionalisten bedeutete eine nur aus tiefer Verletzung verständliche, überspitzte Reaktion, eine vollständige Absage an die Revolution und an ihren aufklärerischen Individualismus, ihren Rationalismus und ihr Fortschrittsdenken. Sie forderte in theokratischer Übersteigerung für Christentum und Papst eine absolute Schlüsselstellung in einer künftigen Monarchie. Theologische Vorstellungen lieferten das Bezugssystem, in das Vergangenheit, Gegenwart und Zukunft von Staat und Kirche eingespannt wurden und in dem sie ihre vorgegebene Stellung einzunehmen hatten.

Die angestrebte Erneuerung mußte nach De Maistre die Überwindung der vorherrschenden Stellung des Staates gegenüber der Kirche bewirken, wie sie im Gallikanismus bestanden hatte. Als Gegengewicht gegen den Staat mußte die Kirche eine verstärkte Position erhalten, was nur mit Hilfe des Papsttums möglich schien. Der von De Maistre inspirierte Ultramontanismus einer intensiven Orientierung des Katholizismus auf das Papsttum ergab sich für ihn aus der Notwendigkeit, den Staat durch die Kirche unter ausschlaggebender Führung des Papstes in einem Gleichmaß seiner inneren Kräfte zu erhalten. Der Kirche sollte dafür die ihr nach De Maistre zukommende Führungsposition gesichert werden. Daß die über Gebühr erhöhte Stellung des Papsttums Mißtrauen und Widerspruch herausfordern mußte, wurde in der weiteren Geschichte von Kirche und Staat überdeutlich. Lamennais gründete den gesamten Glauben und die gesamte Erkenntnis auf die Gesellschaft und auf den in ihr zutage tretenden »sens commun«. Der Glaube war ein Grundbedürfnis der menschlichen Natur und stellte die Voraussetzung auch für die intellektuelle Erkenntnis dar, die nicht in der Erkenntnis der Einzelvernunft, sondern in der Summe der als unzweifelhaft erkannten Wahrheiten bestand. Die Kollektivvernunft fand nach Lamennais ihre Hüterin in der Kirche. Die Kirche wurde dadurch auf den Gemeingeist bezogen, und zwar unter dem Vorzeichen monarchistischer Restauration. Die göttliche Ordnung drückte sich im Irdischen sichtbar aus. Als Lamennais zu einer veränderten Einschätzung der zeitgenössischen politischen Ordnung kam, war das für ihn der Grund, fortan auch der Demokratie die höchste religiöse Sanktion zuteil werden zu lassen.

Ungeachtet der späteren Entwicklung ist es unübersehbar, daß die Traditionalisten mit ihrer engen Verbindung von Kirche und Königtum eine Linie vertraten, die über die verschiedenen Etappen der Revolution hinweg bis ins 19. und 20. Jahrhundert hinein im französischen Katholizismus bei Laien und im Klerus eine große Anhängerschaft behielt. Durch die starke Hervorhebung der Rolle des Papsttums wurde jedoch der gallikanischen Tradition der engen Verbindung von monarchischem Staat und Kirche eine neue, folgenschwere Wendung gegeben. Die Traditionalisten reagierten damit auf die Erfahrung, daß der Klerus und die Gläubigen gegenüber ihnen unzumutbar erscheinenden Forderungen des Staates einen Rückhalt brauchten, als der sich in der Revolution das Papsttum erwiesen hatte. Es wurde auch zum Partner Napoleons, als es diesem gut erschien, den inneren Frieden in Frankreich durch Regelung der kirchlichen Verhältnisse zu festigen und damit seine eigene Herrschaft zu stabilisieren. Wie noch zu erörtern ist, kam dieser äußeren Aufwertung des Papsttums eine Ent-

wicklung seiner inneren Struktur entgegen, die weitere Anstöße aus der Umgestaltung der kirchlichen Verhältnisse in
Deutschland und Italien erhielt. Obwohl die ersten Werke der
Traditionalisten schon seit 1796 in der Emigration erschienen
waren, entfalteten sie erst nach dem Sturz Napoleons und
während der Restauration des bourbonischen Königtums ihre
volle Wirkung, die spätestens beim Übergang zum Bürgerkönigtum seit 1830 hauptsächlich unter dem Einfluß von Lamennais zu neuen Entwicklungen führte.

Es entsprach der von Napoleon mit dem Konkordat verfolgten Politik, daß er die Kirche auch zur Legitimierung seines
Kaisertums heranzog.[16] In der Hoffnung auf politische Zugeständnisse reiste Pius VII. 1804 nach Paris, um dort den neuen
Kaiser zu salben. Der Bund von Thron und Altar trat weithin
sichtbar in Erscheinung, ohne daß Pius VII. die von ihm ge-
wünschten Erfolge hätte erzielen können. Die Beteiligung am
Krönungsakt und das äußere Hervortreten als Repräsentant
der übernationalen Kirche mußte den Papst für enttäuschte
Hoffnungen auf Milderung oder Abänderung der organischen
Artikel entschädigen. Im Bewußtsein der französischen Katholiken erhielt das Papsttum durch Pius VII. eine Realität
und Lebendigkeit, die im weiteren Verlauf des Jahrhunderts
allenthalben auf die Gläubigen einen wachsenden Eindruck
machen sollte. Die beginnende Aktivierung breiterer Bevölke-
rungskreise und der öffentlichen Meinung hatte für das Papsttum auf lange Sicht die willkommene Auswirkung, eine direkte Verbindung zwischen dem Papst und den Katholiken
entstehen zu lassen; sie unterstützte wirkungsvoll die ultramontane Ausrichtung der Kirche in den verschiedenen Staaten
auf Rom und sicherte ihr eine modern anmutende Massenre-
sonanz. Der Widerstand des Episkopats gegen eine allzu weitgehende Zentralisierung der Kirche wurde dadurch erschwert.

Moralische Eroberungen waren das einzig Positive, das Pius
VII. in den nächsten Jahren für sich und die Kirche im Verhältnis mit Napoleon verbuchen konnte, und der Papst mußte sie
bald in Auseinandersetzung mit der napoleonischen Politik
und unter hartem persönlichem Einsatz erringen. Konfliktpunkte zwischen Napoleon und dem Papsttum entstanden
immer wieder in Italien. So kam zwar 1803 in der Italienischen
Republik, die in Norditalien von Napoleon an die Stelle der

Cisalpinischen Republik gesetzt worden war, ein Konkordat zustande, das die kirchlichen Interessen stärker berücksichtigte als die Regelungen für Frankreich, aber auch hier wurden die Konkordatsrechte durch Gesetzgebungsakte wieder stark eingeschränkt. Der Papst setzte in Italien, wie später in Frankreich, als Protest seine Ablehnung der Investitur neuer Bischöfe ein. Wenn auch in der Toskana einige Jahre ein kirchenfreundliches Klima herrschte, läßt sich doch insgesamt für die napoleonische Zeit in Italien sagen, daß die Rechte der Kirche zugunsten der napoleonischen Herrschaft bzw. der italienischen Satellitenstaaten mehr oder weniger energisch verringert und in verschiedenen Teilen Italiens erneut Klöster aufgehoben wurden. Dabei schlugen in Oberitalien bisweilen josephinische Traditionen durch oder wurden ausgebaut; manchmal gingen auch lokale Bestrebungen mit dem napoleonischen Staatskirchentum unterschiedliche Bündnisse und Kompromisse ein.

Obwohl die französische Kirche das napoleonische Kaisertum ideologisch zunächst intensiv stützte, kam es Napoleon doch bald darauf an, den Papst zum willigen Bundesgenossen seiner imperialen, auf Auseinandersetzung mit England gerichteten Kontinentalpolitik zu machen. Da der Papst seine politische Eigenständigkeit zu wahren suchte und auch in der Kirchenpolitik der verschiedenen Territorien Italiens die kirchlichen Positionen verteidigte, wurde Rom 1808 von französischen Truppen besetzt und der Kirchenstaat wenig später mit Frankreich verbunden. Der Papst wurde in Savona interniert, während Frankreich Personen und Dienststellen der Kurie nach Paris zog und damit die neuerliche Unterwerfung und Entmachtung des Papstes deutlich nach außen hervortreten ließ. Für Pius VII. blieb nur die Möglichkeit des persönlichen Widerstands, damit aber auch einer Haltung, die ihm und dem von ihm repräsentierten Papsttum im Bewußtsein nicht nur Frankreichs, sondern des katholischen Europas Achtung und Anerkennung einbrachte. Der Konflikt zwischen Napoleon und dem Papst ließ in Frankreich die Verbindung zwischen Kirche und traditionellem Königtum wieder stärker werden. Napoleon hatte das früher in katholischen Kreisen gewonnene Prestige infolge seiner überhöhten Forderungen an Kirche und Papsttum bald verspielt. Das in den letzten Jahren seiner Regierung schnell abkühlende und sogar in offenen Konflikt umschlagende Verhältnis des französischen Kaisers zur Kurie und auch zur französischen Kirche schien erneut die Möglichkeit der Zusammenarbeit mit Kräften zu widerlegen, die der Revolution ihren Ursprung verdankten, selbst wenn sie, wie Napoleon, sich noch so eng den Mantel einer legitimen Monarchie umzuhängen bestrebt waren.

Napoleon gelang es mit seiner Konkordatspolitik zwar, Staat und Kirche einander vorübergehend wieder anzunähern. Er konnte dabei jedoch nicht eine so enge, selbstverständlich wirkende Verbindung zwischen ihnen herstellen, wie sie im Ancien Régime bestanden hatte. Das zeigten auch die Schriften der Traditionalisten, die auf die Erneuerung der alten Einheit von Kirche und Staat in der legitimen Monarchie hinarbeiteten und trotz des zeitweiligen Friedensschlusses zwischen Napoleon und Kirche auf eine monarchische Restauration zielten, selbst wenn sie keinen praktischen Weg zu ihrer Verwirklichung aufzeigten. Der Gesellschaft wurde ein Impuls gegeben, für die alte Einheit von Staat und Kirche einzutreten, mithin im Interesse der vollständigen Wiederherstellung der Kirche und ihrer traditionellen und angeblich naturgegebenen Solidarität mit dem Staat eine Sammlung der politisch-gesellschaftlichen Kräfte im Zeichen des Katholizismus zu versuchen. Ihm wurde ein Ziel für die politische Aktivität innerhalb der Gesellschaft gewiesen, eine Aktivität, durch die das richtige Verhältnis zwischen Staat und Kirche gefördert oder wiederhergestellt werden konnte.

In der Entwicklung von der Französischen Revolution bis zum Wiener Kongreß wurden die Kirche und der Katholizismus in Frankreich, Deutschland und Italien in tiefgehende Umbruchprozesse verwickelt. In Frankreich vollzogen sie sich auf besonders schwerwiegende Weise, weil hier einerseits die Verbindung von Kirche und Staat extrem eng war und weil das Pendel der revolutionären Gewaltsamkeit hier namentlich gegen die Kirche sehr weit ausschlug. Es blieb in Frankreich nicht nur bei Besitzumschichtungen und gesellschaftlichen Veränderungen zuungunsten der Kirche, sondern die Revolution führte hier in mehreren Phasen zu einem tatsächlichen

Religionskrieg; dieser bestand erstens in dem Sinne, daß sich mit der überkommenen katholischen und der neuen konstitutionellen Kirche zwei unterschiedliche Bekenntnisse einander entgegentraten und miteinander mit dem vollen Nachdruck von konträren Gewissensentscheidungen konkurrierten, und zweitens in dem weit folgenschwereren Verständnis eines generellen Vernichtungskampfes der Revolution gegen das Christentum. Der Mythos der Revolution verband sich so in voller Stärke mit einem Mythos der revolutionären Unterdrückung der Kirche, so daß von dem einen kaum zu sprechen war, ohne den anderen auch mit wachzurufen. Wie die Kirche bis 1789 im Königtum einen fördernden Partner gehabt hatte, dessen unwillkommene Eingriffe in die Rechte der Kirche mehr und mehr in den Hintergrund traten, so schien sie nun in der Revolution einen Gegner zu besitzen, dessen gewaltsames Vorgehen Märtyrer der Kirchenfreiheit geschaffen hatte, die jederzeit zu Zeugen gegen Revolution und Republik und für das Bündnis zwischen Kirche und Königtum aufzurufen waren.

Gegenüber dem gewaltigen, sich aus der Revolution ergebenden Zwiespalt innerhalb der französischen Nation hatten die deutschen politisch-kirchlichen Wandlungen ein weitaus bescheideneres Maß, selbst wenn sie in die herrschaftlichen und institutionellen Verhältnisse der Kirche tief eingriffen. Die politische und kirchliche Umwandlung der Reichskirche unter dem Vorzeichen der Säkularisation war für die deutsche Entwicklung sicher von großer Wichtigkeit, aber sie konnte nicht die grundlegende Bedeutung wie die Vorgänge in Frankreich haben, da weder eine Revolution noch eine Gegenrevolution sich zu so weitreichenden und tiefdringenden antagonistischen Mythen entwickelten wie in Frankreich. Dies gilt auch, wenn die französischen Vorgänge in Deutschland durchaus zur Kenntnis genommen und reflektiert wurden und sich die Revolutionsfurcht im Bürgertum stark ausbreitete. Die deutschen Verhältnisse, geprägt durch die Einzelstaaten, hatten auch im kirchlichen Bereich bescheidenere Dimensionen als die Ereignisse in Frankreich, die nur zu einem Teil und in stark vermittelter Form nach Deutschland hinüberdrangen und hier mit einiger äußerer und innerer Distanz behandelt werden konnten, während sie in Frankreich über Jahre hinaus blutiger Alltag geworden waren.

In noch stärkerem Maße trifft der Unterschied zwischen Frankreich und Deutschland auf die Entwicklung in Italien zu. Revolution und napoleonische Zeit hatten immer wieder massive Ausläufer auch dorthin gehabt. Aber der Eindruck durch die französischen Ereignisse hatte sich doch nur sehr begrenzt auf dünne Bevölkerungsschichten erstreckt, ja, war diesen weit mehr noch in der konterrevolutionären Umkehrung und in den Reaktionen der Bevölkerung gegen Revolutionierungsversuche entgegengetreten. In Italien konnte vor allem infolge des nach Napoleons Sturz wiederhergestellten Einflusses des Papsttums der Eindruck am stärksten sein, daß das Verhältnis zwischen Staat und Kirche in die alten Bahnen zurückgelenkt werde.

III. Der politische Katholizismus
von 1815 bis 1848

1. Die organisatorische Neuordnung der Kirche innerhalb des Deutschen Bundes und die geistig-religiöse Erneuerung des deutschen Katholizismus

Auf dem Wiener Kongreß wurden in der Frage der kirchen-politischen Neuordnung in den deutschen Staaten verschiedene Konzeptionen geltend gemacht.[17] Die Tradition der Reichskirche wollten deren als Mainzer Erzbischof und Erzkanzler des Deutschen Reiches ehemals ranghöchster Repräsentant Karl Theodor v. Dalberg und sein Vertreter auf dem Kongreß Heinrich Ignaz v. Wessenberg durch eine einheitliche Neuordnung der gesamten deutschen Kirche weiterführen, die mit einer erneuerten politischen Einigung der deutschen Staaten korrespondieren sollte. Die Tatsache, daß eine politische Zusammenfassung, die zunächst ihre durch die Reichstradition oder das neue Nationalbewußtsein motivierten Verfechter hatte, nur in der lockeren Form des Deutschen Bundes zustande kam, die auf das Selbständigkeitsstreben der Mitgliedstaaten größte Rücksicht nahm, machte auch den Abschluß eines Reichskonkordats unmöglich; dies, obwohl dafür zunächst auch der päpstliche Legat, Kardinalstaatssekretär Ercole Consalvi, eingetreten war. Zwischen ihm und Wessenberg konnte es aber trotz scheinbar ähnlicher Zielsetzungen in dieser Frage zu keiner Zusammenarbeit kommen, denn wenn Consalvi zunächst den Abschluß eines Gesamtkonkordats betrieb, hoffte er, auf diese Weise die bestmöglichen Bedingungen für die deutsche Kirche in engster Verbindung mit der Gesamtkirche erzielen und zugleich den kirchlichen Zuständen in Deutschland die größte Festigkeit geben zu können. Wessenberg dagegen sah in einem Reichskonkordat eine Möglichkeit der deutschen Kirche, einen neuen Zusammenhalt und eine eigenständige Stellung gegenüber dem Papsttum zu erringen. Die Einsetzung eines Primas der deutschen Kirche schien ihm ein geeigneter Weg zu sein. Rom mußte in diesem Vorschlag die episkopale Tradition der vorrevolutionären Zeit durchschimmern sehen, die dazu noch durch den neuen Bundesgenossen, das erwachte Nationalbewußtsein, erhöhten Antrieb zu gewinnen drohte. Es erscheint dabei nur folgerichtig, daß sich die Befürworter einer umfassenden kirchenorganisatorischen Lösung nicht durchsetzten, da sie durch ihre Gegensätze untereinander noch zusätzliche Hindernisse schufen, dieses Ziel zu erreichen.

Wie andere strittige Fragen schob der Kongreß die Aufgabe der kirchlichen Neuorganisiation dem Bundestag zu, indem er auf ihre Regelung in der Bundesakte verzichtete. Er beschränkte sich darauf, den Angehörigen der verschiedenen christlichen Religionsgemeinschaften im § 16 der Bundesakte die rechtliche und politische Gleichheit zuzusichern, ein Prinzip, dessen bloße Nennung jedoch die vielen durch die neuen Konfessions- und Staatsverhältnisse drängend gewordenen Probleme keineswegs aus der Welt schaffte, auf das aber nach der vielfältigen Verbindung unterschiedlich konfessioneller Bevölkerungsgruppen in den einzelnen deutschen Staaten nicht mehr zu verzichten war.

Consalvi hatte die Neuordnung der deutschen Kirche auf dem Wiener Kongreß zunächst in Richtung auf ein Reichskonkordat oder eine ihm entsprechende Gesamtlösung der deutschen Kirchenorganisation gesucht. Verbindung hatte er aber auch schon zu deutschen Einzelstaaten aufgenommen, denn in Verhandlungen mit ihnen mußte eine neue rechtliche Stellung der Kirche gefunden werden, wenn sie auf breiterer Ebene nicht zustande zu bringen war. Mit den Einzelstaaten kam es dann auch nach anfänglichem Zögern, da sie gern von jeder vertraglichen Bindung frei geblieben wären, zu einer Übereinkunft, als der Bundestag die offen gebliebenen Probleme nicht aufgriff, die Einzelstaaten ihre Lösung jedoch als notwendig empfanden. Die Verhandlungen wurden von der Tatsache bestimmt, daß die Einzelstaaten in den Entwicklungen der letzten Jahrzehnte in Staatsorganisation und Staatsbewußtsein einen Modernisierungsschub erlebt hatten, der nicht ohne Wirkung auf ihr Verhältnis zur katholischen Kirche bleiben konnte. In den einzelnen Staaten hatte die aufgeklärte Bürokratie unter Beseitigung oder doch Zurückdrängung regionaler Teil- und Zwischengewalten im Zuge von Säkularisation und Mediatisierung und unter möglichst schneller und weitgehender Angleichung der einzelnen Herrschaftsgebiete eine Zentralisierung und Straffung der Staatsverwaltung erreicht, die entsprechende Tendenzen des Ancien Régime konsequent weitergeführt und durchgesetzt hatte. Diese Maßnahmen hatten die Möglichkeit geschaffen, weitere Bereiche des öffentlichen Lebens zu regeln. Das sollte zum Besten der Staatsbürger geschehen, denen selber jedoch kein großes Vertrauen für die Gestaltung öffentlicher Angelegenheiten entgegengebracht wurde, wie sich auch daran ablesen läßt, daß Verfassungen in der Staatenwelt des Deutschen Bundes nur zögernd eingeführt und wirksam wurden. Nicht nur organisatorisch, sondern auch in ihrem Bewußtsein verstärkte sich seit Anfang des 19. Jahrhunderts der innere Zusammenhalt der Einzelstaaten. Nachdem der Wiener Kongreß mit dem Deutschen Bund nur einen farblosen und lockeren Zusammenschluß der deutschen Staaten zustande gebracht hatte, fand das nationale und politische Bewußtsein seine Anhaltspunkte vielfach in den Einzelstaaten – falls es nicht im Programmatischen haften blieb und sich auf die grundlegende Umgestaltung des Deutschen Bundes richtete. Die machtpolitische Durchsetzung derartiger Vorstellungen war jedoch nicht absehbar.

Es entsprach daher der allgemeinen Entwicklung, daß die kirchliche Neuordnung in einer Auseinandersetzung der Kurie mit den Einzelstaaten und in deren Rahmen erfolgte und daß diese eifersüchtig darauf bedacht waren, ihre gewachsene Machtkonzentration nicht durch unkontrollierte Einflüsse des Papsttums auf Klerus und Gläubige durchbrechen zu lassen. Bei diesem Bestreben konnte sich Bayern als katholischer Staat auf eine lange eigene staatskirchliche Tradition stützen, die ihr Zentrum in der bayerischen Monarchie gefunden hatte. In dieser Tradition hatte Bayern die staatlichen Befugnisse gegenüber der Kirche 1807 in einem Religionsedikt ohne Rücksicht auf entgegenstehende Forderungen der Kurie einseitig auf der Grundlage der Interessen des Staates formuliert. Es widersprach jedoch dem allgemeinen Streben nach der Herstellung und Festigung geordneter Verhältnisse – wie es die Restaurationszeit beherrschte –, wichtige Fragen im kirchlichen Bereich ungelöst zu lassen. Zumindest an einer Angleichung der Diözesaneinteilungen an die neuen staatlichen Grenzen war Bayern, wie den übrigen Einzelstaaten auch, im Interesse der Verstärkung ihrer Eigenstaatlichkeit sehr gelegen, und diese konnte nur in Verhandlungen mit der Kurie erreicht werden. Ziel der Einzelstaaten mußte es bei diesen angestrebten Verhandlungen sein, die beanspruchten staatlichen Kompetenzen gegenüber der Kirche möglichst weitgehend durchzusetzen.

Die päpstlichen Absichten stimmten mit denen der Einzelstaaten insofern überein, als auch die Kurie auf eine Neuorganisation der deutschen Kirche drängte, um damit eine wichtige Voraussetzung zur Belebung des Katholizismus in Deutschland nach den einschneidenden Veränderungen durch die Säkularisation zu schaffen. Darüber hinaus war das Papsttum seit jeher und verstärkt unter dem Einfluß innerkirchlicher Erneuerungs- und Zentralisationstendenzen bestrebt, seine Stellung in der deutschen Kirche möglichst stark auszubauen. Die Beseitigung der Reichskirche und die Schwächung der kirchlichen Institutionen durch die großen Vermögensverluste als Folge der Säkularisation mußten es Rom besonders wichtig erscheinen lassen, kein Vakuum für das Einströmen staatlicher Befugnisse bestehen zu lassen, sondern den kurialen Einfluß auch juristisch möglichst weit voranzutreiben und abzusichern. Dafür sprachen auch innerkirchliche Spannungen, denn vor allem in der Person Wessenbergs, der seit 1817 die Nachfolge Dalbergs in der Leitung der Diözese Konstanz beanspruchte, ohne vom Papst eine Bestätigung erhalten zu haben, sah sich die Kurie in Deutschland auch jetzt noch mit Ausläufern episkopalistischer, nationalkirchlicher Bestrebungen konfrontiert. Sie verbanden sich mit aufklärerischen Tendenzen Wessenbergs und einer breiten, von ihm beeinflußten Klerikerschaft und bedeuteten in der rationalistischen Vereinfachung und Umprägung überkommener Formen des Glaubenslebens und der Seelsorge ein Weiterwirken aufklärerischer Einflüsse, die das Papsttum ebenso wenig zu akzeptieren bereit war wie die Einführung der deutschen Sprache in die Liturgie.

Die Erwartungen jeder Seite gingen also weit über das hinaus, was jeweils die andere zuzubilligen bereit war. Verhandlungen führten trotzdem 1817 zum Abschluß eines Konkordats zwischen dem Papst und Bayern, das dem Staat u. a. eine Angleichung der Bistumsordnung an die Landesgrenzen und das Nominationsrecht für die Bischöfe brachte, andererseits aber der Kirche freie Regelung ihrer inneren Angelegenheiten nach den kanonischen Satzungen, Schutz vor jedem Angriff in der Öffentlichkeit und durch Vermögenswerte gesicherte Dotation von Bischofssitzen und Domkapiteln zusagte.[18] Die weitreichenden staatlichen Zugeständnisse an die Kurie stießen nicht nur in der Beamtenschaft und bei dem evangelischen Volksteil auf scharfen Widerstand, sondern auch bei gemäßigten Katholiken, die in dem Konkordat eine Überspannung der kirchlichen Ansprüche sahen. Diese Reaktion bestärkte die staatlichen Stellen in ihrer Absicht, das Entgegenkommen, mit dem man die Zugeständnisse der Kurie erreicht hatte, auf andere Weise wieder zurückzunehmen. Ein 1818 als Beilage zur bayerischen Verfassung verkündetes Religionsedikt schuf einen neuen Rechtszustand, der dem Konkordat in wesentlichen Punkten widersprach. Es gewährte volle Religionsfreiheit, die sich auch auf die Religionszugehörigkeit von Kindern aus konfessionell gemischten Ehen erstreckte. Den drei christlichen Bekenntnisgruppen, Katholiken, Lutheranern und Reformierten, sicherte es Parität zu. Als öffentliche Korporationen genossen sie staatlichen Schutz. Sie waren zur eigenen Verwaltung ihrer inneren Verhältnisse berechtigt, aber der Staatsaufsicht unterstellt. Alle kirchlichen Gesetze, Neuordnungen und Anordnungen bedurften vor der Veröffentlichung der königlichen Genehmigung (Placet). Alle Kirchenmitglieder hatten das Recht, gegen die Ausübung der geistlichen Amtsgewalt bei staatlichen Behörden Beschwerde einzulegen (recursus ab abusu). Mit dem Religionsedikt wurde ein staatliches Kirchenregiment erneuert, wie es sich vor dem Abschluß des Konkordats auf das Religionsedikt von 1809 gestützt hatte. Den gegen das Religionsedikt gerichteten Protesten von seiten der Kurie, des Klerus und einzelner Katholiken, die sich nicht auf das Edikt verpflichten lassen wollten, versuchte die Tegernseer Erklärung des bayerischen Königs entgegenzukommen, welche die Geltung des Konkordats bekräftigte, ohne jedoch die staatsrechtlichen Ansprüche des Religionsedikts tatsächlich zurückzunehmen. An diesem »dilatorischen Formelkompromiß« zeigt sich überaus deutlich, wie sich zu Beginn des 19. Jahrhunderts Staat und Kirche in ihren verschärften Ansprüchen auf direkte Einwirkung auf die Bürger gegenüberstanden und ihr Verhältnis ohne ein Messen der Kräfte im Konflikt kaum finden konnten. Von der Stärke der Institutionen, aber auch von der Aktivierbarkeit der Bürger in dem einen oder in dem anderen Sinne mußte es abhängen, zu welchen Ergebnissen dieser Konflikt führen würde.

Die Konfrontation von Staat und Kirche wurde auch in anderen deutschen Staaten offensichtlich. So bei der Neuregelung der Bistumsordnung am Oberrhein, an der Baden, Württemberg und die hessischen Staaten interessiert waren. Nach langen Verhandlungen der Staaten untereinander und mit der Kurie wurde die neue Bistumseinteilung in der päpstlichen Bulle »Provida sollersque« von 1821 geregelt, die für jeden der Staaten ein eigenes Bistum schuf und sie durch das Erzbistum Freiburg zu einer Kirchenprovinz zusammenfaßte. Weder jetzt noch in weiteren Auseinandersetzungen mit der Kurie setzten die beteiligten nichtkatholischen Regierungen ein staatliches Nominationsrecht für die Bischöfe durch, wie es das katholische Bayern vermocht hatte. Vielmehr mußten sie sich darauf beschränken, weniger genehme Kandidaten von einer Liste zu streichen, ehe die Domkapitel die endgültige Wahl vornahmen. Diese Einigungsformel nahm keinerlei Notiz davon, daß in den zwischenstaatlichen Konferenzen zur Abstimmung des Vorgehens gegenüber der Kurie auch ein Wahlrecht des gesamten Klerus zusammen mit den Domkapiteln vorgeschlagen worden war, auf Grund dessen dem Landesherrn eine Dreierliste zur letzten Auswahl vorgelegt werden sollte. Offensichtlich zeichneten sich in diesem Vorschlag Wünsche auf Teilhabe des Klerus an der Bestellung der Bischöfe ab, die dem Drängen auf politische Partizipation besonders in den süddeutschen Staaten nahestanden, die gerade deshalb aber in den Verhandlungen mit der Kurie keine Befürworter mehr fanden, denn keiner Regierung und noch weniger dem Papst konnte nach ihrer derzeitigen zentralistischen Ausrichtung an einer Förderung des Partizipationsgedankens gelegen sein, sondern eher an seiner konsequenten Unterdrückung.

Als schließlich eine Einigung in den umstrittenen Punkten erzielt war, schlugen die Regierungen das, wie erwähnt, schon andernorts geübte Verfahren zur Begründung weitgehender Eingriffsrechte des Staates in kirchliche Angelegenheiten ein, indem sie 1830 landesherrliche Verordnungen erließen, welche die katholische Kirche mit den Mitteln des Staatskirchentums in ein enges Schutz- und Aufsichtsrecht einbanden. Auch päpstliche Proteste änderten an diesem Zustand nichts, obwohl sie sich nicht nur gegen die Regierungen richteten, sondern auch die Nachgiebigkeit der neuen Bischöfe gegenüber staatlichen Einflüssen kritisierten. Bei den gegenüber den Zeiten der Reichskirche veränderten Gegebenheiten war die staatliche Macht den Bischöfen nähergerückt und konnte sich zahlreicher Einflußmöglichkeiten bedienen, denen die Bischöfe der Reichskirche nicht ausgesetzt gewesen waren oder denen sie leichter hätten widerstehen können.

Wenn auch unter leicht veränderten Bedingungen, blieb in der oberrheinischen Kirchenprovinz wie auch in Bayern das Verhältnis zwischen Staat und Kirche letzten Endes in der Schwebe, insofern die Abmachungen der Staaten mit der Kurie Zugeständnisse an die Kirche enthielten, die im einzelstaatlichen Recht weithin zurückgenommen wurden. Da es sich jeweils um gültiges Recht handelte, wenn auch auf verschiedenen Rechtsebenen, konnten jederzeit Konflikte entstehen, mußte sich vor allem ein gegenseitiges Mißtrauen zwischen den Kontrahenten ausbreiten. Staat und Kirche fanden nicht zu echten Vereinbarungen, sondern hielten an ihren eigenen, in manchen Punkten überhöhten Machtansprüchen fest und konnten sich dabei sogar auf geltendes Recht stützen. Auch in den anderen deutschen Staaten, so in Preußen und Hannover, wurden auf dem Weg von Verhandlungen mit der Kurie die Bistumsordnungen den neuen Verhältnissen angepaßt. Auch diese Staaten waren mit Erfolg darauf bedacht, ihre staatsrechtlichen Befugnisse auf keine Weise einschränken zu lassen. In Österreich wurden die staatskirchlichen Praktiken des Josephinismus zunächst fortgeführt, in Italien teilweise unter Berufung auf Regelungen im Königreich Neapel-Sizilien. Verhandlungen zwischen der Kurie und Österreich ergaben später eine Milderung der staatskirchlichen Maßnahmen, ohne daß an ihnen jedoch grundsätzlich gerüttelt worden wäre. Metternichs allgemeine Tendenz zur politischen Beruhigung und Konsolidierung leistete der Entspannung des Verhältnisses von Staat und Kirche Vorschub, ohne aber einen wirklichen Kurswechsel der staatlichen Kirchenpolitik zu bewirken.

Die Lösung der kirchenorganisatorischen Fragen konnte nur eine wichtige äußere Weichenstellung für eine Regeneration des Katholizismus ergeben, die durch die Auswirkungen der Säkularisation nötig geworden war. Die Herausforderung des Katholizismus durch den weiterwirkenden Rationalismus der Aufklärung, durch den Aufstieg und die sich anbahnende gesellschaftliche und politische Emanzipation des Bürgertums und durch die damit zusammenhängenden neuen wirtschaftlichen, gesellschaftlichen und politischen Probleme mußte jedoch auf allen geistigen, organisatorischen und kommunikativen Ebenen aufgenommen werden.[19] Der Katholizismus stand vor der Aufgabe, die Gestaltungskraft und die Anpassungsfähigkeit der durch die Kirche in einem ständig lebendigen Prozeß in die Geschichte vermittelten biblischen Botschaft in der modernen Welt weiter zu entfalten. Ob und wie die Katholiken diese Aufgabe erkannten, und wie sie ihr gerecht zu werden versuchten, mußte sich im Verlauf der weiteren historischen Entwicklung erweisen und konnte nur in inneren und äußeren Konflikten entschieden werden.

Zu der geistig-religiösen Erneuerung des deutschen Katholizismus Ende des 18., Anfang des 19. Jahrhunderts trugen verschiedene Impulse der allgemeinen geistig-kulturellen Entwicklung bei. Problematisch war die Berührung mit der Aufklärung, die allgemein zu einer Aufwertung der menschlichen Vernunft und ihrer Fähigkeit zur Erkenntnis und zur Gestaltung aller Lebensbereiche führte, zugleich aber die Tendenz in sich trug, die Vernunft und ihre Fähigkeiten zu verabsolutieren.

Unerläßlich und für die innere Entwicklung des Katholizismus auch förderlich war es, daß er Impulse der Aufklärung aufnahm und für sich fruchtbar zu machen versuchte. Sollte das Evangelium als Verkündigung für die Menschen an die aufeinander folgenden Generationen gelangen, mußte sie sich – und mußte sich mit ihr die Kirche als ihre Vermittlerin – an die Menschen in ihrer Zeit richten, mußte deren eigentümliche geistige, politische und soziale Prägung zu verstehen und auf sie einzugehen versuchen, ohne dabei ihre eigene Besonderheit und Funktion als umfassende Interpretation der Wirklichkeit des Menschen unter dem Anspruch der kirchlich vermittelten Offenbarung zu verlieren. Dieses Verhalten konnte zu einer Bereicherung von Religion und Kirche bei ihrem Gang durch die Geschichte führen, wenn es gelang, den Sinn der Menschen für den Anspruch der Verkündigung offenzuhalten, der freilich nie fertig und abgeschlossen verfügbar war, sondern immer wieder in neuen Perspektiven und Nuancen erkannt und aktiviert werden mußte.

Die Vermittlung der christlichen Tradition mußte fortgeführt, neue Ausprägungen des Glaubens mußten entfaltet werden, ohne daß zum einen durch die Kirche und ihre Amtsträger die gottgegebene Freiheit des Menschen mehr eingeschränkt wurde, als es die Achtung vor dem Mitbürger und dem im Glauben strebenden Glaubensgenossen zuließ, und zum anderen so, daß die notwendigerweise immer unzulänglichen Versuche zur Verwirklichung des menschlichen Auftrags zur Gestaltung der Welt gefördert wurden. Eine auf die religiöse Erneuerung des Katholizismus gegründete politisch-soziale Bewegung konnte dazu einen besonderen Beitrag leisten. Die menschlichen Gestaltungsversuche in der Welt hatten schon bisher dem Christentum viele entscheidende Anstöße und Förderungen zu danken, ohne sich dessen immer bewußt zu sein. Das konnte auch künftig so sein, wenn Religion und Kirche mit ihren besonderen Möglichkeiten Hilfestellung leisteten bei der Orientierung der Welt auf den Menschen als das zur Vervollkommnung bestimmte und fähige Geschöpf Gottes. Das war eine Aufgabe, die nicht schnell und unversehens geleistet werden konnte, sondern die, von Irrtümern und Fehlern begleitet, die Bemühungen von Generationen erforderte und erfordert, ohne sich jemals zu erschöpfen.

Nicht zufällig fand die Erneuerung des Katholizismus ihre Zentren in Persönlichkeiten und Kreisen, welche mit der Aufklärung vertraut waren und sich ihr für eine gewisse Zeit und in einem gewissen Grade auch geöffnet hatten, dabei aber an ihrem katholischen Glauben festhielten oder zu ihm zurückfanden. Nicht selten wechselten sie auch von der evangelischen Konfession zu ihm über, weil sie im Katholizismus den besten Zugang zu der christlichen Tradition sahen. Der in der Romantik sich kräftig entwickelnde Sinn für die Vergangenheit, besonders die mittelalterliche Vergangenheit, wirkte sich dabei fördernd auf das Interesse und das Ansehen des Katholizismus aus.

In Österreich, wo die Aufklärung mit dem Josephinismus besonders intensiv auf die kirchlichen Verhältnisse eingewirkt hatte, wurde Wien die Wirkungsstätte katholischer Erneuerer, die, wie Clemens Maria Hofbauer und Zacharias Werner, als Priester von der Kanzel und in persönlicher Begegnung ihren belebenden Einfluß auf den katholischen Glauben in allen Bevölkerungsschichten entfalteten oder die, wie Adam Müller und Friedrich Schlegel, als Universitätslehrer und Publizisten in Wort und Schrift die Schwächen und Fehler der Aufklärung kritisierten. Müller und Schlegel knüpften an die Traditionen von Kaiser und Reich an und traten für die Erhaltung oder Wiederherstellung einer ständischen Gesellschaft ein. Ihre Religiosität und Kirchlichkeit entwickelte sich in der Rückwendung zur christlichen Welt des Mittelalters, in der die Kirche die gesamte Lebensordnung geprägt hatte. In sie sei der einzelne mit seiner ganzen Existenz eingebettet gewesen, ohne daß die Eigenwilligkeit seiner Vernunft ihn aus diesem Zusammenhang gerissen und damit vor die unlösbare Aufgabe gestellt hätte, sich alleine mit Hilfe seiner Vernunft orientieren zu müssen.

Die politisch-gesellschaftlichen Konzepte von Müller und Schlegel paßten nicht mehr in die sich rasch modernisierende Welt des 19. Jahrhunderts, in der die vorwärtsdrängende, geistig-politische Emanzipation und das bürgerlich-kapitalistische Leistungsdenken auf die Beseitigung der feudalen Schranken im Sozial- und Wirtschaftsleben bedacht waren, die nicht nur im revolutionären Frankreich erfolgt war, sondern sich auch – obwohl im Ausmaß abgestuft – in den deutschen Staaten durchzusetzen suchte. Allerdings wußte ihre Kritik durchaus deutlich zu machen, daß die Auflösung der Stände und die Freisetzung der einzelnen zu einer individualistischen Vereinzelung und kalten Beziehungslosigkeit tendierte. Im Vergleich damit erschienen ganzheitliche, langlebige Gemeinschaften und Zusammenhänge als positive Alternativen.[20] Die beiden »Politischen Romantiker« boten zwar zeitweise noch Ansatzpunkte eines katholisch-deutschen Selbstbewußtseins, das nicht mehr nur die Entwicklung abwartete und hinnahm, die von anderen zeitgenössischen Impulsen in die Wege geleitet wurde, sondern das sich auf eigene Traditionen besann und sie zur Grundlage der Gegenwartspolitik und von Zukunftsentwürfen zu machen wagte. Aber der Ansatz war stärker von einer romantischen Verklärung der Vergangenheit als von einem unvoreingenommenen Gegenwartsverständnis bestimmt. Gegenübergestellt wurde eine verfälschend idealisierte Vergangenheit wirtschaftlicher und sozialer Harmonie und Geborgenheit und eine Gegenwart, in der die Phänomene der Auflösung einseitig hervorgehoben waren gegenüber den Chancen, über die Isolation des Individuums hinaus zu freiheitlich begründeten, daher aber auch erhöhte sittliche Energien und Möglichkeiten entbindenden Gemeinschaften zu gelangen. Reich und Ständewesen waren Ausprägungen des feudalen Zeitalters, die sich längst überlebt hatten, ehe sie gewaltsam gestürzt worden waren. Sie als politisch-gesellschaftliche Ziele in die Zukunft zu projizieren, konnte kurzfristig und unter bestimmten Umständen als belebende politische Konzeption erscheinen, wies jedoch auf längere Sicht in die Irre, weil dabei die bürgerlichen Grundlagen und Zielsetzungen der modernen Welt völlig mißachtet wurden.

Müller und Schlegel hatten aber bedeutenden Anteil an der Entstehung und Verbreitung eines neuen katholischen Selbstbewußtseins, in dem nationale Töne unüberhörbar mitschwangen. Sie wiesen den Katholizismus insgesamt in eine falsche Richtung, da sie mit ihrem inkonsequenten Historisieren zwar mit Recht Werte der Vergangenheit aufgriffen, sie jedoch fälschlicherweise kanonisierten und einer Gegenwart als Zielprojektion vor Augen stellten, deren Entwicklungstrends ganz andere Probleme heraufbeschworen hatten, also auch andere Problemlösungen nötig machten. Allgemein konnte die Romantik dem Katholizismus wertvolle Impulse zur Besinnung auf bedeutende Etappen seiner Vergangenheit geben. Diese Vergangenheit übte auch besonders unter der idealisierenden und mit der Realität der Gegenwart kontrastierenden Perspektive eine große werbende Wirkung aus, die manche Konversion von evangelischen Christen und von Nichtgläubigen auslöste. Sie verzögerte aber zum Teil die Erkenntnis unter Katholiken, daß Glauben und Kirche in ihrer Vergangenheit nicht nur Glanzpunkte und positive Leistungen aufzuweisen hatten, die dazu verleiten konnten, den Blick sehnsüchtig zurückzuwenden, sondern auch Schandflecken der

Menschenverachtung und der Menschenunterdrückung bargen, die dazu herausfordern mußten, jeden Versuch ernsthaft zu prüfen, der gemacht wurde, um Menschen von der Unterwerfung unter Menschen zu befreien und ihnen ein Leben in freier Selbstverantwortung zu eröffnen. Wer innerhalb der katholischen Erneuerungsbewegung nicht die Opfer auch der glänzendsten Vergangenheit sah und ernstnahm, wer nicht die Chance menschlicher Gestaltungskraft auch und gerade unter dem Vorzeichen der sich ausbreitenden menschlichen Freiheit und Selbstverantwortung erkannte, konnte menschliche Bemühungen um Verbesserung der geistigen, politischen, sozialen und materiellen Lebensverhältnisse allzu leicht für überflüssig halten und sich mit einem Verdikt über die Hybris der menschlichen Vernunft und mit Werken christlicher Karitas begnügen. Diese Tendenz war in der ersten Hälfte des Jahrhunderts zumindest in Deutschland überwältigend stark, fand aber auch in Frankreich und Italien Unterstützung.

Weniger spektakulär, dafür aber mehrere Studentengenerationen sehr persönlich und von innen her erfassend, war das Wirken Karl Michael Sailers als Priester und Hochschullehrer seit 1800 an der bayerischen Landesuniversität Landshut und wenig später in München. Erfolgreiche pädagogische Schriften brachten seinen Einfluß weit über diesen Kreis hinaus zur Geltung. Seine pädagogischen Bemühungen waren mit Ansätzen verwandt, die Bernhard Overberg im Dienste des Münsteraner Bischofs noch zu Zeiten der Reichskirche entwickelt hatte und in denen er die Impulse eines verinnerlichten Christentums aus dem Kreise der Fürstin Galitzin in Münster wirksam gemacht und in einer vielbeachteten Schulordnung auch nach außen getragen hatte. Der Universitätstätigkeit Sailers folgte ein weiteres Jahrzehnt als Bischofskoadjutor und später als Bischof von Regensburg. Sailer nahm das Wissen der Zeit in sich auf, ohne sich mit ihm zufriedenzugeben. Er war von einer tiefen und lebendigen Religiosität und Frömmigkeit erfüllt, die er als Erzieher für die Verbreitung und Verinnerlichung des katholischen Glaubens fruchtbar zu machen versuchte. Die reine Vernunftlehre der Aufklärung hielt Sailer für ungenügend. Mittelpunkt seines Wirkens wurde statt dessen die Prägung seiner Studenten, denen er als Kernpunkt ein positives Christentum vermittelte. Wesentlich war für ihn eine allgemeine Charakterbildung seiner Studenten, bei denen er eine Innerlichkeit zu entwickeln suchte, die vor allem die künftigen Priester dazu befähigen konnte, ihre berufliche Tätigkeit ganz von christlichen Impulsen durchdringen zu lassen und sich dabei auf die gesamte Existenz der ihnen anvertrauten Gläubigen einzulassen. Von Ausläufern der Scholastik wandte Sailer sich ebenso ab wie von den veräußerlichten religiösen Formen des Barock. Die biblischen Schriften und das Frühchristentum entsprachen am meisten der Religiosität, die er zu vermitteln suchte. Sein erzieherischer Impetus verband ihn mit Vertretern der Aufklärung, aber sein umfassenderes Menschenbild gab seiner Erziehungsarbeit eine Breite und Tiefe, die sie zu einem wichtigen Beitrag der inneren Erneuerung des Katholizismus in Deutschland werden ließ. Über Schüler, zu denen auch Ludwig I. von Bayern gehörte, wirkten sich die von Sailer ausgehenden Impulse auch auf höchster Regierungsebene Bayerns aus, ohne daß dadurch die geschilderte staatskirchliche Prägung der bayerischen Politik gegenüber der Kirche grundsätzlich verändert worden wäre.

Repräsentiert und maßgebend beeinflußt durch Ludwig I. verbanden sich in Bayern Staatskirchentum und kirchlich-religiöse Erneuerung und bewirkten zusammen eine sich regenerierende Prägung von Mentalität und gesellschaftlicher Umwelt durch religiös-kirchliche Inhalte und Formen.[21] Religiosität wurde gegenüber der durch die Aufklärung favorisierten Nützlichkeit in der kirchlichen Beeinflussung in den Vordergrund gerückt, wenn auch ihre Rückkehr in die prunkhaftsinnlichen, zur Äußerlichkeit neigenden Formen des Barock zugunsten einer durch die Romantik inspirierten individualisierten Verinnerlichung vermieden wurde. Die Volksmission der Redemptoristen wirkte in diesem Sinne in den vierziger Jahren intensiv auf die Gemeinden ein. Sie konnten sich dabei auf die Bemühungen des Pfarrklerus stützen, dessen Priesterideal und dessen Seelsorgestil sich im Vormärz unter dem Einfluß Sailers ebenfalls von der Aufklärung abgewandt hatte. Dem Katholizismus gelang in diesem Sinne eine Neubelebung seines Einflusses auf eine große Mehrheit der Bevölkerung, die durch die Anerkennung des Staates für die Kirche gestützt wurde. Unerreichbar blieben dem Katholizismus Teile des Bürgertums, in dem sich liberale Ideen ausbreiteten. Gegen die neubelebten religiösen und kirchlich sanktionierten moralischen Verhaltensnormen machte sich aber auch in den Unterschichten eine zunehmende Tendenz zu abschwächendem Verhalten geltend. Am stärksten war der Einfluß der Kirche auf dem Lande, wo dem Pfarrer vielfach wieder eine beherrschende Stellung zufiel. In kleineren und größeren Städten nahm der Umfang des dissidierenden Bürgertums zu. Sein Vorbild wirkte auch auf Angehörige der Unterschichten, die ebenfalls durch die neuen Erfordernisse des Erwerbslebens der sonntäglichen Kirchenpraxis entfremdet wurden. Eine erhöhte Mobilität und Fluktuation der Bevölkerung förderte außerdem die partielle Entkirchlichung, die vielfach im Rückgang der religiösen Aktivität der einzelnen ihren Ausdruck fand. Auch in Bayern gewann seit den dreißiger Jahren die ultramontane Bewegung Einfluß, durch welche die individuelle Komponente der Religiosität zurückgedrängt wurde, während die Formen ihrer Äußerung zunehmend formalisiert und institutionalisiert wurden. Der ausgleichende Einfluß der Aufklärung wurde nun weiter abgebaut. Die Ausrichtung auf die römische Zentrale war ein wesentlicher Bestandteil der ultramontanen Bestrebungen.

Trotz der fortwirkenden staatskirchlichen Impulse wurden München und seine Universität Mittelpunkt des sich erneuernden Katholizismus, denn Ludwig I. gelang es, bedeutende katholische Persönlichkeiten nach München zu ziehen, die nicht zögerten, von hier eine weit ausstrahlende Tätigkeit zu entfalten. 1827 wurde Joseph Görres als Professor für Geschichte an die Universität München berufen. Er war nach seinem Eintreten für die Französische Revolution in nähere Berührung mit dem Mainzer Katholizismus gekommen, für den er Beiträge zu dem von diesem Kreis herausgegebenen *Katholik* beisteuerte. In München wurde Görres zum Mittelpunkt eines konservativ-katholischen Kreises bedeutender Publizisten und Gelehrter, zu denen weiterhin der Publizist Karl-Ernst Jarcke, der Mediziner Johann Nepomuk Ringeis, der Theologe Johann Adam Möhler, der Philosoph Franz v. Baader und der Kirchenhistoriker Ignaz Döllinger gehörten. Seit 1838 wurde der Kreis auch zum Träger der *Historisch-politischen Blätter für das katholische Deutschland*, herausgegeben von Guido Görres und Georg Phillips, die schnell zur wichtigsten publizistischen Stimme des Katholizismus in Deutschland wurden. Das geistige Zentrum der Erneuerungsbewegung verlagerte sich immer mehr von dem zunächst dank Müller und Schlegel führenden Wien nach München und stützte von hier aus energisch die Bemühungen, die sich auch an anderen Orten intensivierten. München verstärkte zugleich auch seine Position gegen die Expansionsbestrebungen des protestantischen Preußen. Der Görres-Kreis führte seinen Kampf sowohl gegen die revolutionären Tendenzen der Zeit, die nach der französischen Juli-Revolution von 1830 als zunehmend bedrohlich empfunden wurden, als auch gegen die Staatsomnipotenz des fortwirkenden, wenn auch konstitutionell eingegrenzten Absolutismus und seiner Bürokratie, in denen der Kreis eine Bedrohung des freiheitlichen Zustandes in Staat und Gesellschaft sah, für den er eine vom Herkommen bestimmte organische Weiterentwicklung ohne störende Eingriffe wünschte. Der Görres-Kreis bekämpfte die Überbewertung des Intellekts und der auf ihn gegründeten rationalistischen Konstruktion der politischen und gesellschaftlichen Ordnung, die die tatsächlichen Verhältnisse zu verkennen und zu verderben drohte. Im Katholizismus und seiner lebendigen Erneuerung sah man die geistig einigende Kraft, die allein in der Lage war, den zerstörerischen Tendenzen der Zeit mit Aussicht auf Erfolg entgegenzuwirken, eine Aufgabe, der der Protestantismus nach der Auffassung dieses Kreises wegen seiner eigenen inneren Schwierigkeiten, an denen er jeden Augenblick zugrunde gehen konnte, nicht genügte und nicht genügen konnte. Den konstitutionellen Bestrebungen stand der Kreis mit größter Skepsis gegenüber.

Impulse einer katholischen Erneuerung wurden auch in Mainz wirksam. Träger waren Priester, die aufgrund des französischen Konkordats, das die Ordnung der französischen Kirche auf das französisch gewordene linksrheinische Deutschland übertrug, durch Napoleon ins Amt gebracht worden waren. Der Elsässer Johann Ludwig Colmar wurde Bischof in Mainz und zog weitere Landsleute nach. Gemeinsam war allen die scharfe Abgrenzung gegenüber der Aufklärung und gegenüber staatskirchlichen Tendenzen sowie die bewußte Konzentrierung auf die eigene Kirche und ihr Zentrum in Rom. In ihrem Wirken suchten sie den Klerus und einen weiteren Kreis von Gläubigen aufs engste an die Kirche zu binden. Dem diente die Einrichtung eines Knaben- und eines Priesterseminars, das der Heranziehung und Vorbereitung eines straff kirchlich ausgerichteten Klerus dienen sollte. In Mainz wurde die scholastische Philosophie gepflegt, von der sich Sailer nicht zuletzt um einer lebendigen, zeitnahen Christlichkeit willen ferngehalten hatte. Auf den Universitäten waren fremde Einflüsse nicht auszuschließen, und sie erschienen den Mainzern als Gefährdung der Heranbildung eines gläubigen und kirchentreuen Klerus. Mit Recht wurde diese Auffassung auch innerkirchlich bestritten, da sie den heranwachsenden Klerus in ein Getto zu bringen drohte, aus dem er auch später im Kontakt mit der Umwelt nicht mehr herausfinden würde. Wie sollten die späteren Priester innere Standfestigkeit und missionarische Kraft des Glaubens entwickeln, wenn sie in den Jahren jugendlicher Welterschließung vom Umgang mit fremden Ideen und mit andersdenkenden Menschen abgeschlossen wurden und ihnen eine Auseinandersetzung mit fremden Denkansätzen und Weltinterpretationen nicht abverlangt wurde?

Die Seminarausbildung stand im Kontrast zu der an anderen Orten noch üblichen Ausbildung der künftigen Geistlichen an den theologischen Universitätsfakultäten, die von staatskirchlicher Seite bevorzugt wurde. Diese Ausbildung bot die Möglichkeit einer intensiveren Beeinflussung und Überwachung und entsprach daher besser dem staatlichen Ziel, einen den staatlichen Interessen aufgeschlossenen Klerus heranzuziehen und dem Bischof nur die eigentlich pastorale Ausbildung zu überlassen. Die Bedeutung der Entscheidung zwischen Seminar- und Universitätsausbildung ging jedoch über das Verhältnis von Staat und Kirche in ihrem Kampf um den prägenden Einfluß auf die Klerikerausbildung noch hinaus. Die Seminarausbildung wurde von dem Mainzer Kreis bevorzugt, da sie die Studenten weitgehend gegen andere Bildungseinflüsse vor allem aufklärerischer Prägung abzuschirmen versprach.

Trotzdem setzte der Mainzer Bischof der Gründung einer theologischen Fakultät an der Universität Gießen keinen ernsthaften Widerstand entgegen, obwohl die theologische Ausbildung der Priesteramtskandidaten dorthin verlegt wurde und das traditionsreiche Mainzer Seminar stark an

Bedeutung verlor. Im Großherzogtum Hessen-Darmstadt herrschte zwar auch das Staatskirchensystem wie in den übrigen süddeutschen Staaten, aber es wurde mit mehr Rücksicht praktiziert als anderswo und fand in den Bischöfen auch keine kämpferischen Gegenspieler. Einige wenige konstitutionell und liberal gesinnte Abgeordnete nahmen sich in der Zweiten Kammer der katholischen Angelegenheiten besonders an. Sie wurden jedoch nicht als Katholiken gewählt und bildeten auch keine Fraktion. Sie traten allgemein für den Einfluß der Religion in der Gesellschaft ein und suchten ihn vor allem in der Schule zu erhalten und zu verstärken.

Einen weiteren Kreis von Katholiken sprach der Mainzer Kreis seit 1821 mit der theologisch-kirchenpolitischen Monatsschrift *Der Katholik* an. Mit dieser Zeitschrift, die jahrelang vor der staatlichen Zensur nach Straßburg ausweichen mußte, bis sie schließlich in Speyer herausgegeben wurde, machte der Kreis seine Vorstellungen gegenüber allen aktuellen kirchlichen Entwicklungen geltend und konnte an gleichgerichtete Ideen und Praktiken anknüpfen, die einerseits durch De Maistre und die Traditionalisten von Frankreich aus verbreitet wurden, andererseits aber auch der an der römischen Kurie vordringenden Tendenz zur Zentralisierung und zur Verengung und Verhärtung kirchlicher Positionen entsprachen. *Der Katholik* bekämpfte so gut wie alle staatskirchlichen Bestrebungen und die Neigungen auf katholischer Seite, sich mit ihnen abzufinden und zu arrangieren, um Konflikten auszuweichen und zu erträglichen praktischen Kompromissen zu gelangen. Die Zeitschrift strebte die Unabhängigkeit der Kirche von staatlichen Eingriffen und Einflüssen sowie zugleich ihren festen Zusammenschluß unter der Führung des Papsttums an, um alle äußeren Angriffe und Anfechtungen abwenden zu können. Eine Aktivierung der Gläubigen wurde nicht zuletzt unter den veränderten Umständen der Existenz von Religion und Kirche nach Revolution und Säkularisation als notwendig angesehen, aber sie wurde nicht als Aufgabe der Eigenverantwortung und der Eigeninitiative der vielen betrachtet, sondern als Auftrag der Führung der Kirche und ihrer Hierarchie. Der Mainzer *Katholik* war Vorreiter eines sich in Deutschland immer weiter ausbreitenden Katholizismus, der sich nur in scharfer Konfrontation mit dem rationalistischen und liberalen Zeitgeist behaupten zu können glaubte, da ihm das Vertrauen fehlte, sich auch dann durchzusetzen, wenn man die Ziele der neuen geistigen, politischen und wirtschaftlichen Emanzipation als legitimes Streben nach eigenverantwortlicher Gestaltung der Welt ernst nahm und ihnen in der Begegnung und Auseinandersetzung die so notwendigen Korrektive beizubringen versuchte, die eine Welt- und Menschenansicht unter biblisch-kirchlichem Vorzeichen nahelegten und möglich machten.

Der Zusammenhang des Neuaufbaus der kirchlichen Organisation, der religiös-kirchlichen Erneuerung in ultramontaner Ausrichtung und einer im Jahrzehnt vor der 1848er Revolution beginnenden Politisierung des Katholizismus ist für Württemberg auch bis in ihre Verflechtung mit wirtschaftlichen und sozialen Gegebenheiten und Problemen hin greifbar.[22] Bis in die dreißiger Jahre wurde auf konstitutionell kaum abgeschwächter absolutistischer Grundlage in dem gemischt konfessionellen Staat ein staatskirchenrechtliches System aufgebaut, das in einer von der zunächst herrschenden katholischen Aufklärung mitgetragenen Landeskirchenverfassung seinen Ausdruck fand. Vereinzelt schon seit 1815, verstärkt aber seit den dreißiger Jahren erhoben sich Stimmen einer streng kirchlichen, ultramontanen Gesinnung gegen den vorherrschenden Einfluß der katholischen Aufklärung und richteten dem Staat gegenüber ihre Bestrebungen auf die Freiheit der Gestaltung der innerkirchlichen Verhältnisse, vor allem in Kult, Klerikerausbildung und Vermögensverwaltung auf der Grundlage des kanonischen Rechts. Von einzelnen streng kirchlichen Mitgliedern der Kammern wurde immer wieder die Abschaffung des Staatskirchensystems oder einzelner seiner Einrichtungen und die Verwirklichung der verfassungsmäßig zugesicherten freien Regelung der innerkirchlichen Angelegenheiten gefordert. In der geringen Zahl katholischer Beamter sah man eine Benachteiligung des katholischen Volksteils und reklamierte für die Katholiken Parität in der Stellenbesetzung und die Betrauung auch mit höchsten Staatsämtern. Neben staatskirchlich gesinnten Repräsentanten der katholischen Aufklärung traten einerseits konservative ultramontane, andererseits kirchlich und liberal gesinnte Katholiken hervor. Innerkirchlich suchte die Erneuerungsbewegung ihren Einfluß in der Ausbildung der Priester und in der ständigen Betonung einer streng kirchlichen Anschauung. In den vierziger Jahren drängte sie, angeregt durch den Kölner Kirchenstreit, auf eine schärfere Durchsetzung der kirchlichen Forderung nach katholischer Kindererziehung bei der Einsegnung konfessionell gemischter Ehen. In dieser Frage sowie bei der Bekämpfung aufklärerischer Vorstöße zur Abschaffung des Zölibats und zur Aktivierung einer synodalen Bewegung wie auch in der Reaktion auf die staatlicherseits eingeführte Reform der Gottesdienstordnung unter entschieden aufklärerischen Vorzeichen gelang es der ultramontanen Bewegung, breitere Kreise der Bevölkerung für ihre Ziele zu gewinnen. Die Auseinandersetzung mit Aufklärung und Staatskirchentum und die geistige Grundlegung der Erneuerungsbewegung fanden innerhalb Württembergs wachsenden Ausdruck und Rückhalt in der Tübinger Schule der katholischen Universitätstheologie, die in ihren verschiedenen Vertretern wie Johann Adam Möhler, Joseph Martin Mack u. a. zur Stärkung der streng kirchlichen Gesinnung beitrug. Die württembergischen Kirchenverhältnisse erregten auch das langsam anwachsende Interesse der in der Entstehung begriffenen deutschen katholischen Öffentlichkeit, die durch württembergische Korrespondenzen katholischer Blätter der an Württemberg grenzenden Territorien über das auf der katholischen Kirche des Landes lastende Staatskirchensystem unterrichtet wurde. Die Gründung einer eigenen katholischen Zeitung wurde von der Regierung erst 1845 zugelassen. In den vierziger Jahren zeichnete sich dann in einer Welle von katholischen Vereinsgründungen die Konstituierung eines Katholizismus ab, der langsam auch ein eigenes politisches und gesellschaftliches Bewußtsein entwickelte.

Mit nur mäßigem Erfolg wurde jetzt auch der Versuch unternommen, konfessionellen Argumenten Einfluß auf das Wahlverhalten zu verschaffen. In der Zweiten Kammer stellten liberal-katholische Abgeordnete zugunsten der kirchlichen Interessen Anträge auf Unterrichtsfreiheit, Lehrfreiheit, Pressefreiheit und auf Rückdrängung der allregierenden Bürokratie. Sie kamen dabei auch zu einer pragmatischen Zusammenarbeit mit Liberalen. Die Vertretung katholischer Interessen durch liberale Katholiken und ihre liberalen Verbündeten trat hier deutlich hervor und forderte ihre konservativen Kritiker, die eine Zusammenarbeit mit den Liberalen grundsätzlich ablehnten, verstärkt zur Gründung einer eigenen konfessionellen Partei heraus. Die Ultramontanen stützten sich bei ihrem Kampf generell auf juristische Argumente. Im Vorfeld der Revolution wiesen sie dann aber zunehmend auch auf die sozialen Leistungen und Aufgaben der Kirche hin, für die sie in freier Entwicklung ihre Kräfte entfalten können müsse. Sie nehme sich in der vom Liberalismus bestimmten Entwicklung der benachteiligten unteren Volksschichten an und trete für sie ein. Die soziale Funktion der Kirche wurde den Ultramontanen durch das Wirken des badischen Katholikenführers Franz Joseph Ritter v. Buß nahegebracht, fand aber in den Notjahren unmittelbar vor der Revolution auch direkt in ihren eigenen Reihen durch die Gründung von Wohltätigkeitsvereinen für Arme und Kranke und für verwahrloste Kinder ihren praktischen Ausdruck. Politisch zugespitzt wurde gegenüber der moralischen Zersetzung der Zeit auf die erhaltende Funktion der Kirche hingewiesen, welche die konservativen Kräfte der Gesellschaft erhalte und eine Garantie des Thrones darstelle. Es galt, nicht mehr nur dem Staat Rechte für die Kirche abzutrotzen, sondern zugleich auch seine Repräsentanten davon zu überzeugen, daß sie mit der Gewährung einer freien kirchlich-religiösen Entfaltung ein wichtiges stabilisierendes Element in Gesellschaft und Staat förderten.

Wie in Hessen-Darmstadt und in Württemberg hatte die landesherrliche Verordnung von 1830 auch in Baden das Staatskirchenregiment nur systematisiert. Es wurde von der badischen Bürokratie streng gehandhabt und stieß bei den Freiburger Erzbischöfen bis in die vierziger Jahre auf wenig Widerstand. Vorstöße des Freiherrn v. Andlaw, des einzigen dezidiert für Rechte der katholischen Kirche eintretenden Abgeordneten in der Ersten Kammer, wurden jahrelang von seiten des Bischofs verhindert, der im wesentlichen erfolglos durch Verhandlungen mit der Regierung eine Verbesserung der kirchlichen Situation zu erreichen suchte. In der Zweiten Kammer übten die katholischen Liberalen Mittermaier und Rotteck an dem staatskirchlichen System Kritik, aber erst mit Joseph v. Buß trat 1837 ein Katholik in die Kammer ein, der sich immer mehr zum Sprecher kirchlicher und religiöser Interessen machte. Wie weit er sich dabei auch wirtschaftlicher und sozialer Probleme annahm, zeigt die Tatsache, daß er 1837 die erste Rede in einem deutschen Parlament zu Problemen der Industrialisierung hielt.[23] Buß' Tätigkeit in der Zweiten Kammer war aber nur von kurzer Dauer. Größere Wirksamkeit erhielt er schon im Vormärz durch seine politische Propagandatätigkeit unter den Schwarzwälder Bauern, seine Initiative zugunsten eines katholischen Vereinswesens und durch die Unterstützung der notleidenden Bevölkerung des Schwarzwaldes im Krisenjahr 1847.

Das Vordringen der religiös-kirchlichen Erneuerung, seine Probleme und Widerstände werden ansatzweise im Wirken des Grafen Ferdinand August v. Spiegel konkret greifbar, der von 1825 bis zu seinem Tod 1835 erster Erzbischof von Köln nach der Säkularisation wurde, als deren Folge das Gebiet des Erzbistums Köln durch den Wiener Kongreß an Preußen gegeben worden war.[24] v. Spiegel war auf eine für die alte Reichskirche typische Weise als nachgeborener Sohn einer verarmten Adelsfamilie aus materiellen Gründen in das Münsteraner Domkapitel eingetreten und dort zu den höchsten Ämtern des Bistums aufgestiegen. Nicht Religiosität und Kirchlichkeit, sondern Geltungs- und Leistungswille waren in dieser Zeit die Antriebskräfte des Prälaten, dessen Denken weitgehend durch die Aufklärung bestimmt war. Angesichts des Vorrangs, den er in seiner Frühzeit dem Staat gegenüber der Kirche, den Staats- und Verwaltungsaufgaben gegenüber religiösen Zielen gab, ist es nicht verwunderlich, daß v. Spiegel sich nach der Säkularisation für die Neuordnung des Bistums erst unter preußischer, dann auch unter napoleonischer Herrschaft zur Verfügung stellte. Immer ging es ihm darum, den kirchlichen Bereich in die jeweilige staatliche Ordnung einzubauen, nicht aber etwa darum, kirchliche Rechte möglichst wirkungsvoll gegenüber jedem staatlichen Einfluß zu verteidigen. v. Spiegel war in dieser Zeit eindeutig vom Geist des Staatskirchentums geprägt. Die von ihm nach dem Sturz Napoleons angestrebte Führungsposition in der obersten staatlichen Kirchenverwaltung Preußens blieb ihm jedoch zu seiner großen Enttäuschung vorenthalten. Eine während seiner Leitung des Münsteraner Bistums 1814/15 sichtbar werdende persönliche Religiosität brachte es mit sich, daß sich v. Spiegels Auffassung über das Verhältnis von Kirche und Staat wandelte und Kirche und Papsttum stark an Gewicht gewannen.

Wenn er 1825 nach langen Verhandlungen zum Erzbischof von Köln erhoben wurde, war das ein Ergebnis der Tatsache, daß er sein Ansehen bei Papst und Kurie entscheidend verbessert hatte, ohne daß seine Reputation bei den leitenden politischen Persönlichkeiten in Preußen gelitten hätte, wo sein hohes Verwaltungstalent für die Neuordnung des Erzbistums äußerst erwünscht war.

v. Spiegel entfaltete in seiner Diözese sofort eine intensive Reorganisationstätigkeit. Zunächst legte er Wert darauf, sich in häufigen Firm- und Visitationsreisen über den konkreten Zustand seines Bistums zu informieren und zugleich auch selber bischöfliche Seelsorgefunktionen auszuüben. Als wichtigste Aufgabe sah er es darüber hinaus an, für die Vereinheitlichung und verbesserte Ausbildung des Klerus zu sorgen, indem er eine regelmäßige Fortbildung der Pfarrer und allgemeine Kontrolle der wissenschaftlichen Bildung des Klerus einführte. Die Ergebnisse der Prüfungen machte er zur Grundlage seiner Personalpolitik. Theologische Bildung und religiöse Verinnerlichung waren die Maßstäbe, nach denen er den Klerus seiner Diözese auszurichten suchte. Im Hinblick auf die Volksfrömmigkeit trat der Erzbischof dem übertriebenen Wiederaufleben von Wallfahrten und Prozessionen entgegen, die vielfach von aufwendigem äußeren Gepränge umgeben waren und nun auf ihren einfachen religiösen Sinn zurückgeführt wurden.

Der Klerus wurde vom Bischof immer wieder ermahnt, die biblische Glaubenslehre in kurzen und eindringlichen Predigten an die Bevölkerung zu vermitteln und dadurch den Bemühungen um die Ausbildung des Klerus ihre gewünschte allgemeine Wirkung zu geben. Gelegentlich wandte er sich auch in eigenen Schreiben an die Gläubigen und übte in einer Kölner Pfarre regelmäßig priesterliche Funktionen aus – Zeichen dessen, wie sehr er persönlich um die Belebung des Glaubens in der Bevölkerung bemüht war. Seine eigene Religiosität nährte er aus der Lektüre der Kirchenväter und pastoraltheologischer Werke. In seiner Reformtätigkeit lehnte sich v. Spiegel eng an Rom an und suchte den staatskirchlichen Einfluß der preußischen Regierung nach Kräften einzuengen. Im gleichen Sinne wirkte er auf seine Kirchenprovinz und auf andere kirchliche Amtsträger ein. In der Frage der Verwendung der deutschen Sprache in der Liturgie teilte er die Zurückweisung durch die Kurie.

Wenn v. Spiegel sich auch von Anfang seiner Amtszeit an bemühte, eine Vereinheitlichung des Klerus seiner Diözese zu erreichen, blieben doch hier, wie in der benachbarten Diözese Trier, Unterschiede und Gegensätze zwischen einer traditionalen Kirchlichkeit, zwischen aufklärerischen Einflüssen und einer neu um sich greifenden ultramontanen Religiosität erhalten. Zu diesen fügte der Einfluß des Bonner Theologen Georg Hermes noch eine weitere Strömung hinzu, die Ansätze der idealistischen Philosophie aufzunehmen suchte.[25] Einer der Mittelpunkte ultramontaner Religiosität und Kirchlichkeit lag in Koblenz mit gleichgearteten Verbindungen nach Bonn. Der Koblenzer Kreis setzte sich aus Laien und Priestern zusammen, die alle, wenn im einzelnen auch auf unterschiedliche Weise, eine religiöse Erweckung oder gar eine Konversion zum Katholizismus erlebt hatten. Auch Görres gehörte ihm einige Zeit lang an.

Hermann Joseph Dietz, ein Fabrikant aus Koblenz, war die führende Persönlichkeit dieses Kreises. Religiös erzogen, wurde er zunächst indifferent, fühlte dann aber durch die Hungersnot von 1817 sein Gewissen so herausgefordert, daß er mit der Gründung eines Hilfsvereins die Not zu lindern versuchte. Die sozial karitative Komponente des sich regenerierenden Katholizismus, die für ihn von so großer Bedeutung werden sollte, ist damit schon in Koblenz und bei Dietz in ihren Anfängen greifbar. Seine eigentliche religiöse Erweckung erlebte Dietz erst 1825 in der Begegnung mit dem ebenfalls für einen gefühlstiefen Katholizismus gewonnenen Clemens Brentano. Brentano kam für mehrere Jahre nach Koblenz und sammelte einen kleinen Kreis von streng kirchlichen Katholiken um sich, der ebenfalls karitativ tätig war und sich in regelmäßigen Zusammenkünften mit Ideen der katholischen Erneuerung auseinandersetzte. Durch einzelne zeitweilige Mitglieder des Kreises entstanden Verbindungen nach Wien zu Werner, Hofbauer und Schlegel und zu einzelnen gesinnungsverwandten Gruppen in Berlin, Dresden und Bonn.

Mystische und naturphilosophische Ideen, wie sie auch Görres lange beschäftigten, spielten in diesen Kreisen eine große Rolle und verstärkten ihre ohnehin schon stark irrationale Prägung.[26] Die kleinen, aber äußerst aktiven und eng zusammenhaltenden Zirkel der rheinischen Ultramontanen, die, romantisch inspiriert, einer irrationalen Religiosität und strenger, Rom-orientierter Kirchlichkeit zuneigten, setzten sich einmal mit dem von der katholischen Aufklärung geprägten Klerus und zum andern mit den zahlreichen Schülern von Hermes auseinander, denen sie ebenfalls ihren Rationalismus vorwarfen. Hermes versuchte eine Begründung der Theologie in der Auseinandersetzung mit der modernen idealistischen Philosophie Kants. Er wurde aus dem Kreis der rheinischen Ultramontanen wegen der von ihm vorgetragenen Lehrmeinungen in Rom denunziert, und 1835, schon nach seinem Tode, wurde seine Lehre durch den Papst verurteilt. Die Ultramontanen führten ihre Offensive gegen die von ihnen als rationalistisch verarmt angesehene Kirchlichkeit mit Hilfe einer Neubelebung überkommener kultischer Formen, wobei es ihnen auf eine sinnfällige, den Menschen in seiner Ganzheit erfassende Wirkung ankam, da sie den Zugang zur Religion über die Vernunft für durchaus unzulänglich hielten.

So wurde in Koblenz ein harter Kampf zwischen aufgeklärtem und ultramontanem Klerus um die Einführung einer Rosenkranz-Bruderschaft geführt, die nach ihrer Gründung 1848 massiv auch zu politischen Zwecken, nämlich zur Aktivierung der Wähler für die katholischen Kandidaten, eingesetzt wurde. Mit Nachdruck wandten sich die Ultramontanen gegen Hermesianer in den verschiedenen Kirchenämtern und versuchten in den vierziger Jahren mit wachsendem Erfolg, deren Einfluß zurückzudrängen. Insgesamt waren die Ultramontanen von einem romantisch-organischen Menschen- und Staatsbild bestimmt, das sich an einer Rückwendung zum Mittelalter, seiner Kirche und seiner Gesellschaft orientierte, während der aufgeklärte und der von Hermes beeinflußte Klerus in Stil und Denken mehr dem bürgerlich-rationalen Zeitalter zuneigte und auch die Kirche in ihren Kult- und Organisationsformen in diesem Sinne zu prägen suchte, ob er nun Gesichtspunkte der Rationalität und Nützlichkeit in den Vordergrund auch der religiösen Betätigung rückte, oder ob er in diesem Sinn die bürokratische Verwaltung der Kirche in Zusammenarbeit mit dem Staat organisierte und durchführte.

In die Bestrebungen der Ultramontanen ließ sich Erzbischof v. Spiegel nicht hineinziehen. Das erleichterte es ihm jahrelang, sein gutes Verhältnis zur preußischen Regierung aufrechtzuerhalten. Es mehrten sich jedoch schon sehr bald die Konfliktpunkte, da die für die Katholiken generell nicht ungünstige preußische Politik dauernd mit inneren antikatholischen Widerständen zu kämpfen hatte und ihr Verhalten gegenüber der katholischen Kirche sich oft an ihrem traditionell stärkeren Einfluß auf die evangelische Kirche orientierte. Daraus resultierte vielfach eine äußerst schleppende und in manchen Punkten auch rigorose Behandlung von katholischen Angelegenheiten, die im Spannungsfeld von Kirche und Staat zu klären waren. Es ergab sich aus der Situation der katholischen Neuordnung und Regeneration nach der Säkularisation, daß zahlreiche religiöse und administrative Fragen, die seit langem in einen Schwebezustand traditionell gehandhabter Pragmatik geraten waren, unter den neuen politischen und kirchlichen Bedingungen eindeutig geklärt werden mußten. Das bedeutete zugleich, daß es sich bei den anstehenden Entscheidungen vielfach um Weichenstellungen für die Zukunft handelte, die als solche den Selbstbehauptungs- und Durchsetzungswillen von Kirche und Staat immer aufs neue herausforderten, denn der preußische Staat stand im katholischen Rheinland vor der Aufgabe, die politische Organisation und Integration großer neuer Landesteile durchzuführen.

Tendierte die katholische Erneuerung dazu, die Katholiken mit neuer Intensität für Glauben und Kirche zu gewinnen, strebten der preußische Staat und die preußische Verwaltung danach, die Bürger eindeutig ihren Vorstellungen entsprechend zu führen, sie jedenfalls nicht unkontrolliert und über den engsten Bereich der Seelsorge hinaus dem Einfluß der Kirche zu überlassen. So wurden Fragen der religiösen Erneuerung schnell zu politischen Fragen, wenn ihre Regelung die Vertreter staatlicher Interessen auf den Plan rief. Für die Politisierung des Katholizismus waren damit wichtige Vorbedingungen gegeben. Sie wirkten sich zunächst in der Kirchenführung aus, im gegebenen Falle also in der Auseinandersetzung des Erzbischofs mit den Staatsbehörden; sie mußten weitere Kreise ziehen, wenn die religiöse Erneuerung und die staatlichen Ansprüche im Bewußtsein der Gläubigen einen Konflikt erzeugten und sich die Gläubigen nicht zuletzt aufgrund des steigenden bürgerlichen Selbstbewußtseins zu eigenem Handeln herausgefordert fühlten, sei es auch durch mehr oder weniger starke Impulse der Kirchenleitung oder wirkungsvoller Publizisten.

v. Spiegel persönlich sympathisierte, verstärkt nach 1830, mit frühliberalen Ideen und versuchte in diesem Sinn, die Einführung einer gesamtstaatlichen Vertretungskörperschaft in Preußen zu fördern. Er war durch den mit ihm befreundeten Freiherrn v. Stein in den Jahren nach dem Wiener Kongreß mit den Problemen der Verfassungsbewegung bekannt gemacht worden und hatte auch damals schon ein politisches Repräsentationssystem als ein geeignetes Mittel gegen ein unumschränktes Staatshandeln erkannt. Gelegentlich nahm er kirchenfreundliche Initiativen im Rheinischen Landtag mit Dank zur Kenntnis, begrüßte auch die entsprechende Einwirkung von Presseorganen und suchte ihren Einfluß zu verstärken. Wenn sich auch in seiner Bistumsleitung eine direkte Auswirkung seiner liberalen Ideen nicht zeigte, ist v. Spiegel doch durch sie in seinem inneren Widerspruch gegen das preußische Staatskirchentum gestärkt worden. Vor allem 1830, als der Gedanke der Vertretungskörperschaft auch in Preußen durch die gesamteuropäische Entwicklung einen neuen positiven Anstoß bekommen hatte, führten die frühliberalen Ideen zu einer Versteifung seiner antistaatskirchlichen Haltung. Ohne daß bei v. Spiegel antikirchliche Tendenzen der liberalen Forderung nach Trennung von Kirche und Staat eine abstoßende Wirkung ausgelöst hätten, fühlte er sich durch sie in seinem Kampf um die Freiheit der Kirche im Staat bestärkt – eine Freiheit, bei der Zusammenarbeit das Ziel war zur gegenseitigen Stützung von Staat und Kirche als den beiden berufenen Führungsmächten.

An Themen für Auseinandersetzungen zwischen dem Erzbischof und den Staatsbehörden mangelte es nicht. Die größte Brisanz gewannen schließlich Fragen, die mit der kirchlichen Eheschließung zusammenhingen. Schon unter Erzbischof v. Spiegel kam es zu langwierigen und komplizierten Auseinandersetzungen über die Einsegnung konfessionell gemischter Ehen und das als Bedingung geforderte Versprechen katholi-

scher Kindererziehung. Dieser Streit wurde 1825 durch eine
königliche Kabinettsordre verschärft, wonach wie in den
Ost-, so auch in den Westprovinzen die Söhne aus gemischten
Ehen in der Konfession des Vaters zu erziehen seien, und daß
es für katholische Geistliche verboten und auch im Hinblick
auf die Wirkung ungültig sei, das Versprechen der katholischen Kindererziehung als Bedingung einer katholischen Einsegnung der Ehe zu fordern. Es sollte damit erreicht werden,
daß die sich mehrenden Ehen von evangelischen Beamten mit
katholischen Rheinländerinnen sich möglichst weitgehend zugunsten des im Staat ausschlaggebenden Bekenntnisses auswirkten. Ein päpstliches Breve von 1830, durch das die preußische Regierung die kirchenrechtliche Voraussetzung für die
Durchsetzung ihrer Auffassung erreichen wollte, kam ihr sehr
weit entgegen, sah aber immerhin vor, daß bei einem leichtfer-
tigen Verzicht der Braut auf die katholische Kindererziehung
die feierliche Einsegnung der Ehe durch den katholischen
Priester zu verweigern und nur passive Assistenz zu leisten sei.
Da das Breve an letzten Vorbehalten festhielt und die buch-
stäbliche Durchsetzung der königlichen Ordre unmöglich
machte, kam es zu weiteren Verhandlungen des preußischen
Staats mit v. Spiegel, die ein Jahr vor dessen Tod in der Berliner Konvention anscheinend zur Beseitigung der letzten Hindernisse einer katholischen Einsegnung der konfessionell gemischten Ehen auch bei nicht sichergestellter katholischer
Kindererziehung führte. Da die Berliner Konvention von v.
Spiegel ohne vorhergehende Beratung mit Rom geschlossen
werden mußte und der Erzbischof aufgrund verschiedener un-
zutreffender Informationen sich gegen seine ursprüngliche
Absicht zu weitreichenden Zugeständnissen herbeiließ, war
mit der Konvention nur eine momentane, von vielen äußeren
Umständen abhängende Lösung erzielt, die leicht wieder in
Frage gestellt werden konnte, wenn das vereinbarte pragmatische Entgegenkommen des Klerus in Einzelfällen nicht geübt
wurde und eine Prüfung entsprechender Fälle anhand des kanonischen Rechts und des päpstlichen Breve erfolgen mußte.
  Der Konflikt brach aus, als der neue Erzbischof, Clemens
August v. Droste-Vischering, nach anfänglicher Zurückhaltung 1837 eindeutig erklärte, daß er in Zweifelsfällen dem
päpstlichen Breve und nicht den Vereinbarungen seines Amts-

vorgängers mit der preußischen Regierung folgen werde. Er wollte an der Voraussetzung des Versprechens der katholischen Kindererziehung für eine feierliche kirchliche Einsegnung der gemischten Ehe festhalten. Daß v. Droste im Einklang mit der ultramontanen Strömung Konflikten mit dem preußischen Staat nicht aus dem Wege ging, sondern sie eher noch herausforderte, hatte er schon durch sein Verhalten gegenüber dem Hermesianismus gezeigt. Hier hatte er in Überschreitung seiner Rechte den Lehrbetrieb der Theologischen Fakultät der Universität Bonn lahmgelegt, indem er den Studenten den Besuch der Vorlesungen von Hermes-Schülern verbot. In einer Reihe von Thesen, auf die er den Klerus seiner Diözese zu verpflichten suchte, hatte er dann die kirchliche Position von der Lehre von Hermes scharf abgegrenzt; er bezweckte damit aber offensichtlich über die Bekämpfung des Hermesianismus hinaus eine allgemeine strenge Unterwerfung des Klerus unter die bischöfliche Gewalt. Dem Widerspruch gegen seine Maßnahmen von seiten der Regierung trat er mit schroffen Forderungen auf Rückdrängung des staatskirchlichen Einflusses entgegen, wie das der allgemeinen Tendenz der ultramontanen Bewegung entsprach. Droste war aus seiner grundsätzlichen Haltung zum Einlenken in der Mischehenfrage auch dann nicht bereit, als die preußische Regierung ihn durch Amtsenthebung unter Druck setzte. Er wurde daraufhin mit seinem Sekretär verhaftet und in der Festung Minden inhaftiert. Die Regierung hatte sich durch den unnachgiebigen kirchenpolitischen Kurs Drostes zu einer Maßnahme herausfordern lassen, gegen die in ihren eigenen Reihen rechtliche Bedenken erhoben worden waren. Der Konflikt wurde durch die Verhaftung des Erzbischofs so gesteigert, daß seine Bedeutung über den ursprünglichen sachlichen und lokalen Rahmen schnell hinauswuchs.

Daß der preußische Staat sich in eine unhaltbare Lage gebracht hatte, wurde nach und nach deutlich, als sich der Widerstand gegen die Verhaftung des Erzbischofs mehrte. Zwar nahm das Kölner Domkapitel die Verhaftung ohne Protest hin. Gregor XVI. trat jedoch schon in der ersten Dezemberhälfte der Verletzung der Freiheit der Kirche durch den preußischen Staat scharf entgegen und stellte sich uneingeschränkt hinter die unnachgiebige Haltung des Erzbischofs. Das gesteigerte Selbstbewußtsein des Papsttums zeigte sich in dieser Stellungnahme ebenso deutlich wie die strengere kirchliche Auffassung an der Kurie, die der Zustimmung der ultramontanen Strömung in Deutschland sicher sein konnte. Weitere Bischöfe Preußens distanzierten sich nach dem Votum des Papstes von der Berliner Konvention oder betonten ihre strenge Haltung in der Mischehenfrage. Die Absetzung des Erzbischofs von Gnesen und Posen bewirkte eine weitere Verschärfung des Konflikts insofern, als in diesem Falle das polnische Nationalbewußtsein den konfessionell begründeten Widerstand gegen die staatlichen Maßnahmen verstärkte.

Die für den Katholizismus bedeutsamste Wirkung des Konflikts war aber eine nach dem anfänglichen Zögern schnell und intensiv um sich greifende Mobilisierung der öffentlichen Meinung gegen das als Rechtsbruch angesehene Vorgehen der Regierung.[27] Daß Standesgenossen v. Drostes aus dem Rheinland und auch aus Westfalen zugunsten des Erzbischofs zu intervenieren versuchten, entsprach noch dem Selbstverständnis und der Interessenlage dieser eng begrenzten, in ihrer politischen und gesellschaftlichen Stellung bedrohten konservativen Führungsgruppe und scheiterte an der ablehnenden Haltung Friedrich Wilhelms III. Die Aktivierung des Bürgertums zeigte dann aber schon ungewohnte und neue politisch-gesellschaftliche Reaktionen, die darauf hinwiesen, daß allen Restaurationstendenzen zum Trotz die Bereitschaft und Fähigkeit zu politischer Partizipation sich ausgebreitet hatte. Vor allem durch Görres' Kampfschrift *Athanasius* und die von ihr ausgelöste Flut von Pamphleten wurde das Bürgertum mehr und mehr in die Auseinandersetzung hineingezogen und oft zu einer vorher nicht gekannten Solidarisierung mit den um die Behauptung des streng kirchlichen Standpunktes kämpfenden Bischöfen und mit dem Katholizismus insgesamt veranlaßt. Daß vor allem auch die Unterschichten zur Parteinahme für den Erzbischof mobilisiert werden konnten, zeigten Unruhen in Münster und Köln, an denen Angehörige dieser Schichten einen herausragenden Anteil hatten. Auf sie übten ultramontane Priester einen deutlich hervortretenden Einfluß aus. Insgesamt verstärkte sich die Kraft der ultramontanen Strömung durch die allgemeine Solidarisierung und das wachsende Selbstbewußtsein der deutschen Katholiken als

Folge der Kölner Ereignisse. Die bisher nur lose zusammenhängenden, streng kirchlichen Gruppen gewannen in der Stellungnahme gegen die Übergriffe des preußischen Staates ein Bewußtsein des Zusammenhalts, das weit über den Anlaß hinaus wirkte.

Im Verhältnis zwischen Katholizismus und Liberalismus ließen die Vorgänge eine zwiespältige Tendenz erkennen. Einerseits konnten auch Liberale das gewaltsame Vorgehen gegen den Erzbischof nicht billigen, andererseits konnte ihnen die verschärfte katholische Haltung in der Mischehenfrage als Beeinflussung der persönlichen Gewissensentscheidung erscheinen, die ebenso wenig ihre Zustimmung fand. Es ließ sich aber nicht übersehen, daß die im liberalen Denken überaus wichtige öffentliche Meinung sich aus Anlaß des Konfliktes zwischen Erzbischof und preußischem Staat in einem Maße entfaltet hatte, wie es unter den restriktiven politischen Bedingungen des deutschen Vormärz nicht zu erwarten gewesen war, und daß sich die Unruhe in gewissem Umfange auch auf die bisher politisch kaum hervorgetretenen Unterschichten übertragen hatte.

Auf politisch bewußte Zeitgenossen mußte diese Entwicklung Eindruck machen, unabhängig davon, ob sie den konservativen oder den liberalen Kräften zugehörten. Von dieser politischen Mobilisierung war vorwiegend eine Bevölkerungsgruppe erfaßt worden, deren politisch-gesellschaftliche Bedeutung bis dahin hinter dem Handeln der kirchlichen Hierarchie eher verborgen geblieben war, als daß sie einen realistisch einschätzbaren Stellenwert hätte erkennen lassen. Das mußte sowohl die konservativen Führungsschichten der bestehenden Staaten zum Nachdenken bringen als auch ein Problem für alle Liberalen darstellen. Denn sie sahen sich nun plötzlich in aller Deutlichkeit mit einer Massenbewegung konfrontiert, die sich in den Bahnen überkommener und in der Erneuerung begriffener Kirchlichkeit bewegte und nicht mehr der Gefolgschaft einer vor allem die eigene politisch-gesellschaftliche Emanzipation und Partizipation vorantreibenden bürgerlich-liberalen Führungsschicht fraglos zuzurechnen war. Impulse zum Zusammenschluß der Katholiken wurden konkret auf dem Rheinischen Landtag von 1841 wirksam und führten den Zusammenschluß einer Gruppe katholisch-integraler Abgeordneter herbei, von denen sich aber andere gemäßigte Katholiken fernhielten. Die katholische Publizistik und Presse in den deutschen Staaten wurde durch die Auseinandersetzungen mit dem preußischen Staat ebenfalls stark gefördert, so daß auch in dieser Beziehung die Folgen der Kölner Ereignisse weit über ihren Anlaß hinausgingen.[28]

Schon Anfang 1838 zeigte eine Kabinettsordre, daß die Regierung nicht mehr auf der bedingungslosen Einsegnung gemischter Ehen bestand. Trotzdem kam es noch zu langwierigen Auseinandersetzungen, und es bedurfte jahrelanger Verhandlungen, ehe der Konflikt beigelegt werden konnte. Im September 1840 wurde zwischen Staat und Kurie eine Übereinkunft erzielt, in der die Amtsenthebung v. Drostes aufrechterhalten wurde, der Staat jedoch im übrigen weitreichende Zugeständnisse machte. Er stellte das Verhalten der Bischöfe in der Mischehenfrage frei und willigte außerdem in den freien Verkehr der Bischöfe mit Rom ein; auch gab er sich mit den schon früher von der Kurie zugesicherten Rechten des Staates bei den Bischofswahlen zufrieden. Entscheidend für den günstigen Ausgang war, daß Friedrich Wilhelm IV., der 1840 Monarch geworden war, im Interesse der Stärkung der traditionalen Kräfte und aus einem romantisierenden Verständnis für katholische Religiosität eine selbständige Kirche wünschte. Nur der Bund einer vom Staatskirchentum befreiten Kirche mit dem Staat schien ihm in der Lage zu sein, Revolution und Unglauben abzuwehren. Damit setzte sich die Einsicht durch, daß die Kirche seit der Säkularisation zu neuem Selbstbewußtsein und zu neuer Macht gelangt war. Ihre breite Ausstrahlung in die verschiedenen Schichten der Gesellschaft war in den Auseinandersetzungen der öffentlichen Meinung aufs deutlichste hervorgetreten. Stoßkraft erhielt die kirchliche Bewegung auch durch die jetzt immer stärker dominierende ultramontane Bewegung. Dem Staat gegenüber machte sich weiter die starke Zentralisationsentwicklung in der Gesamtkirche bemerkbar, welche die Kurie zum ausschlaggebenden Verhandlungspartner gemacht hatte, der sich in den Verhandlungen mit allen Mitteln der Diplomatie zu behaupten wußte. Das Ergebnis der Auseinandersetzung war eine Bewegungsfreiheit der katholischen Kirche im preußischen Staat, durch die ein die Katholiken zufriedenstellender Zustand erreicht wurde.

Er ermöglichte es ihnen, sich der preußischen Monarchie zunehmend einzugliedern, selbst wenn die vollständige Vorherrschaft des evangelischen Volksteils in allen Staatsämtern weiterhin als belastend empfunden wurde und wenn es auch in der Folgezeit an Spannungen zwischen Kirche und Staat keineswegs fehlen sollte. Zum Symbol der Versöhnung wurde 1842 das Fest aus Anlaß der Wiederaufnahme der Arbeiten am Kölner Dom, um die sich führende Persönlichkeiten der Romantik schon seit Jahrzehnten bemüht hatten. Ihnen kam die tatkräftige Hilfe Friedrich Wilhelms IV. zugute, dessen Teilnahme an dem Fest, zusammen mit hohen Beamten, den Friedensschluß zwischen Staat und Kirche besiegelte. Für die vielen tausend Teilnehmer an den Feiern wurde der neue Zusammenklang von Staat und Kirche, von Thron und Altar, augenfällig. Der spätere Kölner Erzbischof v. Geißel war schon jetzt auf kirchlicher Seite die führende Persönlichkeit dieser Zusammenarbeit. Die Teilnahme der meisten deutschen Fürsten unterstrich zugleich die Bedeutung des Domes als Symbol eines konservativ-ständisch bestimmten deutschen Einheitsbewußtseins, dem auch der König in seiner Festrede Ausdruck verlieh.

In das kirchlich und politisch veränderte Klima der vierziger Jahre gehörte auch die Wallfahrt zum Trierer »Heiligen Rock« von 1844.[29] Der »Heilige Rock« wurde als Kleidungsstück Jesu bei seiner Hinrichtung angesehen. Die Wallfahrt knüpfte an alte Traditionen an und brachte die Wiederbelebung eines durch die Aufklärung zeitweilig zurückgedrängten Frömmigkeitsbrauchs. An ihr nahmen innerhalb von 50 Tagen rund 500 000 Pilger teil, so daß sie mit Recht als die größte organisierte Massenbewegung des deutschen Vormärz bezeichnet worden ist. Ihre Durchführung war nur vor dem Hintergrund des bereinigten Verhältnisses zwischen Kirche und Staat möglich, denn vorher hätte weder die Kirche eine solche Veranstaltung ins Auge fassen, noch der Staat sie billigen können. Sie stellte – wie auch immer die Rangfolge religiöser und politischer Motive bei ihrer Planung und Durchführung gewesen ist – ein politisches Faktum insofern dar, als sie den kirchlichen Einfluß vor allem auf breiteste Unterschichten eindrucksvoll bewies und zugleich deutlich machte, daß sich diese vom katholischen Klerus betreuten und geführten Massen innerhalb der gegebenen politischen, gesellschaftlichen und wirtschaftlichen Ordnung diszipliniert bewegten, obwohl sie unverkennbar zu den Stiefkindern dieser Ordnung gehörten. In einer Zeit, in der die bei der streng kirchlichen Bewegung hoch angesehene und eifrig betriebene karitative Betreuung der Unterschichten als die gegebene christliche Reaktion auf soziale Notlagen und Armut erschien und in der tiefgreifende sozialreformerische und wirtschaftliche Aktivitäten als möglicher Auftrag katholischer Christlichkeit noch nicht in den Blick gekommen waren, konnte das christliche Handeln kaum anders aussehen. Weder eine politische noch eine soziale Revolution, deren Befürworter ohnehin nicht gerade zahlreich waren, konnten im Einflußbereich des Katholizismus und der Kirche auf Resonanz oder sogar Unterstützung hoffen.[30] Dazu bedurfte es weder eines ausgeklügelten politischen Kalküls bei den Bischöfen als den Führern der jüngst in ihren Rechten durch den Staat neu aufgewerteten Kirchen noch der immer wieder einseitig als Charakteristikum des Katholizismus berufenen Vertröstung auf ein besseres Jenseits. Der frisch aktivierte Glaube suchte nach sinnfälligen und Gemeinschaft stiftenden Ausdrucksweisen und fand sie neben den wiederauflebenden Bruderschaften in den Wallfahrten, die aber verständlicherweise gerade wegen ihres Glaubensinhalte materialisierenden Charakters im Bildungsbürgertum nicht auf große Zustimmung stoßen konnten, selbst wenn dieses Bürgertum sich aus Anlaß der Kölner Wirren teilweise wieder der Kirche und dem Katholizismus genähert hatte. Die umfangreiche Pauperismusliteratur des Vormärz läßt erkennen, wie weit verbreitet neben den Klagen über die wirtschaftlichen und sozialen Zustände im Sog der modernen Besitzpolarisierung die Hilflosigkeit gegenüber den beklagten Phänomenen war.[31] Soziale Revolution war für den weit überwiegenden Teil der politischen und sozialen Kräfte des Vormärz keine positive Alternative gegenüber den bestehenden Verhältnissen, natürlich konnte sie es auch nicht für den Katholizismus und die Kirche darstellen.

Bis zur 1848er Revolution trieb der Katholizismus in den deutschen Staaten seinen Regenerationsprozeß stark voran. In einer spannungsreichen Zusammenarbeit gelang der Kirche unter maßgeblicher Einflußnahme der päpstlichen Kurie zunächst ihre organisatorische Stabilisierung. Parallel dazu vollzog sich unter dem prägenden Einfluß der Romantik zunächst in kleinen Kreisen eine Hinwendung zu strenger Kirchlichkeit. Diese ultramontanen Gruppen erstarkten unter Anknüpfung an fortdauernde kirchliche Traditionen und in der Auseinandersetzung mit Aufklärung und Hermesianismus und gewannen die Führung im Konflikt mit dem Staatskirchentum. Dieser Streit wurde, wenn auch weniger spektakulär und mit weniger durchschlagendem Erfolg als in Preußen, in allen deutschen Staaten ausgetragen. Den kirchenstrengen ultramontanen Kräften gelang dabei eine beachtliche Mobilisierung einer Gefolgschaft in der traditionellen Führungsschicht des Adels, in der vorwiegend bürgerlich bestimmten öffentlichen Meinung und den breiten Massen besonders der ländlichen Unterschichten. Sie bedienten sich dabei in Ansätzen sowohl der Landtagsdebatten als auch in schon weit höherem Maße der Publizistik und der Tagespresse. Die Trierer Wallfahrt läßt erkennen, daß auch primär religiöse Aktivität gewollt oder ungewollt politische Qualität annahm und, der allgemeinen Position von Kirche und Katholizismus im Vormärz entsprechend, zugunsten der bestehenden Verhältnisse und gegen jede revolutionäre Entwicklung ins Gewicht fiel.

Eine Affinität in der Akzeptierung und Verteidigung der bestehenden politischen und sozialen Verhältnisse stellte sich trotz harter Konflikte sehr schnell her, wenn die Hauptkonfliktpunkte des Staatskirchentums aus dem Wege geräumt wurden. Sie führte zu einem Bündnis von Thron und Altar, wie es von Herrschern wie Friedrich Wilhelm IV. ebenso angestrebt wurde wie von führenden Vertretern des Episkopats wie dem Kölner Bistumsverweser und späteren Erzbischof v. Geißel. Konservative aller Schattierungen, soweit sie sich nicht durch ihre evangelische Konfession daran gehindert fühlten, konnten in Katholizismus und Kirche allgemein leicht Bundesgenossen sehen und ihre entsprechende politische Integrierung fördern. Im Verhältnis zum Liberalismus kam es für den auf Befreiung vom Staatskirchentum drängenden Katholizismus gelegentlich zu Berührungspunkten und zur Zusammenarbeit. Aber es überwogen doch die Elemente der Fremdheit oder sogar des Gegensatzes.[32] Die Liberalen mußten im Bündnis von Thron und Altar eine unliebsame

Stärkung der Regierung gegenüber Reformwünschen sehen. Ihre nationalen Ziele waren nicht dazu angetan, ihnen ein Verständnis für die übernationale Komponente des Katholizismus zu erleichtern, die im Vormärz innerkatholisch und in seiner äußeren Repräsentanz zunehmend an Bedeutung gewann. Liberaler Bildungsstolz und liberale Bildungsbeflissenheit konnten den Zugang zu einer lehramtlich ausgelegten Glaubenswelt verbauen und die religiöse und karitative Hinwendung des Katholizismus zu den Unterschichten ausschließlich als eine Bedrohung ihres eigenen Emanzipations- und Partizipationskonzepts erscheinen lassen. Radikalen Forderungen war der Katholizismus allgemein abgeneigt, da ihm die bestehenden Verhältnisse eine akzeptable Grundlage seines kirchlichen Wirkens und seines Wirkens in der Gesellschaft boten. Seine Abwehr richtete sich noch schärfer gegen sozialrevolutionäre, sozialistische oder kommunistische Ideen, von denen die bestehende politische und soziale Ordnung bedroht wurde, ohne daß ein positives Konzept als glaubhafte und durchführbare Lösung der bestehenden Probleme verfochten worden wäre.

2. Staat, Kirche und Katholizismus unter der bourbonischen Restauration und während des Bürgerkönigtums

Das äußere Ereignis der Niederlage Napoleons im Kampf mit den europäischen Mächten brachte weit schneller als erwartet die Restauration des bourbonischen Königtums und damit die Erfüllung der Wünsche nach der Wiederherstellung der in der Revolution verlorengegangenen Einheit von Staat und Kirche, die in der napoleonischen Zeit nur höchst unzureichend erfüllt war. Sie kam am sinnfälligsten darin zum Ausdruck, daß der Katholizismus durch die Verfassung von 1814 wieder zur herrschenden Religion erhoben wurde. Wenn das Königtum auch Zugeständnisse an die nachrevolutionäre Zeit machen mußte, indem es auf die Wiederherstellung der alten Besitz- und Standesverhältnisse verzichtete und dem gewachsenen Selbständigkeitsbewußtsein des Bürgertums den Erlaß einer Verfassung, der sog. »Charte«, zubilligte, war es doch bestrebt, den alten monarchischen Verhältnissen so nahe zu kommen, wie das nur eben durchsetzbar war. Im Verhältnis zwischen Staat und Kirche war die restaurierte Monarchie ebenso an einer Erneuerung des Bündnisses zwischen Königtum und Kirche interessiert wie weiteste Kreise des Katholizismus. Die Monarchie förderte den Katholizismus und seinen Einfluß in der Öffentlichkeit mit allen Mitteln. Dabei zielte sie nicht primär auf eine innere Erneuerung, schon gar nicht auf eine Verselbständigung der Kirche, sondern eher auf die Sicherung der Unterstützung des gesellschaftlichen Einflusses der Kirche. Sie achtete daher streng darauf, alle im napoleonischen Konkordat mit dem Papsttum und in den organischen Artikeln vom Staat einseitig durchgesetzten Rechte auch für sich in Anspruch zu nehmen und zu behaupten. Staatliche Unterstützung und staatliche Beeinflussung der Kirche gingen Hand in Hand, waren zwei Seiten der sowohl vom Königtum als auch von der Kirche gerne wieder aufgenommenen Zusammenarbeit.

Der Wiederaufbau der kirchlichen Organisation wurde vom Staat stark gefördert.[33] Er stimmte einer Vermehrung der Bischofssitze zu. Damit ging eine neue Stärkung des Adelseinflusses im Episkopat einher, den die Revolution im wesentlichen gebrochen hatte. Auch die Reorganisation des Pfarrklerus wurde intensiv betrieben. Eine Ergänzung und Verjüngung des niederen Klerus konnte durchgeführt werden. Das Ausbildungsniveau dieses neuen Klerus lag aber niedriger als bei der vorrevolutionären Priesterschaft, da das kirchliche Schulwesen in der Revolutionszeit stark gestört und teilweise völlig unterbunden gewesen war. Wiederauf- und -ausgebaut wurden auch die geistlichen Orden. Dabei nahmen vor allem die Schulorden einen großen Aufschwung, da ihnen infolge der allgemeinen Politik des restaurierten Königtums wichtige Erziehungsfunktionen vor allem im Grundschulwesen zufielen. Auch die Jesuiten wurden wieder tätig. Das Ziel aller Wiederaufbaumaßnahmen war die Rechristianisierung des Landes und gleichzeitig die Festigung der Monarchie.

Beide Ziele wurden durch die weiterwirkenden Folgen der Revolution nahegelegt. Diese Folgen sind, soweit sie das religiöse Leben betreffen, nicht global zu kennzeichnen, da sie je nach sozialem Milieu und einzelnen Regionen differierten. Für die Volksmassen läßt sich feststellen, daß sie auch noch nach der Revolutionszeit mit christlichem Glauben und christlichem Brauchtum verbunden waren. Das gilt jedoch weniger für große Städte und am wenigsten für Paris, wo die Entchristlichung besonders weit fortgeschritten war. Dieses Phänomen äußerte sich in geringerem Maße in Kirchenfeindschaft als vielmehr in Gleichgültigkeit. Gegen sie wendete sich die Volksmissionsbewegung, durch die die Kirche versuchte, die Massen erneut für den Glauben zu aktivieren. Tatsächliche Kirchenfeindschaft bestand im Bürgertum, und dort vor allem bei dem freiberuflichen Bürgertum, das an der Revolution führend beteiligt gewesen war. Hauptsächlich bei der Aristokratie, aber auch in Kreisen der Gebildeten gab es eine starke Tendenz zum Katholizismus, die den Bemühungen der Kirche um eine Reaktivierung der Religiosität entgegenkam.

Die Rechristianisierung führte zu einer starken Annäherung oder sogar Vermischung von religiösen mit politischen Zielen. Die Restauration des bourbonischen Königtums wurde als der allein geeignete Rahmen auch für die Rechristianisierung hingestellt. Nachrevolutionäre Veränderungen in der Stellung des Königtums und der Kirche, die in die Restaurationszeit hineinragten, wurden aufs schärfste kritisiert. Die Folge war eine Identifizierung von restauriertem Königtum und Katholizismus, die in manchen Kreisen zu einer tiefen Diskreditierung der Kirche und ihrer Bemühungen um neuen Einfluß auf Staat und Gesellschaft führte. Dadurch wurde die antikirchliche Bewegung innerhalb des Liberalismus gestärkt, von der vor allem das französische Kleinbürgertum erfaßt wurde. Diese Bewegung drängte auf die Unabhängigkeit von Kirche und Staat, mißbilligte den starken kirchlichen Einfluß auf den Staat und die Begünstigung, welche die Kirche durch den Staat erfuhr. Die antikirchliche Bewegung erreichte einen ersten bedeutenden Erfolg, als 1827 die Wahlen eine Schwächung der Ultraroyalisten erbrachten, also den extremen Verfechtern der Reaktion eine Niederlage bereitet wurde. Seither wurden die Vollmachten der Kirche für das Elementarschulwesen zum Teil zurückgenommen.

Versäumt hatten die Kirche und der französische Katholizismus über dem Bündnis mit der Monarchie, in eine lebendige Auseinandersetzung mit den aufstrebenden politischen und gesellschaftlichen Kräften des Bürgertums zu treten. Um den

Preis augenblicklicher Vorteile willen wurden auf lange Sicht die Chancen nicht wahrgenommen, den Katholizismus zu einem neuen Verständnis der nachrevolutionären Zeit zu führen. Es siegte die Illusion, man könne die Revolution wie eine, wenn auch schreckliche Episode behandeln und müsse alles tun, um ihr wenigstens in den eigenen Überlegungen und Verhaltensweisen keine zu große Bedeutung beizumessen.

Die ausschließliche Bindung des Katholizismus an die restaurierte Monarchie wurde in den Jahren unmittelbar vor dem Sturz der legitimistischen Monarchie von Lamennais einer beißenden Kritik unterzogen.[34] Schloß schon die traditionalistische Forderung nach einer Restauration der Monarchie eine antigallikanische und ultramontane Wendung ein, wurde diese kritische Haltung von Lamennais im Hinblick auf die tatsächliche Entwicklung der restaurierten Monarchie noch bedeutend verschärft. Sie brachte kein tatsächliches Zusammenwirken zwischen Kirche und Staat, zwischen Katholizismus und Gesellschaft, sondern stellte den erneuten und verstärkten Versuch der Monarchie dar, Kirche und Religion für ihre Ziele einzusetzen. Statt einer Erneuerung der gesellschaftlichen Ordnung, die durch die Revolution demokratischer und rationalistischer Willkür ausgesetzt gewesen war, stellte die restaurierte Monarchie in Lamennais' Urteil eine andere Art der Vergewaltigung dar, indem sie die Restauration des Königtums als das eigentliche Ziel behandelte und ihr die Freiheit von Katholizismus und Kirche opferte.

Gegenüber den Ansprüchen des bourbonischen Königtums an die französische Kirche betonte Lamennais ihre Freiheit von jeder staatlichen Bevormundung, da nur eine freie Kirche und an ihrer Spitze ein freies Papsttum die Funktion erfüllen konnte, die er ihr bei der Konstituierung einer neuen gesellschaftlichen Ordnung beimaß. Lamennais entwickelte die extreme Forderung einer theokratischen Herrschaft des Papsttums, das ihm zunächst das einzige Gegengewicht gegen das herrschsüchtige Königtum zu sein schien. Immer schärfer wandte er sich gegen die Zusammenarbeit des Katholizismus mit der restaurierten Monarchie, besonders seit er deren baldigen Sturz voraussah. Darüber hinaus gelangte Lamennais zu der Überzeugung, daß die Kirche zur Erfüllung ihrer Aufgaben für die Gesellschaft einen anderen Partner suchen müsse.

Weder die Revolution noch die Restauration hatte das Bedürfnis der Völker befriedigt, eine neue Gesellschaft auf Freiheit und Ordnung zugleich zu gründen. Diese Aufgabe sollte nach Lamennais' Vorstellung in der Zusammenarbeit zwischen Katholizismus und Liberalismus gelöst werden. Lamennais trat deshalb nicht etwa nur für die Verwirklichung der liberalen Freiheitsforderungen ein, sondern er sah darüber hinaus als Ziel deren Versöhnung mit einer neuen Ordnung. Die Grundsätze dieser neuen Ordnung sollten durch die Kirche und durch das Papsttum festgestellt werden. Die Kirche sollte in dem neuen Bündnis die autoritative Interpretin des »sens commun« sein. Ihr entscheidender Einfluß werde den Völkern keine willkürliche Ordnung auferlegen, sondern eine Ordnung, die der allgemeinen Vernunft entspreche und die daher auch allgemein von den Völkern anerkannt werden könne. In Lamennais' Vorstellungen wurde mithin einmal das Prinzip der Freiheit der Völker, zum anderen das der Führerstellung des Papstes betont. Sein liberaler Katholizismus im Bunde mit dem Papsttum bot sich als Alternative zu dem Bündnis der Kirche mit der durch die Restauration diskreditierten Monarchie an. Dabei blieb es eine letztlich offene Frage, ob das Hauptziel die Freiheit der Kirche war oder die Freiheit aller in Staat und Gesellschaft.[35]

Die politischen Konsequenzen aus Lamennais' Überlegungen wurden in der Zeitung *Avenir* gezogen, die von Oktober 1830 bis November 1831, vom Kreise seiner Mitarbeiter getragen, erschien. Lamennais war selber schon durch politische Ereignisse, wie die irische Katholikenbewegung Daniel O'Connells, den polnischen Aufstand gegen die russische Herrschaft und den Unionskurs einer Zusammenarbeit mit den Liberalen im belgischen Katholizismus beeinflußt. In der Zeitung wurden nun die politischen Ausprägungen seines Denkens vorgetragen. Zugleich wurde im Sinne seiner Vorstellungen zu den wichtigsten Fragen der Zeit Stellung genommen. Die Kirche wurde zum sichtbaren Ausdruck dessen erklärt, was das Anliegen der Menschheit von Natur aus sei, nämlich die Verwirklichung von Gerechtigkeit, konkretisiert durch das Prinzip der Freiheit als die dem Menschen von Gott auferlegte Aufgabe der Selbstbestimmung.

Gründete sich das 1830 errichtete Bürgerkönigtum der Juli-

Monarchie auf einen freiheitlichen Anspruch, der sich auf unveräußerliche menschliche Freiheitsrechte berief, machte der *Avenir* diese Freiheitsrechte auch für sich und den Katholizismus allgemein geltend und gab damit wichtige Impulse nicht nur für den französischen Katholizismus, sondern auch für die deutschen Staaten und vor allem für Belgien.[36] Glaubens- und Meinungsfreiheit sollten in der gesamten Gesellschaft verwirklicht werden, mußten also auch für die katholische Kirche gelten. Ein Bündnis zwischen Kirche und Juli-Monarchie wurde ebenso abgelehnt wie zuvor die Identifizierung mit der Restauration. Entschlossen trat der *Avenir* für eine Befreiung der Kirche vom Staat ein und propagierte die Trennung von Kirche und Staat. Erst diese Trennung werde der Kirche die Freiheit geben, ihre führende Funktion in der Gesellschaft vollständig wahrzunehmen. Lamennais und seinen Mitarbeitern stand dabei als Leitbild eine Gesellschaft vor Augen, die in Freiheit die katholische Kirche als geistiges Einheitsprinzip anerkannte.

Der *Avenir* gab Jugendkreisen im französischen Katholizismus das Bewußtsein, eine Funktion bei der künftigen Gestaltung der Gesellschaft zu besitzen. Über die Wahrung der überkommenen legitimistischen Position hinaus sah ein wachsender Teil der Katholiken die Möglichkeit, ja die Notwendigkeit, mit den Mitteln der modernen Gesellschaft in den Kampf der politischen Strömungen um den beherrschenden Einfluß auf die Organe gesellschaftlicher Willensbildung in Publizistik und Parlament einzugreifen. Aus der Haltung der unbedingten Anlehnung an den Staat mit einer vorwiegend legitimistischen Tendenz trat ein aufgeschlossener Teil der französischen Katholiken hinaus und besann sich auf die Nutzung neuer gesellschaftlicher Wirkungsmöglichkeiten. So wurden Lethargie und Stagnation im französischen Katholizismus überwunden, die aufgrund des Bündnisses zwischen offizieller Kirche und legitimistischem Königtum entstanden waren. Diese Wirkung konnte auch dadurch nicht aufgehoben werden, daß dem *Avenir* nach kurzer Zeit durch Gegner im Klerus, vor allem im Episkopat, die wirtschaftliche Grundlage genommen wurde.

International wirkte der *Avenir* vor allem durch die Bestätigung des belgischen Unionismus und durch die weitere Verbreitung von Lamennais' Vorstellungen der Zusammenarbeit zwischen Katholizismus und Liberalismus. Auch der Freiheitsbewegung der katholischen Iren und der Polen nahm er sich in seinen Spalten an. Das Papsttum lehnte Lamennais' Vorstellungen in den Verlautbarungen *Mirari vos* von 1832 und *Singulari nos* von 1834 ab. Damit blieb ihnen entscheidender Einfluß auf die päpstliche Politik versagt, sie wurden im Gegenteil zum Anlaß für eine Verhärtung der Frontstellung der Kirche gegen die moderne Welt. In Belgien, im Preußen der Kölner Wirren und in anderen Bereichen des Katholizismus wurden die Gedanken Lamennais' jedoch immer wieder aufgenommen und dienten als Anregung und Verstärkung eigenständiger Versuche, zu einem lebendigen Kontakt mit der modernen Gesellschaft und ihren konkurrierenden Kräften zu gelangen und sich die vom Liberalismus geforderten Freiheitsrechte zunutze zu machen.

Wegen der Verurteilung von Lamennais, die ihm das Wirken innerhalb des Katholizismus unmöglich machte, konnte sich seine liberale Tendenz in der Hauptsache nur auf praktischem Gebiet behaupten, obwohl sie auch hier durch starke legitimistische Gegenströmungen bestritten wurde. Unter Führung von Charles Montalembert und des Dominikaners Lacordaire kämpfte der »Parti Catholique« für Freiheiten innerhalb des bürgerlichen Staates, für Glaubens- und Gewissensfreiheit, für Unterrichtsfreiheit, Pressefreiheit, Vereinsfreiheit, für freies Stimmrecht und für lokale Freiheitsrechte. Vor allem die Unterrichtsfreiheit wurde immer wieder reklamiert, um die Wirkungsmöglichkeiten des Katholizismus im Erziehungswesen auszudehnen. So gelang es dem Katholizismus, sich auch wieder innerhalb der ihm bis dahin weitgehend verschlossenen Universitäten Gehör zu verschaffen. Im Elementarschulwesen konnte er seine Stellung verstärken. Eindeutig wurde hier, wenn auch mit veränderten Mitteln, der Versuch gemacht, den Katholizismus zur Stärkung und Erhaltung der bestehenden staatlichen und gesellschaftlichen Verhältnisse einzusetzen. Die politische und gesellschaftliche Unsicherheit der führenden Schichten setzte sich in ein wenigstens partielles Entgegenkommen gegenüber kulturpolitischen Forderungen des politischen Katholizismus um, da die religiösen Kräfte zugleich stabilisierend für das bestehende System wirken sollten. Es war ein Glück für den französischen Katholizismus, daß diese Zugeständnisse begrenzt waren und noch viele berechtigte Wünsche unerfüllt blieben, denn sonst wäre die nützliche Distanz von Katholizismus und Bürgerkönigtum schwerlich erhalten geblieben. Andererseits genügten die Zugeständnisse, um dem Katholizismus die positiven Wirkungsmöglichkeiten innerhalb der modernen Gesellschaft aufgrund der dort geltenden neuen freiheitlichen Spielregeln deutlich vor Augen zu führen.

Ohne sich mit Prinzipienfragen auseinanderzusetzen, nutzte der aufgeschlossene Teil des französischen Katholizismus pragmatisch die ihm durch die staatsbürgerlichen Freiheiten gebotenen Möglichkeiten. Die Legitimisten verloren besonders nach 1840 an Einfluß, behielten aber immerhin noch Bedeutung genug, um eine Einigung des gesamten französischen politischen Katholizismus auf der Grundlage des Programms des »Parti Catholique« zu verhindern. Der »Parti Catholique« entwickelte sich zu einer ernstzunehmenden gesellschaftlichen Kraft, die aus einer gemäßigten Oppositionshaltung und über die Einwirkung auf die öffentliche Meinung ihre Ziele durchzusetzen versuchte. Damit vermied sie nicht nur die Identifizierung mit dem bestehenden politischen Regime, sondern auch mit dem monarchischen Legitimismus der bourbonischen Monarchie. Sie eröffnete sich Einfluß auf die bestehenden Verhältnisse, ohne sich prinzipiell auf Legitimismus, Bürgerkönigtum oder Demokratie festlegen zu müssen. Damit wurde eine Perspektive gewonnen, die liberale Freiheiten und Demokratie bejahte und diese auf die Dauer zum Aktionsfeld für eine große katholische Partei werden lassen konnte.

Der Kurs des »Parti Catholique« ließ sich aber nur gegen einen großen Teil des Episkopats durchführen, der legitimistischen Tendenzen folgte und ungern die Anerkennung der modernen Freiheitsrechte sah, die in ihrer Ausnutzung lag. Das Eingreifen von katholischen Laien in die Kirchen- und Kulturpolitik war ein zusätzlicher Kritikpunkt des Episkopats. Er verfolgte zwar im großen und ganzen die gleichen Ziele wie die Laienbewegung, aber er versuchte, sie mit den herkömmlichen Methoden der direkten Verhandlung mit Bürokratie und Königtum zu fördern. Der politische Katholizismus sollte nach seiner Auffassung auf die Rolle eines disziplinierten Heeres beschränkt bleiben, das den eigenen Forderungen Nachdruck verlieh, dem man aber jede Eigeninitiative und -entscheidung absprach. Wenn der politische Katholizismus sich von diesem Einfluß des Episkopats fernzuhalten vermochte, war das das Verdienst einzelner Bischöfe, die mit der Laienbewegung sympathisierten.

Der »Parti Catholique« wurde auch von der römischen Zentrale der Kirche mit Mißtrauen verfolgt. Die Kurie fürchtete einerseits, in allzu nahen Kontakt mit liberaler Praxis, damit auch mit liberalen Prinzipien zu kommen, andererseits den entscheidenden Führungsanspruch der kirchlichen Hierarchie zu schwächen. Diese Vorbehalte der Kirchenleitung äußerten sich gegenüber der politischen Aktivität einzelner Persönlichkeiten oder Zeitschriften, auch in der Behandlung einzelner Streitfragen zwischen Kirche und Staat. Der *Univers*, die Zeitschrift, in der als maßgebender Redakteur François Veuillot die Ziele des »Parti Catholique« nachdrücklich vertrat, war zeitweilig vom Verbot durch Rom bedroht, und Montalembert mußte ihn energisch gegen die römischen Umtriebe verteidigen. Sie brachten vor allem die Gefahr mit sich, daß die Führer des politischen Katholizismus verunsichert wurden, daß ihr Prestige jederzeit von Rom her in Frage gestellt werden konnte. Bei allen äußeren und inneren Gegnern des politischen Katholizismus wurde die Hoffnung oder zumindest die Illusion genährt, daß man ihn möglicherweise auf dem Umweg über die Kurie überspielen könne.

Mitte der vierziger Jahre verstärkte sich die Aktivität des »Parti Catholique« in Frankreich noch einmal durch die Gründung des »Komitees zur Verteidigung der religiösen Freiheit«, das die bischöfliche Zustimmung fand, ohne dem bischöflichen Einfluß offiziell unterworfen zu sein. Den Laien wurde formell Selbständigkeit und Unabhängigkeit zugestanden. Ein weitverzweigtes Netz von lokalen Komitees breitete sich über das ganze Land aus. Der »Parti Catholique« hatte sich damit eine festere organisatorische Form gegeben. In verstärktem Maße wurden die schon bisher benutzten Mittel der Öffentlichkeitsbeeinflussung eingesetzt: Pressekampagne, Massenpetition, Aufklärung mit Hilfe von Büchern und Broschüren. Das Ziel war die freie Betätigung religiöser Kongregationen, die Einrichtung von Provinzsynoden, die Aufhebung von staatlichen Maßnahmen, in denen eine praktische Beschränkung der Unterrichtsfreiheit gesehen wurde.

Besonders wichtig wurde das verstärkte Eingreifen von Katholiken in die Wahlvorbereitung. Montalembert rief die Katholiken auf, ihr Gewicht bei den Abgeordnetenwahlen voll einzusetzen. Die bis 1846 amtierende Kammer hatte ein Dutzend katholischer Abgeordneter umfaßt. Ein verändertes Vorgehen sollte den Einfluß des politischen Katholizismus jetzt erhöhen. Die Katholiken stellten aufgrund des geltenden Mehrheitswahlrechts im ersten Wahlgang Zählkandidaten auf und unterstützten im zweiten entscheidenden Wahlgang die Kandidaten, die sich auf die Vertretung bestimmter Forderungen des »Parti Catholique« verpflichteten. Dabei gab es schon genau formulierte und unterschriebene Vereinbarungen. Der Erfolg dieses Systems war so durchschlagend, daß in 200 Wahlkreisen, in denen die Katholiken ihm folgten, sich rund 140 Abgeordnete auf die Unterrichtsfreiheit festlegten. Damit war der Einfluß des »Parti Catholique« gewaltig gewachsen, wenn er auch auf einzelne kulturpolitische Ziele beschränkt blieb und sich insofern nicht einer Partei mit einem alle politischen Fragen umfassenden Programm entsprechend äußerte. Der Erfolg wurde erzielt unter formaler Anerkennung der in der Juli-Monarchie herrschenden politischen Spielregeln. Kirche und Katholizismus identifizierten sich jedoch nicht so stark mit ihr, daß sie in deren Sturz mit hineingezogen worden wären. Seine politische Mitarbeit aus der Stellung einer kritisch distanzierten Opposition erhielt dem Katholizismus Wirkungsmöglichkeiten auch innerhalb der veränderten Entwicklung, wie sie die Februarrevolution von 1848 in die Wege leitete.

3. Staat, Kirche und Katholizismus in der Staatenwelt des italienischen Risorgimento

Bei der Ordnung der Verhältnisse nach den Umwälzungen der Revolutionszeit wurde auf dem Wiener Kongreß auch der Kirchenstaat wiederhergestellt.[37] Dem päpstlichen Beauftragten, Kardinalstaatssekretär Ercole Consalvi, gelang es sogar, in langen Verhandlungen eine anfänglich erwogene Verkleinerung fast ganz zu verhindern. Österreich erhielt mit dem Königreich Lombardo-Venetien und der Sekundogenitur in der Toskana eine starke Stellung innerhalb der italienischen Staatenwelt. Für das Gebiet des Kirchenstaates bedeutete die Restauration konkret, daß Gebiete, die teilweise über ein Jahrzehnt unter französischer Verwaltung gestanden hatten, unter die Herrschaft der Kurie zurückkehrten. Das Papsttum bewies bei der Rückführung keine besonders glückliche Hand, da es soweit wie irgend möglich die alten Zustände wiederherstellte. Damit mußte eine Fülle von Interessen verletzt werden, die durch die Verhältnisse unter französischer Herrschaft gefördert worden waren, zumal die Verwaltung, abgesehen von der untersten Ebene, jetzt wieder ausschließlich in die Hände von Geistlichen gelegt wurde und für die führenden Schichten des Bürgertums mithin nicht mehr direkt zugänglich war.

Der schnell um sich greifenden Unzufriedenheit suchte Pius VII. durch eine Verwaltungsreform zu begegnen. Diese war jedoch so begrenzt, daß sie nur die gravierendsten Beschwerden abzustellen vermochte. Sie litt vor allem darunter, daß sie nicht kontinuierlich entwickelt, sondern durch reaktionäre Strömungen an der Kurie gebremst, ihre tatsächliche Durchführung behindert wurde. Immerhin machten Vereinheitlichung und Zentralisierung der Verwaltung einige Fortschritte. Das Bürgertum des Kirchenstaates blieb ungeachtet des Reformansatzes unzufrieden, besonders da seine wirtschaftlichen Bedürfnisse weit weniger als zur Franzosenzeit gefördert wurden. Hinzu kam, daß das durch die Französische Revolution angestoßene und sich in der napoleonischen Zeit ausbreitende Nationalgefühl auch in Italien Einfluß gewann. Eine bürgerliche Opposition organisierte sich in Geheimbünden, die sich nicht nur gegen die verschiedenen Monarchien Italiens richteten, sondern vor allem auch die weltliche Herrschaft des Papstes zu Fall zu bringen beabsichtigten. Unter den Geheimgesellschaften ragte die »Carbonaria« hervor, die allenthalben Verschwörungen anzettelte, um die restaurativen Regime in den einzelnen italienischen Staaten und eben auch im Kirchenstaat abzuschütteln. Die Kurie wurde dadurch in eine ständige Abwehrhaltung gedrängt, auf die sie nur durch ständige Repressionen zu antworten wußte.

Die Kurie setzte international auf die Zusammenarbeit mit den überkommenen Monarchien und versuchte, mit den Mitteln der Diplomatie und durch eine innerkirchliche Konsolidierung und Zentralisation ihre internationale Stellung und ihr Prestige zu erhalten und zu verbessern.[38] Innerkirchlich suchte die Kurie ihren Einfluß auf die Gesamtkirche zu verstärken, indem sie die Selbständigkeit der Ortskirchen und ihrer Episkopate zurückdrängte. Die Kirchenorganisation wurde dabei immer mehr zentralisiert und auf den Papst und die Kurie ausgerichtet. Das Papsttum konnte sich in dieser Entwicklung sowohl den Sturz der Reichskirche als auch die starke Kritik am Gallikanismus zunutze machen. Die Betonung der Vorrangstellung des Papstes durch die Traditionalisten und durch die sich allenthalben ausbreitende Bewegung des Ultramontanismus fand in diesen römischen Zentralisierungsbestrebungen eine Entsprechung auf seiten der Kirchenführung. Entwicklungen an der Peripherie und im Zentrum der Kirche förderten insgesamt eine Tendenz, die in der Dogmatisierung der päpstlichen Unfehlbarkeit eine hervorstechende Auswirkung, aber auch in den vielen, weniger in Erscheinung tretenden Bereichen der kurialen Verwaltung der Gesamtkirche äußerst weitreichende, bis heute fortdauernde Wirkungen hatte.

Der Trend zur Zentralisierung der Kirche wurde durch Gregor XVI. und unter seinem Pontifikat (1831-1846) stark vorangetrieben. Er war ein starrer Verteidiger rein kirchlicher Prinzipien, der sich mit ganzer Energie für die Freiheit der Kirche von staatskirchlichen Einflüssen einsetzte. Unter ihm wurde das Nuntiaturwesen der Kurie stark ausgebaut. Die Nuntiaturen wurden ein wichtiges Instrument zur Zentralisierung der Gesamtkirche. In der Kirche wurde der bis dahin vorhandene Pluralismus weithin zurückgedrängt zugunsten einer Vereinheitlichung, deren Inhalt von Rom aus autoritativ vorgeschrieben und durchgesetzt wurde. Dabei wurden die kirchlichen Eigentümlichkeiten in den einzelnen Ländern weitestgehend ausgeschaltet. In den Nuntiaturen entwickelte die Kurie immer wirkungsvollere Instrumente zur Überwachung und zur Beeinflussung der Ortskirchen, deren Informationsfunktion und Einflußnahme auch in die Bereiche des politischen Katholizismus hineinspielten.

Es entsprach der innerkirchlichen Politik Gregors XVI., wenn er auf politischem Gebiet eindeutig gegen jede Veränderung auftrat und alle revolutionären Bewegungen mit Energie bekämpfte. Die Kurie mobilisierte dabei häufig Angehörige der Unterschichten als Gegengewicht und zur Bekämpfung der politischen Selbständigkeits- und Einigungsbestrebungen im Bürgertum. In der Literatur ist daher von einer sanfedistischen Politik der Kurie gesprochen worden, also einer Bündnispolitik mit den breiten, an den alten Glauben (santa fede) gebundenen ländlichen Volksmassen in der Art der Bewegung der Santa fede, die in Neapel unter kirchlicher Führung die Revolution von 1799 hinweggefegt hatte.[39] Unter Gregors Führung setzte die Kurie ihre Politik des Bündnisses mit den traditionellen monarchischen Kräften fort. Sie bezog dabei in den Stellungnahmen zu den freiheitsbejahenden Anregungen Lamennais' eine scharfe Frontstellung gegen den Liberalismus. Sie dachte auch an keinerlei Entgegenkommen gegenüber den sich in Italien ausbreitenden nationalen und freiheitlichen Ideen und Zielen. Das führte dazu, daß das Ansehen Gregors bei den patriotischen und fortschrittlichen Kräften auf einen Tiefpunkt sank. Das Papsttum, wie es Gregor XVI. verkörperte, erschien als entscheidendes Hindernis für alle die Kräfte, die in Italien auf eine politische Selbstbesinnung und auf eine nationale Neuordnung hinwirkten.

Durch die Juli-Revolution von 1830 erhielt auch die Opposition gegen die päpstliche Herrschaft neuen Auftrieb, und 1831 kam es zu einer Erhebung im Kirchenstaat. Führend war dabei eine dünne Schicht des Bürgertums, die durch die Geheimgesellschaft der »Carbonaria« organisiert war. Die Erhebung umfaßte große Teile des Kirchenstaates und griff lediglich auf Rom und seine Umgebung nicht über. Sie blieb auf das Bürgertum beschränkt und konnte breitere Volksmassen nicht aktivieren. Die päpstliche Regierung war trotzdem nicht aus eigener Kraft in der Lage, die Erhebung niederzuwerfen. Sie war dazu auf die Unterstützung Österreichs angewiesen, das nach einem weiteren Aufstand durch eine militärische Besetzung, an der sich später zur Wahrnehmung seiner Interessen auch Frankreich beteiligte, noch mehrere Jahre die Unterdrückung der oppositionellen Kräfte garantieren mußte. Schon der erste Aufstand lenkte die Aufmerksamkeit der europäischen Großmächte auf die Zustände im Kirchenstaat und ließ sie und sein Verhältnis zu der oppositionellen nationalen Bewegung als Problem der internationalen Politik erkennen. Sie sprachen eine Empfehlung zu Reformen aus, um eine dauerhafte Beruhigung zu erreichen; u.a. traten sie für die Aufnahme von Laien in die Verwaltung und für Vertretungskörperschaften auf Stadt- und Provinzialebene ein. Die Kurie sollte wenigstens einige Zugeständnisse an die moderne liberale Bewegung machen. Sie folgte jedoch diesen Empfehlungen nicht, sondern baute das Unterdrückungssystem weiter aus, in das sie vielfach Angehörige der Unterschichten einbezog, um sich bei ihnen einen Rückhalt gegen das Bürgertum zu verschaffen.

Die Juli-Revolution und ihre italienischen Ausläufer hatten allgemein die Wirkung, daß das gemäßigt-liberale Bürgertum in den Vordergrund trat und die Vorkämpfer der absolutistischen Monarchie an Bedeutung verloren. Damit setzte sich eine während eines langen Prozesses der agrarwirtschaftlichen Modernisierung in Norditalien aufgestiegene Schicht des Bürgertums durch, das mit fortschrittlichen Vertretern des Adels zum Träger der italienischen Einigungsbewegung wurde.[40] Durch das sich in den vierziger Jahren entwickelnde Neoguelfentum – die Guelfen waren im mittelalterlichen Italien die Parteigänger des Papstes gewesen, jetzt traten die »Neoguelfen« für eine führende Position des Papstes in der italienischen Befreiungs- und Einigungsbewegung ein – ergab sich trotz der weitverbreiteten Abneigung gegen die Kirche im Bürgertum eine günstige Gesamtsituation für den Einfluß des Katholizismus, sobald sich eine Korrektur der reaktionären Politik des Papstes abzeichnete, wie das gegen Ende der Regierungszeit Gregors XVI. im Hinblick auf den neuen Pontifikat der Fall war. Die innere Entwicklung im italienischen Katholizismus seit dem Wiener Kongreß hat das Ihre dazu beigetragen, das Neoguelfentum zu ermöglichen.[41]

In den restaurierten italienischen Staaten konnten keineswegs alle Einrichtungen der napoleonischen Zeit beseitigt werden, da sich die restaurierten Herrschaften damit in noch schärferen Gegensatz zu den in der napoleonischen Zeit aktivierten bürgerlichen Kräften gesetzt hätten, als das schon ohnehin der Fall war. In Verhandlungen mit den verschiedenen

Staaten führte das Papsttum in den Jahren nach dem Wiener Kongreß die kirchliche Reorganisation durch. Sie erfolgte im Rahmen einer allgemein reaktionären Politik der Kurie. Es war das Ziel, sich gegen den staatlichen Einfluß zu behaupten und im Bündnis mit den monarchischen Obrigkeiten eine erneute offizielle Durchsetzung des katholischen Bekenntnisses zu erreichen. Keineswegs erfolgte in Italien in irgendeiner Weise eine Absetzung der Kirche von den restaurierten Monarchien, wie es in Frankreich Ende der zwanziger Jahre Lamennais empfahl. In den Verhandlungen mit den monarchischen Einzelstaaten ging es in verschiedenen Modifizierungen um eine neue Abgrenzung des Verhältnisses zwischen Kirche und Staat nach den Wirren der Revolutionszeit.

An den Vereinbarungen mit dem Königreich Neapel – Sizilien lassen sich die verschiedenen zur Diskussion stehenden Inhalte ablesen. Zugeständnisse machte die Kirche in bezug auf die privilegierte Stellung der Kirchengüter. Sie stimmte einer Einschränkung der kirchlichen Gerichtsbarkeit zu und nahm teilweise eine Neugliederung der Diözesen vor. Die Anzahl der kirchlichen Feiertage wurde vermindert. Der König erhielt das Recht zur Ernennung der Bischöfe. Die Kirche erzielte dagegen eine Erneuerung ihrer Sonderstellung, indem sie als einzige Religion für den öffentlichen Kult anerkannt wurde und starken Einfluß auf das Erziehungswesen erlangte. Außerdem erreichte sie den Verzicht auf das staatliche Plazet für ihre Verlautbarungen und die Anerkennung der Appellation aus den einzelstaatlichen Kirchen nach Rom. Ihr wurde schließlich auch die Bezahlung der Klerus durch den Staat zugestanden, sowie die Rückgabe von Teilen der Kirchengüter an Kirchen und geistliche Orden.

Seit Anfang der zwanziger Jahre und in den ersten Ansätzen schon früher bildeten sich, außer in Süditalien, kleine Gruppen von Katholiken, die für eine Verschärfung der Restauration und für die Abwehr weiterer revolutionärer Erschütterungen eintraten.[42] Sie ließen sich weithin von den französischen Traditionalisten, vor allem von Lamennais vor seiner freiheitlichen Wendung, inspirieren und gründeten verschiedene Zeitschriften. Die einflußreichste dieser legitimistisch-restaurativen Gruppen war die »Amicizia Cattolica«, der katholische Freundschaftsbund, in Turin. Er sammelte hochgestellte Persönlichkeiten des Hofes sowie der Verwaltung und versuchte, mit Hilfe von Büchern und mit seiner Zeitschrift *L'Amico d'Italia* (1822-1829) eine weitgreifende Wirkung auf die italienische Intelligenz auszuüben. Die Zeitschrift stand stark unter dem Einfluß von Lamennais. Sie betonte die Suprematie des Papstes, lehnte den Gallikanismus ab und hob die Verpflichtung der Könige hervor, unter der Führung der Kirche das Gesetz Gottes zu erfüllen. Die Vereinigung geriet in den Verdacht, dem Einfluß der Jesuiten zu dienen, und wurde schließlich, da sie dem vollen Herrschaftsanspruch der Fürsten zugunsten der Kirche entgegenwirke, aufgelöst. In dem Wirken der »Amicizia Cattolica« zeichnete sich eine Tendenz der modernen Aktivierung des Katholizismus in den Volksmassen ab, ohne daß diese Tendenz auch nur annähernd zu einem Ziel gekommen wäre, wenn auch die Führungsrolle des Papsttums hervorgehoben und das Staatskirchentum der Staaten abgelehnt wurde. Eine moralische und intellektuelle Reform des Klerus wurde angestrebt. Die einzelnen Gläubigen sollten enger mit der religiösen Aktivität der Kirche verknüpft werden, die Publizistik sollte für ihre Mobilisierung herangezogen werden. Eine wirkliche Massenbewegung der Laien war aber bei dem ungenügenden Bildungsniveau und den allgemeinen gesellschaftlichen Voraussetzungen noch nicht zu erreichen.

Einzelne Persönlichkeiten und kleine, von ihnen beeinflußte Kreise wurden in den zwanziger und dreißiger Jahren Vertreter einer liberalen Strömung innerhalb des italienischen Katholizismus. Alessandro Manzoni, der mit seinem Roman *Die Verlobten* zum berühmten und volkstümlichen Dichter Italiens wurde, war zunächst stark von der Aufklärung beeinflußt, bis er sich dem Katholizismus zuwandte. Er ließ sich dabei nicht in die konservativen Kreise des Katholizismus einbeziehen, sondern bewahrte eine eher liberal bestimmte Haltung. Insofern wandte er sich ebenso gegen Tendenzen, den Staat im Dienste der Kirche zu instrumentalisieren, wie dagegen, die Kirche in den Dienst des Staates zu stellen.[43] Gehörte Manzoni mit seinem Roman *Die Verlobten* eindeutig der katholischen Romantik an, läßt sich seine Schilderung des einfachen Volkslebens doch auch als Kritik der in katholischen Kreisen vorwiegend romantisch verklärten christlichen Ver-

gangenheit interpretieren, in der das einfache Volk den feudalen Strukturen in Staat und Kirche unterworfen war.

Starke Impulse eines liberalen Katholizismus wurden dann
im Denken Antonio Rosminis wirksam, der als katholischer
Priester und Philosoph auch publizistisch stark hervortrat. Sie
richteten sich vor allem auf eine Reform der Kirche selber,
sollten damit aber auch die Stellung von Kirche und Katholizismus in Staat und Gesellschaft stärken. In einem zunächst
nicht veröffentlichten Buch *Die fünf Plagen der Kirche* trat
Rosmini für Reformen innerhalb der Kirche und in ihrem Verhältnis zum Staat und zu den Gläubigen ein. Er kritisierte die
Uneinigkeit der Bischöfe, die Unterwerfung der Kirchengüter
unter den Staat, die Bestimmung der Bischöfe durch den Staat;
er griff die Unwissenheit des Klerus und seinen Abstand vom
Volk im Feiern der lateinischen Liturgie an. Alle diese Mängel
führte er auf den fortdauernden Feudalismus zurück, hinter
dem er eine ursprünglich vollkommene Kirche als Idealbild
sichtbar machte. Rosmini trat für die Verwendung des Italienischen in der Liturgie ein, um dem Volk die Mitfeier möglich
zu machen. An die Stelle der staatlichen Nominierung der Bischöfe sollte die früher geübte Wahl durch Klerus und Volk
treten. Die Kirchengüter sollten, soweit sie nicht unbedingt
dem Unterhalt des Klerus dienten, wohltätigen Zwecken zugeführt werden. Insgesamt sollten die Einkünfte der Kirche einer exakten Verteilung unterworfen werden, über deren Einhaltung die Kirche öffentlich Rechenschaft ablegen sollte.
Rosmini wollte damit in der Kirche eine Reform durchführen,
die sich an der bürgerlichen Emanzipationsbewegung inspirierte, sich aber zugleich sowohl gegen ein Eingreifen der Staaten in die inneren Angelegenheiten der Kirche als auch gegen
eine vollständige Trennung von Staat und Kirche wandte. Die
Selbständigkeit einer reformierten Kirche sollte durch den
Staat nicht beeinträchtigt werden, und der Kirche sollte auch
ein Einfluß auf den staatlichen Bereich erhalten bleiben.

Ein katholischer Liberalismus entwickelte sich auch im Um-
kreis weiterer Persönlichkeiten, die zunächst auf allgemein
kulturellem Gebiet und nicht mit ausgesprochen politischer
Zielsetzung tätig waren. Für einen liberalen Katholizismus in
der Art Frankreichs im Sinne der Benutzung liberaler Freiheitsrechte fehlte in Italien vor der 1848er Revolution als

wichtige Grundlage ein auf Verfassungen gegründetes politisches Leben, da in den einzelnen italienischen Staaten der fürstliche Absolutismus unverändert andauerte. Nur in einzelnen katholischen Persönlichkeiten wurden Ansätze eines freiheitlichen Denkens virulent. Sie bereiteten auch einer unvoreingenommenen Haltung der Einigungsbewegung gegenüber dem Papsttum den Weg. Manzoni unterstrich die Leistungen des Papsttums gegenüber den Langobarden. Andere – wie die Historiker Cesare Balbo, Carlo Troya und Gino Capponi – stellten die nationale Vergangenheit der Italiener dar, in die das Papsttum aufs engste verwoben war. Dabei wiesen sie Versuche zurück, das Papsttum für den Niedergang Italiens verantwortlich zu machen. In der führenden bürgerlichen Schicht setzte sich nach und nach die Überzeugung durch, daß das Papsttum ein integraler Bestandteil der nationalen Geschichte sei. Wenn Italien seinen eigenen Weg zur Nation finden wollte, konnte er nicht am Papsttum vorbei oder sogar gegen es durchgesetzt, sondern mußte unter Einbeziehung des Papsttums gesucht werden.

Die rückblickende und kulturelle Einbeziehung des Papsttums in das Schicksal Italiens drängte förmlich darauf, auch politisch aktiviert zu werden. Diese Leistung vollbrachte im wesentlichen Vincenzo Gioberti mit seinem Buch *Sul primato morale e civile degli Italiani* von 1845. Gioberti, ein piemontesischer Geistlicher, lebte seit 1833 in Paris, dann in Brüssel im Exil. Dort hatte er die Versuche einer Versöhnung des Katholizismus mit dem Liberalismus oder zumindest der Instrumentalisierung seiner Ideen für die Belange des Katholizismus und der Kirche miterlebt. Mit seinem Buch bezweckte er, möglichst breite ideelle und politische Kräfte Italiens für das Ziel der nationalen Einigung zu aktivieren. Er versuchte, die italienischen Intellektuellen ebenso zu gewinnen wie die Fürsten und das Papsttum, und klammerte strittige Fragen wie die inneren Zustände des Kirchenstaates und das Verhältnis zu Österreich aus seinen Überlegungen aus. Gioberti schlug vor, die italienische Einigung durch einen Zusammenschluß der bestehenden Fürstenstaaten zu einem Bund zu verwirklichen, an dessen Spitze der Papst treten sollte. Auf dieser Grundlage sollte eine Zusammenarbeit zwischen Katholizismus und gemäßigtem Liberalismus in der Einheitsfrage möglich werden.

Das von vielen als Haupthindernis der italienischen Einigung angesehene Papsttum sollte in Giobertis neoguelfischem Einigungskonzept die führende Rolle spielen. Daß Giobertis Vorschlag weitverbreiteten Beifall fand, hing nicht zuletzt von der historischen Situation ab, in der er vorgebracht wurde. Mazzini war mit seinem revolutionären Konzept bisher keinen Schritt auf dem Weg zu einer italienischen Einheit weitergekommen. Die antiliberale Haltung des Papsttums, die sich in der Stellungnahme gegen Lamennais mit aller Deutlichkeit manifestiert hatte, schien in der Spätzeit Gregors XVI. im Hinblick auf seinen Nachfolger in Frage gestellt. Die Kirche konnte sich angesichts der Entwicklung in Frankreich, in Belgien und in Deutschland veranlaßt sehen, ihre Bündnispolitik mit der überkommenen Welt der Monarchien zu überprüfen und den Versuch einer Zusammenarbeit mit den nationalen Einheits- und Freiheitsbewegungen zu suchen.

Als 1846 Pius IX. die Nachfolge Gregor XVI. antrat, schienen die Hoffnungen des Neoguelfentums in Erfüllung zu gehen. Die Amnestie im Kirchenstaat für alle aus politischen Gründen Inhaftierten erschien als vielversprechende Geste des Wohlwollens gegenüber der Einheits- und Freiheitsbewegung und fand entsprechenden Beifall in ihrer öffentlichen Meinung. Auch bei der Wahl seiner Berater zeigte sich der Papst modernen geistigen und politischen Entwicklungen gegenüber aufgeschlossen. Pius IX. stimmte dann im Laufe des Jahres 1847 einigen inneren Reformen des Kirchenstaates zu. Presse- und Versammlungsfreiheit wurden gewährt. Eine beratende Körperschaft von Notabeln wurde eingerichtet, und Anfang 1848 wurden auch Laien in die Verwaltung des Kirchenstaates aufgenommen. Die öffentliche Meinung erwartete indes immer weitergehende Schritte des Papstes im Sinne der Zielvorstellungen des Risorgimento und der von Gioberti so wirkungsvoll verkündeten neoguelfischen Konzeption. Sie brachte die päpstliche Politik in wachsende Schwierigkeiten, die über kurz oder lang zum Ausbruch kommen mußten.

Gemeinsam war dem Katholizismus im Deutschen Bund, in Frankreich und in Italien, daß er sich mit der nachrevolutionären Situation nach dem Sturz Napoleons auseinandersetzen mußte und vor der schwierigen Aufgabe einer inneren und äußeren Regeneration und Konsolidierung stand. Dennoch wiesen die Verhältnisse in den einzelnen Ländern große Unterschiede auf, die die Verwirklichung der gestellten Ziele bedeutend variierten. In Deutschland zwang der Untergang der Reichskirche zu einer organisatorischen Wandlung, die den Katholizismus nun mit den sich konsolidierenden Mittelstaaten konfrontierte. Daraus ergaben sich neue Konflikte, und infolge der sich anbahnenden politisch-gesellschaftlichen Emanzipation auch neue Formen ihrer Austragung, die aber nur aufgrund bedeutsamer Ereignisse den Rahmen der Einzelstaaten wirkungsvoll überschritten. Für die tiefgreifenden Veränderungen der deutschen Situation war es ebenfalls wichtig, daß sich hier eine kirchliche Erneuerungsbewegung ausdehnte, die bei aller Verengung und Verarmung im Hinblick auf die Begegnung mit der modernen Welt doch auch eine Konzentration und Konsolidierung des Katholizismus bewirkte, die für die weitere Entwicklung eine breite Grundlage aktionsbereiter Kräfte entstehen ließen.

In Frankreich hatte die Revolution die erbittertsten Auseinandersetzungen zwischen Staat und Kirche herbeigeführt. Andererseits schien die Restaurierung des überkommenen Königtums hier bessere Chancen als in Deutschland, ja selbst als in Italien für eine Wiederherstellung des alten Verhältnisses zwischen Monarchie und Kirche zu bieten. Als sich diese Aussicht mit der Aufrichtung des Bürgerkönigtums als Illusion erwies, entwickelten sich gerade in Frankreich Ideen und Formen eines neuen Verhältnisses des Katholizismus zu Staat und Gesellschaft, die Frankreich nun nach der Beispielhaftigkeit des traditionalistischen Denkens und Handelns eine Vorbildfunktion auch im ansatzweisen Aufgreifen moderner liberaler Ideen und Praktiken zufallen ließ. In Frankreich wußte der Katholizismus durch die verschiedenen Phasen der Entwicklung zu einer Konsolidierung seiner Stellung in der Gesellschaft zu gelangen, wie sie in anderen Formen der deutsche Katholizismus erfolgreich gefunden hatte und wie sie in Italien, wenn auch in Abstufungen, erhalten geblieben war.

In Italien herrschten in der wiederhergestellten monarchischen Staatenwelt die restaurativen Momente vor, bis die nationale Freiheits- und Einheitsbewegung und vor allem ihre katholische Transformation im Neoguelfentum ein dynamisches Element auch im italienischen Katholizismus erstarken ließ. Die Präsenz des Kirchenstaates in der italienischen Staatenwelt bildete ein Sonderproblem des italienischen Katholizismus, das ihn schon in dieser Zeit vor ganz besondere Entwicklungsprobleme innerhalb der sich modernisierenden Welt stellte. Die Nutzung moderner freiheitlicher Kommunikations- und Einflußmöglichkeiten war in Italien auf das Forum der Publizistik beschränkt, während sich die französischen Katholiken in bedeutendem Maße bereits die parlamentarische Ebene zunutze machen konnten, die in Deutschland, zumal im spezifischen Bereich des Katholizismus, erst langsam Bedeutung erlangte.

IV. Die Revolution von 1848/49

Ein revolutionäres Klima hatte sich in der Zeit vor der Revolution von 1848 überall in Europa ausgebreitet, wenn auch die Ursachen dafür in den einzelnen Ländern unterschiedlicher Art waren. In Deutschland hatte die wirtschaftliche und gesellschaftliche Modernisierung Fortschritte gemacht, ohne daß sich den erstarkenden Kräften des Bürgertums die Gelegenheit geboten hätte, für ihre politische Gestaltungskraft und ihren politischen Gestaltungswillen einen entsprechenden Ausdruck zu finden. In Frankreich hatte das Bürgerkönigtum während seiner kurzen Existenz viele politische Wünsche offengelassen, und neue waren entstanden. Auch hier sammelte sich Explosionsstoff, der bei jeder ernsthaft sich bietenden Gelegenheit zur Entzündung kommen konnte. In Italien schließlich drängte die bürgerliche Einheits- und Freiheitsbewegung immer wieder nach vorn und suchte ihre Chance, sowohl die einzelstaatlichen Verhältnisse im Sinne der liberalen Forderungen zu verändern als auch den Durchbruch zur nationalen Befreiung und zum nationalen Zusammenschluß zu finden.

1. Der Katholizismus in der deutschen Revolution

Durch die Revolution von 1848 wurden die Katholiken Deutschlands nicht weniger erfaßt als die gesamte Bevölkerung, und sie reagierten ebenso entsprechend ihrer Schichtenzugehörigkeit und politischen Prägung.[44] Richteten sich die Märzforderungen allgemein auf die Beseitigung der obrigkeitlichen Bevormundung und Unterdrückung sowie auf die Einführung staatsbürgerlicher Freiheitsrechte, spitzten katholische Kreise ihre Erwartungen vor allem auf die Kirchen- und Religionsverhältnisse zu. In unterschiedlichem Maße wahrten sie dabei den Zusammenhang mit den allgemeinen staatsbürgerlichen Freiheitsforderungen. Sie erwiesen sich gleichfalls als sehr aufgeschlossen gegenüber den sozialen Problemen der Zeit. In programmatischen Äußerungen von katholischer Seite wurden sie vielfach erwähnt und ihre Milderung und Be-

seitigung gefordert. Die Lösungsvorschläge hatten vornehmlich karitativen Charakter und waren darauf gerichtet, wirt-
schaftlich-gesellschaftliche Spannungen abzubauen, nicht jedoch sie politisch auszunutzen. Der Beruf und die Möglichkeiten der Kirche zur Bewältigung der sozialen Probleme
wurden dabei immer wieder hervorgehoben.

Die schnelle, überraschend leicht vollzogene Mitwirkung im
Prozeß der revolutionären Entwicklung war entscheidend
vorbereitet durch die Entfaltung, die der Katholizismus seit
1837 durchlebt hatte. Seine zeitweise stürmische, insgesamt
langsame, aber immer weiter fortschreitende Einschaltung in
die Auseinandersetzungen der öffentlichen Meinung, seine erste Aktivität auf dem Boden der bestehenden Parlamente und
Ständeversammlungen und seine Aufgeschlossenheit für ei-
genverantwortliche, gesellschaftsbezogene Vereinstätigkeit
stellten eine Vorbereitung dar, die die Katholiken, durch das
allgemeine politische Klima beflügelt, schon von Anfang an zu
wichtigen Teilnehmern der Entwicklung werden ließ. Dabei
ist jedoch festzuhalten, daß der politische Katholizismus noch
weniger als die übrigen politischen Strömungen schon eine
festumrissene Gruppierung mit umfassenden politischen Zielsetzungen darstellte. Er fand vielmehr vorwiegend wegen kir-
chen- und religionspolitischer Themen zusammen.

Dem Mainzer *Katholik* erschien bereits Anfang März die Erschütterung des »Polizeistaates« als keineswegs unerwartet; er
forderte eine Fortsetzung der begonnenen Reformen zugunsten von Religions- und Gewissensfreiheit, von Unabhängigkeit von Religion und Kirche vom Staat sowie Vereinigungsfreiheit nicht nur auf politischem, sondern auch auf religiösem
Gebiet. Darüber hinaus wies die Zeitung auf die Notwendigkeit hin, in freier Betätigung aller auf die Behebung sozialer
Not hinzuarbeiten. Die am weitesten gehende Integrierung
der Katholiken in die gesamte Freiheitsbewegung zeigt der
Wahlaufruf eines Wahlkomitees von Katholiken in Köln. Mit
den Wahlen für die verfassunggebenden Versammlungen in
Frankfurt und Berlin sahen die Verfasser das Volk vor die Aufgabe einer politischen Neugestaltung gestellt, für deren konkrete Verwirklichung es geeignete Abgeordnete zu wählen
habe. Für ihre Auswahl boten sie sich als Vermittler an, indem
sie sich zu ihrer eigenen Charakterisierung, allerdings ohne

explizite Nennung, auf das Freiheitsbekenntnis des Grafen Montalembert beriefen: »Freiheit für alle und in allem«.

Der Aufruf machte sich in vollem Umfang die Forderung der grundlegenden politischen Freiheitsrechte zu eigen, wenn er deren Verwirklichung mit dem Bekenntnis zur konstitutionellen Monarchie auch einen deutlich begrenzten Rahmen gab. Mit der Forderung nach einer zeitgemäßen Gewerbe- und Fabrikverfassung sowie nach Unterhalt für Arbeitsunfähige und Beschäftigung für Erwerbslose wurde auch das soziale Problem in zentralen Punkten angesprochen, und zwar in einer über karitative Ziele hinausgehenden Weise. Die kirchlichen Erwartungen wurden schließlich im Hinblick auf die preußische Nationalversammlung formuliert. Sie griffen dabei die in Preußen z. T. schon vor der Revolution überwundene Praxis des Staatskirchentums auf und steckten den Rahmen der wirtschaftlichen Ausstattung der Kirche ab. Sie forderten die Beseitigung des Plazet und des staatlichen Einflusses auf die Wahlen für geistliche Ämter; Wegfall der landesherrlichen Patronatsrechte und der Appellation an staatliche Stellen in geistlichen Angelegenheiten; freien Verkehr der Bischöfe mit dem Papst und mit dem eigenen Klerus; freie Verwaltung des gesamten Eigentums der katholischen Kirche einschließlich der als Entschädigung für die seit der Säkularisation von seiten des Staates zugesagten, aber nicht tatsächlich übergebenen liegenden Güter und der zweckgebundenen Schul- und Armenstiftungen. Ausdrücklich wurden diese Freiheiten auch für andere Konfessionen beansprucht.

Schnell gelang es den Katholiken, die neu errungene Vereinsfreiheit zur Organisation ihrer eigenen Kräfte nutzbar zu machen. Im März wurde in Mainz der »Pius-Verein« zum Schutz für religiöse und kirchliche Freiheit gegründet. Priester des Mainzer Kreises um den *Katholik* hatten entscheidenden Anteil an der Initiative und sorgten nicht nur in ihrem traditionellen Publikationsorgan, sondern auch in der zusätzlich mit deutlich politischem Akzent gegründeten Zeitung *Mainzer Journal* für weite Propagierung. Bald wurden ähnliche Vereinsgründungen in anderen Städten vorgenommen, z. B. in Limburg, Aachen, Freiburg, Münster, Breslau und Danzig, vielfach unter maßgeblicher Beteiligung von Laien. Im Klerus und in der kirchlichen Seelsorgeorganisation fanden diese Vereinsgründungen Förderung und günstige organisatorische Voraussetzungen, so daß im September bereits 17 Zentralvereine mit vielen hundert Zweigvereinen bestanden, die in einer breiten Petitionsbewegung für die Absicherung der kirchlichen Freiheitsrechte in der Reichsverfassung wirkungsvoll aktiviert werden konnten. In der katholischen Vereinsbewegung standen die freiheitlichen Forderungen zugunsten der Kirche und ihrer ungehinderten Entfaltung in der Gesellschaft im Vordergrund. Je nach den lokalen Verhältnissen und den führenden Persönlichkeiten wurden sie mit allgemeinen politischen Zielen verbunden. Immer wieder erörtert wurde auch das verbreitete Problem der Massenarmut. Höhepunkt der vom niederen Klerus und von Laien getragenen Massenmobilisierung durch die »Pius-Vereine« wurde ihre im Oktober 1848 in Mainz abgehaltene Generalversammlung – es war der erste einer langen, bis in die Gegenwart reichenden Reihe von Katholikentagen, auf denen sich zunächst Vertreter katholischer Organisationen versammelten, die aber dann auch für das Zentrum zum beliebten Ort der Kontaktpflege mit dem umfangreichen Verbandskatholizismus und der katholischen Öffentlichkeit wurden. Die Teilnahme zahlreicher katholischer Abgeordneter der Frankfurter Nationalversammlung ließ die Verbindung der Vereinsbewegung mit der parlamentarischen Aktivität des sich politisierenden Katholizismus augenfällig hervortreten. Sie wurde sachlich durch die sehr ausgedehnte Petitionstätigkeit der Vereine hergestellt.

Zahlreiche örtliche Initiativgruppen hatten mit großem Erfolg zugunsten der Wahl katholischer Abgeordneter für die Nationalversammlungen in Frankfurt und Berlin gewirkt.[45] Die politische Physiognomie dieser Abgeordneten war jedoch höchst verschieden und wurde längst nicht immer vorwiegend oder gar ausschließlich von ihrem katholischen Bekenntnis bestimmt. In den Versammlungen kam es deshalb nicht ohne weiteres zur Bildung eigener katholischer Fraktionen. In Berlin fanden sich die katholischen Abgeordneten, nachdem Ansätze zu einer Fraktion gescheitert waren, auf Einladung v. Geißels formlos zusammen, um Kirche und Religion direkt betreffende Themen zu besprechen. In Frankfurt schlossen sich die katholischen Abgeordneten auf Initiative des Fürstbischofs von Breslau, v. Diepenbrock, lose im »Katholischen

Club« zusammen. Ihm gehörten rund 40 Mitglieder an, deren Arbeit sich ausschließlich auf die Verteidigung und Sicherung der Rechte der Kirche bezog. Sie gehörten unbeschadet ihrer Zugehörigkeit zum »Katholischen Club« anderen Fraktionen an, deren Kurs sie sich in den übrigen politischen Fragen verbunden fühlten.

Die Breite des politischen Spektrums innerhalb des »Katholischen Clubs« wird in der Stellung zum Wahlrecht deutlich. Während die mit den *Historisch-Politischen Blättern* sympathisierenden Konservativen für ständische Vertretungen eintraten, setzten sich der Mainzer Kreis und v. Buss für das gleiche, allgemeine Wahlrecht ein. Der liberale August Reichensperger plädierte dagegen für eine Beschränkung des Wahlrechts. Schon an diesem Gegensatz zeichnete sich die Möglichkeit ab, ein allgemein konservatives Konzept, wie es v. Buss vertrat, durch ein möglichst breites Wahlrecht plebiszitär abzustützen – eine Möglichkeit, die später durch Napoleon III. und Bismarck in politische Realität umgesetzt wurde. Die im Kern unterschiedlichen politischen Kräfte des Katholizismus konnten zusammenarbeiten, wenn und soweit es darum ging, die neu errungenen politischen Freiheiten und Wirkungsmöglichkeiten zugunsten von Kirche und Religion zu nutzen, ohne daß eine Entscheidung darüber nötig war, wie sie zu diesen Freiheiten grundsätzlich standen. Daß diese grundsätzliche Stellungnahme problematisch war, läßt die Anregung v. Geißels erkennen: »Wir wollen nicht sagen: Unterrichtsfreiheit für alle, sondern Unterrichtsfreiheit für die Kirche.«[46] Vorbehalte dieser Art wurden Katholiken bei Benutzung der Freiheitsrechte und bei Forderungen nach ihrer Erweiterung immer wieder mit mehr oder weniger Recht nachgesagt.

Das Hauptergebnis der Mainzer Katholikenversammlung war der Zusammenschluß der »Pius-Vereine« zu einem einzigen »Katholischen Verein«. In seiner Satzung wurden die schon erwähnten Freiheitsrechte der Kirche erneut als Ziele genannt und weiter für die Freiheit des Unterrichts und der Erziehung, für die geistige und sittliche Bildung des Volkes plädiert. Ausdrücklich wurden die bürgerlichen Freiheitsrechte für die Erreichung der Vereinszwecke reklamiert. Die Satzung nahm auch gegen soziale Mißstände Stellung und kündigte Initiativen zur Bekämpfung der »geistigen und leiblichen Not« an. Allgemeine politische Ziele erwähnte sie dagegen nicht. – Mit der Gründung des »Katholischen Vereins« war die weitausgreifende katholische Vereinsbewegung in einer einzigen Organisation zusammengefaßt, ohne daß dadurch die besondere Aktivität der einzelnen Vereine beengt werden sollte.

Wenn in der Reichsverfassung die Freiheitsrechte der Kirche allgemein gesichert wurden, entsprach dieses Ergebnis durchaus nicht vollständig den Vorstellungen und Zielen, wie sie zu Beginn der Revolution entwickelt worden waren. Das gilt einmal von der durch das Beispiel der belgischen Verfassung angeregten Forderung der Trennung von Kirche und Staat. Es stellte sich immer mehr heraus und wurde von Ignaz v. Döllinger auch vor der Nationalversammlung dargelegt, daß die Trennung von Kirche und Staat als Ziel des deutschen Katholizismus nur die Freiheit der Kirche von staatlicher Einmischung bedeuten konnte, nicht aber eine vollständige Trennung, die Kirche und Staat beziehungslos nebeneinander gestellt hätte. Der Katholizismus wollte die Befreiung der Kirche vom Druck des staatskirchlichen Regimes erreichen, zugleich aber auch ihre traditionell gewachsene Sonderstellung im Staat erhalten. Dieses Ziel ist am deutlichsten im Programm und in der Aktivität des Kölner Erzbischofs v. Geißel zum Ausdruck gekommen.

Mit den Bischöfen seiner Kirchenprovinz stellte v. Geißel schon im Mai 1848 ein Maximalprogramm auf. Es diente ihm in der Folgezeit als Grundlage zur intensiven Einflußnahme auf die Abgeordneten in Berlin und Frankfurt, deren Zusammenarbeit und Zusammenschluß er durch entscheidende Initiativen förderte. Von einer im November von v. Geißel zustande gebrachten gesamtdeutschen Bischofskonferenz wurde es in langen Beratungen ebenfalls bestätigt und in einer Denkschrift an die deutschen Regierungen herangetragen.[47] Für die Kirche wurde die Freiheit gefordert, ihre Angelegenheiten selbständig und nach eigenem kanonischen Recht zu regeln. Eingriffe des Staates, wie Placet, Patronatsrecht und Berufungsrecht gegen kirchenrechtliche Entscheidungen an den Staat, sollten grundsätzlich wegfallen. Die Bischöfe sollten frei mit der Kurie verkehren können. Die Kirche sollte ihr

Vermögen frei verwalten, auch entscheidenden Einfluß auf die Schulen nehmen können. Eine Trennung von Kirche und Staat lehnte das Programm der Bischöfe ab, denn es wollte der Kirche staatlichen Schutz und Hilfe ebenso erhalten wie die Zahlungen, deren Berechtigung aus dem Reichsdeputationshauptschluß abgeleitet wurde.

Obwohl die einzelnen Punkte als Freiheitsforderungen zugunsten der Kirche vorgetragen wurden, stießen sie bei Liberalen und Radikalen auf Widerstand, soweit sie individuelle Freiheitsrechte bedroht sahen oder der Kirche keine Sonderrechte zubilligen wollten.[48] Trotzdem ist das Ergebnis der Verfassungsberatungen aus Sicht der Katholiken vorwiegend als günstig anzusehen. Außer der vollen Religionsfreiheit der einzelnen wurde im Rahmen der Grundrechtsartikel den Religionsgesellschaften die selbständige Ordnung und Verwaltung ihrer Angelegenheiten zugesichert. Die Freiheit der Gründung von Unterrichts- und Erziehungsanstalten bedeutete für den Katholizismus eine große Möglichkeit, die umso wichtiger war, als eine kirchliche Schulaufsicht nur für den Religionsunterricht vorgesehen, im übrigen dagegen die Aufsicht des Staates festgelegt wurde. Allerdings wurde die Ehe nun als zivilrechtlicher Akt bestimmt, dem die kirchliche Trauung folgen konnte. Die durch die Kirchenfreiheit und die Vereinigungsfreiheit grundsätzlich gegebene Zulassung der Jesuiten führte in der Frankfurter Nationalversammlung zu einer Diskussion über die Möglichkeit und Wünschbarkeit, ihre Niederlassung zu verhindern. In dieser Auseinandersetzung sprach sich sogar der »Katholische Club«, wenn auch vielleicht aus taktischen Gründen, gegen eine solche Niederlassung aus. Die prinzipielle Vereinigungsfreiheit wurde aber schließlich nicht zur Fernhaltung der Jesuiten eingeschränkt.

Weitergehende Rechte wurden der katholischen Kirche in der Verfassung zugestanden, die auf der Grundlage der vorangegangenen Beratungen im Dezember 1848 von der preußischen Regierung oktroyiert wurde und der auch die revidierte Verfassung vom Januar 1850 in den meisten Punkten entsprach. Außer dem freien Verkehr mit dem Papst und der freien Besetzung kirchlicher Stellen wurde die Freiheit der Bekanntmachung von Anordnungen verbrieft. Allerdings blieben, wie das in der Verfassung von 1850 eindeutig geklärt wurde, die staatlichen Rechte erhalten, die sich aus besonderen Rechtstiteln, z. B. aus Vereinbarungen mit der Kurie aus Anlaß der Bistumszirkumskriptionen in den zwanziger Jahren, ergaben. Die Freiheit in der Regelung der eigenen Angelegenheiten wurde nicht, wie in der Reichsverfassung, ausdrücklich mit der Unterwerfung unter die allgemeinen Gesetze verknüpft. Der Kirche wurde Freiheit im Besitz und Genuß der für ihre Kultus-, Unterrichts- und Wohltätigkeitszwecke bestimmten Anstalten, Stiftungen und Fonds, d. h. nicht nur ihres eigenen Besitzes, sondern auch der ihr von staatlicher Seite geleisteten Zahlungen garantiert. Die Wahl der Lehrer durch die Gemeinden gab der Kirche die erwünschte Einwirkungsmöglichkeit auf den Volksschulunterricht, die zu der ebenfalls zugesicherten Verfügung über den Religionsunterricht hinzukam. In der Verfassung von 1850 wurde die Stellung der katholischen Kirche in der preußischen Gesellschaft noch dadurch verstärkt, daß die christliche Religion bei den Einrichtungen des Staates, die mit der Religionsausübung in Zusammenhang standen, zugrunde gelegt wurde.[49] Die Kirche besaß damit noch weitergehende Freiheitsgarantien als nach der Reichsverfassung und brauchte doch nicht auf die besondere Stellung im Staat zu verzichten, die in der Regelung der wirtschaftlichen Verhältnisse der Kirche und in ihrem Einfluß auf das Schulwesen ihren Ausdruck fand.

Hatte sich der Episkopat schon mit seiner ablehnenden Haltung gegenüber der preußischen Steuerverweigerungskampagne für die erneute Stabilisierung der Verhältnisse eingesetzt, festigte sich die wohlwollende Haltung der Kirche gegenüber dem Staat aufgrund der erwähnten Verfassungsgarantien. Der Verzicht auf das Staatskirchensystem brachte dem Staat auch nach den revolutionären Ereignissen erneut die Unterstützung der Kirche ein, die durch das Eintreten der Katholiken für eine großdeutsche Lösung der Einheitsfrage vorläufig nicht wesentlich beeinträchtigt wurde. Das Bündnis von Thron und Altar wurde unter dem Vorzeichen der neuen Reaktionszeit wieder aufgenommen.

In den Verhandlungen bis hin zur Verabschiedung der revidierten Verfassung arbeiteten die katholischen Abgeordneten, untereinander nur lose verbunden, vielfach mit den Liberalen zusammen.[50] Das wurde ihnen durch ihre Front gegen die Radikalen, durch ihr Interesse am Zustandekommen einer verfassungsmäßigen Sicherung der durch die Revolution errungenen Freiheitsrechte nahegelegt. Aus der Befürwortung einer großdeutschen Lösung durch die katholischen Abgeordneten ergab sich für die Zusammenarbeit kein entscheidendes Hindernis. Zu Gegensätzen kam es dagegen bei der näheren Ausgestaltung der Rechte der Kirche. Die Liberalen glaubten hier einer zu weitgehenden Verselbständigung gegenüber dem Staat entgegentreten zu müssen. Ein gewisser Ausgleich gelang dadurch, daß die Katholiken darauf verzichteten, ihre Maximalforderungen um jeden Preis durchzusetzen.

Die Mobilisierung des Katholizismus durch die Vereinsbewegung breitete sich 1848 auch in Österreich aus.[51] Mitglieder des Episkopats regten politische Stellungnahmen zugunsten der Kirche an. Bei der Mehrzahl der Bischöfe wirkte sich aber die starke Prägung durch den Josephinismus in ihrer Zurückhaltung angesichts der politischen Ereignisse aus. Der Würzburger Bischofskonferenz blieben die österreichischen Bischöfe mit einer Ausnahme fern. Die Beseitigung des überlieferten Staatskirchentums, die der später aufgelöste Reichstag zu Kremsier in der von ihm ausgearbeiteten Verfassung vorsah, blieb infolge der politischen Entwicklung zur Reaktion hin ohne Bedeutung. Auch die oktroyierte Verfassung von 1849 war für die Gestaltung des Verhältnisses zwischen Kirche und Staat wirkungslos, da sie schon bald außer Kraft gesetzt wurde. Bereits im Zeichen der Gegenrevolution hielten die Bischöfe Mitte 1849 in Wien eine Konferenz ab, in der sie den Abbau des Staatskirchensystems und den Abschluß eines Konkordats forderten. Die kaiserliche Regierung machte 1850 wichtige Zugeständnisse, indem sie das Placet aufhob, den freien Verkehr der Bischöfe mit der Kurie zugestand und den Bischöfen die freie Ausübung ihrer Disziplinargewalt einräumte. Die Kirche sollte auch in Österreich an den Staat der Reaktion herangezogen werden, um ihm als Stütze zu dienen.

Für den deutschen Katholizismus brachte die 48er Revolution bedeutende Ergebnisse. Sie wurden dadurch ermöglicht, daß sich katholische Kräfte auf verschiedenen Ebenen formierten und in die politische Auseinandersetzung einschalteten. Eine Politisierung des Katholizismus setzte sich, obwohl thematisch und zeitlich begrenzt, durch und schuf sich Mittel und Institutionen sowohl einer Massenmobilisierung als auch einer parlamentarischen Einflußnahme und Zusammenarbeit. Die schnelle Ausbreitung der Wahl- und Vereinsbewegung wurde durch den Klerus gefördert und erhielt von ihm trotz aller nicht zu unterschätzenden Eigeninitiative wichtige Anregungen und Hilfestellungen. Die Aktivierung der Katholiken als Wähler und Abgeordnete, die Organisation der Vereins- und Petitionsbewegung und die Tätigkeit von Episkopat und Klerus stellten in den stürmischen Tagen der Revolution Leistungen dar, die an die Entwicklung der früheren Jahrzehnte anknüpfen konnten, jedoch einen erstaunlichen qualitativen und quantitativen Modernisierungsschub in Hinblick auf eine zumindest instrumentale Aufnahme wichtiger Errungenschaften des neuzeitlichen liberalen politischen Denkens und organisatorischer und institutioneller Mittel zu ihrer Realisierung bedeuteten.

In der sozialen Frage sahen führende Katholiken, Kleriker und Laien, eine Herausforderung, die sich in besonderer Weise an die Amtskirche und an den Katholizismus richtete und zu deren Bewältigung sie in besonderem Maße gerüstet sei. Zur Erreichung ihrer Ziele hatten sich die Katholiken auf die vom Liberalismus propagierten Freiheitsrechte gestützt, wobei ihre Stellungnahme zu diesen Freiheiten von ihrer vollen Anerkennung bis zu ihrer nur taktischen Nutzung reichte. Katholiken hatten dabei mit Liberalen, gelegentlich auch mit Demokraten, zusammengearbeitet. Konflikte mit den Liberalen waren nicht ausgeblieben, hatten jedoch nicht in kompromißloser Konfrontation geendet, sondern Platz gelassen für pragmatische Zusammenarbeit, soweit sie im Einzelfall möglich war. Manche führenden Katholiken teilten konservative Vorstellungen und begrüßten das Wiedererstarken der monarchischen Regierungen vorbehaltloser als ihre konstitutionell denkenden Glaubensgenossen. Die Regierungen sahen zumindest zeitweilig die kirchlich-katholischen Kräfte als eine zusätzliche Stütze ihrer konservativen, in die Reaktion einlenkenden Politik und zielten auf ein neues Bündnis von Thron und Altar. Einen Rückschlag bedeutete es auch für den Katholizismus, daß die Reichsverfassung – soweit überhaupt – nur vorübergehend Rechtskraft erlangte. In den süddeutschen

Staaten blieb das vorrevolutionäre Staatskirchentum erhalten. Auch das Scheitern einer großdeutschen Lösung des deutschen Einheitsproblems stellte eine Belastung für den Katholizismus dar, da Österreich, das infolge der Reichstradition, aus realpolitischen Gründen der deutschen Stellung in Europa und aus Gesichtspunkten des quantitativen Verhältnisses der Konfessionen in einem geeinten Deutschland im Bewußtsein der deutschen Katholiken eine zentrale Stellung einnahm, nicht fester an die übrigen deutschen Staaten gebunden wurde. Vielmehr hatten sich Tendenzen verstärkt, die seinen Abstand zu den anderen Staaten des Deutschen Bundes, insbesondere zu Preußen und seinem Anhang, vergrößerten.

2. Der Katholizismus in Frankreich nach der Februarrevolution

Der Sturz der Juli-Monarchie im Februar 1848 bedeutete für die französischen Katholiken einen Schock, da die politisch-soziale Ordnung aufs neue erschüttert wurde.[52] Die revolutionäre Bewegung respektierte jedoch Kirche und Religion und ließ sich nicht zu Übergriffen hinreißen. Das veranlaßte viele Vertreter des niederen Klerus zu einer Sympathie, die sich u. a. in dem Umstand äußerte, daß sich zahlreiche Geistliche als Kandidaten für die verfassunggebende Versammlung aufstellen ließen. Auch ein kleiner Kreis um die Zeitung *L'Ère Nouvelle*, zu dem auch der Dominikaner Lacordaire aus dem ehemaligen Freundeskreis von Lamennais gehörte, hegte gegenüber der Republik positive Erwartungen. Dieser Kreis trat für die Republik und für das Zusammenwirken der Katholiken mit ihr ein. In ihm wurden die Hoffnungen für die Zukunft auf eine christliche Demokratie gerichtet, die als neuer Bündnispartner der Kirche betrachtet wurde.[53] Der Kreis um die *Ère Nouvelle* verlor aber im Lauf der Entwicklung des Jahres 1848 zunehmend an Ansehen und Gewicht, denn weder die Verhältnisse in Frankreich noch der sich erneut schnell verschärfende Gegensatz zwischen liberaler Einigungsbewegung und Papsttum standen im Einklang mit solchen Bündnisvorstellungen.

Der liberale »Parti Catholique« und seine Vertreter Montalembert und Veuillot wendeten sich gegen die propagierte enge Zusammenarbeit zwischen Katholizismus und Demokratie, die allzu leicht zu einer Unterwerfung des Katholizismus unter die neuen, gerade herrschenden politischen Kräfte führen könne. Die zeitweilige Radikalisierung der Revolution und die Kämpfe zu ihrer Abwehr im Juli 1848 führten dann dazu, daß sich der »Parti Catholique« zunehmend den liberalen und konservativen Verteidigern der bürgerlichen Ordnung zuwandte. Die sozialistischen Tendenzen der Revolution wirkten besonders auf die ländlichen Massen der Katholiken, auf Kleinbürgertum und auf Grundbesitzer abstoßend. Die Katholiken leisteten den Verteidigern der bestehenden Sozialordnung schon wichtige Wahlhilfe, als nach dem Sturz Louis-Philippes aufgrund des allgemeinen Wahlrechts eine Nationalversammlung gewählt wurde. Der »Parti Catholique« gründete weiter seine Politik auf eine Zusammenarbeit, bei der die Partner das gemeinsame Interesse hatten, den Gefahren eines sozialen Umsturzes entgegenzuwirken.

Der »Parti Catholique« hatte schon immer eines seiner wichtigsten Ziele in der Erringung und Sicherung der Unterrichtsfreiheit gesehen. Unter dem Druck der revolutionären Bedrohung war auch das Bürgertum zu Konzessionen bereit, da es hoffte, durch den kirchlichen Einfluß auf das Erziehungssystem die revolutionären Ideen von der Jugend fernhalten zu können. Montalembert gelang es trotzdem nicht, die grundsätzliche und uneingeschränkte Aufnahme der Unterrichtsfreiheit in die verfassungsmäßigen Grundrechte durchzusetzen. Der entscheidende Durchbruch wurde aber vorbereitet, als der »Parti Catholique«, wenn auch vorsichtig, auf die Wahl Louis-Napoleons als Präsident der Republik positiv Einfluß nahm. Als Napoleon sich zu Zugeständnissen gegenüber den katholischen Forderungen geneigt zeigte, wurde er auch mit Stimmen der Katholiken gewählt. Dabei spielte neben der Unterrichtsfrage auch seine wohlwollende Haltung gegenüber der Erhaltung des Kirchenstaates für den Papst eine wichtige Rolle.

Die Berufung des Grafen Falloux, eines Exponenten des Katholizismus, als Unterrichts- und Kultusminister bedeutete einen Schritt auf die konkrete Durchführung der Zugeständnisse Napoleons an die Katholiken. Lange Verhandlungen von Kommissionen, die Falloux für die Neuregelung des Elementar- und des Sekundarschulwesens einsetzte, führten zu einem Kompromiß der Katholiken mit dem liberalen und konservativen Bürgertum, das sich weiterhin unter dem Druck der sozialrevolutionären Kräfte fühlte. In der »Loi Falloux« wurden der Kirche weitgehende Zugeständnisse gemacht. Ihre geistlichen Orden gewannen eine maßgebende Stellung im Elementarschulwesen. Im höheren Bildungswesen behielten zwar die staatlichen Universitäten eine wichtige Funktion, aber der Kirche wurde die Möglichkeit eröffnet, eigene Erziehungsanstalten zu gründen. Diese wurden zwar der staatlichen Aufsicht unterworfen, aber da diese Aufsicht durch Institutionen erfolgte, in denen die Kirche selber stark vertreten sein sollte, konnten sich die Katholiken mit dieser Regelung abfinden. Der freien Entfaltung von katholischen Privatschulen stand praktisch kein Hindernis mehr entgegen, und es war doch zugleich das Interesse des Bürgertums gewahrt, die staatliche Aufsicht über die Schulen nicht einfach aus der Hand zu geben und damit Einflüssen aus der Gesellschaft ungehindert und unterschiedslos Eingang in das Erziehungswesen einzuräumen. Die kirchlichen Schulen waren andererseits zur Auseinandersetzung mit dem modernen Leben und Denken gezwungen, da sie sich ständig in Konkurrenz mit den staatlichen Bildungsträgern befanden. Wichtig war auch die negative Fernwirkung des Gesetzes, die in Richtung auf eine zunehmend verschärfte Konfrontation des kirchlichen und des laizistischen Frankreich hinauslief.[54]

Trotz der weitgehenden Zugeständnisse an die katholischen Wünsche wurde die »Loi Falloux« auch in katholischen Kreisen kritisiert. Der *Univers* und sein einflußreicher Redakteur Veuillot lehnten das Gesetz ab, da es keine unbeschränkte Unterrichtsfreiheit einführte und dem Staat wichtige Aufsichtsrechte erhalten blieben. Außerdem schien die Vorrangstellung der nicht-christlichen Universität unerschüttert. Die Kritiker traten für eine grundsätzliche und vorbehaltlose Verwirklichung der Unterrichtsfreiheit ein, da der »Parti Catholique« seinen Kampf immer darauf gerichtet habe. Veuillot sah in der »Loi Falloux« eine Verletzung der bisher leitenden Prinzipien. Auf dem Boden des »Parti Catholique« traten sich jetzt liberale und intransigente Gruppen gegenüber und verhinderten dadurch die Entwicklung zu einer verfestigten katholischen Partei. Auch die französischen Bischöfe standen in Opposition, bis ihnen durch ein Schreiben Pius IX. nahegelegt wurde, auf dem Boden des Gesetzes mitzuarbeiten.

Die Haltung der führenden Vertreter des französischen Katholizismus gegenüber Napoleon war unterschiedlich. Montalembert unterstützte ihn zunächst, da er in ihm den Verteidiger der bürgerlichen Ordnung sah. Er erwartete von ihm die Einführung eines gemäßigt liberalen Systems. Erst als er sich darin getäuscht sah, trat er zu den Gegnern Napoleons im katholischen Lager über und knüpfte damit zugleich an das frühere Bündnis mit den Liberalkonservativen an. Montalembert wurde so der führende Vertreter der »liberalen Katholiken, welche in Opposition zum antiparlamentarischen Regime Napoleons standen, es ablehnten, in seinem absolutistischen Regime das für die Kirche günstigste zu sehen, glaubten, daß die Kirche nicht nur am besten mit Hilfe der liberalen Freiheit verteidigt werden könne, sondern daß die moderne, d. h. bürgerlich-liberale Gesellschaft positiv zu werten sei«.[55] Sie vertraten ihre Position seit 1855 in der Zeitschrift *Le Correspondant*.

Veuillot und der *Univers* gehörten dagegen zu den Katholiken, die Napoleon unterstützten und die dafür von ihm die kraftvolle Förderung katholischer Interessen in Staat und Gesellschaft erwarteten. Freiheit und Förderung der Kirche und ihrer Institutionen entschieden für sie die Frage ihrer Haltung gegenüber dem politischen Regime Napoleons, das er zunächst als Präsident der Republik, dann als Kaiser der Franzosen aufbaute. Veuillot hegte keinerlei positive Erwartungen gegenüber einem liberalen System und setzte daher seine ganze Hoffnung auf Napoleon. Durch die Zusammenarbeit mit Napoleon, die von den Republikanern als Bündnis von Säbel und Weihwasserwedel angegriffen wurde, zog sich der Katholizismus auch all die Antipathien zu, die sich in Frankreich gegen die napoleonische Herrschaft aufstauten, und geriet auf lange Sicht in wachsenden Gegensatz zu den republikanischen Strömungen.

Auch im Verhältnis zur napoleonischen Herrschaft war der »Parti Catholique« nun gespalten. Denn Montalembert verband mit seinen Forderungen für die Kirche, die nach seiner Auffassung in der »Loi Falloux« auf dem Gebiet der Bildung einen ausreichenden Betätigungsspielraum zugestanden bekommen habe, das Bündnis mit den Liberalen zur Verteidigung der gesellschaftlichen Ordnung gegen den sozialen Umsturz und strebte eine Gestaltung der politischen Verhältnisse auf der Grundlage des liberalen Bürgertums und zu seinen Gunsten an. An diesen Zielen orientierte er seine Bündnispolitik.

3. Der Katholizismus in der italienischen Revolution

Zu Beginn der Revolution von 1848 waren in Italien neben den politischen Bewegungen in den einzelnen Staaten die Reformen im Kirchenstaat von Bedeutung, welche die Hoffnung weckten, daß Pius IX. entsprechend den neoguelfischen Vorstellungen Giobertis sich und die Kirche zum Führer der Einheits- und Freiheitsbestrebungen des Risorgimento machen werde. Durch den Konflikt Piemont-Sardiniens mit Österreich wurde der Papst jedoch vor eine Entscheidung zwischen der Nationalbewegung und seinen übernationalen geistlichen Verpflichtungen und internationalen Verbindungen gestellt, angesichts deren er nicht mehr bereit war, die Nationalbewegung zu unterstützen. Er lehnte Ende April 1848 eine Beteiligung päpstlicher Truppen am Kampf gegen Österreich ab. Der Hinweis auf die übernationalen Aufgaben des Papsttums machte die Sackgasse deutlich, in die das neoguelfische Konzept führen mußte, wenn auf seine konsequente Durchführung hingearbeitet wurde. Der Widerspruch zwischen der Stellung und den Zielen des Papsttums und der Nationalbewegung wurde unübersehbar und ließ das Bündnis des liberalen Bürgertums mit Kirche und Katholizismus in einen Gegensatz zwischen ihnen umschlagen, der sich immer mehr verschärfte und der in dem Ringen um den Besitz Roms, in der sog. römischen Frage, seinen prägnantesten Ausdruck finden sollte.

Pius IX. war nach seiner Ablehnung, die päpstlichen Truppen gegen Österreich marschieren zu lassen, in der öffentlichen Meinung aus einem Verbündeten, ja Symbol der Nationalbewegung zu einem antinationalen Papst geworden. Er erschien als Verräter der zunächst von ihm geförderten nationalen Sache. Daraufhin vermehrte und radikalisierte sich der

Druck zugunsten innerer Reformen des Kirchenstaates, die Ende des Jahres zur Berufung eines Laien zum leitenden Minister führten. Damit kam man dem innenpolitischen Ziel der Laisierung der Verwaltung und der Konstitutionalisierung der Regierung nahe, erreichte aber den Höhepunkt der Bewegung, der innerhalb des bestehenden Systems überhaupt zu erreichen war, und löste in dieser Beziehung einen Umschlag aus. Nach der Ermordung des neuen Ministers entzog sich Pius IX. dem Druck der römischen Bevölkerung durch die Flucht nach Gaeta und stellte sich unter den Schutz des Königs von Neapel. Er weigerte sich, von dort aus Verbindung mit der provisorischen römischen Regierung aufzunehmen, sondern sprach ihre Absetzung aus.

Die Entwicklung eskalierte fortab immer mehr. Einerseits wurde in Rom der Papst als weltlicher Herrscher abgesetzt und eine Republik gegründet. Andererseits rief der Papst die europäischen Mächte an, ihm durch militärische Intervention zur Rückerlangung seiner Herrschaft zu verhelfen. Damit wurde die Wiederherstellung des Kirchenstaates ein Element der überall in Europa sich durchsetzenden Reaktion, nachdem auch in Italien die Revolution gescheitert war. Der Papst machte in dieser Situation Konzessionen an die 1831 geäußerten Reformvorschläge der internationalen Mächte. Er wendete sich jedoch nach der gewaltsamen Wiederherstellung seiner Herrschaft, gestützt auf das Militär seiner monarchischen Verbündeten, einer völlig konservativen Politik zu. Sie umschloß nicht nur die Absage an das liberale Bürgertum und seine nationalen Bestrebungen, sondern umfaßte auch die Abwehr nennenswerter Reformen im Innern des Kirchenstaates. Sie hatte schließlich die Konsequenzen einer verschärften, gegen alle modernen politischen Strömungen gerichteten Kirchenpolitik, wie sie im »Syllabus errorum« von 1864 ihren schärfsten Ausdruck fand. Zwar gab es auch schon frühere Stellungnahmen Pius' IX. gegen moderne Entwicklungen, sie wurden aber jetzt systematisiert und dadurch schroff verschärft. Für seine konservative Politik suchte Pius IX. die Bundesgenossenschaft der gesellschaftlichen Kräfte, die durch das Schreckgespenst einer sozialistischen oder kommunistischen Gefahr zu mobilisieren waren, und verstärkte damit auch die sozialrevolutionären Befürchtungen des liberalen

Bürgertums. Er konnte dieses jedoch nicht zu einem neuen Bündnis veranlassen, da es seine Ziele in der nationalen Einheit und in einer durch Verfassung konstituierten Freiheit erblickte. Der Repräsentant der konservativen Politik des Papstes wurde Kardinalstaatssekretär Antonelli, der Pius IX. in der reaktionären Wendung seiner gesamten Politik bestärkte und an ihrer Verwirklichung führend beteiligt war.

Die 48er Revolution brachte in Deutschland und Frankreich eine Verbesserung der Stellung des Katholizismus. Dazu hatten die Katholiken durch ihren politischen Einsatz selbst beträchtlich beigetragen, wenn sie auch verständlicherweise weder in Deutschland noch in Frankreich das Optimum ihrer Forderungen erreicht hatten. Hinzu kam, daß das schließliche Scheitern der Reichsverfassung die Erfolge wenigstens für einen Teil der deutschen Bundesstaaten wieder zunichte machte. In Italien bewirkte die Revolution ein Scheitern der neoguelfischen Bewegung und zugleich eine erneute scharfe Konfrontation zwischen liberaler Freiheits- und Einheitsbewegung und reaktionärem Papsttum.

V. Der politische Katholizismus
von 1848 bis 1870

1. Der deutsche Katholizismus in der Reaktionszeit

Die Probleme, vor denen der Katholizismus nach der Revolution von 1848 stand, zeigen im Vergleich mit der Zeit des Vormärz sowohl Kontinuität als auch Veränderung. In Süddeutschland war das Staatskirchentum auch über die Revolution hinweg erhalten geblieben. In Preußen wurden dagegen die Rechte der Kirche in der revidierten Verfassung von 1850 weit über den vorrevolutionären Stand hinaus gesichert. In Österreich blieb der Wunsch nach einer Regelung der strittigen Fragen durch ein Konkordat offen, obwohl auch dort der Staat Zugeständnisse an die Kirche gemacht hatte. Der Sicherung und der Ausweitung der Rechte der Kirche mußte weiterhin die Aufmerksamkeit und das Bemühen der Katholiken gelten. Das warf zugleich die Frage auf, wie sie ihre Stellung in Politik und Gesellschaft gestalten sollten. Ob sie die politisch-gesellschaftliche Mobilisierung der Revolutionszeit aufrechterhalten oder sogar weitertreiben konnten, ob sie gegenüber der sozialen Frage die Wirksamkeit zu entfalten imstande waren, die sie programmatisch gefordert hatten und für die sie in Religion und Kirche die beste Grundlage sahen – das waren wichtige künftige Aufgaben.[56]

Die Auflösung des »Katholischen Clubs« der Nationalversammlung nach Erledigung der für die Religions- und Kirchenfreiheit wichtigen Fragen, der schnelle Rückgang der Vereinsbewegung und die Verminderung der Zahl katholischer Abgeordneter in der Zweiten preußischen Kammer sind zwar teilweise mit dem allgemein sinkenden politischen Interesse und der nachlassenden politischen Partizipation im Verlauf und nach Ende der Revolution zu erklären, waren zugleich aber auch eine Folge der Sicherung wichtiger Errungenschaften im Hinblick auf die Interessen von katholischer Religion und Kirche.

Schon bald zeigte sich in Preußen, daß auch nach der Sicherung der Kirchenfreiheit in der revidierten Verfassung eine spezielle Vertretung katholischer Interessen durchaus wieder aktuell werden konnte. 1852 versuchte Kultusminister v. Raumer, durch verwaltungsinterne Anweisungen eine besondere Beaufsichtigung der ausländischen Geistlichen und der Volksmission einzuführen. Volksmission sollte nicht mehr in konfessionell gemischten Gebieten abgehalten werden können. Auch wollte der Kultusminister den Besuch des päpstlichen Collegium Germanicum in Rom durch deutsche Geistliche unterbinden. Diese Maßnahmen richteten sich vor allem gegen die Jesuiten. Sie waren an der Volksmission führend beteiligt und betrieben auch das Collegium Germanicum. Die v. Raumerschen Erlasse waren weder mit dem Recht der freien Meinungsäußerung noch mit der Unterrichtsfreiheit zu vereinbaren, sie erschienen als ein Rückfall in das Staatskirchensystem früherer Jahre. Wichtiger als die bischöflichen Einsprüche wurde die Opposition der katholischen öffentlichen Meinung, die durch den Konflikt auch im Hinblick auf die anstehenden Wahlen zur Zweiten Kammer publizistisch mobilisiert wurde. Die Kritik der Erlasse konnte als wichtigstes Argument die uneingeschränkte Wahrung verfassungsmäßiger Rechte für sich in Anspruch nehmen, bezog sich also nicht nur auf enge konfessionelle Interessen, sondern stützte sich auch auf allgemeine staatsbürgerliche Rechte. Dementsprechend war die schon im Wahlkampf vorgebrachte Anregung eines Zusammenschlusses der zukünftigen katholischen Abgeordneten zu einer Fraktion nicht ausschließlich auf konfessionelle Ziele ausgerichtet, sondern auf eine Zusammenarbeit in allen den Landtag beschäftigenden Fragen.

Für die Katholiken führte die Wahlbewegung zu dem Erfolg, daß sich die Zahl der entschieden katholischen Abgeordneten verdoppelte. Schon kurz nach der Eröffnung des Landtages schlossen sich 63 Abgeordnete zur sog. Katholischen Fraktion zusammen. Die Satzung der Fraktion enthielt fast ausschließlich organisatorische Bestimmungen zur Zusammenarbeit und zum Zusammenhalt der Fraktion.[57] Die einzige inhaltliche Aussage in der Einleitung der Satzung läßt erkennen, daß eine allgemeine politische Aktivität angestrebt wurde, die Fraktion sich also nicht auf eine enge Interessenvertretung beschränken wollte. Sie enthielt die Willenserklärung, sich über zu fassende Beschlüsse der Kammer möglichst zu einigen. Die Möglichkeit für katholische Mitglieder der Ersten Kammer, an den Fraktionssitzungen teilzunehmen, zeigt andererseits, daß über den auch im Namen zum Ausdruck kommenden katholischen Charakter der Fraktion kein Zweifel bestehen konnte. Als innerer Zwiespalt der Fraktion seit ihrer Gründung war vorgegeben, daß der Antrieb zu ihrem Zusammenschluß zwar vom Interesse ihrer Mitglieder wie ihrer Wähler an der Vertretung religiöser und kirchlicher Belange ausging, aber die Fraktion nach Selbstverständnis und Zielsetzung über diesen engen Kreis hinauszugreifen versuchte. Dieser Zwiespalt trat in verschiedenen Problemen zutage. So etwa, wenn die Fraktion den Beitritt von evangelischen Abgeordneten als möglich und wünschenswert bezeichnete, tatsächlich jedoch diese Interkonfessionalität nicht zustande kam, da kein evangelisches Mitglied der Fraktion beitrat. Noch deutlicher wurde dieser Zwiespalt in den Kontroversen um den Namen der Fraktion. Die Brüder August und Peter Reichensperger waren davon überzeugt, daß eine neutrale Bezeichnung für die Fraktion förderlich sei. Ihre Initiative führte jedoch nur zu einem Teilerfolg, da sich die Fraktion zwar seit 1859 den Namen »Fraktion des Zentrums« zulegte, diesem aber weiterhin die ehemalige Bezeichnung »Katholische Fraktion« hinzufügte. Ein Teil der Mitglieder sah offensichtlich in dem Festhalten an dieser Bezeichnung ein Bekenntnis zu der eigentlichen Motivation des parlamentarischen Zusammenschlusses und zugleich den unmißverständlichen Hinweis für die Wähler, welchen Grundsätzen und Zielen sich die von ihnen zu wählenden Abgeordneten verpflichtet fühlten. 1862 wurde dann der Zusatz »Katholische Fraktion« gestrichen. Die statt dessen geplante deutlichere programmatische Charakterisierung der Fraktion gelang jedoch nicht, so daß der Zusammenhalt der Fraktion weiter zurückging.

Der Zwiespalt zeigte auch noch eine andere Seite. Für Fragen, die katholische Interessen betrafen, setzten sich auch Katholiken in anderen Fraktionen ein, ja, schlossen sich zu diesem Zweck innerhalb der konservativen Fraktion sogar gesondert zusammen. Nicht alle streng katholischen Abgeordneten waren also bereit, sich der Katholischen Fraktion anzuschließen. Das ergab sich bei den Konservativen daraus, daß die Katholische Fraktion gegenüber der Regierungstendenz zur Zurückdrängung der verfassungsmäßig zugesicherten Rechte für die Verteidigung der Verfassung eintrat. Die Fraktion besaß bereits einen allgemein politischen Charakter, der bestimmte katholische Abgeordnete abhielt, ihr beizutreten; sie bekräftigte diesen Charakter derart, daß schon in den ersten Jahren einige adelige Abgeordnete sich veranlaßt sahen, ihr Mandat niederzulegen. Die konstitutionelle Ausrichtung der Katholischen Fraktion wurde stark bestimmt durch die Brüder Reichensperger, von denen August die Fraktionsführung übernahm. Sie konnte sich auf mehr als 30 konstitutionell denkende Abgeordnete des Rheinlands stützen, die neben Westfalen, Schlesiern und einigen wenigen Ost- und Westpreußen über die Hälfte der Mitglieder der Katholischen Fraktion ausmachten. Diese Ausrichtung hielt im Katholizismus, wenn auch je nach Situation mehr oder weniger hervortretend, konservative Kritiker wach, die gern die durch die Revolution erzwungenen verfassungsmäßigen Veränderungen rückgängig gemacht hätten.

Hinsichtlich der v. Raumerschen Erlasse, welche die Mobilisierung der Katholiken ausgelöst hatten, führte die parlamentarische Behandlung nicht zu einem förmlichen Widerruf, in der Sache aber zu einem Rückzug der Regierung. Ihnen hatten sich in einem entsprechenden Antrag nicht nur die Katholische Fraktion, sondern auch Vertreter anderer Fraktionen widersetzt, nicht jedoch die Mehrheit des Hauses. In der Zustimmung über die Katholische Fraktion hinaus lag ein Erfolg der allgemein politischen, verfassungsbezogenen Argumentation gegen die umstrittenen Erlasse. Die an der Behauptung der verfassungsmäßigen Rechte orientierte politische Linie ermöglichte in den folgenden Jahren eine im ganzen erfolgreiche Zusammenarbeit mit den Liberalen und verhinderte ein Durchdringen der Reaktion. Einen wichtigen Gegenstand sah die Katholische Fraktion in der Forderung nach der verfassungsmäßig garantierten und jetzt zu praktizierenden Parität des katholischen Volksteils und der katholischen Kirche. Ansatzpunkte der Kritik lagen in der eklatanten Überrepräsentation der Protestanten in allen höheren Staatsämtern, in der unterschiedlichen Zahl konfessioneller Schulen in den von Polen bewohnten Teilen des Staates und in der schleppenden Dotierung von neugegründeten Pfarreien. In einer zeitgenössischen

Publikation wurde die Disparität der Konfessionen in höchsten Regierungs- und Verwaltungsstellen für das Jahr 1855 exemplifiziert. Im Staatsrat mit seinen 84 Mitgliedern gab es sechs Katholiken, unter den Ministern keinen Katholiken, von sieben Oberpräsidenten und von 28 Regierungspräsidenten war jeweils nur einer Katholik, von 68 Oberregierungsräten waren es nur neun, von 382 Regierungsräten nur 48 und von 329 Landräten nur 50.[58] Selbst wenn man verschiedene Faktoren wie eine fortwirkende Beamtentradition, die beherrschende Stellung von Hof und Adel, das Bestreben zur Angleichung in den Preußen 1815 zugefallenen Gebieten und ein katholisches Bildungsdefizit berücksichtigt, waren das eindrucksvolle Zahlen, die im Hinblick auf andere Gebiete, etwa die Universitäten, ergänzt werden können. Sie mußten zur Korrektur herausfordern, selbst wenn dadurch eine einseitig konfessionelle Interessenausrichtung der Katholischen Fraktion bewiesen zu werden schien.

Durch den sich seit 1860 entwickelnden Heereskonflikt wurde die Zentrumsfraktion in eine schwierige Lage versetzt. Sie bejahte das von der Regierung verfolgte Ziel der Heeresverstärkung, bestand aber andererseits auf der Wahrung des Budgetrechtes der Zweiten Kammer. Dieser Zwiespalt führte dazu, daß sich auch innerhalb der Fraktion alte Gegensätze verstärkten mit der Folge, daß Teile der Fraktion für die Regierung eintraten, während die Mehrheit zusammen mit den Liberalen gegen das Vorgehen der Regierung opponierte. Die vielfach erneuerten Versuche der Zentrumsfraktion, in dem Konflikt zu vermitteln, scheiterten. Die Polarisierung zwischen Regierung und Liberalen verschärfte sich vielmehr und führte dazu, daß der Anteil des Zentrums bei den Wahlen von 1862 fast auf die Hälfte, nämlich auf 28 Abgeordnete, zurückging. Die überaus starken Verluste im Rheinland zeigten, daß die vielfach widersprüchlich und unentschieden wirkende Stellung der Fraktion zwischen den Fronten in der Wählerschaft nicht verstanden worden war. Leicht hatte man die vermittelnde Haltung der Zentrumsfraktion als allzu große Nachgiebigkeit gegenüber der Regierung diskreditieren können. Ein zahlenmäßig fast gleiches Ergebnis der Wahl von 1863 ließ wegen der Stärkung der linken und rechten Flügelgruppen die Spannungen in der Fraktion noch weiter anwachsen.

Gegenüber der drückenden Vormachtstellung der Liberalen bedeutete der Rückgang der Fraktion einen Macht- und Prestigeverlust, der durch die Gegensätze innerhalb der Fraktion, wie sie sich in dem Unvermögen zur Formulierung einer von allen Mitgliedern anerkannten Programmatik zeigte, noch vergrößert wurde. Die verschärfte Konfliktpolitik Bismarcks, die vor Verfassungsverletzungen nicht zurückscheute, zwang auch die Zentrumsfraktion weiter in die Opposition. Es blieb aber selbst jetzt ihre Tendenz zum Abbau der Spannungen und zur Vermittlung zwischen den Hauptgegnern erhalten. So gehörten die Mitglieder der Fraktion zu der kleinen Minderheit von Abgeordneten, die bereit waren, der Regierung Bismarck die Kriegskredite für den Krieg gegen Dänemark zu bewilligen. Noch Anfang 1866 scheiterte ein Versuch der Fraktion, den Konflikt durch einen Kompromißvorschlag beizulegen.

Führte der preußische Heereskonflikt zu einer erheblichen äußeren und inneren Schwächung der Zentrumsfraktion, war auch die außenpolitische Entwicklung nicht dazu angetan, ihr Auftrieb zu geben. In der Auseinandersetzung zwischen Österreich und dem Königreich Piemont-Sardinien und dessen Verbündetem Frankreich gelang es weder dem Einfluß der Katholiken in der Öffentlichkeit noch in der Abgeordnetenkammer, Preußens Opposition gegen eine Unterstützung Österreichs durch den Deutschen Bund zu überwinden. Preußen mußte die Schwächung Österreichs im Hinblick auf seinen eigenen Führungsanspruch im Bund willkommen sein, während die Katholiken nicht nur ihr großdeutsches Einigungskonzept in Frage gestellt sahen, sondern auch die drastische Beschneidung des Kirchenstaates durch die italienische Nationalstaatsbildung als schwere Schädigung des Papsttums und damit auch katholischer Interessen überhaupt betrachteten.

Preußens Haltung gegenüber dem bedrängten Österreich war aber nur ein Schritt auf dem Weg zu seiner endgültigen Verdrängung aus dem übrigen Deutschland, wie sie 1866 vollzogen wurde. Sie brach über viele Katholiken wie eine Katastrophe herein, da für sie Österreich untrennbar zu »Deutschland« gehörte, sowohl in bezug auf dessen politische Ordnung als auch auf das europäische Staatengefüge. Österreich war über den Untergang des Kaiserreichs hinaus im Bewußtsein vieler

Katholiken die Vormacht des Katholizismus geblieben. Bei der Erneuerung des Katholizismus war Wien das wichtigste Ausstrahlungszentrum gewesen, bis es von München abgelöst wurde. Die Katholikentage hatten aus einem ungebrochenen Zusammengehörigkeitsbewußtsein immer wieder österreichische Tagungsorte gewählt. Mit Österreich büßten die Katholiken vor allem auch ihr numerisches Übergewicht ein. Mit ihm verloren besonders die süddeutschen Einzelstaaten ihren kulturellen und machtpolitischen Rückhalt, den sie zu ihrer Selbstbehauptung gegenüber dem dynamisch expandierenden Preußen benötigten. Wenn jetzt der Sieg über Österreich als Sieg des protestantischen Staates gefeiert wurde, trafen solche Feststellungen das empfindlich verletzte Bewußtsein der Katholiken, die durch den Verlust traditionsreicher politischer und kultureller Positionen in ihrem Selbstvertrauen und in ihren Zukunftshoffnungen tiefgehend erschüttert wurden.

In Preußen traten die Konsequenzen für die politische Vertretung der Katholiken deutlich zutage. Bei der Wahl von 1866 wurden nur 15 Zentrumsabgeordnete gewählt. Die Wirkung auf die übrigen Fraktionen war noch größer. Die Konservativen konnten eine starke Zunahme verzeichnen, während die liberalen Fraktionen größte Verluste erlitten. Hinzu kam, daß Bismarck unter dem Eindruck des Erfolgs seiner Politik im Abgeordnetenhaus mit sehr großer Mehrheit und auch mit Zustimmung vieler Liberaler eine Indemnitätsvorlage durchbrachte, durch die die verfassungswidrige Finanzierung der Heeresvermehrung nachträglich sanktioniert wurde. Fast die gesamte Zentrumsfraktion stimmte gegen die Vorlage. Die meisten Abgeordneten lehnten auch die Vorlage zur Deckung der Kriegskosten ab. Die Zerstörung der großdeutschen Hoffnungen durch Bismarck war nicht geeignet, die Stimmen der großdeutsch denkenden Zentrumsabgeordneten zu gewinnen. Im übrigen hielt, beschleunigt durch die Ereignisse von 1866, der Rückgang des katholischen Zentrums weiter an. 1867 wurden nur noch wenige seiner Abgeordneten als katholisch-liberale Kandidaten wiedergewählt. Einen offiziellen Zusammenschluß zur Fraktion vollzogen sie nicht mehr.

Die Gründe für den Rückgang der Zentrumsfraktion lagen nicht nur in ihrer Schwierigkeit, im Heereskonflikt ihre vermittelnde Position zu propagieren und in der Deutschlandpolitik gegen die für Preußen günstigen Tendenzen der Zeit großdeutsche Ziele zu vertreten. Vielmehr hatte das Zurücktreten aktueller konfessionspolitischer Probleme zur Folge, daß die politische Mobilisierung der Katholiken allgemein nachließ, unbeeinflußt von der Tatsache, daß das übrige katholische Vereinswesen in der gleichen Zeit eine große Entfaltung erfuhr. Die wenigen politischen katholischen Zeitungen waren nicht in der Lage, dieser Entwicklung entgegenzuwirken. Vielmehr waren sie selber ein Spiegelbild der zurückgehenden politischen Übereinstimmung im politischen Katholizismus.

In den süddeutschen Staaten, die ebenfalls eine, allerdings in unterschiedlichen Verhältnissen zusammengesetzte gemischt-konfessionelle Bevölkerung umfaßten, stand die Reaktionszeit in den Fragen, die Katholizismus und katholische Kirche primär betrafen, unter grundlegend anderen Bedingungen als in Preußen.[59] Da die Reichsverfassung von 1848 sich nicht durchgesetzt hatte, bestand hier das traditionelle Staatskirchentum fort, wie unberührt davon, daß die von der Märzbewegung erzwungenen bürgerlich-liberalen, individuellen Freiheitsrechte, wenn auch mit örtlichen und zeitlichen, größeren und kleineren Einschränkungen, erhalten blieben. Die einschlägigen Bestimmungen der Reichsverfassung und auch der preußischen Verfassung hatten immerhin die Wirkung, die staatskirchlichen Verhältnisse gegenüber freiheitlichen Forderungen in ihrer Problematik deutlich hervortreten zu lassen. In der oberrheinischen Kirchenprovinz, die Baden, Württemberg und Hessen-Darmstadt umfaßte, kam es Anfang der fünfziger Jahre zu gleichlaufenden Versuchen der Bischöfe, in den einzelnen Staaten eine Revision des Staatskirchentums zugunsten größerer Freiheitsrechte der Kirche zu erreichen. Trotz einer vorwiegend einheitlichen Haltung der oberrheinischen Bischöfe wurden durch ihre Initiative unterschiedliche Entwicklungen in die Wege geleitet, die sich aus der jeweiligen Machtkonstellation zwischen Regierung und Kammern und zwischen der Ersten und Zweiten Kammer innerhalb der einzelnen Staaten und ihrem Verhältnis zu den kirchlichen Forderungen ergaben.

Hier soll die Darstellung des Konflikts um das Staatskirchentum in Baden genügen, da er dort Formen annahm, die den späteren »Kulturkampf« in Preußen in manchen Punkten schon antizipierten.[60] Die Entwicklung in Baden bietet andererseits einen Kontrast zu dem Verhältnis zwischen Staat und Kirche in Preußen vor 1870, das durch die Verfassung eine allgemein zufriedenstellende Grundlage gefunden hatte, während das fortdauernde Staatskirchentum in Baden von der katholischen Kirche als durchaus unbefriedigend angesehen wurde. Die Auseinandersetzung in Baden wurde zunächst von Erzbischof v. Vicari durch Übergehung staatskirchlicher Vorschriften erzwungen, nachdem die Forderung nach Revision des Staatskirchentums nicht zu ernsthaften Verhandlungen geführt hatte. Die Regierung erkannte die ohne ihre Mitwirkung getätigten Verwaltungsakte des Erzbischofs nicht an und bedrohte die beteiligten Geistlichen mit Strafe. Andererseits sicherte sie ausdrücklich den Geistlichen, die sich den Staatsgesetzen entsprechend verhielten, zu, sie vor möglichen Disziplinarmaßnahmen ihres Bischofs zu schützen. Verstöße der bischöflichen Behörden gegen staatliche Anordnungen wurden mit hohen Geldstrafen belegt. Der Erzbischof antwortete mit der Verhängung des großen Kirchenbanns über die Mitglieder der für die Kirchenangelegenheiten zuständigen Behörde. Außerdem gelang es ihm, durch ein Sendschreiben, das in allen Kirchen verlesen wurde, der katholischen Bevölkerung den Konflikt und seine Ursachen darzulegen. Gegenüber dieser Steigerung des Konflikts suchte die Regierung, hierin bestärkt durch Österreich, einen Ausweg in Verhandlungen mit der Kurie und mit dem Erzbischof. Eine schon bestehende Einigung wurde aber durch preußische Einwirkung verhindert, so daß sich der Konflikt weiter verschärfte.

Die vorläufige Beilegung des Konflikts wurde schließlich überraschend schnell in Verhandlungen zwischen der Regierung und der Kurie erreicht, indem beide Seiten auf einseitiges Vorgehen verzichteten. 1859 kam es nach langen Verhandlungen zum Abschluß einer Konvention. Den Liberalen gelang es mit Hilfe einer breiten Agitation im Lande, deren Diskussion in der Zweiten Kammer durchzusetzen, obwohl die Regierung die Kompetenz der Kammern für die Konvention bestritt. Die Liberalen nahmen vor allem Anstoß daran, daß die Vereinbarungen mit der Kurie als gleichberechtigtem Partner ausgehandelt worden waren, und forderten statt dessen die

Regelung der kirchlichen Angelegenheiten durch einseitige staatliche Gesetze. Als die Konvention in der Zweiten Kammer mit großer Mehrheit abgelehnt wurde, trat auch der Großherzog von ihr zurück. In dem Kampf um die Behandlung der Konvention wurde die amtierende konservative Regierung gestürzt und ein liberales Kabinett eingesetzt, das für Baden einen allgemeinen liberalen Kurswechsel einleitete. Das Verhältnis von Kirche und Staat wurde in verschiedenen Gesetzen geregelt, in denen auch die Stellung anderer Religionsgemeinschaften festgelegt wurde. Sie traten noch 1860 in Kraft und brachten verschiedene wichtige Einschränkungen des Staatskirchentums. Die Kirchen erhielten die freie und selbständige Regelung ihrer Angelegenheiten. Der Verkehr mit den kirchlichen Oberen wurde freigegeben. Die Verleihung der Kirchenämter wurde in die Hand der Kirche gelegt. Andererseits behielt sich der Staat wichtige Rechte vor, wie die Entscheidung über die Einführung von geistlichen Orden, die Ausschließung mißliebiger Kandidaten von Kirchenämtern, die Prüfung des Nachweises allgemeiner wissenschaftlicher Vorbildung vor der Übernahme von Unterrichts- und Erziehungsanstalten, bei denen der Religionsunterricht den Kirchen übertragen blieb.

Gegenüber den von der badischen Regierung erlassenen Gesetzen zur Regelung des Verhältnisses von Staat und Kirche erhob die Kurie formalen Protest, riet aber gleichzeitig dem Bischof, die Gesetze hinzunehmen und sie dazu zu nutzen, die ehemals in der Konvention gesicherten Rechte zu erlangen. Daß aufgrund der Gesetze eine Entspannung der Situation eintrat, zeigt das Zustandekommen von Vereinbarungen zwischen Regierung und Erzbischof über die Besetzung katholischer Kirchenpfründen und die Verwaltung des katholischen Kirchenvermögens. Das gegenseitige Entgegenkommen entsprach dem Wunsch beider Partner, den vorausgegangenen Konflikt mit einer Vereinbarung abzuschließen.

Trotzdem kam es schon bald zu einer weiteren Auseinandersetzung über die Frage des kirchlichen Einflusses auf die Volksschule und der Einführung von Simultanschulen. Der Erzbischof verbot dem Klerus die Beteiligung an den neuen örtlichen Schulverwaltungen, auch streng kirchliche Laien lehnten ihre Mitwirkung ab. Verhandlungen zwischen Regierung und Erzbischof waren noch im Gang, als der Krieg von 1866 eine abschließende Regelung verhinderte. In der Schulfrage kam es jedoch zu einer Massenmobilisierung der Katholiken. Der Anstoß ging von dem Kaufmann Jakob Lindau aus, der – angeregt durch die Aachener Generalversammlung der katholischen Vereine Deutschlands – die streng kirchlichen Katholiken Heidelbergs in einem »Casino« zusammenführte. Der Zusammenschluß wurde 1864 gefestigt in der lokalen Auseinandersetzung um die organisatorische Durchführung des neuen Schulgesetzes. Lindau trieb im folgenden Jahr eine äußerst wirkungsvolle Versammlungswelle unter der Bezeichnung »wanderndes Casino« über das ganze Land hin und umging dabei die bestehende Beschränkung von Vereinsgründungen und Volksversammlungen. Selbst das gewaltsame Eingreifen liberaler und demokratischer Gegner der Bewegung und das dadurch ausgelöste Verbot vieler Veranstaltungen vermochte die Bewegung nur kurzfristig zu hemmen. Sie fand bald in der Wahlagitation ihre gesteigerte Fortsetzung.

Neben der Schulfrage wurden verstärkt auch allgemeine politische Themen in die gegen die liberale Regierung gerichtete Agitation einbezogen: soziale Fragen, Steuer- und Militärangelegenheiten. Die trotz oder wegen wiederholter staatlicher Verbote immer stärker zunehmende Versammlungsbewegung wandte sich gegen die Benachteiligung der Katholiken durch das bestehende indirekte Wahlrecht und forderte direkte Wahlen. Der Erzbischof rief durch einen Hirtenbrief zur Wahl gläubiger und kirchentreuer Wahlmänner und Abgeordneter auf. Der Klerus griff aktiv in den Wahlkampf ein. Die Bewegung hatte vor allem auf der Kreisebene Erfolg. In die Kreisversammlungen zogen zahlreiche kirchenstrenge Katholiken ein. Den dadurch alarmierten Liberalen gelang es jedoch, in den nachfolgenden Landtagswahlen alle ultramontanen Kandidaten zu schlagen. Die ultramontane Opposition richtete sich 1866 in einer wirkungsvollen Agitation gegen die liberale Regierung und setzte sich für eine Parteinahme Badens zugunsten Österreichs ein. Erst der schnelle preußische Sieg führte dadurch zu einem Umschwung, daß der neue liberale Innenminister Jolly die Bewegung mit drastischen Mitteln unterdrückte.

In dem Schulkonflikt trat nicht nur die kirchenstrenge ultramontane Honoratiorenschicht und ihre Gefolgschaft gegen den auf Hebung der profanen Bildung bedachten Liberalismus an. Es handelte sich vielmehr gleichzeitig um eine Auseinandersetzung zwischen sozialen Gruppen um ihre wirtschaftlichen Interessen. Der vorwiegend bäuerliche und kleinbürgerliche Katholizismus versuchte, sich gegen die Vormacht des liberalen, mehrheitlich evangelischen Stadtbürgertums zur Wehr zu setzen, denn es wandte sich nicht nur gegen die traditionelle Bildungsmacht, die Kirche, sondern suchte auch seiner geistigen und materiellen Überlegenheit durch Gewerbefreiheit und Freizügigkeit noch weitere Erfolgsmöglichkeiten zu verschaffen, die nur zu Lasten der schon bisher wirtschaftlich und sozial benachteiligten Schichten gehen konnten. In verschiedenen Erwerbszweigen: in der Landwirtschaft, im Gewerbe, im Kleinhandel, auch innerhalb der Arbeiterschaft nahmen die Katholiken vorwiegend die schwächeren wirtschaftlichen Positionen ein und waren dementsprechend an der Gewerbefreiheit und an forcierter kapitalistischer Wirtschaftsführung wenig interessiert, die ihren bessergestellten evangelischen Konkurrenten zusätzliche Aufstiegschancen boten.[61] Die ultramontane Politisierung der Katholiken bediente sich daher verständlicherweise vielfach sozialer und wirtschaftlicher Argumente, um ihre Angriffe gegen die bürgerlich-liberale evangelische Führungsschicht und ihre Reformpolitik vorzutragen. Christentum und Kapitalismus wurden dabei derart als Gegensatz hingestellt, daß sich daraus sogar leicht eine Affinität zu sozialistischen Auffassungen ergeben konnte. Kurz: die politische und weltanschauliche Reaktion des badischen Katholizismus gegen die Schulreform der liberalen Regierung konnte ihre Stoßkraft aufgrund von wirtschaftlichen und sozialen Implikationen der Frontstellung zwischen den verschiedenen Bevölkerungsgruppen bedeutend verstärken.

Innenpolitisch gaben die Ereignisse von 1866 nur zu einer vorübergehenden Entspannung im Verhältnis zwischen Staat und Kirche bzw. Katholizismus Anlaß. Schon 1867 ergriff der liberale Innenminister Jolly unter starkem Druck aus den Reihen der liberalen Fortschrittspartei mit einer Verordnung zur allgemeinen wissenschaftlichen Vorbildung der Geistlichen erneut die Initiative in einer die Kirchen direkt betreffenden

Angelegenheit. Die Verordnung machte den Theologen ein dreijähriges Universitätsstudium in Alten Sprachen, Geschichte, Philosophie und deutscher Literaturgeschichte zur Auflage und sollte mit einer schriftlichen und mündlichen Prüfung abgeschlossen werden. Der moderne Staat nahm damit als Kulturstaat für sich das Recht in Anspruch, die Geistlichen auf diese Weise voll in die nationale Bildungswelt des liberalen Bürgertums zu integrieren. Während sich die evangelische Kirche nur gegen einzelne Forderungen der Verordnung wandte, protestierte der Erzbischof gegen den Eingriff in die Freiheit der Kirche, ihre Priester zu bilden und auszubilden. Er untersagte Priesteramtskandidaten und Geistlichen jede Beteiligung an den Prüfungen. Zu einem weiteren Konfliktpunkt wurde eine Verwaltungsreform, die den Gemeinden die Möglichkeit gab, Simultanschulen einzurichten. Der Initiative zur Gründung kirchlicher Erziehungsanstalten wurden zugleich enge Grenzen gesetzt. Der Widerspruch des Erzbischofs blieb in dieser Angelegenheit ebenso erfolglos wie bei der bald folgenden Einführung der obligatorischen Zivilehe und der Einrichtung bürgerlicher Standesregister. Alle Versuche von seiten des Erzbischofs und einzelner katholischer Abgeordneter, die Maßnahmen durch den zeitlichen Vorrang der kirchlichen Trauung zu entschärfen, blieben erfolglos. Eine rigorose Beschränkung der Verfügungsgewalt der Kirche durch die Übertragung zahlreicher Stiftungsvermögen auf die bürgerlichen Gemeinden war Inhalt einer weiteren gesetzlichen Regelung, die in Konflikt mit dem bischöflichen Ordinariat und ohne Rücksicht auf dessen Einwände eingeführt wurde.

Die gesetzlichen Maßnahmen in den die Kirche aufs engste berührenden Angelegenheiten wurden nicht nur von der Regierung und der liberalen Beamtenschaft getragen, sondern durch die liberale Mehrheit der Zweiten Kammer noch verschärft. Demgegenüber errangen die Versuche, den Widerstand des Erzbischofs in der Öffentlichkeit und in den Kammern zu unterstützen, keinen durchschlagenden Erfolg. Sie führten aber zu einer langsamen Neuaktivierung und Formierung politischer und gesellschaftlicher Kräfte des badischen Katholizismus und damit zugleich auch zu einer Überwindung des Rückschlags, den der preußische Sieg über Österreich verursacht hatte. Einen durch intensive Organisationsarbeit hauptsächlich von seiten des Klerus vorbereiteten, in der Höhe aber unerwarteten Erfolg brachte die Wahl zum Zollvereinsparlament. Die Ultramontanen errangen sechs von 14 Sitzen. Ihrer Agitation gelang es, die Wahlbeteiligung gegenüber früheren Wahlen zu verdoppeln. Unterstützt wurde durch dieses Ergebnis ihre Kritik an dem in Baden herrschenden indirekten Wahlverfahren, insofern als ihr Erfolg aufgrund des für den Zollverein geltenden direkten Wahlmodus errungen worden war. Ein Vergleich der Ergebnisse dieser Wahlen mit den badischen Wahlen zur Zweiten Kammer bot jetzt eine willkommene Illustration zu der immer wieder behaupteten Benachteiligung der Katholiken durch das in Baden geltende Wahlrecht. Danach hätte eine rein arithmetische Umrechnung des Abgeordnetenverhältnisses für das Zollvereinsparlament auf die Kammerwahl bedeutet, daß die Ultramontanen dort statt drei 27 Sitze von 63 hätten erwarten können. Die Forderung der Katholiken nach dem direkten Wahlrecht mußte durch diesen Vergleich ebenso an Nachdruck gewinnen wie ihre Abwehr durch die Liberalen. Den Liberalen trat die Bedrohung der von ihnen qualitativ höher eingeschätzten liberalen Wählerschaft durch eine ultramontan-konservative Gefolgschaft vorwiegend der Landbevölkerung und des städtischen Kleinbürgertums aufs deutlichste vor Augen. Sie wurden in ihrer Politik der Rückdrängung des Einflusses der Kirche aus der Gesellschaft bestärkt, da sie den Kristallisationspunkt und Rückhalt der politischen Bewegung des Katholizismus darstellte.

Die politische Organisierung der Katholiken, die aus den Auseinandersetzungen zwischen Staat und Kirche um die verschiedenen umstrittenen Gesetzesvorhaben immer wieder neue Anstöße erhielt, wurde 1869 durch die Gründung der Katholischen Volkspartei vorangetrieben. Die Partei faßte in ihrem Programm kirchenpolitische und allgemeinpolitische Ziele zusammen. Eingangs wurde die Trennung von Kirche und Staat und die Anwendung allgemeiner Grundsätze von Recht und Freiheit für die Kirche gefordert. Damit wurde hervorgehoben, daß die Kirche so sehr benachteiligt war, daß die Anwendung der allgemeinen Freiheitsforderungen für sie schon ein erstrebenswertes Ziel war. Volle Freiheit der Kirche in der Verwaltung ihrer Angelegenheiten, Vereinsfreiheit auch für katholische Vereine und Orden und tatsächliche Schulfreiheit sollten die allgemeinen Forderungen konkretisieren. Allgemeinpolitisch strebte die Katholische Volkspartei eine Senkung der Staatsausgaben, Selbstverwaltung des Volkes, allgemeine direkte Wahlen der Gemeindebeamten und eine freiheitliche Revision des Vereins- und Presserechts an. Unmittelbar verfolgte sie den Sturz der Regierung und die Auflösung des Landtags. Durch einen außerordentlichen Landtag sollte ein neues Wahlgesetz mit direktem, geheimem Wahlverfahren beraten werden. Eine ausgedehnte Versammlungs- und Petitionswelle propagierte die Forderungen der Partei und ihr Programm. Trotz der Gegenmaßnahmen der Liberalen, besonders der Regierung, konnte die neue Partei 1869 eine Fraktion von vier Abgeordneten im Landtag bilden und damit einen ersten Stützpunkt auch auf parlamentarischem Boden gewinnen, nachdem dort bisher immer nur vereinzelte ultramontane Politiker gewirkt hatten.

Auch in Bayern blieb das Verhältnis von Staat und Kirche über die Revolution hinweg vom Staatskirchentum bestimmt. Die affirmative Haltung der Kirche gegenüber der überkommenen staatlichen Ordnung 1848/49 und auch in der Folgezeit verband sich mit der Erwartung größerer Freiheit von staatlicher Bevormundung. Aber nur in kleinen Schritten wurden nach langwierigen Verhandlungen einzelne Eingriffsrechte des Staates abgebaut. Der Einfluß kirchenstrenger Katholiken blieb sowohl in den Parlamenten als auch in der publizistischen Öffentlichkeit gering.

In der politischen Polarisierung durch die Frage der deutschen Einigung vertraten die Katholiken die großdeutsche Linie, während sich die Liberalen immer mehr Preußen zuwandten. Einen Durchbruch des Einflusses der Katholiken auf Wahlen brachte in Bayern noch stärker als in Baden die Zollvereinswahl von 1867. Die Katholiken errangen mehr als doppelt so viele Mandate wie die Liberalen. Eine weitere Aktivierung bewirkte die Auseinandersetzung um ein neues Schulgesetz, durch das der Einfluß der Kirche zurückgedrängt werden sollte. Es wurde von der erdrückenden liberalen Mehrheit der Zweiten Kammer angenommen, in der Ersten Kammer dagegen abgelehnt. Vor der folgenden Landtagswahl gelang die

Gründung der Bayerisch-Patriotischen Partei, in der sich die konservativen und katholischen Kräfte organisierten. Sie traten für die Erhaltung der Selbständigkeit Bayerns ein und setzten sich schon damit in Gegensatz zu den kleindeutschen Liberalen. Wie in Baden forderten sie, die Benachteiligung breiter ländlicher Volksschichten durch eine neue Wahlkreiseinteilung und ein direktes Wahlrecht zu beseitigen. In der Schulfrage trat die Partei allen Bestrebungen entgegen, den Einfluß der Kirchen zurückzudrängen. Ihr gelang es, die Mehrheit im Landtag zu erringen; obwohl sie noch keinen sehr engen inneren Zusammenhalt erreichte, wurde sie doch zum bestimmenden Faktor der Politik, so daß die liberale Regierung durch ein konservativeres Kabinett ersetzt wurde.

Für Bayern ist im einzelnen nachgewiesen worden, wie es dem ultramontanen Katholizismus zwischen Revolution und Reichsgründung möglich war, vor allem die ländliche Bevölkerung mit Hilfe seiner charakteristischen Frömmigkeits- und Integrationsformen eng an die Kirche zu binden, wovon jedoch bestimmte bürgerliche Schichten kaum erfaßt wurden.[62] Mit gewissen Abweichungen wurde diese intensivierte kirchliche Durchdringung auch in anderen Teilen Deutschlands wirksam, wie sich etwa am disziplinierten Verhalten des badischen Klerus in den Auseinandersetzungen zwischen Kirche und Staat ablesen läßt. Ohne diese intensive religiöse Integrierung ist auch die zumindest punktuelle politische Massenaktivierung des katholischen Volksteils bei Wahlen nicht zu verstehen. Im Klerus setzte sich eine enge Bindung an Rom, verbunden mit größter Disziplin gegenüber der örtlichen und zentralen Kirchenleitung durch. Dem religiösen Kult und seiner Ergänzung durch volkstümliche Frömmigkeitsübungen, wie etwa Wallfahrten und Heiligenverehrung, wurde größte Bedeutung beigemessen. Die theologische Ausbildung wurde durch die zunehmenden Einflüsse der Neuscholastik bestimmt. Die Volksmission betrieb eine intensivierte religiöse Durchdringung. Die emotionale Bindung an den Papst und das Engagement für seine bedrängte Situation gegenüber der italienischen Einigungsbewegung verstärkten die Rom-Bindung und aktivierten zugleich eine allgemeine Abwehrhaltung gegenüber der nationalliberalen Strömung und ihrer kleindeutschen Zielsetzung. Das religiöse und karitative Vereinswesen förderte den inneren Zusammenhalt der katholischen Bevölkerung und versuchte zugleich, wie etwa die »Kolping-vereine« für die Gesellen zeigen, der gesellschaftlichen Isolierung und der Entchristlichung in bestimmten gesell-schaftlichen Gruppen und Schichten entgegenzusteuern. Katholikentage und regionale Veranstaltungen boten Reprä-sentations- und Informationsschauplätze einer katholischen Öffentlichkeit, die sich immer mehr formierte und organi-sierte; sie wirkten in vielfacher Vermittlung durch Publizistik und Berichte der Teilnehmer als integrative Elemente auf alle Schichten der katholischen Bevölkerung ein.

2. Der französische Katholizismus zur Zeit Napoleons III.

Der französische Katholizismus war in den fünfziger und sechziger Jahren aufs stärkste durch innere Gegensätze ge-prägt.[63] Sie entzündeten sich an der Stellungnahme zu dem plebiszitär-diktatorischen Regime Napoleons III., wurden je-doch immer wieder auch durch andere Streitfragen gefördert. Da Veuillot und der Kreis um den *Univers* und mit ihnen große Teile des französischen Katholizismus ihre Sache mit dem napoleonischen Regime verbanden, mußte es ihnen vor allem darauf ankommen, von der napoleonischen Herrschaft den Schutz und die Unterstützung des Katholizismus zu errei-chen. Daran fehlte es im großen und ganzen nicht. Denn die Anhänger des Kaisertums waren ihrerseits daran interessiert, die Katholiken für ihr Regime zu gewinnen. Allerdings kam es im Verhältnis von Kirche und Staat durchaus zu Schwankun-gen. Der Katholizismus hatte zunächst eine positive Entwick-lung im Verhalten des Staates gegenüber der Kirche vermerkt. Der Staat machte von seinen Rechten in den organischen Arti-keln nur wenig Gebrauch, war also nur sehr zurückhaltend in der Wahrnehmung der von ihm beanspruchten Eingriffsrechte in kirchliche Angelegenheiten. Die allgemeine konservative Reaktion auf die Februarrevolution 1848 wirkte sich für die Kirche insofern günstig aus, als sich ihr wieder breitere Schichten des Bürgertums zuwandten, weil sie von dem kirch-lichen Einfluß eine allgemeine Festigung der politischen und sozialen Zustände erwarteten. Wegen des allgemeinen Wahlrechts bot sich dem niederen Klerus eine erweiterte Möglichkeit der Einflußnahme auf die Massen, wie das auch schon während der deutschen Revolution 1848 festzustellen war.

Ein schwieriges Problem im Verhältnis des französischen Staates zur Kirche, damit auch zum politischen Katholizismus, wurde die »römische Frage«: der Kampf des Papsttums um die Behauptung des Kirchenstaates gegen die italienische Nationalbewegung, zumal im Zuge der Verwirklichung des italienischen Einheitsstrebens Napoleons wohlwollende Haltung ihr gegenüber in Konflikt geriet mit dem Schutz, den er mit Rücksicht auf die französischen Katholiken dem Kirchenstaat angedeihen ließ. Wenn auch in einer gewissen Abstufung der Schärfe, forderten fast alle politisch engagierten französischen Katholiken die Verteidigung des Kirchenstaates. Napoleons Zustimmung zu seiner Verkleinerung verursachte daher 1860 sogar einen Konflikt mit dem ihm allgemein wohlwollend gegenüberstehenden *Univers* Veuillots, der zu dem Verbot der Zeitung führte. Veuillot stellte in dieser Situation die Verteidigung der Rechte des Papstes eindeutig über die Bereitschaft zur Zusammenarbeit mit Napoleon. Seine ultramontane Katholizität rangierte vor jeder Berücksichtigung staatlicher Interessen, obwohl er vorher seine napoleonfreundliche Politik gegen harte Angriffe der liberalen Katholiken um Montalembert hatte verteidigen müssen, die in der Zusammenarbeit mit dem plebiszitär-autokratischen Regime einen Verrat an der Freiheit und damit zugleich auch einen Verstoß gegen die eigentlichen Interessen der Kirche sahen. Der unterschiedliche Nachdruck des Eintretens Napoleons für den Kirchenstaat trug auch zwischen 1860 und 1870 sehr dazu bei, das Auf und Ab der Beziehungen zwischen Katholizismus und Regierung in Frankreich mitzubestimmen.

Schwankungen in der Stellung Napoleons zum Katholizismus wurden auch durch das Verhältnis der Kurie zum französischen Episkopat verursacht. Hier versuchte der Staat vorsichtig, den Einfluß der Kurie zurückzudrängen und einer mehr gallikanischen Gesinnung erneut Auftrieb zu geben. Weitere Einflüsse auf das Klima im Verhältnis von Kirche und Staat gingen von dem Druck der republikanischen Opposition aus, dessen Zunahme Staat und Kirche jeweils mit einer gegenseitigen Annäherung beantworteten. Ein immer wieder in Einzelheiten umstrittenes Gebiet blieb das Erziehungswesen. Die dank der »Loi Falloux« für den Katholizismus sehr günstige Lage wurde verschiedentlich auf kurze Zeit durch begrenzte Maßnahmen einzelner Regierungen beeinträchtigt, obschon insgesamt die vorteilhaften Bedingungen für den Ausbau des kirchlichen Erziehungswesens und für den kirchlichen Einfluß auf das allgemeine Erziehungswesen erhalten blieben.

Ungeachtet der erwähnten Schwankungen im Verhältnis von Staat und Kirche konnte letztere ihre äußere Stellung innerhalb des französischen Katholizismus bedeutend verstärken. Es kam zu einem starken Anwachsen des Welt- und Ordensklerus und seiner Funktion im Erziehungswesen. Durch einen schärferen Zugriff auf den Pfarrklerus suchte der Episkopat seine Stellung in den Diözesen zu festigen, förderte damit aber dessen ultramontane Haltung, die eine weiter zunehmende Orientierung auf Rom bewirkte. Auf der Grundlage der »Loi Falloux« kam es zu einer großen Ausweitung des kirchlichen Einflusses auf das Erziehungswesen. Die katholischen Schulen erreichten im Laufe der Entwicklung fast dieselbe Schülerzahl wie die staatlichen Schulen. Auch karitative Einrichtungen der Kirche nahmen einen breiten Aufschwung. In bezug auf die Verankerung des Katholizismus im Volk gelang teilweise eine Belebung der religiösen Praxis und eine Vertiefung des religiösen Lebens.

Die positive Entwicklung des Katholizismus vollzog sich aber nicht gleichmäßig in allen Regionen. Besonders in den Städten nahm die religiöse Indifferenz zu, die sich mit Kirchenfeindschaft verband. Sie wurde gestützt und verbreitet durch die anwachsende kirchenfeindliche Publizistik, der die Kirche und der Katholizismus nur wenig entgegenzusetzen hatten. Kirchenfeindschaft entzündete sich auch an den Erfolgen des Katholizismus auf dem Gebiet der Erziehung. Je größer sie waren, umso leichter war die Kritik an einem Überhandnehmen des katholischen Einflusses zu begründen. Ein weiterer negativer Aspekt lag darin, daß der Katholizismus sich von den modernen geistigen Entwicklungen zurückzog und abkapselte, nicht aber die lebendige Begegnung und Auseinandersetzung mit ihnen suchte. Der »Syllabus« förderte vielfach die Kirchenfeindlichkeit, da er die Absage an die modernen Ideen und politischen Trends in höchster Schärfe hervorhob und diese Auffassung als Grundlinie der gesamten katholischen Kirche erscheinen ließ. Für die Zeitgenossen war noch keineswegs erkennbar, daß der Katholizismus doch immer wieder eine gewisse Bewegungsfreiheit in der Begegnung mit modernen Strömungen an den Tag legt, selbst wenn häufig Rückschläge erfolgten und erfolgen. In der anwachsenden Arbeiterschaft vermochte der Katholizismus nur sehr wenig Fuß zu fassen. Sie stand der Kirche fremd oder sogar feindlich gegenüber, da sie mit Recht vermutete, daß ihre Emanzipations- und Partizipationsbestrebungen dort Widerstand, aber keine Förderung fanden. Kirchenfeindlich blieben auch vielfach die Angehörigen der freien Berufe.

Wenn Kirche und Katholizismus sich unter der Herrschaft Napoleons durchweg der Unterstützung durch den Staat erfreuten, konnte das die Vorbehalte der liberalen Katholiken nicht zerstreuen, denn – darin war Montalembert ihr maßgebender Repräsentant – sie konnten weder auf freiheitliche Methoden noch auf die Anerkennung und Verteidigung der Freiheit als grundlegendes Prinzip der modernen Gesellschaft verzichten. Nur bei Anerkennung des Prinzips der Freiheit hielt Montalembert einen dauerhaften Ausgleich zwischen Kirche und Gesellschaft für erreichbar. Er mußte es folgerichtig ablehnen, Zwangsmittel von Staat und Gesellschaft zugunsten des Katholizismus in Anspruch zu nehmen, während dies für Veuillot und den Kreis um den *Univers* Mittel waren, die durch den Einflußgewinn der Kirche gerechtfertigt wurden.

Die Freiheit allein ermöglichte gleichzeitig die Abwehr von Despotie und Anarchie. Die Anerkennung der Freiheit konnte daher in Montalemberts Auffassung auf längere Sicht eine Versöhnung zwischen Liberalismus und Demokratie herbeiführen und damit auch dem Katholizismus erweiterte Wirkungsmöglichkeiten bei der positiven Beeinflussung der unaufhaltsam vordringenden Demokratie zum Schutze der einzelnen gegen nivellierende Tendenzen bieten. Die Politik des *Univers* mit seiner allgemeinen Bevorzugung der plebiszitär-autoritären napoleonischen Herrschaft und seinen übertriebenen Herrschaftsanforderungen zugunsten des Papsttums erschien Montalembert als empfindliche Störung und Diskreditierung eines dauerhaften und zuverlässigen Ausgleichs zwischen Kirche und Gesellschaft. Insofern sah er die Ablehnung Veuillots gegenüber der modernen freiheitlichen Gesellschaft als eine Gefährdung der Interessen der Kirche an.

Für Veuillot ergaben sich ähnliche Konsequenzen unter umgekehrtem Vorzeichen. Er betonte die Führerstellung des Papsttums und der Kirche und ordnete diesem Gesichtspunkt alle sonstigen Maßstäbe unter. Die Anerkennung der Freiheit konnte für ihn äußerstenfalls einen momentanen taktischen und instrumentalen Wert haben. Tiefgreifende Wirkungen konnten auf der Grundlage der freiheitlichen Prinzipien nicht errungen werden, sondern sie waren den durchsetzungsfähigen autokratischen Regierungen vorbehalten, die daher in traditioneller Weise als die eigentlich geeigneten Bündnispartner erschienen. Die freiheitlichen Regime verdienten nicht das zur Zusammenarbeit notwendige Vertrauen. Wer die Freiheit als Eigenwert behandelte und an ihr das Handeln der Katholiken und der Kirche orientieren wollte, verlor das eigentliche Ziel der möglichst weitgehenden Förderung der Macht von Kirche und Katholizismus in Staat und Gesellschaft aus den Augen, ja, er wurde zum Feind der Kirche. Für Veuillot war es ein nicht nachzuvollziehender Gedanke, daß die Bischöfe, wie Montalembert glaubte, durch ihre Zusammenarbeit mit Napoleon den Katholizismus diskreditierten. Er übte an ihnen nur Kritik, soweit sie gallikanische Neigungen zeigten. Die von ihm befürwortete ultramontane Zentrierung der Kirche ließ ihn gegen solche Bestrebungen Front machen, und in dieser Hinsicht fand er die volle Unterstützung des niederen Klerus, auf den er in seiner gesamten kirchenpolitischen Ausrichtung einen großen Einfluß ausübte.

3. Der politische Katholizismus und die Einigung Italiens

Das Klima, in dem sich die Entwicklung des politischen Katholizismus in Italien nach 1848 vollzog, war zum einen bestimmt durch die reaktionäre Politik der wiederhergestellten italienischen Monarchien und der Kurie, die an der allgemeinen europäischen Reaktion nach der Revolution von 1848

Rückhalt fand.[64] Es stand weiter unter dem Einfluß der allgemeinen konservativen Wende Pius' IX., mit der er die langfristige Entwicklung des Papsttums zu Zentralisierung und Konzentration der Kirche in der Lehre und Behauptung ihrer äußeren Herrschaft unterstützte und sie in der Dogmatisierung der päpstlichen Unfehlbarkeit und in der Verteidigung des Kirchenstaates auf einen Höhepunkt führte. Schließlich war von ausschlaggebender Bedeutung, daß 1848/49 die Nationalbewegung zwar eine Niederlage erlitten hatte, daß sie jedoch im Bewußtsein wachsender Kreise des Bürgertums weiter Fortschritte machte. Sie fand vor allem in dem Grafen Camillo Cavour in Piemont einen Vorkämpfer, der unter Ausnutzung der internationalen Mächtekonstellation die Einigungsbewegung binnen kurzer Zeit entscheidend voranbringen sollte.

In den meisten italienischen Staaten wurde zunächst das Bündnis zwischen Thron und Altar erneuert.[65] Es gelang dabei der Kurie durch ihre Konkordatspolitik, die engen Bindungen des Staatskirchentums in einigen Staaten zu lockern, so im Königreich Lombardo-Venetien auf der Grundlage des Konkordats mit Österreich, so auch in der Toskana. Im Königreich Neapel-Sizilien wurden die Verbindungen zwischen Monarchie und Kirche aufs strengste gewahrt, so daß die 1850 neugegründete Zeitschrift der Jesuiten, *Civiltà Cattolica*, schnell ihren Sitz nach Rom verlegen mußte, als sie im Prinzip eine Neutralität des Katholizismus gegenüber den Staatsformen behauptete und hervorhob, daß jeder Staat zu seiner Existenz die Unterstützung der Kirche benötige und sich keineswegs auf Polizeimittel verlassen könne. Der spätabsolutistische Staat wollte sich nicht von der Unterstützung der Kirche abhängig sehen. Trotz des Konflikts mit dem neapolitanischen Staatskirchentum war die *Civiltà Cattolica* die stärkste propagandistische Stütze zur Aufrechterhaltung der nach 1848 wieder eingeführten politischen Ordnung, indem sie den Katholizismus und das Papsttum gegen den Einbruch des modernen individualistischen Denkens und der darauf aufbauenden liberalen Kultur umfassend verteidigte.[66] Sie machte sich die Propagierung einer traditionsbestimmten katholischen Kultur gegen alle Einflüsse des modernen Zeitgeistes zur Aufgabe und verfolgte diese unter engstem Anschluß an das Papsttum und seine Entwicklungen. Während die *Civiltà Cattolica* be-

reit war, das Bündnis zwischen der Kirche und den absolutistischen Monarchien wenigstens im Prinzip in Frage zu stellen, war für sie die unbedingte Loyalität gegenüber dem Papsttum die unverrückbare Leitlinie.

Nicht nur für die italienische Nationalbewegung, sondern
auch für die Entwicklung des politischen Katholizismus in Italien war es wichtig, daß in Piemont die aus der Zeit der Revolution stammende Verfassung, das »Statuto Albertino«, erhalten blieb. Der Katholizismus kam daher in Italien zum ersten
Mal in die Lage, seine Interessen auf der Grundlage des konstitutionellen Systems zu vertreten.[67] Seiner Abwehrhaltung gegenüber der liberalen Nationalbewegung entsprechend benutzten die Katholiken die Verfassung aber nicht zur Ausweitung der durch sie garantierten Rechte, und sei es auch nur
zum Nutzen der Kirche, sondern sie beriefen sich vor allem
auf die Verfassungsbestimmung, die den Katholizismus zur
Staatsreligion erklärte, um der Kirche und dem Katholizismus
zu einer möglichst starken Stellung im piemontesischen Staat
zu verhelfen. Während die liberale Nationalbewegung die
Verfassung als Ausgangspunkt und Grundlage einer weiteren
Modernisierung des piemontesischen Staates zu nutzen versuchte, wollten die Katholiken unter Berufung auf die Verfassung die Rechte von Kirche und Katholizismus erhalten oder
noch weiter ausdehnen. Zum Konflikt führten diese unterschiedlichen Ziele, als die piemontesische Regierung nach dem
Scheitern von Verhandlungen mit dem Vatikan auf dem Wege
der Gesetzgebung den kirchlichen Gerichtsstand beseitigen,
die Existenz von geistlichen Orden einschränken und die zi-
vile Ehescheidung einführen wollte. Während das national gesinnte gemäßigt liberale Bürgertum Piemonts die Verwirklichung dieser Ziele als Beweis für den fortschrittlichen Charakter der piemontesischen Innenpolitik und als Bestätigung des
piemontesischen Führungsanspruchs in der Einigungsfrage
anerkannte, suchten die eng kirchlich gebundenen Katholiken
durch die Verhinderung der Gesetze gerade auch ein Fortschreiten der Nationalbewegung zu hemmen. Cavour gelang
es, den Widerstand der Katholiken, die Unterstützung auch
beim piemontesischen Hofe fanden, zu überwinden und damit Piemont gegenüber der Nationalbewegung als Vorkämpfer der nationalliberalen Bewegung zu empfehlen.

Mit der Durchsetzung der erwähnten Gesetze über kirchliche Angelegenheiten war die Macht des politischen Katholizismus in Piemont keineswegs gebrochen. Bei den Wahlen von 1857 gewann er vielmehr rund 60 Mandate und erreichte damit eine beträchtliche politische Stärke. Diesen Wahlerfolg verdankte er vor allem dem Einfluß des niederen Klerus auf die Landbevölkerung, die weithin eng kirchlich gebundene Katholiken in das Parlament wählte. Der gemäßigten liberalen Parlamentsmehrheit erschien der Wahlerfolg der Katholiken als Ergebnis der mißbräuchlichen Nutzung des Rechtes der freien Meinungsäußerung durch den Klerus. Sie machte ihm den Vorwurf, mit unzulässigen geistlichen Einflußmitteln auf die Wähler eingewirkt zu haben. Wenig später wurde daher für die Zukunft ausdrücklich verboten, daß Geistliche die Stimmabgabe für bestimmte Kandidaten zu beeinflussen versuchten. Die Wahlen von 1857 wurden überprüft und viele Mandate von Katholiken für ungültig erklärt. Bei den piemontesischen Katholiken entstand daraus ein Mißtrauen gegenüber der Möglichkeit, durch Beteiligung an Wahlen Einfluß zu nehmen. Der Gedanke der Wahlenthaltung drängte sich auf, der nach 1870 noch eine so große Rolle spielen sollte.

Von 1859 bis 1861 wurde mit unvorhersehbarer Schnelligkeit die italienische Einheit hergestellt. Die nationalliberale Bewegung hatte sich damit durchgesetzt. Im Verhältnis zum Katholizismus traten nun zwei Probleme in den Vordergrund: erstens, die römische Frage, also das Problem der Fortexistenz der päpstlichen Herrschaft in Rom bzw. ihre Aufgabe zugunsten der Einbeziehung Roms in den geeinten italienischen Staat[68]; zweitens, das Verhältnis von Kirche und Staat im italienischen Nationalstaat. Eine Lösung beider Fragen im Sinne der von Cavour vorgetragenen Formel von der freien Kirche im freien Staat wurde von vielen Liberalen für möglich gehalten, die wie Cavour selber an eine Versöhnung der Kirche mit der Freiheitsbewegung glaubten.

Der Forderung der Nationalbewegung nach Einbeziehung Roms in den Nationalstaat standen einzelne und kleine Gruppen von liberalen Katholiken aufgeschlossen gegenüber, obwohl sich die Fronten zwischen den intransigenten Katholiken, die zu keinem Zugeständnis an die moderne Zeit und an die konkreten politischen Forderungen des Augenblicks be-

reit waren, und den gemäßigten Liberalen, bei denen sich laizistische Vorstellungen stärker Bahn brachen, immer mehr
verhärteten. Unter diesen liberalen Katholiken entstand eine
Strömung zugunsten der Versöhnung von Kirche und italienischem Nationalstaat, die Geistliche und Laien umfaßte. So
wurde der ehemalige Jesuit Carlo Passaglia zum Unterhändler
Cavours bei seinen Verhandlungen mit der Kurie. Als diese
scheiterten, warb er unter den Katholiken mit Hilfe der Zeitschrift *Il Mediatore* für die von ihm vertretene Politik der Versöhnung zwischen Kirche und Staat. Passaglia organisierte
auch eine Petition in Kreisen des italienischen Klerus, die Pius
IX. eine Politik der Versöhnung nahelegte. Versöhnungsin-
itiativen liberaler Katholiken gab es auch in Mailand, Florenz
und Neapel.

Die Kurie nahm gegenüber diesen Versuchen eine harte Abwehrstellung ein. Das Eintreten für die Aufgabe der weltlichen Herrschaft des Papstes wurde 1862 unter schwere kirchliche Strafe gestellt. 1864 richtete sich ein Teil des »Syllabus«
gegen Bemühungen um eine Versöhnung in der römischen
Frage. Die liberalen Katholiken und ihre Bestrebungen wurden dadurch zurückgewiesen und geschwächt. Die intransigenten Katholiken erhielten zusätzlichen Auftrieb. Es blieb
ohne praktische Bedeutung, daß einzelne gemäßigte Vertreter
des Katholizismus weiter auf eine Versöhnung zwischen Kirche und Staat drängten, obwohl sie die allgemeine Abwehrhaltung des Katholizismus gegenüber der modernen Welt unterstützten. Im gemäßigt liberalen Lager fand der Rückgang der
liberalen Katholiken seine Entsprechung, als laizistische
Kräfte dort an Geltung gewannen und über die im Zuge der
Einigung durchgeführte Enteignung des Besitzes geistlicher
Institutionen hinaus 1866/67 weitere Enteignungen vornahmen. Dadurch wurde der Einfluß der Kirche erneut vermindert, während die wirtschaftliche Grundlage des gemäßigt liberalen Bürgertums, des Trägers der italienischen Einigungsbewegung, verstärkt wurde.

Zur ausschlaggebenden Gruppe des politischen Katholizismus in Italien wurden die intransigenten Katholiken. Sie traten für die unbedingte Verteidigung der weltlichen Herrschaft
des Papstes ein und hofften auf einen Zusammenbruch des geeinten Italiens. Sie drängten auf eine unbedingte Polarisierung

aller politischen Kräfte für oder gegen den Papst, um zu möglichst eindeutigen Fronten zu gelangen. In der Situation der sechziger Jahre, zwischen der Einigung und der Einbeziehung Roms in den neuen Staat, gewannen unter den intransigenten Katholiken noch einmal neoguelfische Vorstellungen eine gewisse Bedeutung. Waren sie jedoch vor 1848 Ausdruck eines fortschrittlichen Katholizismus gewesen, als sie die Zusammenarbeit von Kirche und Nationalbewegung für die nationale Einigung als möglich propagiert hatten, waren sie nach der Einigung ein eindeutig reaktionäres Konzept geworden, da sie die Ersetzung des von ihnen bekämpften nationalen Staates unter piemontesischer Führung durch eine Konföderation der italienischen Fürstenstaaten unter der Führung des Papstes anstrebten.

Das Verhalten in den Wahlen wurde in den sechziger Jahren noch nicht zum Hauptpunkt der intransigent-katholischen Politik. Zwar gab es schon Verfechter der Wahlenthaltung von seiten der Katholiken, um diese sich nicht in das Unrecht des Nationalstaates verwickeln zu lassen. Es kam jedoch auch eine vom Vatikan geduldete Beteiligung von Katholiken an den verschiedenen Wahlen zustande, so daß sich unter den Abgeordneten des geeinten Staates eine auf mehr als ein Dutzend ansteigende Zahl von gemäßigt katholischen Abgeordneten befand. Dagegen blieb eine Unterstützung der Katholiken für die gemäßigten Liberalen gegen die Republikaner aus. Die Intransigenten setzten zu sehr auf das Scheitern des neuen Staates, als daß sie sich in irgendeiner Weise für seine Erhaltung hätten einsetzen wollen. Sie kämpften direkt gegen den jungen Nationalstaat, indem sie auf seine dünne soziale Trägerschicht hinwiesen. Der Gegensatz von Regierenden und Regierten wurde als Beweis für die notwendige Kurzlebigkeit des geeinten Nationalstaates angesehen. Wegen ihrer grundsätzlichen Frontstellung gegen das moderne Italien waren die intransigenten Katholiken für eine konservative Partei innerhalb des neugegründeten Staates ebenso wenig zu gewinnen.

Die Organisierung der intransigenten Katholiken spielte in den fünfziger und sechziger Jahren eine geringe Rolle. Ansätze dazu wurden in Venetien gemacht.[69] Eine konkrete Gründung erfolgte nach langen Vorbereitungen durch den Rechtsanwalt und Journalisten Giambattista Casoni in Bologna, der sich durch Reisen nach Frankreich, Belgien und Deutschland über den Organisationsstand der dortigen Katholiken informiert hatte. 1865 wurde eine sich über fast alle Regionen – Mittelpunkt war Bologna – erstreckende »Italienische katholische Vereinigung zur Verteidigung der Freiheit der Kirche in Italien« gegründet. Sie setzte sich die Verteidigung der Kirche mit Hilfe der Presse, von Petitionen und juristischen Mitteln zur Aufgabe, verzichtete aber darauf, in Wahlkämpfe einzugreifen. Diese Organisation stieß auf scharfe Ablehnung bei den Liberalen und der Regierung und löste sich unter deren Druck schon bald auf. 1868 wurde ein »Verein der katholischen Jugend Italiens« gegründet, der in veränderter Form bis in die Gegenwart besteht. So standen 1870 beim Fall der päpstlichen Herschaft in Rom zwar keine großen Organisationen des intransigenten Katholizismus zur Verteidigung des Papstes zur Verfügung, aber es gab Ansätze, an die unter der aufrüttelnden Wirkung der Einnahme Roms durch die Truppen des geeinten Italien angeknüpft werden konnte.

In der Zeit zwischen der Revolution von 1848 und dem ereignisreichen Jahr 1870 nahm der politische Katholizismus im Deutschen Bund, in Frankreich und in Italien eine unterschiedliche Entwicklung. In Deutschland gaben die Auseinandersetzungen zwischen Katholizismus und Staatskirchentum, auch wenn sie sich in den verschiedenen Bundesstaaten auf unterschiedliche Weise artikulierten, vielfältige Anstöße, die Kräfte des Katholizismus zu aktivieren und neue Ansätze zu seiner Politisierung zu machen, die nach der Revolution schnell zurückgegangen war. Ausschlaggebend waren diese Anstöße jedoch nicht, und es erwuchsen ihnen immer wieder Hemmnisse durch politische Gleichgültigkeit und sich durchsetzende Interessendivergenzen, welche die jeweiligen Tendenzen zur Zusammenarbeit über ein gewisses lockeres Maß nicht hinausgelangen ließen und auch Rückschläge brachten, die immer wieder ein endgültiges Erliegen der Zusammenfassungsbestrebungen zu bedeuten drohten. Selbst die Ansätze eines Kulturkampfes in Baden bewirkten in dieser Hinsicht keinen grundlegenden Wandel. In Frankreich kam es keineswegs zu einer konsequenten Weiterentwicklung des »Parti

Catholique«. Die Katholiken wurden vielmehr, und zwar in unterschiedlicher Frontstellung, in das politische System Napoleons einbezogen, indem sie ihre eigenen Interessen auf kulturpolitischem Gebiet und in der römischen Frage auf die bestmögliche Weise zu vertreten suchten. Aber untereinander fanden sie keineswegs zu einer konsequenten Zusammenarbeit und damit zu einer festeren politischen Zusammenfassung, wie sie in der Zeit des Bürgerkönigtums schon nahegelegen hatte. In Italien stellte die voranschreitende nationale Einigung einen starken Antrieb für den am engsten kirchlich gebundenen Teil der Katholiken dar, sich in der Gegnerschaft gegen den neuen Staat zu sammeln. Daß das Papsttum sich so dezidiert gegen die Entwicklungen der modernen Welt wandte, gab der Wendung gegen den liberal geprägten neuen Staat eine Grundlage, die zu einer politisch-gesellschaftlichen Zusammenfassung der katholischen Oppositionskräfte tendierte und deren Auswirkung auch noch in Deutschland festzustellen sein wird.

VI. Der politische Katholizismus
von 1870 bis 1918

1. Der politische Katholizismus
im Deutschen Kaiserreich

Ende der sechziger, Anfang der siebziger Jahre standen die deutschen Katholiken vor der Aufgabe, ihr Verhältnis zu der durch Preußen vorangetriebenen deutschen Einheit zu definieren.[70] Die Problematik dieser Aufgabe ergab sich aus den engen Beziehungen der Katholiken zu Österreich und zu einzelnen deutschen Staaten, aber auch aus der Tatsache, daß der Katholizismus in dem kleindeutschen Reich in eine Minderheitsstellung geriet, die von den Katholiken als umso belastender empfunden werden mußte, je mehr diesem Staat von einem Teil seiner Vorkämpfer ein ausgeprägt protestantischer Charakter zugesprochen wurde. Trotzdem zeigten sich schon bald nach 1866 deutliche Ansätze, daß sich innerhalb des Katholizismus die Anerkennung der tatsächlichen Entwicklung schnell Bahn brechen werde und damit auch der Wille, in die politisch-gesellschaftliche Um- und Neugestaltung aktiv einzugreifen. Erleichtert wurde diese Entwicklung dadurch, daß das Verhältnis zwischen Kirche und preußischem Staat im ganzen zufriedenstellend war und auch von Bismarck bewußt gepflegt wurde. Richtungsweisend war, daß Bischof v. Ketteler, wenn auch nicht unkritisch gegenüber der jüngsten Entwicklung, für die Mitarbeit der Katholiken auch unter den neuen veränderten Bedingungen eintrat.[71] Sein Votum fiel besonders ins Gewicht, weil er durch sein sozialpolitisches Engagement zum Repräsentanten des Katholizismus gegenüber den historisch-politischen Entwicklungen seiner Zeit geworden war. Die dezidiert katholischen Mitglieder des Norddeutschen Reichstags, die sich ohne einen Zusammenschluß untereinander auf die verschiedenen Fraktionen verteilten, hatten z. T. Vorbehalte gegenüber der Gründung des Norddeutschen Bundes, gegen die Form seines Zustandekommens und seine verfassungsrechtliche Ausgestaltung, verharrten jedoch nicht in grundsätzlicher Opposition. Im Kreis späterer Zentrumsmitglieder Westfalens, auf den Soester Konferenzen, setzte sich der Wille zur Mitarbeit im neuen Staat ebenfalls durch. Wenn einzelne – auch einflußreiche Publizisten wie Edmund Jörg[72], Herausgeber der *Historisch-politischen Blätter* – die positive Wendung zur preußisch-deutschen Politik nicht mitvollzogen, konnten sie mit ihrer Haltung zwar den bayerischen Katholizismus beeinflussen, den Gesamttrend jedoch nicht neutralisieren.

Gegenüber diesen Integrationstendenzen erwuchs ein Konfliktpotential im Verhältnis von Staat und Kirche aus den übergreifenden weltanschaulichen Auseinandersetzungen der Zeit. 1864 bezog das Papsttum mit dem »Syllabus errorum« eine harte Frontstellung gegen die vor allem vom Liberalismus getragene moderne Geisteshaltung und forderte damit die liberalen Kräfte auch in der Politik zu erhöhter Aggressivität heraus. Im »Syllabus« waren 80 Sätze verurteilt, die neben der philosophischen Behauptung von Rationalismus und Indifferentismus die Rechte der Kirche beschränkten und die des Staates verabsolutierten, die Geltung der christlichen Ehe- und Sittenlehre bestritten und die schließlich die weltliche Herrschaft des Papstes in Frage stellten sowie allgemein die politische und weltanschauliche Überlegenheit des Liberalismus behaupteten. Die Vorbereitungen zur Verkündung des Unfehlbarkeitsdogmas gaben der Polemik von liberaler Seite weitere Nahrung. Die gesamtkirchliche und die mit ihr korrespondierende europäische Entwicklung boten daher Ende der sechziger Jahre einen Rahmen, in dem Spannungen zwischen dem deutschen Katholizismus und den führenden politischen und sozialen Kräften Deutschlands im Zusammenhang der Reichsgründung eine außerordentliche Explosivität bekommen konnten.[73] Die Konflikte zwischen Staat und Kirche in Baden, aber auch in anderen Staaten wurden im Rückblick als Vorspiel eines breiten »Kulturkampfes« erkennbar. Dieser Begriff wurde 1873 von dem Linksliberalen Rudolf v. Virchow als Kampfbegriff gegen die katholische Kirche und den politischen Katholizismus geprägt, erhielt dann aber die allgemeine Bedeutung, mit der die Konflikte zwischen Staat und Kirche in den siebziger und achtziger Jahren auch außerhalb Deutschlands benannt wurden.[74]

In Deutschland gaben die weltanschaulichen Auseinandersetzungen und ihre sich als möglich abzeichnenden antikirchlichen Konsequenzen in der Politik den entscheidenden Anstoß zur Gründung der Zentrumspartei, die an die katholische Fraktionsbildung im preußischen Landtag personell und ideell anknüpfte. Das im Herbst 1870 formulierte Soester Programm der Partei[75], unter die anspruchsvolle Devise »Für Wahrheit, Recht und Freiheit« gestellt, setzte sich in den vier ersten Punkten für Freiheit und Schutz der Kirche, für Parität der Religionsgemeinschaften, für Konfessionsschulen und für eine Verteidigung des christlichen Charakters der Ehe ein. In fünf weiteren Punkten formulierte es als politische Ziele: die Förderung der bundesstaatlichen Struktur des neuen Reiches, die Dezentralisierung der Verwaltung, eine Beschränkung der Staatsausgaben und eine gerechte Verteilung der Steuern, dann auf wirtschaftlich-sozialem Gebiet einen Interessenausgleich zwischen Kapital, Grundbesitz und Arbeit, die Förderung des bäuerlichen und bürgerlichen Mittelstandes, Freiheit für die Lösung sozialer Aufgaben und gesetzlichen Schutz der Arbeiter gegen sie bedrohende Mißstände.

Obwohl das Zentrum als politische Partei gegründet wurde, stellte die Programmatik kirchliche und konfessionelle Gesichtspunkte stark in den Vordergrund. Das Interesse an sozialen Problemen wurde deutlich artikuliert, aber auf grundsätzliche Wahrung der bestehenden Verhältnisse in einem dreipoligen Spannungsfeld von Kapital, Grundbesitz und Arbeit abgestellt und zeigte eine erkennbare Frontstellung nur gegenüber offenkundigen Mißständen in der Lage der Arbeiterschaft. Die einerseits sozialkonservativen, andererseits sozialpolitisch aufgeschlossenen Aussagen des Programms wurden unterstrichen durch die berufliche Zusammensetzung der Unterzeichner. Das Programm wies 51 Unterschriften auf, von denen sicher identifizierbar auf Geistliche 21, auf Gutsbesitzer 14, auf beamtete Juristen und auf Kaufleute jeweils drei weitere entfallen; Bauern und Landwirte sind zusammen dreimal, Lehrer und Kaufleute je zweimal vertreten. Das Zentrum konnte sich schon bei seinem ersten Auftreten einen beachtlichen parlamentarischen Rückhalt sichern. In Preußen schlossen sich ihm 1870 58 von 432 Abgeordneten an, und im Reichstag errang es 1871 63 von 382 Mandaten.[76] Damit war die neugegründete parteipolitische Vertretung der Katholiken

– denn das war und blieb das Zentrum trotz der Betonung des politischen und überkonfessionellen Charakters der Partei – früh ein bemerkenswerter politischer Machtfaktor und konnte als solcher auf das innen- und außenpolitische Kräftespiel einzuwirken versuchen; es mußte in das politische Kalkül der übrigen politischen Kräfte sofort einbezogen werden. Die konfessionelle Prägung stellte den besonderen Charakter und sicher auch die besondere Stärke des Zentrums dar. Daß es ihm daneben nicht gelang, einen nennenswerten evangelischen Flügel zu bilden, war bei den fortdauernden und im Laufe des 19. Jahrhunderts wieder zunehmend betonten konfessionellen Gegensätzen nicht verwunderlich, blieb jedoch eine Schwäche der Partei.

Zunächst zogen der Krieg mit Frankreich und die Reichsgründung auch die meisten Katholiken in den Bann der nationalen Einigung. Nur in Bayern fand sich unter der Führung Jörgs eine größere Gruppe von Landtagsabgeordneten der Katholischen Patriotenpartei zur Opposition gegen die Verträge zur Gründung des Deutschen Reiches zusammen. Wenn es trotzdem nicht zu einer positiven Einfügung der Katholiken in das neue Reich, sondern im Kulturkampf zu einer harten Konfrontation mit dem Staat kam, hatte das verschiedene Ursachen. Der wachsende weltanschauliche Gegensatz zwischen Kirche und Liberalismus ist schon erwähnt worden. Er wurde weiter verschärft durch die Verkündung des Unfehlbarkeitsdogmas, das selbst der überwältigenden Mehrheit des deutschen Episkopats, aber auch des österreichischen und einzelnen Vertretern des französischen Episkopats als zumindest zur Zeit inopportun erschienen war. Es wurde jedoch von der Kurie und vom Papst, gestützt auf eine große Mehrheit der übrigen Bischöfe, unter denen Italiener unverhältnismäßig stark vertreten waren, durchgesetzt. Die Einbeziehung Roms als Hauptstadt in das von der liberalen Nationalbewegung getragene Königreich mobilisierte auch die deutschen Katholiken für den Papst und gegen seine liberalen Gegenspieler, sie verstärkte die Polarisierung zwischen Katholizismus und Liberalismus, sowohl in Deutschland als auch weithin in Europa. In Deutschland reagierten die Repräsentanten des Katholizismus auf die Eroberung des Kirchenstaates mit der Bitte an den Kaiser, zugunsten des Papstes zu intervenieren. Diese

Bitte trugen Mitglieder des Episkopats Bismarck persönlich vor. Sie wurde aber auch im Parlament erörtert. Die Zentrumsfraktion versuchte – allerdings vergeblich – die erste Adreßdebatte des Reichstags dazu zu benutzen, die Weichen für eine Unterstützung des Papstes durch das Reich zu stellen. Beiden Vorstößen entzog sich Bismarck, da er sie als unliebsame innenpolitische Bedrohung seiner diplomatischen Manövrierfähigkeit empfand. Sein sich schnell entwickelndes Mißtrauen gegen das Zentrum erhielt dadurch einen zusätzlichen Anstoß, dessen Gewicht durch seine Überlegungen zur prekären außenpolitischen Lage des neuen Staates verstärkt wurde. Er befürchtete eine katholische Revanche-Koalition zwischen Frankreich und Österreich und sah das Zentrum im Innern als möglichen Sympathisanten und als Sammelpunkt für die »reichsfeindlichen« Polen, Welfen und Elsaß-Lothringer.

In den Jahren vor der Reichsgründung waren Bismarck vor allem in Süddeutschland immer wieder Katholiken als Gegner seiner Einigungspläne begegnet.[77] Nach der Gründung der Zentrumspartei, die sofort sowohl in Preußen als auch im Reich ein beachtliches parlamentarisches Gewicht erlangte, stieß der Reichskanzler auf einen politischen Zusammenschluß der Katholiken, den er in mehrfacher Weise als Störfaktor seiner Politik betrachtete. Als parteipolitische Organisation einer Konfessionsgemeinschaft bildete das Zentrum ein neues Element im Parteiensystem der Reichsgründungszeit. Es war aus Bismarcks Perspektive zu befürchten, daß die Partei durch ihren konfessionellen Charakter größere Konsistenz und Standfestigkeit gewinnen und für die Reichsleitung weniger manövrierbar sein werde als die anderen Parteien; dies auch deshalb, weil das Zentrum in der Organisation der Kirche und im kirchlichen Vereinswesen Stützen besaß, die schon politisch-sozialen Bewegungen in Süddeutschland eine Massenwirkung gesichert hatten, die erwarten ließ, daß das Zentrum auf parlamentarischer Ebene eine ernsthafte Konkurrenz für die Liberalen darstellen werde. Daß sich bald Welfen, Polen und Elsässer dem Zentrum annäherten und die Partei föderalistische Tendenzen beim Reichsausbau favorisierte, ließ die Befürchtung einer Neubelebung der gegenüber der Reichsgründung zurückhaltenden oder möglicherweise sogar feindlichen Einstellung der Katholiken hochkommen.

Auch die soziale Vielfalt ihrer Anhängerschaft konnte der Partei zu einer Sonderstellung verhelfen, da sie ihr Möglichkeiten eines sozialen und wirtschaftlichen Interessenausgleichs erschloß, wie er Bismarcks Konzept der Staatsführung vorbehalten sein sollte, die dadurch ihre Stellung über den Parteien sichern konnte. Das Zentrum konnte infolge seines besonderen konfessionellen Charakters, der ihm prinzipiell die politische Zusammenfassung breiterer Schichten des Volkes möglich machte, sein politisches Gewicht sowohl im Bündnis nach rechts als auch nach links in einem für Bismarck unliebsamen Maße verstärken. Es konnte als Garant der bestehenden sozialen und wirtschaftlichen Ordnung auftreten und dadurch im Bündnis mit den Konservativen den innenpolitischen Handlungsspielraum der Regierung einengen. Hierfür besaß das Zentrum eine reale Grundlage in der starken Vertretung agrarischer Interessen in seinen Reihen, die sowohl gegen eine Forcierung industrie-kapitalistischer Tendenzen als auch gegen Emanzipationsbestrebungen ländlicher und städtischer Unterschichten aktiviert werden konnten. Das Zentrum konnte außerdem aufgrund seines Interesses an der Sicherung von Freiheitsrechten für die Kirche und für die eigene Entfaltung zum Bundesgenossen der Liberalen bei der Ausweitung politischer Partizipation und Emanzipation gerade in der Aufbauphase des Reiches werden. Es war weitgehend auf die mangelnde parlamentarische Vorbereitung und das seinerzeit für eine Zusammenarbeit ungünstige Klima zurückzuführen, daß bei der Einbringung des Antrags auf Übernahme der die kirchlichen Freiheitsrechte sichernden Bestimmungen der preußischen Verfassung in die Reichsverfassung die Liberalen ihren antikatholischen Tendenzen folgten und die in dem Antrag liegende Möglichkeit einer Förderung ihrer Liberalisierungsziele nicht ernsthaft ins Auge faßten. Schließlich konnte das Zentrum infolge seines – in Kettelers Haltung zur Arbeiterfrage ausgedrückten – Verständnisses für die Lage der breiten Unterschichten zu ihrem schnellen und unkontrollierten Aufstieg als politischer und sozialer Machtfaktor beitragen. Es hätte dabei zwar bedeutende innere Widerstände zu überwinden gehabt, besaß aber auch teilweise eine gesellschaftliche Gefolgschaft, der wirtschaftliche und gesellschaftliche Zugeständnisse an die Unter- und Mittelschichten direkt zugute gekommen wären.

Diese Möglichkeiten eines richtungsweisenden Einflusses des Zentrums konnten Bismarck im Hinblick auf die Konsolidierung des Reiches und seiner eigenen Machtstellung an der Spitze der Regierung nicht willkommen sein. Ihm konnte es eher als wünschenswert erscheinen, die Liberalen aller Schattierungen im Kampf gegen Zentrum und Kirche fest an die Regierung zu binden und sie dabei zugleich von ihren Liberalisierungsbestrebungen abzulenken. Bismarck sah wohl auch die Chance, nicht nur eine Konsolidierung des Zentrums zu verhindern, sondern es entscheidend zu schwächen oder sogar zu vernichten. Gleichzeitig mochte er hoffen, in der Auseinandersetzung mit dem Katholizismus die Position des neuen Staates und seiner Regierung so zu stärken, wie er es im Hinblick auf die Sicherung des Reiches nach innen und außen für wünschenswert hielt. Eine Vielzahl von z. T. im Gegensatz zueinander stehenden Befürchtungen und Motiven spornte also Bismarck dazu an, eine Ausschaltung der neuen Partei und eine präventive Neutralisierung ihres Einflusses zu versuchen. Weiter verbanden sich Bismarcks Gründe für die Frontstellung gegen das Zentrum mit einem allgemeinen Interesse an der Begrenzung, wenn nicht an der Zurückdrängung der katholischen Kirche gegenüber dem Staat. Dieses Interesse wurde durch die Auseinandersetzungen um die altkatholische Bewegung aktualisiert, die aus der Ablehnung des Unfehlbarkeitsdogmas bei kleinen Teilen des Klerus und der Laien entstand.

In der gespannten Situation mußte die Aufhebung der katholischen Abteilung im preußischen Kultusministerium, die im Juni 1871 vom preußischen Staatsministerium beschlossen wurde, als alarmierendes Zeichen erscheinen, denn die Errichtung dieser Abteilung war 1841 eines der wichtigsten Ergebnisse des Ausgleichs zwischen preußischem Staat und katholischer Kirche nach der Beilegung der Kölner Wirren gewesen. Wie ein Vorspiel verschärfter Auseinandersetzungen zwischen katholischer Kirche und Staat wirkten auch Vorgänge um die Ernennung eines neuen deutschen Gesandten beim Vatikan, die zunächst zur Nichtbesetzung und 1874 im Verlauf des sich voll entwickelnden Kulturkampfes zur Aufhebung der Gesandtschaft führten.

Entsprechend den sich im Vorfeld des Kulturkampfes vielfältig verknüpfenden Gründen für eine Auseinandersetzung zwischen Preußen, dem Reich, aber auch anderen deutschen Staaten einerseits und der sich dogmatisch und organisatorisch scharf gegen die moderne Welt wendenden Kirche und dem sich politisch und gesellschaftlich organisierenden Katholizismus andererseits engagierten sich die politisch-gesellschaftlichen Kräfte der Zeit in unterschiedlichem Maße in den Auseinandersetzungen.[78] Im Liberalismus war die Stimmung gegen Kirche und Katholizismus allgemein aufs höchste gereizt, da man in ihnen grundsätzliche Gegner der modernen Freiheitsbestrebungen sah. Die liberalen Parteien und ihre führenden Vertreter wurden infolgedessen zeitweilig so sehr zu Vorkämpfern des Kulturkampfes, daß die Kampfmaßnahmen jedes Maß verloren und Staat und Kirche sich in eine ausweglose Konfliktsituation verwickelten. Die Liberalen verfolgten das Ziel, eine Sonderstellung der Kirche gegenüber dem Staat zu verhindern oder abzubauen und die Kirche voll dem neuen nationalen Staat ein- und unterzuordnen. Trotz des gemeinsamen Gegensatzes zum Katholizismus gab es bei den Liberalen starke Unterschiede in der Begründung der Gegnerschaft, in ihrer Artikulation und Zielsetzung. Der Kulturkampf brachte die Liberalen häufig in zumindest ideelle Konflikte mit den Regierungsmaßnahmen und wies damit immer wieder auf die schon oben mehrfach angesprochene partielle Übereinstimmung ihrer Freiheitsforderungen mit denjenigen der Katholiken hin. Noch uneinheitlicher war die Haltung der meist protestantisch geprägten Konservativen, die einerseits wie der Katholizismus an der Erhaltung des christlichen Charakters von Staat und Gesellschaft – wenn auch unter evangelischem Vorzeichen – interessiert waren, die aber andererseits in der innerkatholischen Entwicklung eine Verschärfung des konfessionellen Gegensatzes sahen und die Autorität des preußisch-protestantischen Staates unbedingt gewahrt wissen wollten.

In zahlreichen gesetzgeberischen Maßnahmen vor allem im preußischen Staat nahmen Bismarck, der preußische Kultusminister Adalbert Falk und der Liberalismus und seine verschiedenen Exponenten die Zurückdrängung der Kirche aus dem öffentlich-gesellschaftlichen Bereich in Angriff. In weite-

ren Gesetzen strebten sie eine Unterdrückung der sich verstei-
fenden kirchlichen und politischen Opposition an. Auf bayerische Anregung ging die im November 1871 vom Reichstag
angenommene Ergänzung des Strafgesetzbuches, der sog.
Kanzelparagraph, zurück, der Geistliche, die öffentlich-staat-
liche Maßnahmen in friedensgefährdender Weise zur Sprache
brachten, mit Strafe bedrohte und sie damit unter Ausnahme-
recht stellte. Einschneidende Veränderungen brachte das
preußische Schulaufsichtsgesetz von 1872. Es setzte die staatliche Schulaufsicht ohne jede Einschränkung durch und ermöglichte die Mitwirkung von Geistlichen in Zukunft nur
noch in der Form staatlicher Auftragsverwaltung. Während
die evangelischen Geistlichen weitgehend in ihren Schulauf-
sichtsfunktionen bestätigt wurden, wurden die katholischen
Geistlichen vielfach abberufen. Eine besondere Stoßrichtung
besaß das Gesetz in seiner Anwendungsmöglichkeit gegen
polnische Geistliche, die als Stützen der nationalpolnischen
Bewegung erschienen, weil sie sich gegen die staatlichen Ger-
manisierungsbestrebungen sperrten. Der katholische Einfluß
auf die Schulen wurde dann noch zusätzlich durch das Verbot
der Lehrtätigkeit von Ordensleuten an öffentlichen Schulen
getroffen.

Die Mehrheit des Reichstags machte sich dann zum Vorkämpfer des Jesuitengesetzes, durch das der Orden in
Deutschland verboten und aufgelöst wurde. Mit diesem Gesetz wurde sowohl in das Recht der direkt betroffenen Personen eingegriffen als auch die in Preußen verfassungsmäßig ga-
rantierte unabhängige Regelung innerer Angelegenheiten der
katholischen Kirche außer acht gelassen. Der Episkopat griff
das Gesetz als Verfassungsverletzung in einer Denkschrift
scharf an. Er bewirkte damit aber vor allem den Beschluß der
preußischen Regierung zu einer Verfassungsergänzung, die
schon im April 1873, durch die Kammern gebilligt, in Kraft
trat. Sie hob durch Ergänzung der einschlägigen Verfassungs-
bestimmungen die Rechte des Staates gegenüber der Kirche
stark hervor. Die Maigesetze desselben Jahres entsprachen der
Tendenz zur Verfassungsänderung in konkreten Einzelbe-
stimmungen. Die Gesetze galten zwar für alle Kirchen, trafen
aber mit voller Absicht die katholische Kirche in ihrer organisatorischen und ideellen Geschlossenheit und in ihrer Abgren-

zung von vorherrschenden Tendenzen der Zeit besonders
hart.

Das Gesetz über die Vorbildung und Anstellung der Geistlichen machte eine wissenschaftliche Ausbildung zur Voraussetzung der Übernahme eines öffentlichen Kirchenamtes.
Entsprechende Studien waren an einer deutschen theologischen Fakultät durchzuführen. Bischöfliche Studieneinrich-
tungen konnten nur dann an deren Stelle treten, wenn sie vom
preußischen Staat ausdrücklich anerkannt waren. Die Kandidaten mußten zusätzliche Kenntnisse in Philosophie, Geschichte und Literatur nachweisen. Auch wenn diese Bedingungen erfüllt waren, behielt sich der Staat ein Einspruchs-
recht gegen Amtsanwärter vor. Um dieses Recht realisieren zu
können, schrieb das Gesetz die Anzeige jeder vorgesehenen
Amtsbesetzung vor. Freiwerdende Ämter mußten innerhalb
von Jahresfrist besetzt werden. Der preußische Staat sicherte
sich mit diesen Gesetzen weitreichende Aufsichts- und Eingriffsrechte im Hinblick auf Ausbildung und Anstellung von
Geistlichen. Weitere Gesetze bauten die staatliche Rechtsho-
heit über die Kirche aus. So wurden die Normen für die kirchliche Disziplinargewalt gegenüber Geistlichen und ihre Überwachung durch den Staat ebenso gesetzlich festgelegt wie die
Errichtung eines königlichen Gerichtshofes für kirchliche Angelegenheiten, der u. a. als Berufungsinstanz bei kirchlichen
Disziplinarverfahren dienen sollte. Weitere Bestimmungen
schränkten kirchliche Disziplinarmaßnahmen gegenüber
Laien stark ein und suchten ihnen jede Auswirkung auf die
staatsbürgerliche Sphäre der Betroffenen zu nehmen. Gesetzlich geregelt wurde schließlich auch der Austritt aus einer Kir-
chengemeinschaft.

Da die Maigesetze die Rechte des preußischen Staates gegenüber den Kirchen wesentlich ausweiteten, stießen sie bei der
katholischen Kirche auf härtesten Widerstand. Der preußische Episkopat antwortete mit der Kritik an der Verletzung
kirchlicher Rechte und Freiheiten, er lehnte jede Teilnahme an
ihrem Vollzug ab und verbot das auch katholischen Laien. Die
Auseinandersetzung zwischen preußischem Staat und katholischer Kirche spitzte sich weiter zu: Da die Bischöfe in der
Ausführung ihres Beschlusses, nicht am Vollzug der neuen
Gesetze teilzunehmen, keine Anträge auf staatliche Zulassung

ihrer Priesterseminare stellten und auch deren staatliche Überwachung ablehnten, wurden die Priesterseminare nach und
nach vom Staat geschlossen. Es wurden weder Anträge auf Zulassung zum sog. Kulturexamen noch auf Dispensierung von
ihm gestellt, so daß die gesetzliche Einrichtung der Prüfung
nur im Ausschluß neuer Amtsanwärter zum Tragen kam. Die
Folge war, daß es keine Anwärter für geistliche Ämter gab, die
den neuen gesetzlichen Anforderungen entsprochen hätten.
Die Bischöfe nahmen daher Amtsbesetzungen vor, ohne die
Maigesetze zu beachten. Infolgedessen traten die Strafbestim-
mungen der Maigesetze in Kraft, und der preußische Staat erweiterte seine Handlungs- und Pressionsmöglichkeiten gegenüber der Kirche zusätzlich durch verschiedene Gesetze, die
ihm das Recht zur Ausweisung von Geistlichen, zur generellen
Sperre der Zahlungen an die Kirche und zum Verbot aller nicht
in der Krankenpflege tätigen Orden gaben. Die Vermögensverwaltung der katholischen Kirchengemeinden wurde Laien-
gremien übertragen, gegenüber denen der Staat bestimmte
Aufsichtsrechte beanspruchte. Ihr langfristiges Ziel war die
Auflockerung der streng hierarchischen Struktur der Kirche,
die der Staat nur von der Peripherie beeinflussen konnte. Sie
blieben auch nach der Beilegung des Kulturkampfes erhalten
und dürften in der damals intendierten Funktion auch heute
noch sinnvoll, obwohl keineswegs immer ausreichend effizient
sein. Vollständig abgeschafft wurden die 1873 geänderten Reli-
gionsartikel der preußischen Verfassung.
  Die sich aus der Nichtbesetzung von Pfarrstellen ergebenden
Schwierigkeiten in der Führung von Personenstandsregistern
beschleunigten auch die Einführung der obligatorischen Zivilehe, die zuerst 1874 in Preußen, ein Jahr später im Reich erfolgte. In jedem Fall mußte die Zivilehe der kirchlichen Trauung vorausgehen. Die Abgrenzung der staatlichen und der
kirchlichen Kompetenzen gegenüber dem katholischen Religionsunterricht und eine neue Regelung der Verwaltung des
katholischen Bistums- und Stiftungsvermögens ergänzten die
bisherigen gesetzgeberischen Maßnahmen zur Sicherung der
staatlichen Vorherrschaft über die Kirche.
  Die Gesetze in Preußen und im Reich, denen ähnliche in anderen deutschen Staaten entsprachen, machen deutlich, wie
der Kulturkampf einerseits durch die allgemeine Tendenz des

Staates zur Ausweitung der eigenen Rechte und Zurückdrängung des kirchlichen Einflusses in Staat und Gesellschaft bestimmt wurde. Sie lassen andererseits aber auch hervortreten, wie er aus innerer Logik und äußeren Handlungszwängen immer weiter eskalierte und die Gegenspieler in eine kompromißlose, erbitterte Kampfstellung trieb. Dieser Kampf wurde auf allen staatlichen, politischen und gesellschaftlichen Ebenen ausgetragen. Er verschaffte den skizzierten Maßnahmen nicht nur eine Resonanz in der gesamten Öffentlichkeit, sondern eine starke und tiefe Wirkung in breiten Volksschichten, weil sie sich konkret bis in die Gemeinden, ja, bis auf die einzelnen Gemeindemitglieder auswirkten, deren gewohnte priesterliche Betreuung zeitweilig aufs stärkste behindert wurde.

Da der Kulturkampf wesentlich mit gesetzgeberischen Maßnahmen geführt wurde, war den Abgeordneten des neugegründeten Zentrums Gelegenheit geboten, im jeweiligen Parlament ihre Kritik und ihre Opposition in die Waagschale zu werfen. Sie taten das im allgemeinen ohne konkreten Erfolg, da sie, auch wenn sie von Fall zu Fall die Hilfe von Konservativen und bei den Welfen, Polen und Elsässern Bundesgenossen gewannen, den liberalen Mehrheiten unterlagen. Ungeachtet dieser äußeren Mißerfolge konnte sich die Partei in den Auseinandersetzungen festigen. Das Zentrum erreichte aufgrund seiner konfessionellen Ziele eine stabile Position in allen sozialen Klassen, Schichten und Gruppen, wodurch seine Programmatik des sozialen Ausgleichs eine sichere gesellschaftliche Grundlage erhielt, in gewisser Weise sogar unter einen Realisierungsdruck geriet, der den jeweiligen Führungsgruppen öfters durchaus ungelegen war.

Die katholische Presse erfuhr durch die Aktivierung der Öffentlichkeit im Rahmen der Auseinandersetzung einen bemerkenswerten Auftrieb. Während es zu Beginn des Kulturkampfes 126 katholische Zeitungen gab, waren es 1885 bereits 248. Die Entwicklung verlief auch über den Kulturkampf hinaus positiv, so daß 1912 446 katholische Zeitungen mit 2,5 Millionen Beziehern existierten. Auch einzelne katholische Blätter konnten starke Positionen erreichen, so daß die *Kölnische Volkszeitung*, die *Germania* und die *Augsburger Postzeitung* zu den führenden deutschen Zeitungen rechneten. Die Partei konnte auch ihr Ansehen in der Wählerschaft schnell erwei-

tern. Umfaßte das Zentrum 1870 im preußischen Abgeordnetenhaus 58 Abgeordnete, waren es 1873 88, 1876 89 und 1879
sogar 97 von 432 bzw. 433 Abgeordneten. Im Reichstag verlief
die Entwicklung entsprechend. Von 63 Abgeordneten 1871
stieg die Zahl auf 91 (1874), 93 (1877), 94 (1878) und 100
(1881), und das bei einer Gesamtzahl von zunächst (1871) 382
und dann 397 Abgeordneten.[79] Der Anteil der Zentrumsfraktion stieg daher im Reichstag auf 25,2% an. In Preußen konnte
das Zentrum in der Konfliktsituation des Kulturkampfes rund
83% aller wahlberechtigten Katholiken für sich gewinnen.[80]
Gegenüber der geschlossenen Position des Zentrums fielen die
sog. »Staatskatholiken«, die den staatlichen Maßnahmen zustimmten oder sie zumindest akzeptierten, wenig ins Gewicht. Ihre Zahl und ihr Einfluß blieben gering.

  Da der preußische Episkopat das Zentrum des Widerstandes
bildete, löste sein Verhalten schon bald harte staatliche Sanktionsdrohungen aus. Schon nach kurzer Zeit wurde er hohen
Geldstrafen unterworfen, die sich aus der rechtswidrigen
Amtsausübung vieler Geistlicher herleiteten. Die Strafgelder
wurden z. T. auf dem Wege der Zwangsvollstreckung eingetrieben, machten aber bald die ersatzweise Abgeltung durch
Haftstrafen nötig, da die hohen Summen nicht aufgebracht
wurden. 1874/75 wurde in diesem Zusammenhang fast die
Hälfte der preußischen Bischöfe in Haft genommen. Auf gerichtlichem Wege wurde zusätzlich die in den Maigesetzen
vorgesehene Absetzung von Bischöfen wegen rechtswidrigen
Handelns betrieben mit dem Ergebnis, daß sechs Erzbischöfe
und Bischöfe für abgesetzt erklärt und nur vier Bischöfe aus
taktischen Rücksichten im Amt belassen wurden. Den abgesetzten Bischöfen wurden die staatlichen Zahlungen entzogen, soweit das nicht schon früher in anderem Zusammenhang
geschehen war. Weitere Amtshandlungen waren ihnen von
Gesetzes wegen verboten. Die meisten abgesetzten Bischöfe
gingen außer Landes.

  Die Maigesetze und der auf sie antwortende passive Widerstand der Kirchenleitung hatten sehr schnell zur Folge, daß die
gewohnte seelsorgerische Betreuung in breitem Umfang gestört wurde. »Im Januar 1881 waren von insgesamt 4627 Pfarreien in Preußen 1125 nicht besetzt (24%), darüber hinaus
fehlten 645 Hilfsgeistliche (17%); ganz verwaist waren 601

Pfarreien mit 646000 Gläubigen, halb verwaist außerdem 586 Pfarreien mit 1,5 Mill. Kirchenmitgliedern. Allein in der Diözese Trier waren von den (1874) 816 Geistlichen 212 im Exil.«[81] Die Regierung ging mit Geld- und Haftstrafen gegen die Geistlichen vor. Durch das Ordensverbot wurden Hunderte von Niederlassungen aufgehoben und Tausende von Ordensmitgliedern zur Auswanderung getrieben. Der Kreis der durch die Kulturkampfmaßnahmen direkt oder indirekt betroffenen Katholiken war also sehr groß. Er stellte ein breites Oppositionspotential dar, das durch verbleibende Kontakte mit Geistlichen, aber auch durch die zahlreichen kirchlichen Vereine und durch die katholische Presse ständig mobilisiert und in seiner Widerstandshaltung bestärkt wurde. Mit der Gründung des »Vereins deutscher Katholiken« entstand schon Mitte 1872 ein ausgesprochenes Kampforgan gegen die kirchenfeindliche Politik des Staates, das seine Wirksamkeit bis in weite Kreise der Bevölkerung entfaltete, auch wenn der Staat auf die Vereinstätigkeit mit Überwachung und Strafmaßnahmen ständig schikanös reagierte. Anfang 1876 beschloß der Verein wegen seiner bedrängten Lage die Selbstauflösung. Die verbleibenden kirchlichen Vereine unterschiedlicher Zielsetzung blieben auch im weiteren Verlauf des Kulturkampfes eine wichtige Organisationsform der Katholiken.

In ihrem Widerstandswillen wurden die deutschen Katholiken auch durch Pius IX. gestärkt, dessen Stellungnahmen zu den Vorgängen in Deutschland den Konflikt jedoch verschiedentlich noch verschärften. 1872 rief der Papst in einer Ansprache vor deutschen Katholiken zum Widerstand gegen die Kulturkampfmaßnahmen auf. Während die Ansprache auf katholischer Seite zum Anstoß für die Gründung des »Vereins deutscher Katholiken« wurde, wies Bismarck gewisse Formulierungen des Papstes in einer offiziösen Stellungnahme als Kränkung von Kaiser und Nation zurück. Verschärfend auf das Verhältnis zwischen dem Deutschen Reich und der Kurie wirkten dann sowohl die erfolglosen Verhandlungen um die Neubesetzung der deutschen Gesandtschaft beim Vatikan als auch die diplomatischen Sondierungen Bismarcks mit dem Ziel, auf die beim hohen Alter des Papstes in absehbarer Zeit zu erwartende Papstwahl Einfluß zu nehmen.

Die staatlichen Kulturkampfmaßnahmen, die Reaktion auf

sie und die Auswirkungen auf die Kirche und die Katholiken hatten bis 1875 eine ständige Verschärfung des Konflikts herbeigeführt. Er belastete inzwischen Preußen und das Reich innen- und außenpolitisch weit über das Maß dessen, was zu Beginn der Auseinandersetzung kalkulierbar gewesen war. Die Kirche und die Katholiken waren in schwere Bedrängnis gebracht, konnten aber ihre Position unter großen Anstrengungen und Opfern behaupten. In dieser Situation war nicht zu erkennen, welche Angriffsziele die eine oder die andere Seite in absehbarer Zeit erreichen konnte. Es entsprach daher einer inneren Logik, daß der Kulturkampf Ende der siebziger Jahre in eine Stagnation geriet, die die Beteiligten nach Auswegen aus der allseits als unbefriedigend empfundenen Situation suchen ließ. Dabei war die staatliche Seite auf möglichst weitgehende Wahrung der errungenen Vorteile bedacht, während die verschiedenen Repräsentanten des Katholizismus, Episkopat, Zentrum und Kurie, in unterschiedlichem Umfang und mit voneinander abweichenden Vorstellungen über die aufzugreifenden Mittel und Wege zur Erreichung ihrer Ziele eine möglichst umfassende Sicherung von Freiheitsrechten für die Kirche anstrebten. Sie orientierten sich vorwiegend an den Verhältnissen in Preußen vor dem Kulturkampf. Widerstand gegen einen Abbau des Konfliktes bestand auf seiten der Liberalen. Ihr Einfluß auf die staatliche Kirchenpolitik wurde aber zunehmend dadurch in Frage gestellt, daß Bismarck in seiner Abwendung von der Freihandelspolitik und auch in der Finanz- und Sozialpolitik in immer schärferen Gegensatz zu ihnen geriet. In dem Maße, in dem Bismarck befürchtete, die Unterstützung der Liberalen einzubüßen, mußte ihm daran gelegen sein, sich wenigstens die Möglichkeit einer punktuellen und partiellen Zusammenarbeit mit dem Zentrum zu eröffnen. Das war jedoch nur nach einer Beilegung des Konfliktes zwischen Kirche und Staat möglich.

In dieser Situation wurde der Wechsel von Pius IX. zu Leo XIII. zum Anstoß für eine allmähliche Überwindung des Kulturkampfes, zumal die Wahl Leos, dessen Kritik an der Konfliktpolitik seines Vorgängers bekannt war, schon an sich das Programm der Verständigung zwischen Kirche und Staat bedeutete. Leo wünschte ihre Zusammenarbeit im Interesse der Abwehr von Neuerungs- und Veränderungsbestrebungen in

Kirche und Staat und setzte auf ein im wesentlichen gleichge-
richtetes staatliches Interesse. Dem Zentrum kam in Leos
Überlegungen – wenn überhaupt – nur eine untergeordnete
Bedeutung zu. Auch gegenüber dem deutschen Episkopat beanspruchte er eindeutig die Führung in den angeknüpften Verhandlungen. Die lange Dauer des durch Leos Initiative in die
Wege geleiteten Prozesses, der erst 1887 unter wesentlich anderen Umständen, als der Papst zunächst intendiert hatte,
zum Abschluß kam, läßt erkennen, daß der Friedenswille der
am Kulturkampf Beteiligten vielfältig begrenzt war. Am
stärksten war der Wille zu schnellen Verhandlungen zunächst
auf seiten Leos, der allerdings die Möglichkeiten, mit Preußen
zu einem umfassenden, konkordatsmäßig fixierten Friedensschluß zu kommen, weit überschätzte. Bismarck ging auf
Leos Anregungen zu Verhandlungen zwar ein, war jedoch
eher bemüht, die akuten Belastungen aus dem Kulturkampf
abzubauen, als schnell ein grundlegend neues Verhältnis zwischen Staat und Kirche zu finden. Dies wäre nicht ohne gewichtige Zugeständnisse des Staates erreichbar gewesen, auf
die er sich nicht einlassen wollte und angesichts des Widerstands der Liberalen und der Öffentlichkeit auch nicht leicht
einlassen konnte. Daß Bismarck auch in der Zeit der Beilegung
des Kulturkampfes die Front gegen den politischen Katholizismus nicht grundsätzlich aufgab, sondern auch in dieser Situation jede Gelegenheit wahrnahm, das Zentrum im preußischen Abgeordnetenhaus, im Reichstag, in der Öffentlichkeit
und bei der Kurie auszumanövrieren, erschwerte den Friedensschluß zusätzlich. Zentrum und deutscher Episkopat äußerten ihrerseits immer wieder die Forderung nach völliger
Wiederherstellung des Zustandes vor Ausbruch des Konflikts,
um die Gefahr abzuwehren, in Verhandlungen zwischen Berlin und Rom übergangen zu werden und einen Frieden mit
dem Verlust wichtiger Positionen bezahlen zu müssen.

Daher kam es in den Verhandlungen zwischen dem preußischen Staat und der Kurie (1878-1880) zwar zu einer Wende
im Kulturkampf, aber sein Abbau zog sich über Jahre hin.[82] In
einem Gesetz vom Mai 1886 erhielt die Kirche die Freiheit der
Ausbildung ihrer Geistlichen zurück, da das Kulturexamen
fortfiel und die bischöflichen Seminare und Knabenkonvikte
wieder zugelassen wurden. Der Staat verzichtete weithin auf

die von ihm beanspruchten Eingriffsrechte in die kirchliche Jurisdiktion und Disziplinargewalt. Der Gerichtshof für kirchliche Angelegenheiten wurde aufgehoben. Ein weiteres Gesetz vom April 1887 beschränkte die kirchlicherseits zugebilligte Anzeigepflicht auf die dauernde Übertragung geistlicher Ämter und engte die staatlichen Einspruchsmöglichkeiten gegen eine Amtsübertragung stark ein. Der Staat gestand eine weitreichende Reorganisation des Ordenswesens zu. Die Mehrheit des deutschen Episkopats und die Zentrumsführung waren mit den zwischen Rom und Berlin vereinbarten Zugeständnissen nicht einverstanden. Beide forderten immer wieder die volle Wiederherstellung des Zustandes vor dem Konflikt und versuchten, der Konzessionsbereitschaft der Kurie entgegenzuarbeiten. Es bedurfte einer Intervention des Papstes, um die Bischöfe zur loyalen Realisierung der kirchlichen Zugeständnisse zu veranlassen. Das Zentrum ließ sich ebenfalls nur durch eine eindeutige Weisung des Papstes entgegen seiner internen Willensbildung zur Zustimmung zu den Friedensgesetzen bewegen, weil die Parteiführung bereit war, in kirchlichen Fragen den Wünschen des Papstes zu folgen.

Es geriet in eine besonders heikle Lage, als ihm von päpstlicher Seite ein Entgegenkommen in der rein politischen Frage des Septennats des Militärbudgets abverlangt wurde. Diese von Bismarck angestrebte Billigung der Militärausgaben für sieben Jahre wollte das Zentrum nur gegen ein weiteres Entgegenkommen auf kirchenpolitischem Gebiet zugestehen. Da sich Bismarck darauf nicht einließ, blieb die Partei bei ihrer Ablehnung, obwohl der Papst ihr mehrfach ein Nachgeben nahelegte. Im Zusammenhang mit den auf die Ablehnung des Septennats folgenden Wahlen enthüllte Bismarck den erfolglosen Versuch der päpstlichen Einflußnahme auf das Zentrum und brachte der Partei dadurch in der öffentlichen Meinung eine schwere Niederlage bei, die dazu führte, daß der Parteiführer Ludwig Windthorst die erneute Ablehnung des Septennats nicht durchsetzen konnte und die Reichstagsfraktion des Zentrums sich der Stimme enthielt. Das Zentrum hatte zeitweilig seine politische Unabhängigkeit von der Kurie behaupten und beweisen, dann aber schließlich doch nicht verheimlichen können, daß es auch in einer von ihm als rein politische Frage angesprochenen Angelegenheit nicht längere Zeit im

Gegensatz zu ihr zu agieren vermochte. Jeder ernste Konflikt mit der Kurie mußte das Zentrum, wie auch in diesem Falle, in den Augen seiner Anhänger aufs schwerste kompromittieren.

Die Tatsache, daß die Beilegung des Kulturkampfes im Zusammenspiel zwischen Berlin und Rom gegen die Opposition des deutschen politischen Katholizismus durchgesetzt wurde, wurde durch die Auseinandersetzung über die Frage des Septennats unterstrichen. Trotz des engagierten politischen Einsatzes der Hauptrepräsentanten des Zentrums, Windthorsts[83] und v. Franckensteins, zur Wahrung der politischen Selbständigkeit lag im Verhältnis zur Kurie ein schwacher Punkt der Partei, den Bismarck wiederholt geschickt und skrupellos ausnutzte, wenn auch längst nicht mit dem Erfolg, den er sich davon versprochen hatte. Besaß das Zentrum aufgrund seines konfessionellen Charakters bedeutende Vorteile bei der Organisation, in der Anziehungs- und Integrationskraft, handelte es sich damit zugleich doch eine Schwäche gegenüber direkten Einflüssen des Klerus, des Episkopats und der Kurie ein, die jederzeit zu Konflikten führen konnte.

Eine Bilanz des Kulturkampfes in Deutschland, die sich vor allem auf die preußischen Verhältnisse bezieht, hat verschiedene Gesichtspunkte zu berücksichtigen. Im Verhältnis zwischen Staat und Kirche kam es nach den erbitterten Auseinandersetzungen erneut zu einer jahrzehntelangen, im wesentlichen reibungslosen Zusammenarbeit. Die Grundlage dafür trug in einigen Aspekten dem Säkularisierungstrend der modernen Gesellschaft verstärkt Rechnung, und die Kirche mußte insofern die Verteidigung überkommener institutioneller Positionen aufgeben. Das gilt z. B. im Hinblick auf die Einführung der Ziviltrauung und die Neuregelung der Schulaufsicht. Durch diese Maßnahmen wurde die formelle Sicherung des kirchlichen Einflusses abgebaut, die religiös-kirchliche Beeinflussung und Prägung der einzelnen Mitglieder der Gesellschaft aber nicht entscheidend beeinträchtigt. Die Beibehaltung von Aufsichtsbefugnissen des Staates über die kirchliche Vermögensverwaltung und das Ordenswesen stellte für die Kirche eine geringere Einbuße dar als die Tatsache, daß die preußischen Verfassungsgarantien für die Kirche nicht wiederhergestellt wurden.

Der preußische Staat konnte sich mit dem Verzicht auf die

übrigen, von ihm im Laufe des Kulturkampfes beanspruchten erhöhten Eingriffsrechte in kirchliche Angelegenheiten umso eher abfinden, als die Kirche selber ihren Einfluß gewollt oder ungewollt zunehmend in freier Konkurrenz mit anderen religiösen und weltanschaulichen Kräften innerhalb einer Gesellschaft suchte und suchen mußte, die sich wenigstens partiell zur Achtung persönlicher Entscheidungsfreiheit und Verantwortlichkeit emanzipierte und daher einen praktischen Pluralismus unterschiedlicher religiöser und weltanschaulicher Positionen entwickelte. Zwar mochte es immer wieder eine Versuchung für die Kirche, ihre Amtsträger und auch für die Vorkämpfer katholischer Interessen in der Gesellschaft darstellen, in der sich säkularisierenden Welt anstatt durch innere Überzeugungskraft und missionarischen Einsatz und anstatt im freien Wettstreit der verschiedenen politischen und gesellschaftlichen Gruppierungen mit Hilfe der Behauptung alter und des Aufbaus neuer Machtpositionen Einfluß zu behalten und zu gewinnen, aber die Erfahrungen des Kulturkampfes konnten in dieser Beziehung als Gegengewicht wirken, um von einer Überspitzung entsprechender Wünsche abzuhalten. Der Prozeß der Säkularisierung aller Lebensbereiche war zumindest insofern irreversibel, als er das Übergewicht einer Weltanschauung als freiheitsbedrohend empfinden ließ und in Gesellschaft und Staat Gegenkräfte bereithielt, die jederzeit gegen tatsächliche oder vermutete Absolutheitsansprüche zu mobilisieren waren. Wenn die Kirche in ihrem Innern auch aufs stärkste von dogmatischem und organisatorischem Zentralismus erfaßt war, mußte sich als Auswirkung des Kulturkampfes doch auch die Herausforderung von Kirche und Katholizismus durch die moderne Welt verstärken, ihren traditionsgeprägten Beitrag zur Erhebung des Menschen und seiner Welt aus alten und neuen, inneren und äußeren Bedrängnissen zu leisten, weniger gestützt auf Autorität und institutionelle Sicherung als vielmehr durch Wahrnehmung und Ausfüllung der Freiräume, welche die moderne Gesellschaft auch ihr, obwohl unter keinen Umständen ausschließlich ihr, zur Verfügung stellte.

Allgemein stellte der Kulturkampf eine Phase in der tendenziellen Durchsetzung des modernen Interventionsstaates dar, der prinzipiell alle Lebensbereiche in seine Verfügungsgewalt einzubeziehen bestrebt ist. Im Verlauf dieses Kampfes wurden die Mittel des Staates mit außerordentlicher Rücksichtslosigkeit eingesetzt, obwohl vor allem die Liberalen, aber auch die Konservativen allgemein daran interessiert waren und sein mußten, die ohnehin schon großen Eingriffsmöglichkeiten des Staates nicht noch weiter auszudehnen. Der moderne Staat zeigte in diesem Kampf, zu welchem Kräfteeinsatz er auch in innenpolitischen Auseinandersetzungen fähig war. Insofern stellte der Widerstand der Kirche und des politischen Katholizismus eine wichtige Leistung der im Zeichen des Katholizismus zusammengefaßten weltanschaulichen, politischen und gesellschaftlichen Kräfte dar, die schrankenlose Entfaltung dieser Tendenz zu verhindern. Diese Bedeutung wird noch dadurch unterstrichen, daß das Zentrum sich auch gegen das Bismarcksche Sozialistengesetz von 1878 wandte, das in Form und Tendenz einen weiteren Fall darstellte, in dem der Staat bereit war, schärfste Mittel gegen eine politische Minderheit einzusetzen, ohne rechtsstaatliche Schranken zu achten. Zwar konnten der Staat und seine Bürokratie zusätzliche Positionen erobern oder ihrer inneren Machtausübung entgegenstehende Bastionen, wie z. B. die preußischen Verfassungsgarantien für die Kirche, abbauen, aber Verlauf und Ausgang des Kulturkampfes wiesen darauf hin, daß dem Eingreifen des modernen Staates zumindest im Augenblick noch starke, ja unüberwindliche Grenzen gesetzt waren, die er nicht überschreiten konnte, ohne seine eigene innere und äußere Geschlossenheit aufs Spiel zu setzen. Kirche und Katholizismus gingen insofern aus dem Kulturkampf gestärkt hervor, als sie sich gegenüber dem aufsteigenden Interventionsstaat behauptet hatten und auch für die Zukunft ein Bollwerk gegen die weitere Realisierung seines Absolutheitsanspruches zu sein versprachen.

Für die politische Organisation des Katholizismus stellte der Kulturkampf einen wichtigen Impuls dar. Seine Vorbereitung im Spannungsfeld des allgemeinen weltanschaulichen Klimas bedeutete ein wichtiges Motiv für die Parteigründung. In der Entfaltung und Durchführung des Kampfes verstärkte und verbreiterte die Partei ihre die sozialen Schichten und Klassen übergreifende Anziehungs- und Integrationskraft. Trotz des durch die Situation stark akzentuierten Vorrangs kirchenpolitischer Ziele festigte sich in der Partei der von vorneherein intendierte allgemeinpolitische Charakter. In der Auseinandersetzung mit Einflußversuchen der Kurie wurde er der Partei selber stärker bewußt und trat auch nach außen zumindest als Problem deutlicher hervor. Die Partei wurde zu einer politischen Größe, die sich gegenüber dem Druck der Regierung behauptete und mit der in allen politischen Überlegungen und Kombinationen gerechnet werden mußte. Ihre Führung – und dabei ist vor allem, aber nicht ausschließlich, an Windthorst zu denken – wußte die Partei gerade in den Auseinandersetzungen des Kulturkampfes dauerhaft zu etablieren und in den wechselnden parlamentarischen Situationen zumeist taktisch geschickt einzusetzen.

Damit wurde eines der Hauptziele Bismarcks im Kulturkampf, die neuentstehende konfessionelle Partei auszuschalten, vereitelt. Dem Katholizismus wuchs vielmehr auch parteipolitisch ein Instrument zu, mit dessen Hilfe er in die zeitgenössischen politisch-gesellschaftlichen Auseinandersetzungen eingreifen konnte. Das politische Engagement der deutschen Katholiken entfaltete eine Integrationskraft, die in der Lage war, verschiedene Elemente zu bündeln und ihnen dadurch eine gezielte Wirkung zu geben. Es blieb eine offene Frage, wie stark und lebendig diese Integrationskraft auch über den Konflikt hinaus zu erhalten war und wie mit ihrer Hilfe über die zunächst defensiven Ziele hinaus auch konstruktive Vorhaben zu verwirklichen waren. Die parteipolitische Etablierung und Konsolidierung des deutschen Katholizismus wurde eindeutig von der inzwischen in Deutschland beherrschend gewordenen Strömung des Ultramontanismus getragen. Eine liberale Komponente des deutschen Katholizismus, die dem Staat und der säkularisierten Gesellschaft größere Aufgeschlossenheit entgegenbrachte, die auch innerkirchlich der Zentralisierung und der dogmatischen Erstarrung ablehnend gegenüberstand, wurde im Kulturkampf wegen ihrer Kompromißbereitschaft gegenüber dem Staat auch politisch völlig beiseite gedrängt.[84] Es deutete sich damit an, daß der Katholizismus seine neugewonnene parteipolitische Konstituierung mit einer zusätzlichen Bedrohung seiner inneren Vielfalt bezahlen mußte. Erst die weitere Entwicklung konnte erweisen, wieweit sich diese Bedrohung in eine tatsächliche, Verarmung bedeutende Vereinheitlichung umsetzte oder wieweit es der Partei gelang, innere Vielfalt in und neben dem parteipolitischen Zusammenschluß zu bewahren.

Eine weitreichende Folge des Kulturkampfes war es, daß die Integration der Katholiken in den neugeschaffenen Nationalstaat abrupt abgebrochen wurde, nachdem sie gerade erst begonnen hatte. Das katholische Sonderbewußtsein wurde unter den neuen Verhältnissen erst recht betont und fand z.B. in den kirchlichen Festen, die zu allgemeinen Festen der katholischen Minderheit wurden, einen deutlich sichtbaren volkstümlichen Ausdruck. Das katholische Sonderbewußtsein erhielt seine besondere Note dadurch, daß Bismarck alles tat, um die Katholiken als »Reichsfeinde« zu diskreditieren. Diese Verdächtigung mochte dem Reichskanzler als Mittel, das Zentrum politisch auszuschalten, besonders wirkungsvoll erscheinen, und es entsprach wohl auch seinen überspitzten Befürchtungen im Hinblick auf die Festigkeit der von ihm geschaffenen nationalen Einheit, aber es war in sich unwahr und in seiner langfristigen Wirkung verderblich. Es belegte den katholischen Volksteil mit einem nationalen Verdikt, das seine Entscheidungen immer wieder belastete, indem es ihm stets neue Beweise seiner Unhaltbarkeit aufdrängte. Wenn der Katholizismus gegenüber den Überspitzungen des nationalistischen Denkens aufgrund seiner europäischen Tradition und seines im 19. Jahrhundert wieder deutlich empfundenen weltweiten Missionsauftrages zu einem Korrektiv nationalistischer Entwicklungen hätte werden können, trugen der Kulturkampf und seine Bismarcksche Zuspitzung auf das katholische Zentrum als »Reichsfeind« nicht wenig dazu bei, solche Möglichkeiten von vornherein zu verbauen. Das Zentrum fühlte sich unter einen ständigen Leistungszwang gestellt, nationale Zuverlässigkeit zu beweisen, und die traditionellen Führungsschichten zögerten nicht, dieses Bewußtsein von Fall zu Fall zur Beeinflussung der Partei in ihrem Sinne einzusetzen. Das gelang ihnen umso besser, als eine einflußreiche Führungsgruppe der Partei ihre konservativen Vorstellungen und Zielsetzungen in hohem Maße teilte.

Der politische Katholizismus wurde in den ersten Jahren seiner Organisation in der Zentrumspartei vollauf vom Kulturkampf in Anspruch genommen. Das gilt besonders für Preußen und das Reich, aber in geringer Abschwächung – abgesehen von Württemberg, wo der Ausbruch eines Kulturkampfes vermieden werden konnte – mehr oder weniger auch für alle anderen deutschen Staaten, in denen sich die Katholiken z. T. noch über nahezu zwei Jahrzehnte hinweg unter verschiedenen Parteinamen zusammenschlossen. Insofern erreichte Bismarck zumindest zeitweilig und teilweise sein Ziel der Ausschaltung des politischen Katholizismus durch den Kulturkampf. Es war dann aber gerade Bismarck, der mit seiner 1878/79 erfolgenden Abwendung von der Freihandelspolitik und damit von seiner langen engen Zusammenarbeit mit den Liberalen im Reichstag und im preußischen Abgeordnetenhaus parteipolitische Konstellationen herausführte, die ihm des öfteren die Heranziehung des Zentrums erwünscht erscheinen ließen oder sogar notwendig machten. Damit bot sich dem Zentrum eine Verstärkung seiner Position und eine Erweiterung seiner Manövrierfähigkeit im Zusammenspiel mit anderen politischen Gruppen. Bismarck versuchte jedoch zu vermeiden, von der parlamentarischen Unterstützung des Zentrums abhängig zu werden; er setzte vielmehr gelegentlich seine Versuche fort, die Partei auszuspielen und zu schwächen.

Das Zentrum nahm auch schon während des Kulturkampfs Gelegenheiten war, sich aus der Fixierung auf diesen Streit zu lösen. Es entsprach damit seinem allgemeinpolitischen Charakter, sah darin zugleich aber auch einen Weg, die eigene politische Isolierung zu durchbrechen und aus der starren Frontstellung gegen die Regierung herauszukommen. Der Antrag des Zentrumsabgeordneten Graf Galen, der 1877 in eine sozial- und wirtschaftspolitische Debatte eingebracht wurde, regte außer der Regelung eines erweiterten Arbeiterschutzes eine Einschränkung der Gewerbefreiheit »zum Schutze und zur Hebung des Handwerkerstandes« an und machte auch mit anderen Forderungen deutlich, daß das Zentrum zwar für die Interessen von Arbeiterschaft und gewerblichem Mittelstand eintrat, sich bei der Formulierung konkreter Zielsetzungen jedoch stark zurückhielt und mit Rücksicht auf das breite Spektrum seiner sozialen Zusammensetzung wohl auch zurückhalten mußte. Ohne daß die Forderungen des Antrags als sehr weitgehend anzusehen sind, verstießen sie doch gegen das herrschende liberale Prinzip der Freizügigkeit der Wirtschaft und wurden ohne detaillierte Erörterung abgelehnt. Das Zentrum und als sein Repräsentant vor allem der Sprecher in sozialpolitischen Fragen, Georg v. Hertling, ergriffen im Reichstag noch verschiedentlich die Initiative zugunsten eines Ausbaus des Arbeiterschutzes, fanden aber dafür bei Bismarck kein Gehör, der die Belastung für die Industrie als zu hoch bezeichnete und anderen Projekten der staatlichen Sozialpolitik den Vorrang gab.

Erst während der Abwendung von der Freihandelspolitik konnte das Zentrum sich stärker in die parlamentarischen Auseinandersetzungen einschalten. Es stellte den stärksten Anteil der »Volkswirtschaftlichen Vereinigung«, die sich im Reichstag zum Vorkämpfer einer neuen Schutzzollpolitik machte und zu der zahlreiche Konservative und sogar einige Liberale gehörten. Das Zentrum konnte auch Bismarcks Zoll- und Steuerpläne unterstützen, da es sowohl die mit ihnen angestrebte finanzielle Besserstellung des Reiches als auch den Schutz für die landwirtschaftliche und gewerbliche Produktion bejahte. Daher kamen die Zoll- und Steuergesetze der Jahre 1878/79 mit Hilfe des Zentrums zustande, allerdings mit der von der Zentrumsführung vorgeschlagenen Einschränkung, der sog. Franckensteinschen Klausel, durch welche die zu erwartenden Mehreinnahmen des Reiches aus Zöllen und Steuern auf einen bestimmten Betrag begrenzt wurden, während der Überschuß den Einzelstaaten zufloß. Das Zentrum trug in diesen Verhandlungen nicht nur zur Zusammenfassung finanz- und schutzzöllnerischer Bestrebungen und zur Abstimmung landwirtschaftlicher und gewerblicher Schutzzollforderungen bei, sondern sicherte durch die Klausel auch die verfassungsmäßigen Rechte des Reichstages und der Einzelstaaten, indem es eine zu große finanzielle Unabhängigkeit des Reiches verhinderte. Die Tatsache, daß das Zentrum jetzt zum ersten Mal mit v. Franckenstein einen Vizepräsidenten des Reichstages stellte, war ein äußeres Zeichen für den angewachsenen Einfluß der Zentrumsfraktion, der ein Sitz im Präsidium des Reichstages nur noch einmal infolge des Septennatsstreits von 1887 vorenthalten blieb.

Zu einem wichtigen Thema der Politik des Zentrums wurde die von Bismarck seit Ende der siebziger Jahre aufgegriffene Sozialgesetzgebung. Sie sollte nach seinen Vorstellungen eine

Versicherung der Arbeiter werden, zu deren Finanzierung der Staat einen deutlich sichtbaren Beitrag leistete. Daraus sollte sich bei den versicherten Arbeitern ein positives Interesse an dem Staat entwickeln, der für sie diese Leistung erbrachte. Wenn das Sozialistengesetz der Ausbreitung der Sozialdemokratie Repression entgegensetzte, sollte die Sozialgesetzgebung durch die Entwicklung einer positiven Staatsgesinnung der Sozialdemokratie das Wasser abgraben. Das Zentrum leistete gegen die sozialpolitischen Vorhaben erbitterten parlamentarischen Widerstand, da es von dem direkten finanziellen Engagement des Staates die Weichenstellung zu einer unabsehbaren staatssozialistischen Entwicklung befürchtete und in der angestrebten Reichsversicherungsanstalt den Sieg zentralistischer Tendenzen sah. Die Partei lehnte daher bei dem von Bismarck zunächst vorgelegten Unfallversicherungsgesetz eine finanzielle Beteiligung des Staates ganz ab und trat für eine föderative Umformung der in Aussicht genommenen Reichsversicherungsanstalt ein. Der Entwurf wurde daraufhin von der Regierung fallengelassen. Ein Krankenversicherungsgesetz wurde im Reichstag 1883 auch mit den Stimmen des Zentrums angenommen, da die Regierungsvorlage der in der Partei herrschenden Auffassung durch Verzicht auf einen Reichszuschuß und durch Dezentralisierung der Verwaltung entgegenkam. Die Kosten wurden im Verhältnis von 2:1 auf Arbeitnehmer und Arbeitgeber verteilt. 1884 wurde ebenfalls mit den Zentrumsstimmen ein Unfallversicherungsgesetz beschlossen, da die Regierung auch hier auf einen obligatorischen Reichszuschuß verzichtete und eine berufsgenossenschaftliche Selbstverwaltung vorsah. Die Kosten der Versicherung wurden vollständig den Arbeitgebern auferlegt. Durch ein drittes Gesetz wurde 1889 eine Alters- und Invalidenversicherung eingerichtet. Hier endlich setzte Bismarck durch, daß neben Arbeitgebern und Arbeitnehmern der Staat ein Drittel der Kosten übernahm. Eine Minderheit des Zentrums, die sich über die Befürchtungen der Partei bezüglich der staatssozialistischen Tendenzen hinwegsetzte, um die geplante Maßnahme zur Sicherung der Arbeiter nicht scheitern zu lassen, verhalf dem Gesetz zur Annahme. Diese Entscheidung war in der Zentrumsfraktion aufs schärfste umkämpft und führte sie an den Rand des Zerfalls. Andererseits leitete die Entscheidung der Minderheit eine Entwicklung ein, die zu einer immer breiteren Anerkennung der sozialpolitischen Aufgaben des Staates führte. Es war zu deutlich geworden, daß die im Industrialisierungsprozeß neu entstehende Not der Arbeiter nicht durch individuelle und kirchliche Wohltätigkeit behoben werden konnte und daß auch von einer aufgeschlosseneren Gesellschaft in absehbarer Zeit keine entscheidende Verbesserung zu erwarten war. Auf staatliche Sozialpolitik war angesichts der akuten Notlage nicht mehr zu verzichten.

Obwohl der Kulturkampf in den ersten Jahrzehnten nach der Reichsgründung eine starke Klammer für die verschiedenen sozialen und wirtschaftlichen Gruppen darstellte, die das Zentrum umschloß, entstanden auch schon in dieser Zeit Konflikte am Rande und im Innern der Partei. Sie zeigten, daß die Partei ihre Einheit ständig gegen soziale und wirtschaftliche Spannungen durchzusetzen hatte, welche die Katholiken als Mitglieder der Gesamtgesellschaft betrafen oder die darin lagen, daß der katholische Volksteil überproportional agrarische und industrielle Unterschichten umfaßte und auch im Mittelstand über eine breite Anhängerschaft verfügte. Hinzu kamen regionale Spannungen, die vor allem im Verhältnis zum bayerischen Zentrum mit seinem vorwiegend agrarischen Charakter und zu den katholischen Arbeitern an Rhein und Ruhr hervortraten. Diese regionalen Spannungen erhielten ihr besonderes Gewicht dadurch, daß das Zentrum erst seit den neunziger Jahren nach und nach eine übergreifende Organisation aufbaute, die aber nie die Effizienz der sozialdemokratischen Parteiorganisation erreichte, da wichtige Funktionen, die im allgemeinen von einer Parteiorganisation zu realisieren sind, von der Kirche und von Vereinen verschiedener Prägung bereits übernommen worden waren.[85] Da die Führung der Partei aufgrund des Honoratiorenprinzips und zudem unter starker informeller Einwirkung des Klerus gebildet wurde, entstanden tiefe Interessendivergenzen zwischen der Zentrumsführung und einzelnen sozialen Gruppen innerhalb der Partei, die sich von ihr gar nicht oder nur unzulänglich vertreten fühlten. Die sozialen Unterschiede der Zentrumsanhängerschaft fanden schließlich mehr oder minder ausgeprägt ihren Ausdruck in verschiedenen Führungsgruppen, die in den wechselnden politischen Situationen um den ausschlaggebenden Einfluß auf die Gesamtpartei kämpften.

In Aachen und Essen z. B. geriet die Zentrumspartei mit einer Hauptgruppe ihrer dortigen Wählerschaft in Konflikt. Dort waren, wie an zahlreichen Orten des Rheinlandes und Westfalens, in den sechziger Jahren christlich-soziale Vereine gegründet worden, durch welche die katholischen Arbeiter integriert werden sollten, um sie dem sich ausbreitenden sozialistischen Einfluß zu entziehen. Die christlich-sozialen Vereine entsprachen mit dem Ziel der religiösen und sittlichen Hebung ihrer Mitglieder der im Katholizismus noch immer sehr verbreiteten Auffassung, daß Entchristlichung und Entsittlichung die Hauptursache der wirtschaftlichen und sozialen Not seien. Sie nahmen sich jedoch auch, allerdings in unterschiedlichem Umfang und mit unterschiedlicher Intensität, der materiellen Interessen ihrer Mitglieder an. Der besonders rührige und erfolgreiche Vereinsgründer in Aachen, Kaplan Cronenberg, und einige weitere jüngere Geistliche erhoben Anfang der siebziger Jahre, gestützt auf einen mitgliederstarken christlich-sozialen Verein, Forderungen zugunsten des Arbeiterschutzes und der Verbesserung der wirtschaftlichen Lage der Arbeiter; sie unterstützten gelegentlich auch streikende Arbeiter.[86] Daraus entstand ein scharfer Gegensatz zu dem örtlichen Wahlverein des Zentrums, in dem Honoratioren aus dem Besitzbürgertum den Ton angaben. Cronenberg kritisierte die Notlage der Arbeiter als Folge der gesellschaftlichen Zustände und regte zu Überlegungen über Möglichkeiten einer grundlegenden Abhilfe an. Er begnügte sich in seiner praktischen Arbeit nicht mit einer christlichen Mobilisierung der Arbeiter, sondern suchte das Gewicht des Arbeitervereins sowohl bei Arbeitskämpfen als auch bei Wahlen geltend zu machen. Der Arbeiterverein bemühte sich auch darum, für seine sozialpolitischen Vorstellungen zugunsten der Arbeiter die Unterstützung durch den Ortswahlverein des Zentrums zu erreichen. Als entsprechende Versuche mehrfach erfolglos blieben, schritten die Aachener christlichen Sozialisten 1874 zur Gründung der »Katholischen Volkspartei«, um Cronenberg als ihren Kandidaten in den Reichstag zu wählen. Der zweimal wiederholte Versuch konnte schließlich vom Zentrum nur äußerst knapp abgewehrt werden. Dabei setzte der bürgerlich bestimmte Zentrumswahlausschuß zugunsten seines Kandidaten massiv das Argument der notwendigen politischen Geschlossenheit der Katholiken ein. Er versuchte, seinen Gegenspieler religiös zu diskreditieren und durch die Kirchenleitung zu reglementieren. Dem Aachener Vorstoß zugunsten einer stärkeren und eigenständigeren Berücksichtigung von Arbeiterwählern und ihrer Interessen im Zentrum sowie schließlich auch in Konfrontation mit dem Zentrum selber blieb der Erfolg versagt.

Ein ähnlich gerichteter Versuch des Essener christlich-sozialen Vereins führte dagegen dazu, daß hier der Kandidat des Vereins in der Stichwahl gegen den offiziellen Zentrumskandidaten mit den Stimmen der Sozialdemokraten in den Reichstag gewählt wurde. Der Gewählte schloß sich dort der Zentrumsfraktion an und wurde später mehrfach als offizieller Zentrumskandidat wiedergewählt. Beide Fälle zeigen deutlich, daß starker Widerstand in bürgerlichen Kreisen des Zentrums bestand, der Arbeiterschaft die direkte Vertretung ihrer Interessen durch die Aufstellung und Wahl ihrer Kandidaten zu ermöglichen. Die regionale Abwehr eines eigenständigen Arbeitervertreters fand von seiten der Reichstagsfraktion keinen Widerstand, sondern wurde sogar unterstützt. Erst der erfolgreiche Einsatz des Essener Arbeitervereins für seinen Kandidaten ließ das Zentrum einlenken, wobei nicht erkennbar ist, daß der gewählte Arbeitervertreter über den regionalen Erfolg hinaus innerhalb der Reichstagsfraktion des Zentrums für die ihn tragende Gruppe hätte tätig werden können. Ein wachsender und nachhaltiger Einfluß der Arbeiter wäre wohl nur möglich gewesen, wenn die christlich-sozialen Vereine zu einem festen Zusammenschluß gefunden hätten. Sie verloren jedoch im Gegenteil schnell an Gewicht. Seit den achtziger Jahren traten Arbeitervereine an ihre Stelle, die weithin unter patriarchalischem Vorzeichen standen und nicht als selbständige Interessenvertretung der Arbeiter wirken konnten.[87]

Auch von seiten der agrarischen Gefolgschaft des Zentrums wurde die Partei Ende der achtziger und in den neunziger Jahren inneren Spannungen ausgesetzt. Sie hatten ihre Ursache in Interessendivergenzen zwischen der klein- und mittelbäuerlichen Anhängerschaft einerseits und führenden, teils adelig-konservativen, teils bürgerlichen Honoratiorengruppen andererseits. Die Inhalte waren je nach der ländlichen Sozialstruktur und nach den besonderen regionalen Problemen in den einzelnen deutschen Staaten und Provinzen verschieden.[88] Das Zentrum konnte die verschiedenen Gruppen sowohl regional als auch auf Reichsebene nur unter Schwierigkeiten dadurch im Rahmen der Partei halten, daß neue volkstümliche Führer sich an die Spitze der einzelnen Bewegungen stellten und ihnen auch innerhalb der Parteiführung Ausdruck gaben. In Westfalen machte sich 1892 der der Führungsgruppe des Zentrums angehörende Freiherr v. Schorlemer-Alst die Forderungen der volkstümlichen Protestbewegung gegen die industriefreundliche Handelsvertragspolitik des Reichskanzlers Caprivi zu eigen. Er versuchte, den agrarischen Forderungen des Zentrums durch die Drohung mit einer konkurrierenden Handwerker- und Bauernpartei größeres Gewicht zu geben. Auch hier kam es, diesmal gestützt auf ländliche Unter- und Mittelschichten, zu agrarisch bestimmten Sonderkandidaturen, als das Zentrum entsprechende Kandidatenwünsche nicht erfüllen wollte. Diese neu mobilisierten klein- und mittelbäuerlichen und mittelständischen Schichten stellten einerseits die Machtgrundlage der adeligen Großgrundbesitzer in der Führungsgruppe des Zentrums dar. Sie waren von ihr aber in Fragen, die ihre finanziellen Interessen oder auch ihre politischen Mitspracherechte und ihre soziale Stellung betrafen, nicht mehr auf eine sozialkonservative oder eine die Reichsführung weitgehend unterstützende Politik festzulegen. Dies zeigte sich besonders krass 1892 bei der Behandlung der Heeresvermehrung, deren Unterstützung mehrere prominente Mitglieder der adeligen Führungsschicht bei den folgenden Wahlen ihr Reichstagsmandat kostete. Die bäuerlich-mittelständische Bewegung stellte eine populistische, mittelständische Schichten und Unterschichten repräsentierende Kraft dar. Ihre Opposition gegen ihr zuwiderlaufende politische und wirtschaftliche Entwicklungen setzte sich auch gegen die Parteiprominenz des Zentrums durch. Sie konnte jedoch infolge ihrer Randstellung in der sich entwickelnden Industriegesellschaft und wegen ihrer traditionalistisch bestimmten Vorstellungswelt nicht zu einem selbständigen und zielsicher vorantreibenden Element von Modernisierung, Emanzipation und Demokratisierung werden, obwohl sie diesen Entwicklungen nicht selten gegen reaktionäre und retardierende soziale und politische Kräfte

Schutz bot und Hilfe gab.

Auf die Art und Weise sowie das Ausmaß, in denen sich das Zentrum als die maßgebende Kraft des politischen Katholizismus in die politisch-gesellschaftlichen Strukturen des Kaiserreiches einschalten konnte, wirkten sich immer wieder innere Spannungen und divergierende wirtschaftliche Interessen bei der Masse der Zentrumswähler und in ihren Führungsgruppen aus, sei es, daß dadurch der politische Charakter und die Stärke der Zentrumsführung bestimmt wurde, sei es, daß die Weichen für das Verhältnis der Partei zu den konkurrierenden Kräften und zur Führung des Reiches gestellt wurden. Schwankungen und Kursänderungen in der Zentrumspolitik lassen sich dadurch in einen sinnvollen Funktionszusammenhang mit der allgemeinen Entwicklung des Kaiserreiches bringen.[89] Die breiten agrarischen Gefolgschaftsschichten des Zentrums machten auch über die Wahlen von 1893 hinaus ihre Interessen gegenüber der Reichsleitung geltend, indem sie mit Hilfe der Reichstagsfraktion auf die Aufrechterhaltung eines, wenn auch verminderten Zollsatzes für Getreide drängten. Allgemein war die anstelle der großgrundbesitzenden konservativen Adligen in den Vordergrund tretende bürgerliche Führungsgruppe des Zentrums gezwungen, agrarisch-mittelständischen Interessen wirtschaftlicher und berufsorganisatorischer Art verstärkt Zugeständnisse zu machen, ohne daß sie dabei der wirtschaftlichen Modernisierung durch das Wiederaufgreifen ständischer Gesellschaftsmodelle entscheidende Hindernisse bereitete.

Die Militär- und Flottenvorlagen der neunziger Jahre trafen beim Massenanhang des Zentrums auf scharfe Kritik. Die Reichstagsfraktion des Zentrums, in der bürgerliche Honoratioren über ein deutliches Übergewicht verfügten, rang sich jedoch unter Ernst Lieber, der in den neunziger Jahren als Nachfolger Windthorsts die informelle Führung der Partei übernommen hatte, in zunehmendem Maße zu ihrer Unterstützung durch. Durch teilweise Reduzierung der Vorlagen und durch das Aushandeln von Zugeständnissen hauptsächlich an die Schutzzollinteressen der agrarischen Klientel gelang es der Zentrumsführung, dieses Entgegenkommen auch bei ihrer agrarischen Massengefolgschaft, obwohl oft gegen starken Widerstand, durchzusetzen. Sie konnte mit dieser regierungsfreundlichen Ausgleichspolitik gleichzeitig Staatsstreichsneigungen bei Wilhelm II. und im Regierungslager entgegenwirken und das Mitspracherecht des Reichstages in der Reichspolitik, auf dem ihr eigener Einfluß beruhte, wahren und in Einzelheiten ausbauen. Unter Reichskanzler v. Bülow verstärkte sich der Einfluß des Zentrums weiter, da sich die Partei gegen Zugeständnisse noch mehr als zuvor zu einer parlamentarischen Mitarbeit in den verschiedenen Bereichen der Regierungspolitik bereitfand. Die nach außen macht- und glanzvolle Stellung des Kaiserreiches wird auf die Haltung der bürgerlichen Zentrumsführung ebenso Einfluß gehabt haben wie ein allgemein gewachsener Wille des Bürgertums, seine Position im Wilhelminischen Kaiserreich zu festigen und auszubauen.

Die Stellung des Zentrums in den ersten Jahren der Kanzlerschaft Bülows bis 1906 wandelte sich dann u. a. dadurch, daß sich die Kräfteverhältnisse innerhalb des politischen Katholizismus durch das beschleunigte Anwachsen des Gewichtes der Arbeiterschaft verschoben. Wichtige Vorentscheidungen fielen im organisatorischen Bereich der Vereinsgründungen, hatten doch im Katholizismus seit jeher Vereine eine wichtige Funktion bei der Mobilisierung und Politisierung von Anhängermassen gespielt. Die ersten katholischen Initiativen zur Organisierung der Arbeiter durch christlich-soziale Vereine in den siebziger und achtziger Jahren standen vorwiegend, wenn auch – wie die erwähnten Vorgänge in Aachen und Essen zeigten – nicht immer unter patriarchalischem Vorzeichen. Eines ihrer wichtigsten Ziele bestand in der Abschirmung der Arbeiter von dem Einfluß der als atheistisch und sozialrevolutionär abgelehnten Sozialdemokratie und den ihnen nahestehenden Gewerkschaften. Der Verein »Arbeiterwohl«, der 1880 in Aachen von katholischen Unternehmern, unter denen Franz Brandts aus Mönchen-Gladbach besonders hervortrat, gegründet wurde, setzte den Unternehmern die Förderung der Arbeiter im Rahmen der als wirschaftlicher und sozialer Fortschritt begrüßten Industriewirtschaft zur Aufgabe.[90] Es wurde jedoch nicht beabsichtigt, den Arbeitern selber Führung und Verantwortung in der Vertretung ihrer Interessen zu geben und damit ihre Emanzipierung weiter zu fördern. Die bürgerliche Führungsschicht, in großem Umfang von Geistlichen unterstützt, blieb in dem patriarchalischen Vorurteil befangen, daß die Hilfe für die Arbeiterschaft zumindest noch lange Zeit von außen durch das Bürgertum erbracht werden müsse und nicht der Selbsthilfe und Selbstorganisation der Arbeiter überlassen werden könne. Das Fehlen geschulter und erprobter Führungskräfte aus der Arbeiterschaft wurde als Bestätigung der eigenen Auffassung angeführt, ohne daß zunächst Schritte unternommen wurden, diesem Mangel Abhilfe zu verschaffen.

Weitreichenden Einfluß auch auf die katholische Arbeiterschaft erlangte 1890 die Gründung des »Volksvereins für das katholische Deutschland« mit seiner Zentralstelle in Mönchen-Gladbach. Der Verein, dessen Vorsitz Brandts übernahm und in dessen Leitung im Laufe der nächsten Jahrzehnte bedeutende Vertreter der katholischen Sozialarbeit wie Franz Hitze, August Piper, Johannes Giesberts, Joseph Joos und Heinrich Brauns tätig waren, leistete eine nach der Jahrhundertwende verstärkt auch Arbeiter erfassende Bildungsarbeit. Diese trug wesentlich dazu bei, daß die Arbeiter nun in der Öffentlichkeit und im Zentrum eigenständige Vertreter ihrer Interessen fanden, die – wie das vor allem in der einflußreichen Stellung des zeitweiligen Arbeitersekretärs Matthias Erzberger zum Ausdruck kam – den Führungsanspruch der bürgerlichen Zentrumshonoratioren gelegentlich mit Erfolg in Frage stellen konnten. Weithin gefördert und getragen auch durch die Arbeiterschaft nahm der Volksverein eine rasche Aufwärtsentwicklung. Aus den verfügbaren Unterlagen lassen sich für 1891 rund 108000, für 1901/02 rund 201000 und für 1913/14 rund 767000 Mitglieder errechnen.[91]

Die seit Mitte der achtziger Jahre unter Anlehnung an die Facheinteilung und unter Leitung von geistlichen »Präsides« aufgebauten Arbeitervereine organisierten bei grundsätzlichem Ausschluß von Mitgliedern anderer Berufs- und Gesellschaftsgruppen beachtliche Zahlen von Arbeitern: 1889 waren es rund 60000 in 168 Arbeiter-, 51 Knappen-, 76 Arbeiterinnen- und 37 Jungarbeitervereinen; 1912 war die Gesamtzahl der Mitglieder auf rund 350000 angewachsen, die sich auf die Regionalverbände West-, Süd- und Ostdeutschland und auf den katholisch-integralistischen Verband mit Sitz in Berlin verteilten.[92] Die Arbeitervereine beschränkten sich weiterhin auf die Betreuung und Bildung der Arbeiter, sie forderten Arbeiterschutz und materielle Besserstellung für die Arbeiter, ohne aber in der Zeit vor dem Ersten Weltkrieg wirkungsvolle eigenständige Formen der Interessenvertretung zu entwickeln. Auch die zur Vertretung wirtschaftlicher Belange gebildeten Fachabteilungen der einzelnen Vereine brachten in diesem Punkt keine Abhilfe, da ihr Aktionsradius stark begrenzt blieb. Innerer Grundsatzstreit und die nur lockere Zusammenfassung in mehreren Verbänden verhinderten die weitere Ausbreitung der Arbeitervereine.

Vorwiegend, aber nicht ausschließlich aus katholischen Arbeitern bildeten sich auch die Christlichen Gewerkschaften, die zwar wie die rein katholischen Arbeitervereine den Klassenkampf grundsätzlich ablehnten, aber durchaus bereit waren, für die Interessen der Arbeiter auch das Mittel des Streiks einzusetzen. Sie waren nicht nur interkonfessionell, sondern prinzipiell auch überparteilich. Sie unterhielten trotzdem enge Beziehungen zum Zentrum, die durch Doppelmitgliedschaft in den Führungsgruppen unterstrichen und gefestigt wurden. In den Christlichen Gewerkschaften schlossen sich seit 1894 besonders Berg-, Textil-, Eisenbahn- und Holzarbeiter zusammen. Wie die Arbeitervereine nahmen die Christlichen Gewerkschaften nach der Jahrhundertwende einen allerdings durch einen zeitweisen Rückgang gebremsten Aufstieg. Ihre Mitgliederzahl wuchs von rund 152000 bis zu dem Vorkriegshöhepunkt 1912 auf rund 350000.

Beginnend etwa 1900 verstärkte sich seit 1907 eine integralistische Strömung in einer kleinen Gruppe von Zentrumspolitikern, in einem Teil der Arbeitervereine und in Teilen des Klerus.[93] In ihr kamen kleinbürgerliche und agrarische Abwehrimpulse gegen die moderne Industriewelt und ihre gesellschaftlichen Auswirkungen ebenso zum Ausdruck wie Widerstand gegen den befürchteten Abbau der ursprünglich beherrschenden Stellung des Klerus im katholischen Organisationswesen. Sie richtete sich konkret gegen die Interkonfessionalität der Christlichen Gewerkschaften und teilweise auch gegen den grundsätzlich politischen Charakter des Zentrums mit seiner bewußten Distanzierung von kirchlicher Beeinflussung in politischen Angelegenheiten. Sie besaß im Episkopat in den Bischöfen von Breslau und Trier, Kopp und Korum, mächtige

Bundesgenossen, die in ihrem Sinne auch auf den Klerus und – was bedrohlicher werden konnte – auf die Kurie einwirkten.[94] Ziel der integralistischen Bestrebungen war es, die katholischen Arbeitervereine zur einzigen Organisationsform der Arbeiter zu machen, die Arbeiter dadurch zuverlässiger gegen sozialdemokratischen Einfluß abzuschirmen und sie zugleich näher an die Kirche heranzuziehen. Das Zentrum sollte ebenfalls stärker kirchlich gebunden und auf eine energischere Vertretung der kirchlichen Belange, insbesondere auch der Haltung des Papstes in der römischen Frage, festgelegt werden. Der Volksverein sollte seine gewerkschaftsfreundliche Haltung aufgeben und stärker unter die Kontrolle und den Einfluß des Episkopats gebracht werden. Die Führung des Volksvereins und die rheinischen Zentrumsführer Julius Bachem, Carl Trimborn u. a. wandten sich gegen diese Bestrebungen, da sie in der allzu engen Bindung von Arbeiterorganisation, Partei und Volksverein an Kirche und Klerus eine Bedrohung der Aktionsfähigkeit, der Wirkungs- und Werbekraft in der sie umgebenden säkularisierten Gesellschaft sahen und ein verstärktes Abwandern der Arbeiterschaft zur Sozialdemokratie befürchteten. Gegen die sog. Berlin-Breslauer Richtung, die dank der Haltung von Bischof Korum auch in der Gegend um Trier starken Rückhalt besaß, stand die sog. Richtung Köln-Mönchen-Gladbach.

Die Integralisten konnten vor allem in der Zentrumspartei schon bald in die Defensive gedrängt und als kleine Minderheit isoliert werden. Sie behielten jedoch vor allem für die Christlichen Gewerkschaften ihren bedrohlichen Charakter, weil ihre Anregungen zur verstärkten religiösen Einbindung der politischen und gesellschaftlichen Kräfte des Katholizismus bei der Kurie und bei Pius X. selbst auf großes Verständnis stießen. Im »Modernismusstreit« und in der Verurteilung christlich-sozialer Bewegungen in Italien, aber auch in Belgien und Frankreich hatten Papst und Kurie gerade ihre durch Leo XIII. gelockerte Stellungnahme gegen die politischen und gesellschaftlichen Strömungen der modernen Welt erneut verhärtet und waren geneigt, auf dieser Linie auch im deutschen Gewerkschaftsstreit Stellung zu nehmen. In einem wechselvollen Spiel der Einflußnahme von einzelnen Integralisten, von Zentrumspolitikern, von Mitgliedern des Episkopats, die sich teils gegen, teils für die Christlichen Gewerkschaften engagierten, und auch von einzelnen Vertretern der Kurie und des Papstes selber, kam eine Verurteilung der Christlichen Gewerkschaften nicht zustande. In der Enzyklika »Singulari quadam« von 1912 wurde jedoch eine eindeutige Bevorzugung rein katholischer Arbeitervereine festgelegt, während christlichen Gewerkschaften nur der Status einer durch Ort und Zeit gerechtfertigten Sonderregelung zugebilligt wurde. Diese Entscheidung bedeutete für die Christlichen Gewerkschaften, die schon durch den gesamten Verlauf der Auseinandersetzung stark behindert worden waren, einen erneuten schweren Schlag, selbst wenn es ihnen zeitweilig gelang, die Stellungnahme des Papstes zu ihren Gunsten umzuinterpretieren. Der Gewerkschaftsstreit erstreckte sich in seinen Ausläufern bis in den Ersten Weltkrieg. Allerdings verloren die Integralisten im Lauf der Zeit auch in der Kurie an Bedeutung, und der Übergang zum Pontifikat Benedikts XV. bot ebenso wenig wie die deutsche Situation der Nachkriegszeit Anlaß, den Konflikt noch einmal aufleben zu lassen.

Der Gewerkschaftsstreit und seine Begleitumstände hatten auf die Entwicklung der katholischen Organisationsbemühungen in der Arbeiterschaft verderbliche Folgen. Die Christlichen Gewerkschaften erlebten zunächst eine Zeit dauernder Anfeindung und Unsicherheit, bis sie schließlich nur unter besonderen Umständen und auf Zeit geduldet wurden. Innerkatholisch wurden sie völlig an die Peripherie gedrängt, während sie von außen verstärkt Angriffen wegen ihrer Abhängigkeit von Rom ausgesetzt waren. Ihre Expansion konnten sie daher nicht in gleicher Weise wie zuvor fortsetzen, sie hatten vielmehr Mühe, ihren Mitgliederstand zu halten. Die Arbeit des Volksvereins wurde stark angegriffen, da sie sich auch in engem Zusammenwirken mit den Christlichen Gewerkschaften entfaltete. Der Episkopat zog den Verein in dieser Situation enger unter die Kontrolle der kirchlichen Hierarchie. Der Aktionsfähigkeit des Vereins wurden durch spezielle kirchliche Interessen zusätzliche Hindernisse in den Weg gelegt, während es darauf angekommen wäre, die Integration weiterer gesellschaftlicher Gruppen wie der Angestellten und der Jugendlichen in die Vereinsarbeit aufgeschlossen und mit Hilfe neuer Mittel anzubahnen. Die katholischen Arbeitervereine konnten aus der kirchlichen Bevorzugung keinen besonderen Wachstumsimpuls gewinnen, da die Mängel ihrer Organisationsform angesichts der Erfordernisse einer dynamischen Interessenvertretung in einem modernen industriekapitalistischen System das nicht zuließen.

Um die Jahrhundertwende, ehe der Zentrums- und Gewerkschaftsstreit sich ernsthaft auszuweiten begann, wuchs innerhalb des Zentrums der Einfluß von Arbeitervertretern. Sie fanden in den verschiedenen Organisiationen der katholischen Arbeiterschaft, im Volksverein und darüber hinaus in der Wählerschaft einen immer stärkeren Rückhalt. Eine zusätzliche Stütze bedeutete es für die innerparteilich und gesamtgesellschaftlich im Aufstieg begriffenen Arbeitervertreter, daß sie in manchen Interessen mit den Exponenten der kleinbürgerlichen und -bäuerlichen populistischen Massen innerhalb des Zentrums übereinstimmten. Dazu rechnete die Tendenz zur Überwindung der obrigkeitlichen Bevormundung durch eine begrenzte Parlamentarisierung und Demokratisierung des politischen Systems ebenso wie das Interesse an materieller Sicherstellung oder sogar Besserstellung und das Verlangen, die Vorherrschaft der bürgerlichen Honoratiorenschicht innerhalb der Partei zu durchbrechen. An dem hohen Einfluß, den Erzberger als Exponent dieser aufstrebenden Kräfte seit 1903 in der Reichstagspolitik des Zentrums erlangte, läßt sich ihr Erfolg gegenüber der traditionellen bürgerlichen Führungsgruppe ablesen. Diese Gruppe selber fühlte sich durch die vorwärtsdrängenden Kräfte der Arbeiterschaft in ihrer Stellung bedroht, reagierte jedoch vor allem dadurch, daß sie in ihrer Politik gegenüber der Reichsleitung verstärkt Interessen der Arbeiterschaft vertrat. In diesem Zusammenhang wurde 1903 die Sozialversicherung auf Witwen und Waisen ausgedehnt, die Arbeitszeit für Arbeiter wurde auf zehn Stunden verkürzt, weitere Forderungen wurden zugunsten der Organisationstätigkeit der Arbeiterschaft verfochten. Initiativen zu Wahlrechtsverbesserungen in einzelnen deutschen Staaten, wie Bayern, Baden und auch Preußen, lagen auf der gleichen Linie, selbst wenn sie in Preußen nur halbherzig betrieben wurden, da das Zentrum dort zu den Hauptnutznießern des geltenden Dreiklassenwahlrechts gehörte. Die Reichstagsfraktion des Zentrums setzte auch den Rüstungsforderungen der Regierung erhöhten Widerstand entgegen, um soweit wie eben möglich die finanzielle Belastung ihrer Massengefolgschaft in Grenzen zu halten und ihre Ablehnung der aufwendigen deutschen »Weltpolitik« abzuschwächen. Wie stark dieser Widerstand trotzdem wurde, zeigt die scharfe Kritik Erzbergers an der deutschen Kolonialpolitik. Sie führte schließlich 1907 zu vorgezogenen Reichstagswahlen, in denen das Zentrum von dem Regierungsblock, bestehend aus Konservativen und Nationalliberalen, z.T. unter Rückgriff auf kulturkämpferische Parolen, scharf angegriffen wurde. Im Wahlkampf äußerte sich das gestiegene Gewicht der Arbeiter in der starken Zunahme von Arbeiterkandidaturen und der herausragenden Rolle, die Vertreter der Arbeiterschaft und der populistischen kleinagrarischen und kleinbürgerlichen Gefolgschaft, wie Erzberger und Georg Heim, spielten.[95]

Trotz des Erfolges der Vertreter von Arbeitern und agrarischen Bevölkerungsgruppen konnten diese die bürgerliche Führungsspitze nicht endgültig überflügeln, da sie in einen inneren Gegensatz gerieten. Infolge eines Konjunkturabschwungs ging seit 1907 die Manövrierfähigkeit, damit auch Prestige und Anziehungskraft der organisierten katholischen Arbeiterschaft in Arbeitskämpfen stark zurück. Außerdem wurde die katholische Arbeiterschaft durch den Gewerkschaftsstreit in vielfältiger Weise in ihrer bisherigen Dynamik gebremst. In der populistisch-kleinagrarischen Zentrumsgruppe machte das Bestreben nach Befreiung von Bevormundung und nach Ausweitung der politischen Rechte einer zunehmenden Akzentuierung der Front gegen die moderne industriekapitalistische Gesellschaft Platz, welche die ländliche Bevölkerung, ob kleinbäuerlichen oder kleinbürgerlichen Charakters, in eine Randstellung zu drängen drohte. In diesen Kreisen fanden denn auch integralistische Überlegungen Resonanz, die allgemein für die Orientierung auf überkommene religiöse und gesellschaftliche Verhältnisse eintraten und daher jedem Zugeständnis an Anforderungen der modernen Gesellschaft und Politik entgegenstanden. In wirtschaftlicher Hinsicht wurden Arbeiter und ländliche Schichten durch ihre Interessen als Konsumenten und als Erzeuger entzweit. Eine neue Annäherung an konservative Kreise in Gesellschaft, Partei und Klerus entsprach dieser Interessenverlagerung mehr als das bisherige Zusammengehen mit den Arbeitervertretern und ihren dem Trend der Modernisierung entsprechenden Vorstellungen von erweiterter politischer und gesellschaftlicher Partizipation. Neigungen in der Zentrumsführung, die bisherige Regierungskoalition aus Konservativen und Nationalliberalen durch Annäherung an die Konservativen zu stürzen, lagen in der Richtung dieser Entwicklung. Sie bewirkten, daß sich innerhalb des Zentrums die Führung der bürgerlichen Honoratiorengruppe wieder festigte und die Partei von ihr in das Fahrwasser einer Koalition mit den Konservativen gezwungen wurde, also innerparteilich und koalitionspolitisch einen konservativen Kurs einschlug.

Die Arbeitervertreter konnten ihre Reformwünsche unter diesen Umständen im Zentrum nur noch begrenzt geltend machen, und das vorwiegend nur deshalb, weil das Zentrum in gewissem Umfang auch mit den Nationalliberalen zusammenarbeitete, um nicht vollständig von dem Bündnis mit den Konservativen abhängig zu werden. Um eine Isolierung der Partei zu vermeiden, mußte sie selber ebenfalls eine begrenzte Rechtswendung vollziehen. Sie mußte ihre Frontstellung gegen die Sozialdemokratie verschärfen, um ihre Gefolgschaft auch unter dem neuen Parteikurs zusammenzuhalten. Nur Ziele, die in nicht allzu krassem Gegensatz zu konservativen Interessen außerhalb und innerhalb der Partei standen, jedenfalls keinen Bruch mit den Konservativen zu bedeuten brauchten, konnten tatsächlich noch mit innerparteilicher Förderung rechnen. In diesem Rahmen wurden die Rechte des Reichstags erweitert und in der Sozialpolitik wenigstens keine Verschlechterungen hingenommen. In der Zoll- und Steuerpolitik konnten die Konservativen nur Teilziele erreichen, indem sie eine größere Belastung der Landwirtschaft verhinderten. Insgesamt behauptete sich in den Jahren vor dem Weltkrieg im Zentrum eine bürgerlich-liberale Führungsgruppe, der sich auch Erzberger zugesellte. Das Zentrum erlangte in dieser Situation insofern eine Schlüsselstellung, als es im allgemeinen mit Konservativen und Liberalen auf der Linie einer langsamen und vorsichtigen Reform der bestehenden Verhältnisse zusammenarbeitete. Es zeigte sich in weniger wichtigen Einzelproblemen auch bereit, mit Sozialdemokraten, Fortschrittlichen und Liberalen Lösungen durchzusetzen, für die seine sonstigen Partner nicht zu gewinnen waren. Dem Druck der Mehrheitsbildung im Reichstag konnte sich die Reichsleitung immer weniger entziehen, so daß der Fortgang der Entwicklung weitgehend von den Mehrheitsverhältnissen im Zentrum abhängig wurde. Zur Revision des preußischen Dreiklassenwahlrechts als wichtigste demokratische Forderung fand sich im Zentrum vor allem deshalb keine Mehrheit, weil die Partei bei einer Demokratisierung des Wahlrechts zum einen den Verlust mehrerer Mandate befürchten mußte, zum zweiten aber auch, weil die damit verbundene eindeutige Wendung zu den Linksparteien im Zentrum keine Mehrheit fand. So trug das Zentrum als die Vertretung des deutschen politischen Katholizismus entscheidend dazu bei, daß wichtige politische und gesellschaftliche Probleme des Kaiserreichs ungeklärt blieben und ihr bleiernes Gewicht sich gegen eine zeitgemäße Modernisierung auswirkte.[96]

Im Ersten Weltkrieg wurden die deutschen Katholiken wie ihre Landsleute, aber auch wie die Katholiken anderer Länder, von der allgemeinen nationalen Begeisterung erfaßt. Auch im Zentrum gewannen annexionistische Kriegsziele an Einfluß, ungeachtet der Tatsache, daß die deutschen Katholiken Mitglieder einer übernationalen Religionsgemeinschaft waren und ihre Politik oft wegen der Bindung an die internationalen Interessen des Papsttums angegriffen worden war. Die früher geäußerten Zweifel an der Loyalität der Katholiken trugen im Gegenteil, wie schon in früheren Situationen, dazu bei, daß sie ihrer nationalen Gesinnung forciert Ausdruck verliehen und sich auch scharf gegen Angriffe ausländischer Katholiken auf das Kaiserreich, das inzwischen trotz aller Benachteiligung auch ihr Kaiserreich geworden war, wandten. Die Hoffnung, in der kriegerischen Auseinandersetzung endgültig die volle Gleichberechtigung für die Katholiken zu erlangen, war ein weiteres bewußt oder unbewußt wirksames Motiv. Die inneren Spannungen im Zentrum konnten aber nur für einige Zeit überdeckt werden. Sie machten sich bald in verschärfter Form bemerkbar, als der Arbeiterflügel der Partei durch die kriegsbedingten Probleme seiner Gefolgschaft zusätzlich mobilisiert wurde und auch trotz des Burgfriedens innenpolitische Forderungen vorantreiben mußte, wenn er der Konkurrenz der Sozialdemokratie standhalten wollte. An innenpolitischen Zielen fehlte es auch den im Zentrum organisierten Arbeitern nicht. Sie ließen die katholischen Arbeiter zu einem wachsenden Bewußtsein ihrer Interessenverwandtschaft mit der sozialdemokratisch geführten Arbeiterschaft gelangen. Eine Parlamentarisierung des Kaiserreichs und eine Revision des Dreiklassenwahlrechts in Preußen entsprachen ebenso ihren Vorstellungen vom Abbau des Obrigkeitsstaats und der politischen Privilegien der besitzenden Klassen, wie auf wirtschaftlichem Gebiet eine Ausweitung des Koalitionsrechts, eine Fortführung der Sozialpolitik und wirtschaftliche Erleichterungen für die unteren Volksschichten zu den Forderungen gehörten.

Die führenden bürgerlichen Zentrumspolitiker waren jedoch trotz der Kriegssituation keineswegs bereit, ohne weiteres auf die Forderungen der Arbeiterschaft einzugehen. Die Parlamentarisierung im Reich und die Wahlrechtsreform in Preußen wurden vielmehr nur sehr zögernd gefördert und zeitweilig gar nicht verfolgt, so daß durch die Ankündigung von Konzessionen in diesen wichtigen Fragen der im Laufe des Krieges anwachsende soziale Druck der Arbeiter zwar kurzfristig abgeschwächt, nicht aber auf Dauer aufgefangen werden konnte. Daß sich nach und nach eine Mehrheit der Zentrumsfraktion mit einer innenpolitischen Neuordnung abfand, war erst eine Entwicklung des letzten Kriegsjahres. Die entscheidenden Verfassungsänderungen kamen kurz vor Kriegsende zustande, als die Enttäuschung über die lange Verzögerung eines handgreiflichen Entgegenkommens eine beruhigende Wirkung auf die Stimmung der Arbeiterschaft nicht mehr zuließ. Aufreizend wirkten während der langen Dauer des Krieges die Kriegsziele und die Probleme eines möglichen Friedensschlusses. Zwar waren zunächst auch bei den Arbeitervertretern des Zentrums die Erwartungen auf einen deutschen Sieg hochgespannt, jedoch war dieser Parteiflügel viel weniger auf deren Verwirklichung festgelegt als die bürgerliche Zentrumsführung und insbesondere die *Kölnische Volkszeitung* als publizistisches Organ des rheinischen Zentrums.[97] Die Arbeitervertreter wurden viel härter mit den Opfern ihrer Gefolgschaft im Krieg und mit ihren Wünschen auf ein baldiges Kriegsende konfrontiert. Auch griff auf die katholischen Arbeiter der in den unteren Bevölkerungsschichten sich ausbreitende Zweifel über, ob alles getan werde, um unter annehmbaren Bedingungen dem Krieg und damit ihren Leiden und Entbehrungen so bald wie möglich ein Ende zu setzen. Die wesentlich von Erzberger in Zentrum und Reichstag durchgesetzte Friedensresolution vom Juli 1917 kam mit ihrer Forderung nach einem Verständigungsfrieden ohne Annexionen diesem Verlangen der Arbeiterschaft entgegen und nahm der allgemeinen Kriegsmüdigkeit einen großen Teil ihrer politischen und sozialen Explosivität.[98] Die Tatsache, daß sich nicht nur die Reichsleitung, sondern auch große Teile der Zentrumsfraktion bald mehr oder weniger deutlich von der Resolution distanzierten, führte dann aber zu einer neuen Zuspitzung der Stimmung, die schließlich unter dem Druck der drohenden Niederlage in die Revolution mündete.

Die Friedensresolution bedeutete für das Zentrum in einer entscheidenden Frage seiner Politik eine Kooperation mit den Linksliberalen der Fortschrittlichen Volkspartei und mit der Sozialdemokratie. Nur gemeinsam konnten diese Parteien die Resolution im Reichstag durchsetzen. Durch das weitere Zusammenwirken im »Interfraktionellen Ausschuß«, über den sich seit Juli 1917 die Einflußnahme des Reichstags auf die Regierungspolitik und die praktische Parlamentarisierung entwickelte, erhielt die Zusammenarbeit dieser Parteien dann Festigkeit und Kontinuität.[99] Der Einfluß des Ausschusses auf die Regierung wurde zwar noch auf längere Zeit durch die Dritte Oberste Heeresleitung in den Hintergrund gedrängt. Erst als diese den Krieg verloren sah, rückte das Zentrum in die Position einer verantwortlichen Regierungspartei voll ein – eine Position, die es wegen der bald ausbrechenden Revolution nur gerade so lange einnahm, daß die Gegner auf der Rechten ihm mit einem gewissen Anschein von Glaubwürdigkeit die Verantwortung für den Friedensschluß zuschieben konnten, der in Wirklichkeit das Ergebnis eines langjährigen, gewiß nicht primär vom Zentrum zu verantwortenden Prozesses war. Als Erzberger den Waffenstillstand unterschrieb, konnte die Oberste Heeresleitung und damit das gesamte Militär vergessen machen, daß sie die deutsche Kriegspolitik über Jahre hin diktatorisch geführt hatten, gestützt auf den Kaiser, dann aber auch in cäsaristischer Weise getragen von einer einseitig unterrichteten, in nationalistischen Illusionen beharrenden Öffentlichkeit, die der Obersten Heeresleitung bis zum Zusammenbruch schier unbegrenztes Vertrauen entgegenbrachte. Das Zentrum als die maßgebliche politische Vertretung des deutschen Katholizismus im Kaiserreich erreichte daher sein höchstes politisches Gewicht, als das Kaiserreich kurz vor dem Zusammenbruch stand und auch die neue Stellung des Zentrums illusorisch wurde.

2. Der politische Katholizismus in der Dritten Republik

Die dem Napoleonischen Kaiserreich folgende Republik sollte nach dem Willen der konservativen Parlamentsmehrheit zunächst nur den Übergang zur Wiederherstellung der Monarchie bilden.[100] Die vorgesehene monarchische Restauration wurde aber dadurch erschwert, daß sich die Vorstellungen von einer Wiederherstellung des alten bourbonischen Königtums und der Einrichtung einer vom Volkswillen getragenen Monarchie diametral entgegenstanden. Die Spaltung der Katholiken erhielt und vertiefte sich angesichts dieser Frage. Während sich die ultramontanen Katholiken für das traditionelle Königtum einsetzten, traten die liberalen Katholiken für eine vom Volk getragene Monarchie in der Nachfolge des Bürgerkönigtums ein. Die angestrebte Restauration dachten sie sich in den Formen einer konstitutionell-parlamentarischen Monarchie, die dem Volkswillen Raum gab und doch egalitäre Tendenzen der Demokratie durch liberal-bürgerliche Einflüsse neutralisierte. Da der bourbonische Thronprätendent, zu dessen Gunsten schließlich die Restauration erfolgen sollte, sich nur zu einer Wiederanknüpfung an das traditionelle Königtum bereit erklärte, scheiterte eine wie auch immer geartete monarchische Restauration. Die Republik mußte auf längere Dauer eingerichtet werden. Der Gegensatz innerhalb der Katholiken verfestigte sich jetzt erneut, da jede Gruppe der anderen vorwarf, die monarchische Restauration durch ihre Politik unmöglich gemacht und damit die Absicherung der katholischen Position in der Gesellschaft durch ein Königtum verhindert zu haben.

Die Interessen des Katholizismus waren aber nicht gefährdet, solange eine breite, liberal-konservative Mehrheit die Politik der Republik bestimmte. Sie verstärkte vielmehr noch die Stellung der Kirche und des Katholizismus in der Gesellschaft, indem sie ihren ohnehin schon breiten Spielraum im Erziehungswesen zusätzlich erweiterte, z. B. die Gründung katholischer Universitäten ermöglichte. Gerade die starke gesellschaftliche Stellung der Kirche erleichterte aber den Angriff republikanisch-laizistischer Kräfte gegen die bisherige Mehrheit. Ihre Argumentation erschien für weite Teile der Wählerschaft glaubwürdig. Die Republik müsse sich gegen ihre klerikale Beherrschung zur Wehr setzen, sei es, um außenpolitische Gefahren zu vermeiden, in welche die Republik durch eine Unterstützung der weltlichen Herrschaft des Papstes hineingezogen zu werden drohte, sei es, um innenpolitischen Unruhen auszuweichen, die von einer vollen Restauration der vorrevolutionären Verhältnisse zu erwarten waren. Wieweit solche Gefahren real bestanden, war für die Wirkung solcher Befürchtungen ohne ausschlaggebende Bedeutung. Über mehrere Etappen hinweg kam es durch eine Verschiebung der Mehrheitsverhältnisse schließlich zu einer Herrschaft laizistischer Republikaner, deren Parole die Entklerikalisierung der französischen Gesellschaft war.

Der Laizismus trat gegen die in den letzten Jahrzehnten nach und nach errungene Stellung der Kirche auf, da durch sie die allgemeine Toleranz und die alle Bürger gleichstellenden Menschenrechte beiseite gedrängt würden. Der Katholizismus sollte auch nicht die Stellung der Staatsreligion einnehmen, sondern sollte dem System der allseitigen weltanschaulichen Toleranz eingeordnet werden. Durch den Laizismus wurden in gleicher Weise Metaphysik und Religion, Königtum und Feudalordnung abgelehnt. Eine starke Stellung der Kirche schien immer auch zugleich eine Bedrohung der Republik zu bedeuten, da sich maßgebende Kreise der Katholiken nicht von ihrer legitimistischen Frontstellung gegen die Republik trennen konnten. Dieser Eindruck konnte auch durch die liberalen Katholiken, die ein größeres Entgegenkommen gegenüber freiheitlichen Forderungen zeigten, nicht zerstreut werden. Der Laizismus setzte sich daher das Ziel, die praktische Privilegierung der Kirche aufzuheben. Ein freies Schulsystem sollte grundsätzlich für alle gelten und allen zugänglich gemacht werden. Es sollte keine gesellschaftliche Kraft, wie etwa die Kirche, mehr geduldet werden, die in der Lage war, die Toleranz grundsätzlich in Frage zu stellen, und sei es auch nur durch ihre potentielle Machtstellung.

Die Laizisten machten auch nationale Argumente für ihre Ziele geltend. Angesichts der sich immer deutlicher gegenüberstehenden zwei Frankreich, des katholisch-kirchlichen und des aufgeklärt-laizistischen, war eine nationale Einheit nicht mehr im Katholizismus als Staatsreligion zu finden, sondern nur noch dadurch, daß die Religion zur Privatsache erklärt wurde. Die Einheit der Nation konnte nur in der Verwirklichung der Toleranz für alle und in dem Abbau aller Privilegien gesucht werden. Der Staat mußte daher vom Einfluß der Priester befreit werden. Die zahlreichen kirchlichen Kongregationen, die vor allem im Erziehungswesen eine starke Stellung aufgebaut hatten, waren ein bevorzugtes Angriffsziel dieser laizistischen Bestrebungen. Die Katholiken sahen dagegen vielfach »ihr« Frankreich in der Tradition der Einheit von Kirche und Königtum. Sie hielten es für das eigentliche Frankreich, das gegen jede Überfremdung, und sei es auch durch die Republik und eine unchristliche Toleranz, geschützt werden müsse.

Bis zur Trennung von Kirche und Staat im Jahre 1905 schufen sich die Laizisten mit einer Reihe von Gesetzen die Grundlage, auf der sie nach dem jeweils vorherrschenden Regierungskurs die Laisierung der Gesellschaft mehr oder weniger entschieden vorantreiben konnten. Mitglieder nicht-autorisierter Kongregationen wurden von der Unterrichtserteilung ausgeschlossen. Damit wurden vor allem die Jesuiten getroffen, die sich, zuvor vom Staat geduldet, im höheren Schulwesen ein breites Wirkungsfeld eröffnet hatten. Anderen Kongregationen wurde freigestellt, um Autorisierung nachzusuchen. Sie wurden ebenfalls aufgelöst, als sie innerhalb einer bestimmten Frist auf einen solchen Antrag verzichteten, sei es, weil sie sich mit den Jesuiten solidarisieren wollten, sei es, weil sie mit einer Ablehnung ihrer Autorisierungsanträge rechneten. Aus dem Lehrpersonal der staatlichen Schulen wurden Angehörige von Kongregationen entfernt, um damit die konsequente Laisierung dieser Schulen zu gewährleisten. Ausgeschlossen wurden die Kirche und ihre Vertreter aus den verschiedenen Aufsichtsgremien über das Schulwesen. Sie verloren damit auch den in dieser Funktion liegenden Einfluß auf die Schulen. Die Opposition von Geistlichen gegen die getroffenen Maßnahmen wurde dadurch in engen Grenzen gehalten, daß man ihre kritischen Äußerungen als Mißbrauch des Amts unter Strafe stellte. Außer dieser drastischen Einschränkung der Betätigungsfreiheit von Kongregationen und Geistlichen wurde die Kirche auch durch die Kürzung des Kulturbudgets getroffen. Das napoleonische Konkordat blieb vor allem deshalb lange Zeit erhalten, weil es zwar gewisse Rechte der Kirche wahrte, aber dem Staat auch die Grundlage bot, auf den Klerus reglementierend einzuwirken und an der Berufung neuer Bischöfe teilzunehmen.

Insgesamt hatten die laizistischen Gesetze, die nach und nach ausgebaut wurden, das Ziel, die Kirche aus der Gesellschaft zu verdrängen. Dem diente die Einführung der zivilen Ehescheidung und des zivilen Begräbnisses ebenso wie die Verdrängung der Geistlichen aus den Wohlfahrtsausschüssen und die der Nonnen aus den Hospitälern. Der Religionsunterricht wurde durch Moralunterricht ersetzt. 1904 wurde schließlich auch ein Verbot für autorisierte Kongregationen erlassen, und 1905 erfolgte die Trennung von Kirche und Staat, die nach der Auffassung der radikalen Laizisten den baldigen Untergang des Katholizismus in Frankreich zur Folge haben werde. Unter diesen Umständen schien es auch gerechtfertigt, daß der Staat zugleich mit der Trennung auf gewisse Eingriffs- und Einflußrechte auf die Kirche verzichtete. Er behielt sich immerhin vor, in innere Streitigkeiten zwischen einzelnen kirchlichen Institutionen einzugreifen. Die laizistische Gesetzgebung wurde auch in der Zeit größerer Zurückhaltung des Staates gegenüber Kirche und Katholizismus nicht abgeändert. Wenn eine Lockerung erfolgte, dann nur durch eine unvollständige Ausschöpfung oder sogar durch eine Umgehung der Gesetze. So wurden später auch die Beziehungen zwischen französischem Staat und Kurie nach dem Ersten Weltkrieg ohne die grundsätzliche Modifizierung der Trennungsgesetze wiederaufgenommen.

Das Verhältnis der Katholiken zur Republik stand nach alledem vorwiegend unter feindlichem Vorzeichen. Das lag nicht zuletzt daran, daß die Katholiken unterschiedslos als gegenrevolutionäre Republikfeinde angesehen wurden und sie in ihrer Mehrzahl selber dazu neigten, die Republik insgesamt für kirchenfeindlich zu halten. Der Kampf gegen den Katholizismus konnte daher als Kampf gegen die Konterrevolution hingestellt werden. Bei den Katholiken wurde die antirepublikanische Haltung durch den Eindruck verstärkt, daß Republik mit Kampf gegen die Kirche gleichbedeutend sei. Die Opposition der Katholiken gegen die Republik drückte sich auch gelegentlich in der Hoffnung auf den »starken Mann« aus. Das war der Fall, als General Boulanger sich 1889 mit anfänglichem Erfolg in die Wahlen einschaltete. Gegen die Aussicht auf den Abbau der laizistischen Gesetze waren die Katholiken bereit, ihn zu unterstützen. Sein Scheitern fiel daher auch auf sie zurück. »Der Boulangismus war der erste bedeutsame Versuch einer nationalistische Argumente verwendenden, d. h. an das Nationalgefühl appellierenden Bewegung gewesen, die sich gegen die internationalistisch-humanitär-parlamentarische Republik wandte –, und sofort erwies sich, daß diese Opposition – trotzdem sie in mancher ihrer Vertreter antiklerikaler Tradition war – bei den Katholiken Anklang fand und auch ihnen entgegenkam.«[101]

Nationale und kirchliche Traditionen wurden von den Katholiken im Verbund gesehen und konnten für sie die Grundlage zur Zusammenarbeit mit anderen nationalistischen Bewegungen wie später auch der »Action Française« bilden. Trotz der bestehenden Affinität zwischen vielen Katholiken und legitimistischen Traditionen, die durch die angedeuteten Umstände immer wieder aktiviert wurden, läßt sich nicht übersehen, daß den französischen Katholiken die Einheit der politischen Prägung und Stellungnahme völlig fehlte. Die Stimmen der katholischen Wähler verteilten sich auf das gesamte Spektrum der politischen Gruppen. Keine der bestehenden Gruppen, die sich erst nach und nach zu Parteien verfestigten, konnte sich als die bevorzugte Partei der Katholiken profilieren. Auch die verbliebene Neigung eines großen Teils der Katholiken zum Konservativismus oder sogar zum Legitimismus wurde nicht zum Kern einer besonderen Partei, die als katholische Partei bzw. als die Partei der Katholiken aufzufassen wäre. Zu der ausschlaggebenden politischen Ausrichtung der verschiedenen Gruppen trat erst als sekundäres Moment die Berücksichtigung kirchlicher und katholischer Belange, die immer von mehreren Gruppen vertreten wurden. Diese

Gruppen waren aber unter sich alles andere als einig.

Indirekt diente das Scheitern Boulangers der Vorbereitung der Ralliement-Politik Leos XIII., denn es zeigte unüberseh-bar die Standfestigkeit der Republik und damit die Notwendig-keit, sich mit ihr zu arrangieren. Dadurch, daß der Papst den Grafen de Mun von der Gründung einer Partei von Katholiken unter eindeutig gegenrevolutionärem Vorzeichen abgehalten hatte, hatte er der weiteren Verfestigung der antirepublikani-schen Front der Katholiken schon 1885 entgegengearbeitet.[102] Auf eine Lösung der prinzipiellen Bindung der Katholiken an gegenrevolutionäre politische Vorstellungen lief auch die Ent-wicklung des sozialen Katholizismus in Frankreich hinaus, da sich bei Leon Harmel u. a. die Möglichkeit der Zusammenar-beit von Kirche und Republik erneut abzeichnete. Das geschah dieses Mal mit dem Ziel, die Arbeiterschaft für das Christen-tum zu gewinnen und ihr im Gegensatz zu früheren patriarcha-lischen Vorstellungen eine eigene Aktivität zur Lösung ihrer Probleme zu ermöglichen. In diesem Sinne wurde den Ge-werkschaften eine wichtige Funktion zuerkannt. Auch staatli-che Sozialpolitik und Arbeiterschutz wurden als notwendig und als Aufgabe einer sozialen Republik angesehen.

Der Gedanke einer Aussöhnung der Katholiken mit der Re-publik besaß in der zweiten Hälfte der achtziger Jahre im nie-deren und höheren Klerus Frankreichs wenige Befürworter. Erst durch die Tatsache, daß Leo XIII. die Politik des Rallie-ment, die Politik der Akzeptierung der Republik durch die französischen Katholiken, als Grundlage ihres weiteren Han-delns begünstigte und ihnen empfahl, wurde sie zu einer realen Möglichkeit für die weitere Entwicklung. Der Papst schätzte die Chancen des sozialen Katholizismus in Frankreich hoch ein und wollte ihrer vollen Wahrnehmung das Hindernis der bisherigen Bindung des überwiegenden Teils der Katholiken an die Monarchie aus dem Wege räumen. Von der päpstlich gestützten oder sogar inspirierten Versöhnungspolitik erwar-tete der Papst die zukünftige Abschirmung der Kirche von weiteren Angriffen des Laizismus und eine Hebung der inter-nationalen Stellung der Kurie.

Die Ralliement-Politik schien in der Lage zu sein, eine politi-sche und soziale Aktivität herbeizuführen, die vor allem auch die Arbeiter erfassen konnte, jedenfalls aber die Bindung der

Kirche und des Katholizismus an bestimmte soziale Schichten überwinden sollte. Sie sollte auch die Zusammenarbeit der Katholiken mit verschiedenen politischen Gruppen auf dem Boden der Republik ermöglichen und sie dabei nach und nach von den scharf laizistischen Kräften trennen. So sollte eine Zusammenarbeit der Kräfte des Katholizismus mit den gemäßigten Republikanern eingeleitet werden. Offen mußten bei dieser Politik der Kurie die eigentlichen Absichten der Katholiken bleiben. Sollte es sich um eine tatsächliche Anerkennung der Republik handeln oder nur um ein neues taktisches Konzept der Einflußnahme oder der Herrschaftsausübung? Dem französischen Katholizismus konnten neue Schwierigkeiten daraus entstehen, daß die Ralliement-Politik vor allem durch päpstliche Einwirkung vorangetrieben wurde. Damit war aufs neue der gestiegene Einfluß des Papsttums auch auf die französischen Angelegenheiten bewiesen. Der Laizismus konnte sich durch diesen päpstlichen Einfluß mit seinen unabsehbaren Folgen für die Entwicklung der französischen Politik herausgefordert fühlen, ihm durch die staatliche Gesetzgebung entscheidende Hindernisse entgegenzustellen.

Eine katholische Parteibildung war dem Vatikan in der neuen Situation ebensowenig wie früher unter gegenrevolutionärem Vorzeichen erwünscht, da sich daraus eine neue Polarisierung gegenüber dem Laizismus und möglicherweise eine Verschärfung der Gegensätze unter den Katholiken selbst ergeben hätte. 1896 entstand aber aus der religiösen und sozialen Bewegung die Partei der Christlichen Demokraten.[103] Sie war jedoch nur kurzlebig, da sie an inneren Spannungen litt und auch auf unüberwindliche äußere Hindernisse stieß. Sie fand für kurze Zeit eine parlamentarische Vertretung, die sich vorwiegend auf eine ländliche Gefolgschaft stützte, aber auch von kleinstädtischen Kreisen und Arbeitern getragen wurde. Eine große Partei der Katholiken ging aus dieser christlich-demokratischen Bewegung nicht hervor, so daß Frankreich weiterhin ohne eine Partei des politischen Katholizismus blieb. Zum Scheitern einer solchen Partei trug vor allem auch die vatikanische Ablehnung einer christlich-demokratischen Partei bei, wie sie u. a. in der Enzyklika »Graves de communi« von 1901 ausgedrückt wurde. Auch von ihr befürchtete der Vatikan eine Erneuerung und Belebung der inneren Gegensätze im französischen Katholizismus, der er mit der Ralliement-Politik gerade entgegenwirken wollte. Christlich-soziale Ideen wurden ungeachtet des Scheiterns einer christlich-demokratischen Parteigründung weiter verbreitet. Das geschah z. B. durch die Jugendorganisation »Le Sillon«, die von sich aus einer erneuten Politisierung vorarbeitete.[104] Das brachte ihr 1910 eine päpstliche Verurteilung ein. Ihr wurde vorgeworfen, daß sie Religion und Politik vermische, daß sie erneut die feste Verbindung zwischen Kirche und Politik anstrebe und sich dem verurteilten Liberalismus annähere.

Entscheidend für das unmittelbare und kurzfristige Scheitern der Ralliement-Politik wurde, daß sie nicht zur Überwindung der inneren Gegensätze des französischen Katholizismus und zu einer einheitlich manövrierenden katholischen Kraft führte. Auch die angestrebte Zusammenarbeit mit gemäßigten Elementen der Republik kam nicht zustande. Die Ralliement-Politik vermochte weder die Gegensätze unter den französischen Katholiken zu überwinden noch ihnen zu vorsichtiger Zusammenarbeit mit gemäßigten Republikanern zu verhelfen. Statt dessen setzten viele Katholiken den direkten Kampf gegen den Laizismus fort und bereiteten dadurch, gewollt oder ungewollt, eine erneute Konfrontation zwischen Katholiken und Laizisten vor, wie sie in der Trennung von Kirche und Staat ihren schärfsten Ausdruck fand. Auch die Dreyfus-Affäre bewirkte eine erneute Konfrontation mit der Republik. Die Mehrheit der Katholiken stellte sich gegen die Verteidiger des angeblichen jüdischen Landesverräters Dreyfus und erreichte nach der früheren Unterstützung Boulangers eine neue Zusammenarbeit mit reaktionären nationalistischen Kräften, was auch aufs neue die Zusammenarbeit mit konservativ-bürgerlichen Schichten bedeutete. Wenn die Ralliement-Politik Leos XIII. auch nicht den unmittelbar angestrebten Erfolg hatte, die Katholiken an die Republik heranzuführen und zugleich Republik und Laizismus Schritt für Schritt zu trennen, erreichte sie doch eine vielfältige Öffnung und Bewegung des französischen Katholizismus, durch welche die Stagnation der einseitigen Ablehnung der Republik überwunden wurde. Die Ralliement-Politik öffnete dem Katholizismus vielfältige Chancen einer Begegnung mit der modernen Welt und hat darin auf lange Sicht ihre Rechtfertigung gefunden.

Während der Dreyfus-Affäre entstand die »Action Française«, zu deren Begründern Charles Maurras zählte.[105] Er spielte in der Bewegung eine führende Rolle und kann als ihr Repräsentant gelten. Die »Action Française« war eine nationalistische und gegenrevolutionär-monarchistische Bewegung, die zunächst von Intellektuellen unterstützt wurde, dann aber zunehmende Breitenwirkung erhielt. Wie große Teile des französischen Katholizismus wandte sie sich gegen die Republik und gegen die sie tragenden Kräfte. Sie versuchte, diese Kräfte als antinational, als nicht eigentlich französisch zu diskreditieren; sie wandte sich gegen die Juden, die Freimaurer, aber auch gegen die Protestanten, da sie der monarchisch-katholischen Tradition Frankreichs widersprächen. Ihre harten Kampfmittel führten ihr die militanten Kräfte der antirepublikanischen nationalistischen Kreise zu. Bis in die Zeit nach dem Ersten Weltkrieg bildete sie den rechten Flügel im politischen Spektrum Frankreichs.

Den Katholizismus verteidigten die Führer der »Action Française« in seiner ultramontanen Form, wie er sich im »Syllabus« in krassen Gegensatz zur gegenwärtigen Kultur gesetzt hatte. Es gelang ihr dadurch auf lange Sicht, als entschiedenster Vorkämpfer des Katholizismus in Frankreich zu erscheinen. Obwohl die »Action Française« für den Katholizismus als Bestandteil der nationalen Tradition eintrat, standen seine Führer wie Maurras dem Katholizismus zumindest gleichgültig gegenüber. Die »Action Française« bot das zwiespältige Bild, daß sie, obwohl hervorragender Exponent der katholischen Monarchisten, von Ungläubigen geführt wurde. Sie war der politische Ausdruck der Intention eines bestimmten Kreises von Katholiken, ohne in ihrem eigentlichen Kern katholisch zu sein. Schon Pius X. wandte sich 1914 intern gegen Veröffentlichungen Maurras', aber erst 1926 rückte die Kirche offiziell von der Bewegung ab.

Hatte die Ralliement-Politik langfristig vielfach belebende Wirkungen auf den französischen Katholizismus, trug dazu indirekt auch die Entwicklung zur Trennung von Kirche und Staat bei, die allerdings das Gegenteil von dem war, was der Vatikan mit seiner Politik angestrebt hatte. Die Ralliement-Politik setzte viele Kräfte im französischen Katholizismus direkt in Bewegung. Die Trennung von Kirche und Staat zwang jedoch die Katholiken, allen verbleibenden Einfluß auf die Gesellschaft nur von ihrem eigenen Einsatz zu erwarten. Die Trennung von Kirche und Staat ist mithin nicht nur als letzte, äußerste Konsequenz der langen, in ungleichen Schüben vorangetriebenen Laizisierung zu sehen, sondern auch als herausfordernder Anstoß für den französischen Katholizismus, sich trotz der ungünstigen äußeren Bedingungen zu behaupten.

Die Abschaffung des napoleonischen Konkordats und die Trennung von Kirche und Staat waren von den Laizisten schon vielfach vorgeschlagen und erörtert worden. Dagegen sprach, daß das Konkordat und die organischen Artikel dem Staat große Eingriffsrechte einräumten, auf die die Laizisten nur ungern verzichten wollten, da sie dem Staat die erwünschten Mittel an die Hand gaben, sich gegen zu großen Einfluß der Kirche zur Wehr zu setzen. Nach einer Trennung von Kirche und Staat fiel für den Staat die Möglichkeit fort, Geistliche von der Einmischung in politische Angelegenheiten abzuhalten. Der Papst konnte dann unkontrolliert auf die französische Kirche einwirken. Der Fortfall staatlicher Zahlungen an die Kirche mußte sie dem Einfluß des grundbesitzenden Adels und des reichen städtischen Bürgertums aussetzen, die dann für die Erhaltung der Kirche zu sorgen hatten. Die Trennung von Kirche und Staat blieb deshalb lange nur ein programmatisches Ziel. Sie wurde vielfach erörtert, aber die immer wieder (1886 u. ö.) vorgelegten konkreten Anträge fanden lange Zeit keine Mehrheit.

Seit der Mitte der neunziger Jahre stieg jedoch die Zahl der Befürworter einer Trennung von Kirche und Staat – 1902 wurde eine Kommission der Kammer zur Beratung und Vorbereitung eines Trennungsgesetzes gebildet. Die bisher mehr programmatisch und propagandistisch behandelte Forderung trat damit in das Stadium der tatsächlichen Verwirklichung ein. Mit verschwindenden Ausnahmen standen Episkopat und Klerus der Trennung ablehnend gegenüber, ohne dadurch die Trennungspläne beeinträchtigen zu können. Im Gegenteil war die Abwehr der Bischöfe manchen Laizisten eine Bestätigung dafür, daß sie sich auf dem richtigen Weg befanden. Auch jetzt war der Wille zur Durchführung des Projekts bei den beteiligten Politikern nicht einheitlich und noch nicht fest, aber 1904 führten aktuelle Konflikte zwischen der französischen Republik und dem Vatikan zum Abbruch der diplomatischen Beziehungen und gaben auch der Kommission neue Impulse, die Trennung bald durchzuführen. Mitte 1905 wurde das Trennungsgesetz von der Kammer mit Mehrheit angenommen und später auch vom Senat gebilligt. Bis auf wenige Ausnahmen wurden die Gebäude und der Besitz der Kirche vom Staat übernommen. Kultvereine, deren Aufbau der Gesamtorganisation der Religion, für die sie eintraten, zu entsprechen hatte, sollten gegründet werden; in ihre Hand sollten die Gebäude für eine eng begrenzte Zeit gelegt werden. Die Kultvereine konnten der kirchlichen Hierarchie entsprechend aufgebaut werden. Der Staat stellte nach Ablauf einer kurzen Frist die Zahlungen an die Kirche ein. Für öffentliche Einrichtungen wie Krankenhäuser und Armeeseelsorge konnten jedoch Geistliche angestellt werden. Den Bischöfen wurde der freie Verkehr mit Rom eingeräumt, ebenfalls die Freiheit, von sich aus Diözesan- und Pfarrgrenzen zu ändern. Religiöse Zeichen blieben in der Öffentlichkeit erlaubt. Die Trennung von Kirche und Staat war ausschließlich aus der Machtvollkommenheit des souveränen Staates beschlossen worden, ohne daß in irgendeiner Weise Verhandlungen zwischen Staat und Kirche stattgefunden hätten.

Das Trennungsgesetz stieß bei den französischen Katholiken auf breiten, aber nicht einheitlichen Widerstand. Die auf die Freiheit setzenden französischen Katholiken wie die zur christlichen Demokratie tendierenden Kreise hoben auch am Trennungsgesetz die Vorzüge der Freiheit von staatlicher Überwachung und der zusätzlichen Aktivierung der Laien hervor.[106] Im Bürgertum erregte die Mißachtung kirchlicher Besitzrechte teilweise Bedenken, da damit ein schlechtes Vorbild gegeben werde. Die Kurie sprach 1906 mit der Enzyklika »Vehementer nos« die Verdammung des Trennungsprinzips aus und bekräftigte sie im gleichen Jahr durch die Enzyklika »Gravissimo officio«, in der die Gründung von Kultvereinen und damit die Beteiligung an der Durchführung der Trennung für die katholische Kirche abgelehnt wurde. Diese Entscheidung wurde gefällt, obwohl sich inzwischen eine Mehrheit der Bischöfe zu einer Mitarbeit bei der Durchführung entschlossen hatte, um es nicht zu einem Zusammenbruch der Verwaltung kirchlicher Angelegenheiten und zu einem verschärften

Konflikt mit dem Staat kommen zu lassen. An diesem Vorgehen zeigte sich, wie stark die Stellung des Papstes in der Kirche geworden war. Ohne den anders lautenden Entschluß des Episkopats offiziell zur Kenntnis zu nehmen, fiel die Entscheidung der Kurie gegen eine Mitarbeit der Katholiken an der Trennung. Die Kirche wahrte damit in aller Klarheit ihre prinzipielle Ablehnung der Trennung und tat gleichzeitig ihr möglichstes, daß das französische Vorgehen für die Entwicklung in anderen Ländern wie etwa Spanien und der Schweiz nicht beispielgebend wirkte. Ohne grundsätzliche Regelung mußten nach dem Scheitern einer Mitarbeit der Katholiken Wege gefunden werden, die den Gemeinden die Benutzung der kirchlichen Gebäude ermöglichten und generell eine Ausbreitung und Verschärfung des Konfliktes zwischen Staat und Kirche zu einem eigentlich religiösen Konflikt vermieden.

3. Der politische Katholizismus und das geeinte Italien

Als der italienische Nationalstaat den deutsch-französischen Krieg benutzte, um die päpstliche Herrschaft in Rom zu brechen, erschien das den intransigenten Katholiken als ungeheures Sakrileg.[107] Es ist daher nicht verwunderlich, daß sich ihre Opposition im geeinten Italien noch einmal bedeutend verschärfte. Der Vatikan verfolgte immer eindeutiger die schon früher vorbereitete Linie einer scharfen Abgrenzung von dem siegreichen Gegner. Im sog. »Non expedit« erklärte die Kurie 1871 ihre Entscheidung zugunsten der Wahlenthaltung der Katholiken bei den allgemeinen politischen Wahlen, nicht aber bei den Lokal- und Regionalwahlen. Es bedeutete die offizielle Enthaltung des Katholizismus von der politischen Partizipation in dem neu geschaffenen Staat.[108] In der katholischen Öffentlichkeit setzte sich diese Auffassung sehr schnell durch, zumal sie von der *Civiltà Cattolica* voll übernommen wurde, und andere einflußreiche Publikationsorgane, wie die *Unità Cattolica* in Florenz, sich in ihrer ohnehin scharf intransigenten Haltung bestätigt fühlten. Die praktische Auswirkung des »Non expedit« ist nur schwer zu beurteilen. Sie war in Norditalien größer als in Süditalien. Sie dürfte auf jeden Fall dazu beigetragen haben, die Wahlbeteiligung des ohnehin kleinen Kreises der Wahlberechtigten weiter zu vermindern und ihren Anstieg zu verlangsamen.[109]

Die Wahlenthaltung stellte einen Protest der intransigenten Katholiken gegen den Nationalstaat dar, von dessen kirchenfeindlichem Verhalten man sich auf diese Weise möglichst augenfällig distanzieren wollte. Der Protest richtete sich gegen die Liberalen, die sich nicht gescheut hatten, gegen den dem Papst verbliebenen Rest an weltlicher Herrschaft Waffengewalt anzuwenden.[110] Eine zugleich antisozialistische Haltung wurde von den intransigenten Katholiken mit ihrer Frontstellung verbunden, indem sie den Sozialismus als Folgeerscheinung des Liberalismus interpretierten und voraussagten, daß der Liberalismus die Strafe für seine Kirchenfeindlichkeit vom Sozialismus empfangen werde. Gab es daher auch eine Art antisozialistischer Gemeinsamkeit zwischen den Liberalen der Nationalbewegung und den intransigenten Katholiken, konnte sie doch vorläufig nicht zur Grundlage eines konservativen Bündnisses werden.

Die Kräfte des intransigenten Katholizismus fanden zunächst eine Organisation, die an sich unpolitisch war, auch wenn sie bereits dank ihrer Existenz ein politisches Faktum darstellte, das seine Auswirkungen auf die gesamte italienische Politik hatte und in jedem übergreifenden politischen Kalkül eine Rolle spielen mußte. Diese Organisation wurde durch den ersten katholischen Kongreß in Venedig 1874 vorbereitet und ein Jahr später in Florenz ausgeführt. Dort wurde die Gründung von Fach- und Diözesankomitees beschlossen, denen später ein ständiges zentrales Komitee folgte, das zunächst jeweils den nächsten Kongreß vorbereitete, zunehmend aber auch die Verwirklichung der Beschlüsse in die Hand nahm. Die gesamte Gesellschaft sollte mit Hilfe der Organisationen, die in der Kongreßbewegung ihr Zentrum fanden, katholisch durchdrungen werden.

Schon der erste Kongreß war ganz vom intransigenten Katholizismus bestimmt; die liberalen Katholiken wurden weiter in den Hintergrund gedrängt.[111] Gegenüber dem von der Nationalbewegung geschaffenen Staat unterstrich die Versammlung ihre strikte Opposition. Sie wies die von den Liberalen proklamierte Freiheit zurück und forderte statt dessen die Herrschaft der Kirche in Staat und Gesellschaft. Die als falsch angesehene Freiheit im neuen Staat sollte den Katholiken nur dazu dienen, diesen Staat zu bekämpfen. Der Kampf der Katholiken stand in der Erwartung des Zusammenbruchs des Staates, sollte aber ungeachtet dieser Hoffnung eine möglichst weitreichende Durchdringung der Gesellschaft durch kirchliche und katholische Initiativen erbringen. Auf diese Weise sollte die Kirche gegen die im neuen Staat verwirklichte Revolution der Liberalen verteidigt, ihr Anspruch gegen diesen Staat vertreten und durchgesetzt werden. Religiöse und soziale Einrichtungen, Unterricht und Erziehung, karitative Werke und Publizistik sollten eingesetzt werden, um den Einfluß des Katholizismus auf die Gesellschaft trotz der ungünstigen augenblicklichen Lage möglichst intensiv auszudehnen.[112] So stellte die Kongreßbewegung die italienischen intransigenten Katholiken vor weitgreifende praktische Aufgaben, obwohl sie die allgemeine harte Ablehnung des liberalen Staates aufnahm und bestätigte.

Aus der allgemeinen politischen Situation Italiens ergab sich, daß der intransigente Katholizismus bis in die neunziger Jahre einer staatlichen Intervention zugunsten der Arbeiterschaft ablehnend gegenüberstand. Erwartete und wünschte der intransigente Katholizismus jahrzehntelang einen Zusammenbruch des liberalen Staates, war es – abgesehen von den auch in seinen Reihen wirkenden wirtschaftsliberalen Einflüssen – an sich folgerichtig, daß er nicht geneigt war, dem Staat eine soziale Aufgabe anzuvertrauen, wie etwa den Schutz der Arbeiterschaft oder auch wirtschaftliche Hilfe für diese. Der intransigente Katholizismus ist gerade mit Hilfe der Kongreßbewegung eher darauf ausgerichtet gewesen, durch Ausbau seines Vereinswesens paternalistische Unterstützung und gegenseitige Hilfeleistung von sich aus zu organisieren oder auch karitativ einzugreifen und damit den eigenen gesellschaftlichen Einfluß zu verstärken, als dem Staat zur Entwicklung einer Sozialpolitik zu verhelfen. So wurden in den siebziger Jahren noch vereinzelt, später in zunehmender Zahl Arbeitervereine und ländliche Hilfskassen gegründet, die von besonderer Bedeutung für die ländliche Arbeiterschaft waren, da sie zeitweilig die einzige Hilfe für diese soziale Schicht bedeuteten, die in der schwierigen Wirtschaftsentwicklung des geeinten Italien besonderen Belastungen ausgesetzt war. Bei dieser Initiative konnte man nicht selten an ältere, vorwiegend karitative Vereine anknüpfen. In dieser Vereinsarbeit wurden dann allmählich die Probleme der sich erst in den achtziger und neunziger Jahren entwickelnden Industriearbeiterschaft erkannt und in die eigene Arbeit miteinbezogen. Als in den neunziger Jahren, nicht zuletzt unter dem Einfluß der päpstlichen Enzyklika »Rerum novarum«, eine sozialpolitische Verantwortung des Staates in den Blick kam, enthielt diese neue Aufgabe für den intransigenten Katholizismus eine zusätzliche Problematik insofern, als sich jetzt die Frage stellte, ob die politische Enthaltung noch sinnvoll war, wenn es darum gehen konnte, die gesetzgeberische Grundlage der staatlichen Sozialpolitik zu beeinflussen.

Ebenso wie im intransigenten Katholizismus die Sozialpolitik des Staates zunächst keine Aufmerksamkeit fand, trat man dort auch nicht für eine eigenständige Initiative der Arbeiter ein, die über die gegenseitige Hilfe hinausgegangen wäre. In der Organisationsarbeit der intransigenten Katholiken wurde noch bis in die neunziger Jahre eine Zusammenarbeit von Arbeitgebern und Arbeitnehmern angestrebt. Nur auf diese Weise schien die durch den Liberalismus zerstörte Harmonie zwischen den Gegnern wiederherstellbar. Jede Anerkennung der kämpferischen Selbsthilfe der Arbeiter mußte wie ein Verzicht auf diese Wiederherstellung erscheinen. »Der intransigente Katholik wehrte es ab, dem Widerstand [der Arbeiter in der Auseinandersetzung mit den Arbeitgebern] zuzustimmen, nicht weil ihm das Gefühl für die Probleme der Armut der Arbeiter abging, sondern weil er kulturell dazu veranlaßt war, anzunehmen, daß diese Armut nicht so sehr die Auswirkung der neuen wirtschaftlichen Situation war als die Folge des Verlustes des christlichen Korporationssystems, wie er durch die liberale Revolution verursacht war.«[113] Die Lösung der Probleme der Arbeiter wurde bei den intransigenten Katholiken deshalb immer im persönlichen Appell an die Arbeitgeber gesucht. Der gewerkschaftliche Zusammenschluß der Arbeiter zur Erzwingung besserer Arbeits- und Lohnverhältnisse fand keinen Anklang. Selbst nachdem die *Civiltà Cattolica* 1880 das Streikrecht grundsätzlich anerkannt hatte, wurde seine Anwendung an so viele Bedingungen geknüpft, daß praktisch kein Gebrauch davon gemacht wurde. Erst Ende der neunziger Jahre begann unter dem Eindruck der industriellen Entwicklung und der mit ihr einhergehenden Verschärfung des Konflikts zwischen Arbeitgebern und Arbeitnehmern eine ernsthafte Diskussion über die praktische Anwendung von Kampfmaßnahmen für die Interessen der Arbeiterschaft. Das geschah dann aber schon unter dem Einfluß der christlich-demokratischen Bewegung, die um die Jahrhundertwende für einige Jahre einen mächtigen Aufschwung nahm.

Die Abwendung der intransigenten Katholiken von dem neuen Staat blieb auf politischem Gebiet jahrzehntelang erhalten. Verschiedene Veränderungen des politischen Klimas waren jedoch nicht zu übersehen. Unmittelbar nach der Einbeziehung Roms war die Stimmung der führenden politischen Kreise dem Katholizismus und der Kirche am ungünstigsten. Der neue Staat setzte große Hoffnungen auf die Entwicklung der modernen wissenschaftlichen Kultur. Schon bald aber machten sich die Alltagsschwierigkeiten geltend, die eine nüchterne Beurteilung der eigenen Möglichkeiten und Zukunftsaussichten aufdrängten.[114] Die Entstehung revolutionärer Linkskräfte aus dem anarchischen und dem sozialistisch-marxistischen Lager ließ die Furcht vor sozialen Erschütterungen erneut anwachsen. Diese Sorge legte Überlegungen darüber nahe, ob nicht die katholische Kirche und der Katholizismus als Gegengewicht erwünscht seien, ob nicht sogar vielleicht eine politische Mobilisierung der Katholiken im konservativen Sinne möglich sei.

Ein unmerkliches auch politisches Hineinwachsen der Katholiken in den neuen Staat war durch das »Non expedit« bedeutend erschwert. So entspricht es der Entwicklung, wenn mehrfach ernsthafte Versuche der Aussöhnung von Kirche und Staat gemacht wurden. Der Pontifikatswechsel von Pius IX. zu Leo XIII. (1878) schien dafür eine Gelegenheit zu bieten, während 1887 außenpolitische Spekulationen den Versuch einer Einigung nahelegten. Beide Male schien auch auf seiten des Papstes der Wille zu einem Entgegenkommen vorhanden zu sein. Schließlich scheiterten jedoch beide Initiativen. Der Drang zur Versöhnung war nicht stark genug, um die sich entgegenstellenden Hindernisse zu überwinden. Auf päpstlicher Seite entstanden wohl Zweifel, ob eine konservative Orientierung des Katholizismus unter Aufhebung des

»Non expedit« nicht eine fast selbstverständliche Anpassung an den Liberalismus ergeben könne und dadurch der intransigente Katholizismus seine einflußreiche Stellung verlieren werde. Die intransigenten Katholiken waren wenig geneigt, eine Versöhnung anzunehmen, die ihrer Überzeugung widersprach und zu der sie sich nur unter entschlossenem Einfluß der Kurie bereitgefunden hätten. Dem außenpolitischen Antrieb, das Bündnis zwischen Deutschland und Italien zu einer Aussöhnung zwischen Staat und Kirche zu benutzen, stand u. a. das Gewicht des status quo in seinen internationalen Auswirkungen entgegen; es konnte von den erst schwach entwikkelten Überlegungen über eine Versöhnung zwischen Kirche und Staat noch nicht überwunden werden.

Das Ausbleiben der Versöhnung war für beide Seiten nicht ohne ernsthafte Konsequenzen. Zwar konnten die intransigenten Katholiken der Kongreßbewegung zu großer Bedeutung verhelfen, sie wurden aber gerade wegen der Zunahme ihres Gewichts und ihres Einflusses auf breite Volksmassen mit wachsendem Mißtrauen von staatlichen Stellen überwacht. In der Zeit der gesteigerten Sozialistenfurcht gegen Ende des 19. Jahrhunderts erschienen die Katholiken, die in ihrer Frontstellung gegen den italienischen Nationalstaat verharrten, als zusätzliche Bedrohung, obwohl ihre ablehnende Haltung eindeutig von der römischen Frage bestimmt und nicht etwa ein Ausdruck sozialen Veränderungswillens war. Die staatlichen Repressivmaßnahmen dieser Zeit richteten sich nicht nur gegen die Sozialisten, sondern trafen auch Katholiken. Gegenüber der Verfolgung erwies sich ein Teil der Organisation als wenig widerstandsfähig, so daß die Unterdrückungsmaßnahmen der Kongreßbewegung starke Schäden zufügten.

Ebenfalls gegen Ende der neunziger Jahre und nicht zuletzt herausgefordert durch die Verfolgung der intransigenten Katholiken entwickelte sich neben der Kongreßbewegung die Strömung der Christlichen Demokratie. Einer ihrer Hauptantriebe war die Enzyklika »Rerum novarum«, die dem Katholizismus die Arbeiterfrage als brennendes Problem der Gegenwart anempfohlen hatte. Erschwert und aktualisiert wurde das soziale Problem in der Sicht der Christlichen Demokraten durch die schnelle Ausbreitung sozialistischer Ideen, die den

Mißerfolg der bisherigen katholischen Bemühungen um die Arbeiterschaft zu beweisen schien.[115] Die führende Persönlichkeit der Christlich-demokratischen Bewegung war der Priester Romuald Murri.[116] In der Christlichen Demokratie engagierte sich neben vielen anderen jungen Priestern auch Luigi Sturzo, der spätere Gründer des »Partito Popolare«, der Volkspartei, die nach dem Ersten Weltkrieg die politische Organisation der Katholiken wurde. Murri stellte den führenden Repräsentanten einer jungen Generation dar, die auf dem Boden des intransigenten Katholizismus stand, ihn aber auf neue Weise zu verwirklichen trachtete. Sie wollte nicht mehr nur die stets einsatzbereite Streitmacht des Papstes für dessen Auseinandersetzung mit dem Nationalstaat und mit der modernen Welt sein, sondern ihre ganze Kraft auf die Verbesserung der sozialen Lage der unteren Volksschichten verwenden. Sie wollte auch nicht mehr nur für die Verwirklichung der von Kirche und Papst geforderten sozialen Ordnung eintreten, sondern selber nach Lösungen suchen – auf der Grundlage der kirchlichen Lehre, aber doch in eigener Verantwortung.

Die Christlichen Demokraten konnten an die bisherige Leistung der Kongreßbewegung anknüpfen, gingen aber über sie hinaus, insofern sie ihre Eigenverantwortlichkeit stärker hervorhoben und infolgedessen auch eine höhere sozialpolitische Dynamik entwickelten als die bisherige Kongreßbewegung. Während Gewerkschaft und Demokratie der Kongreßbewegung als abzulehnender Ausfluß der Eigeninitiative des Volkes gegenüber der wohltätigen, autoritären Führung durch die Kirche erschienen, waren sie für die Christlichen Demokraten ein Ausdruck der Eigenverantwortlichkeit, die sie für die Lösung der sozialen Frage zugunsten der unteren Volksschichten nutzbar machen wollten. Nach Auffassung der Christlichen Demokraten hatte sich in der sozialen Frage der Appell an die Arbeitgeber als unzulänglich erwiesen. Die Arbeiter waren damit den Auswirkungen der liberalen Wirtschaft ausgesetzt geblieben, ohne selber aktiv werden zu können. Solche Eigeninitiative erschien den Christlichen Demokraten als unerläßlich.[117]

In der Kongreßbewegung stieß die neue Selbständigkeit der Christlichen Demokraten ebenso wie ihre neue nachdrückliche Betonung der Interessen des Volkes auf die Ablehnung der alten bürgerlich-adligen Führungsschicht. Ihr Verhalten erschien in der schwierigen gesellschaftlichen Situation mit ihrer gewaltsamen Repression als unerwünschte Herausforderung nach außen, aber auch als genauso unerwünschte Ursache interner Auseinandersetzungen, obwohl die Christlichen Demokraten nicht auf einen schnellen Kurswechsel der Kongreßbewegung drängten, sondern auf eine zunehmende Ausbreitung ihrer Ideen setzten. Gerade das suchten aber die maßgebenden Führer der Kongreßbewegung unmöglich zu machen. Auch die Kurie steckte dem Wirken der Christlichen Demokraten immer engere Grenzen. 1901 schränkte Leo XIII. ihr Handeln ausdrücklich auf sozialpolitische Fragen ein und verbot ihnen politische Aktivität im Sinne einer Verwirklichung der Demokratie. Die christlich-demokratischen Gruppen sollten zwar eine gewisse Selbständigkeit behalten, aber sie wurden in die Organisation der Kongreßbewegung integriert und ihrer Führung unterworfen. Diese Unterordnung wurde wenig später noch verstärkt und nahm der christlich-demokratischen Bewegung offiziell jede Bewegungsfreiheit. Nach einem Wechsel in der Präsidentschaft der Kongreßbewegung spürten die Christlichen Demokraten wieder ein günstigeres Klima. Das führte aber nur dazu, daß die Spannungen in der Kongreßbewegung und die Folgen von Schachzügen der einander entgegenstehenden Strömungen sich verschärften. Als sich die Konflikte unter der neuen Präsidentschaft daher noch verhärteten, entzog ihr die Kurie die Unterstützung und erzwang damit die Auflösung der Kongreßbewegung. Damit wurde den inneren Auseinandersetzungen dieser großen Organisation der intransigenten Katholiken ein Ende gesetzt. Zugleich wurde aber auch ihre neue Entwicklung unter christlich-demokratischem Einfluß verhindert. Denn mit der Auflösung der Kongreßbewegung wurden auch die Christlichen Demokraten getroffen, die ein so starkes Element der Erneuerung, aber auch der inneren Auseinandersetzung geworden waren.

Den Machtverhältnissen im intransigenten Katholizismus entsprechend hatten sich die Christlichen Demokraten letzten Endes nicht gegen die Führungsschicht aus höherem Bürgertum und Adel durchsetzen können, zumal diese Gruppe schließlich die ausschlaggebende Unterstützung des Vatikans fand.[118] Die Hinwendung zu den katholischen Volks- und Arbeitermassen, zu der die Christlichen Demokraten einen starken Impetus gegeben hatten, kam nicht zustande; auch eine parteipolitische Orientierung des intransigenten Katholizismus, auf welche die Entwicklung unter dem Einfluß der Christlichen Demokraten hin tendierte, obwohl der Papst eine politische Betätigung ausdrücklich untersagt hatte, blieb aus. Damit setzten sich die Konservativen durch, denen eine Partei von Katholiken unter christlich-demokratischem Vorzeichen alles andere als willkommen gewesen wäre. Die skizzierte Entwicklung innerhalb des italienischen Katholizismus bildete eine wichtige Voraussetzung für die Annäherung der Katholiken an den von ihnen so lange erbittert angefeindeten Staat, die während der »Ära Giolitti«, d. h. in der Zeit der politischen Vorherrschaft Giovanni Giolittis (1901-1914), unter den besonderen innenpolitischen Bedingungen der Zeit vollzogen wurde.

Die Ära Giolitti löste die innenpolitische Repressionsphase bis zur Jahrhundertwende ab. Giolittis Konzept war es, die Arbeiterschaft durch Erweiterung des Spielraums für die eigenständige Interessenvertretung an den Staat heranzuziehen, sie in den bestehenden liberalen Staat zu integrieren. Dieser Kurs wurde zunächst von einer Mehrheit der Sozialisten wohlwollend aufgenommen, stieß jedoch dann in der Sozialistischen Partei Italiens auf wachsenden Widerstand. Diesen Widerstand suchte Giolitti durch die Parlamentswahlen von 1904 zu schwächen.

War die christlich-demokratische Bewegung und vor allem ihre zu erwartende Politisierung, die sich kritisch gegen das herrschende bürgerlich-liberale System und seine Sozial- und Wirtschaftsordnung wandte, von den führenden Kreisen des intransigenten Katholizismus und von der Kurie unterbunden worden[119], erfolgte nun eine politische Aktivierung der Katholiken zugunsten des gemäßigt liberalen Kurses Giolittis. In einzelnen Fällen, in denen durch die Stimmabgabe der Katholiken die Wahl eines Sozialisten verhindert werden konnte, wurde das »Non expedit« außer Kraft gesetzt, und die Katholiken wurden von ihren Führern mit Wissen und Zustimmung der kirchlichen Hierarchie aufgefordert, sich zugunsten der gemäßigt Liberalen an der Wahl zu beteiligen. Das bedeutete bei dem herrschenden Mehrheitswahlsystem mit zwei Wahlgängen, daß die Sozialisten trotz erhöhter Stimmenzahl Parlamentssitze verloren, daß Giolitti seine Anhängerschaft vermehren konnte und die ersten katholischen Abgeordneten ins Parlament gewählt wurden. Der Kurs Giolittis wurde vom Katholizismus gerade im Hinblick auf seinen konservativen Zug unterstützt, den Arbeitern zwar Zugeständnisse in ihrer politischen, sozialen und wirtschaftlichen Lage zu machen, die Führung dieses Prozesses aber eindeutig in der Hand der bürgerlichen Liberalen zu belassen.

Dieser langsame Eintritt der intransigenten Katholiken in die nationale Politik bedeutete, daß der Katholizismus, dem in den unmittelbar vorangegangenen Jahren durch seine eigene traditionelle Führung und den Einfluß des Papstes die freie Ausprägung eines sozialkritischen und -reformerischen, auch politisch aktiven Flügels unmöglich gemacht worden war, nun eindeutig zugunsten der gemäßigt liberalen Führungsschicht und des von ihr getragenen politisch-gesellschaftlichen Systems operierte.[120] Diese Stützung hatte die positive Wirkung, weiterer Reformen Giolittis Rückendeckung zu geben, aber sie hatte den Nachteil, die politischen Kräfte des intransigenten Katholizismus unter einem Vorzeichen in die Waagschale zu werfen, das nicht der Mehrheit und keinesfalls der Gesamtheit der in ihm zusammengefaßten sozialen Kräfte entsprach.

Gemäßigt liberal und sozial konservativ waren der überwiegende Teil der katholischen Führungsschicht und generell die im katholischen Lager stehenden Gruppen. Der Katholizismus besaß jedoch auch einen breiten Anhang in den unteren Schichten der ländlichen Bevölkerung. Die Verbreitung des katholischen Vereinswesens, insbesondere der katholischen Landarbeitervereine, machen das deutlich. Die Katholiken traten also nicht als selbständiger politischer Faktor und entsprechend der sozialen Interessenlage ihrer überwiegenden Zahl in das politische Leben Italiens ein, sondern ließen sich durch die Furcht ihrer bürgerlichen und adligen Führungsschicht und der Kurie vor dem Sozialismus veranlassen, auf der Seite der Liberalen das so lange bekämpfte politische System zu stützen. Kreise, die den Christlichen Demokraten zugehörten oder ihnen nahestanden, wie der sizilianische Priester Don Sturzo, konnten mit ihrer Kritik noch keine politische Richtungsänderung erzielen.

Trotz der Spannung zwischen der sozialen Zusammenset-

zung des intransigenten Katholizismus und der Richtung seiner politischen Aktivität wurde der Einbau der Katholiken in
das liberale Machtsystem Giolittis auch in den folgenden Jahren konsequent vorangetrieben. Bei den Wahlen von 1909
konnten gemäßigte Liberale in erweitertem Umfang die Wahlhilfe der Katholiken finden. Allerdings stieg auch die Zahl der
ins Parlament einziehenden Katholiken an. Diese Abgeordneten wurden aber nicht etwa als Vertreter des Katholizismus
angesehen, sie bildeten auch keine geschlossene katholische
Gruppe. 1912 führte Giolitti das allgemeine Männerwahlrecht
ein, von dem lediglich ein verhältnismäßig kleiner Personen-
kreis ausgeschlossen blieb, der weder die minimalen Bildungs-
anforderungen erfüllte noch Militärdienst abgeleistet hatte.
Für die Liberalen war in dieser neuen Situation die katholische
Wahlhilfe noch wichtiger, wenn sie auch unter den neuen Verhältnissen ihre Macht wahren wollten. Andererseits wurden
von führenden Katholiken, wie Filippo Meda, Überlegungen
über die Gründung einer Partei der Katholiken angestellt, um
ihnen das Eigengewicht und die Eigenständigkeit zu geben,
die ihnen nach ihrer Zahl zukam.

Die Parteigründung kam schließlich nicht zustande, dafür
aber eine bedeutende Ausweitung der Wahlabsprachen mit
den Liberalen. Die selbstbewußter gewordenen Katholiken
verlangten dieses Mal, daß sich die liberalen Kandidaten, die
ihre Wahlunterstützung in Anspruch nehmen wollten, auf sieben Forderungen verpflichteten, durch die hauptsächlich die
Religion geschützt und die Bewegungsfreiheit der katholischen Schularbeit gesichert werden sollte. Zwar wurde auch
die Frage nach der sozialen Gerechtigkeit aufgeworfen, doch
blieb diese Forderung ohne Konkretisierung und verpflich-
tende Verbindlichkeit für die Kandidaten. Diese Vereinbarungen, global als »Patto Gentiloni« bezeichnet, führten dazu,
daß 228 Abgeordnete mit Hilfe der Stimmen der Katholiken
gewählt wurden. Graf Gentiloni, der Vorsitzende der katholischen Wahlvereinigung, war der unermüdliche Förderer dieser Wahlabsprachen. Die Katholiken hatten mit ihrer gesam-
melten Stimmabgabe aber nur einen halben Schritt in das politische Leben Italiens getan, denn sie griffen nur indirekt in den
politischen Kampf ein. Sie hatten damit jedoch zumindest eine
Zersplitterung ihrer politischen Kräfte vermieden und waren

dem Gedanken der Gründung einer eigenen Partei nähergekommen. Auf das liberale System Italiens fiel durch den »Patto Gentiloni« kein positives Licht, denn die Verpflichtung der Abgeordneten auf die Forderungen der Katholiken bedeutete die Aufgabe des ungebundenen Abgeordnetenmandats. Die gemäßigten Liberalen hatten sich unter der Geltung des neuen Wahlrechts nur durch eine große politische Transaktion an der Macht halten können.

In der Situation vor Ausbruch des Krieges war also eine provisorische Einordnung der Katholiken in das politische Leben Italiens erfolgt. Christlich-demokratische Ideen hatten nicht die Oberhand gewinnen können, waren jedoch in kleinen Kreisen und auf bestimmten Gebieten lebendig geblieben, so im Kreis von Don Sturzo in Sizilien und in den Landarbeiterligen Norditaliens. In diesen Kreisen wurde immer wieder auch die Gründung einer Partei der Katholiken erwogen, ohne daß die verschiedenen Projekte zum Erfolg geführt hätten. Der Krieg trug neue Spannungen in den italienischen Katholizismus, obwohl die Katholiken generell für eine Neutralität Italiens plädierten. Es gab Anhänger Österreichs in seinem Konflikt mit der slawischen Welt, es gab aber auch kleine Gruppen, die sich vom Irredentismus gegen Österreich erfassen ließen. Die Neutralisten vertraten ihre Position mit unterschiedlicher Konsequenz, indem sie teilweise eine unbegrenzte Neutralität befürworteten, teilweise die Neutralität als Übergang zu einem auf längere Dauer unvermeidlichen Konflikt betrachteten.

Benedikt XV. nahm schon sehr früh seine Kritik am Krieg auf, die er in vielen Stellungnahmen wiederholte. Die Kurie strebte im übrigen an, eine Neutralität zu wahren, durch die sie den Katholiken in allen kriegführenden Ländern gerecht zu werden versuchte. Sie bemühte sich auch, die römische Frage aus den Erörterungen über den Krieg und seine erhofften Ziele herauszuhalten, um nicht in den Verdacht zu kommen, als erwarte sie vom Kriegsausgang eine Verbesserung der Lage des Papsttums. Sie konnte damit aber nicht verhindern, daß die italienische Regierung danach trachtete, die päpstliche Diplomatie aus einer eventuellen Friedensregelung auszuschalten, und daß sie auch der päpstlichen Friedensinitiative von 1917 ablehnend gegenübertrat. Die päpstliche Ablehnung des Krieges führte die Katholiken Italiens in zwiespältige Situationen, insofern sie aufgrund dieser päpstlichen Politik leicht dem Verdacht ausgesetzt waren, die italienische Kampfkraft zu schwächen.

Zur Abwehr dieses Vorwurfs war es wichtig, daß während des Krieges Filippo Meda, ein prominenter Führer des italienischen politischen Katholizismus, ein Ministeramt übernahm. Er tat das zwar nicht als offizieller Vertreter der italienischen Katholiken, sondern nur für seine Person. Jedoch fand dadurch die von den Katholiken nach dem italienischen Kriegseintritt eingenommene Haltung der nationalen Solidarität ihren weithin sichtbaren Ausdruck, zumal Meda vorher entschieden für die italienische Neutralität eingetreten war. Während die Katholiken an der Verurteilung des Krieges festhielten, bekundeten sie durch Meda deutlich ihren Zusammenhalt mit der kriegführenden Nation. So bewies der italienische Katholizismus seine nationale Zuverlässigkeit und verwickelte sich trotzdem nicht in die nationalistischen Treibereien, die einen großen Beitrag dazu leisteten, Italien zum Kriegseintritt zu veranlassen. Daher konnte die nach dem Krieg als Partei der Katholiken entstehende Volkspartei sich auf eine Tradition der Kriegsablehnung stützen, als sie für den Abbau der Feindseligkeit zwischen den verschiedenen Völkern und Staaten eintrat.

Die Lage des politischen Katholizismus in Deutschland, Frankreich und Italien entwickelte sich in den Jahrzehnten nach dem deutsch-französischen Krieg von 1870/71, der durch den Fall des Kirchenstaats wichtige Folgen auch für die Ausgangslage dieses Zeitabschnitts hatte, bis zum Ersten Weltkrieg höchst ungleich. In Deutschland bewirkte der Kulturkampf durch seinen tiefdringenden Konflikt mit dem neuen Kaiserreich und mit seiner Aktualisierung der konfessionellen Polarisierung die Bildung und Konsolidierung der großen Zentrumspartei, in der zunächst sehr hohe katholische Volksanteile parteipolitisch integriert wurden. Wenn auch schon bald nach dem Ende des Kulturkampfes ein langsamer, aber stetiger Rückgang der Integrationskraft der Partei einsetzte, so stellte die Partei doch im In- und Ausland ein eindrucksvolles Bild der politischen Willensbildung des Katholizismus dar, das auch in anderen Ländern als nachahmenswert erscheinen konnte.

Trotzdem kam es in dem entsprechenden Zeitraum weder in Frankreich noch in Italien zu einer parallelen Parteientwicklung. Im französischen Katholizismus bestand zwar zunächst grundsätzlich Einigkeit über eine antirepublikanische Restauration. Der Streit über die Form dieser Restauration war dann jedoch so tiefgehend, daß dadurch die antagonistischen Tendenzen im französischen Katholizismus stark anwuchsen. Vielleicht hätte sich unter dem Vorzeichen der Gegnerschaft gegen die Republik auch in Frankreich eine große katholische Partei etablieren lassen; das aber hätte eine Verstärkung und eine Perpetuierung des Gegensatzes von Katholizismus und Republik bedeutet, der in den achtziger und neunziger Jahren mehr Risiken der inneren und äußeren Konfrontation als Chancen der Einflußnahme in sich zu tragen schien. Bestimmend wurde daher die von Rom initiierte Ralliement-Politik gegenüber der Dritten Republik. Infolge des Erstarkens des Laizismus führte sie nicht zu Ergebnissen, die durch schnelle Erfolge überzeugt hätten, bildete aber immerhin die Einleitung eines Verhältnisses der Katholiken zur Republik, in dem nicht mehr schon die Gegnerschaft zu ihr wie eine ständig unterschwellig wirksame, informelle Parteibildung des politischen Katholizismus in Frankreich erscheinen konnte.

In Italien stellte der intransigente Katholizismus eine Parteibildung nicht innerhalb, sondern außerhalb und gegen den neuen Staat dar. Diese Konstellation wurde durch die römische Frage geprägt, hatte ihre tieferen Wurzeln jedoch darüber hinaus in der Frontstellung des Papsttums gegen die moderne Welt. Der italienische politische Katholizismus konnte die Konfrontation gegen den Staat auf Dauer nicht aufrechterhalten, da er sich nicht zugleich den sich entwickelnden politisch-gesellschaftlichen Antagonismen der Zeit entziehen konnte. So wurde er zu einer politischen Kraft, die sich zunehmend verstärkte und sich Zug um Zug entschließen mußte, aus ihrer Isolation herauszutreten, auf politisch-soziale Auseinandersetzungen einzuwirken und sich schließlich bewußt und gewollt als eigenständige Kraft zu konstituieren und zu betätigen.

VII. Der politische Katholizismus
von 1918 bis 1945

1. Das Zentrum als politischer Faktor
der Weimarer Republik und seine Entmachtung
durch die Nationalsozialisten

Erst die neuen politischen und gesellschaftlichen Verhältnisse nach dem Sturz des Kaiserreiches und die Art und Weise, wie der politische Katholizismus sich in die Neuordnung einschalten würde, konnten darüber entscheiden, ob das Zentrum weiterhin sein Monopol der politischen Vertretung des Katholizismus behaupten werde. Manche Beobachtungen sprachen gegen diese Annahme. So hatte das Zentrum seit seinem Höhepunkt im Jahr 1874, als es die Stimmen von rund 83 % aller wahlberechtigten Katholiken auf sich hatte vereinigen können, eine bald langsamere, bald schnellere, aber im ganzen kontinuierliche Einbuße an Wählern erlitten. 1912 erhielt es nur noch 16,4 % der abgegebenen Stimmen und sank damit auf einen Stimmenanteil von rund 54 % der wahlberechtigten Katholiken. Rein numerisch war fortan sein politischer Vertretungsanspruch mit wesentlich gewichtigeren Gründen als früher anzufechten.

In Frage gestellt werden konnte dieser Anspruch auch im Blick auf das Verhältnis von politischer Partei und kirchlicher Hierarchie. Hier war eine gewisse Distanzierung für die Partei selber lange Zeit vor allem eine Voraussetzung ihres Selbstverständnisses als politische, nichtkonfessionelle Partei gewesen. Im Zentrumsstreit war diese Distanzierung jedoch schon zur Grundlage eines weitreichenden Konflikts geworden, der selber wieder dazu beigetragen hatte, die Verbindung zwischen Partei und Klerus zu lockern, soweit nicht der Episkopat, wie im Fall des Volksvereins, verstärkte Einflußrechte anstrebte und durchsetzte. Daß die Partei seit Beginn des Jahrhunderts wesentliche Anstrengungen machte, sich eine durchgehende Organisation zu geben, hatte nicht zuletzt darin seinen Grund, daß der früher selbstverständliche Rückhalt an der kirchlichen Organisation zunehmend problematisch zu werden begann.[121] Der wachsende Abstand zwischen Partei und Hierarchie hatte sicherlich einen Grund auch darin, daß in der Arbeit der Partei kirchenpolitische Fragen in den Hintergrund getreten waren. Politische und gesellschaftliche Interessen der Katholiken im Kaiserreich, in das sie sich mehr und mehr integriert hatten, erforderten soviel Aufmerksamkeit, daß z. B. das Eintreten für die Rechte des Papstes in der römischen Frage – auf jedem Katholikentag routinemäßig wieder ausgesprochen – für die Partei keine lebendige Bedeutung mehr besaß, und zwar noch weniger als der seit dem Kulturkampf gegen die Beschränkung der Niederlassung von religiösen Orden immer wieder eingebrachte Toleranzantrag.

Bestritten werden konnte der Anspruch des Zentrums, die einzige ins Gewicht fallende politische Vertretung der deutschen Katholiken zu bilden, auch aufgrund der vielen, immer heftigeren sozialen Konflikte in der Partei. Nach dem Wechsel von Führungsgruppen und dem Wandel in der Zusammenarbeit verschiedener Gesellschaftsgruppen, zu deren Differenzierung regionale Unterschiede noch zusätzlich Nuancen beigesteuert hatten, war es im Integralismusstreit und später im Verlauf des Krieges zu einer Vernachlässigung der Interessen der Arbeiterschaft gekommen. Dies stand in einem völligen Mißverhältnis zu ihrer gesamtgesellschaftlichen und innerparteilichen Bedeutung und hatte die Partei mehrfach einer Zerreißprobe ausgesetzt. Konnte eine Partei fortbestehen, die derartige wirtschaftliche und soziale Spannungen in sich barg wie das Zentrum? Oder war ihr konstituierendes Integrationselement, die Vertretung der Interessen einer konfessionellen Minderheit, durch die Entwicklung überholt? Mußte das Zentrum einer politischen Fragmentierung auch des Katholizismus Platz machen, wenn dessen Mitglieder sich, ihren wirtschaftlichen und sozialen Interessen entsprechend, politisch angemessen artikulieren wollten? Vor diesen Fragen stand die Zentrumspartei nicht erst seit Krieg und Revolution, aber sie wurden durch diese beiden Ereignisse zugespitzt und aktualisiert.

Das Zentrum wurde zunächst von den Revolutionsereignissen völlig überrollt.[122] In die Bildung der Revolutionsregierungen konnte es sich nur in Baden, Württemberg und Hessen mit eigenen Vertretern einschalten. Zu einer zentral geplanten und gesteuerten Aktion der Partei auf Reichsebene kam es zunächst nicht. Vielmehr entzündete sich in verschiedenen Kreisen des Zentrums schon bald eine Diskussion an der Frage, in welcher Form die bisherige politische Arbeit fortgesetzt werden sollte. Diese Diskussion konnte an Überlegungen innerhalb der Arbeiterschaft während der Kriegszeit anknüpfen. So dachte Adam Stegerwald schon vor dem Zusammenbruch des Kaiserreichs daran, durch die Neugründung einer christlich-nationalen Partei den Arbeitern größeres Gewicht zu geben, als das bis dahin im Zentrum möglich gewesen war. Die neue Situation gab diesen und ähnlichen Anstößen eine neue Aktualität.

Zur Gründung einer »Christlich-Ständischen Volksbewegung« drängten Eduard Stadler, ehemaliger Sekretär der Jugendorganisation des Zentrums, des »Windthorst-Bundes«, und Martin Spahn, der sein bisheriges Wirkungsfeld als Universitätsprofessor in Straßburg verloren hatte. In Stegerwald, dem einflußreichen Vorsitzenden der Christlichen Gewerkschaften, glaubten sie, eine zum Handeln entschlossene Persönlichkeit zur Verwirklichung ihrer Vorstellungen gewinnen zu können, mußten aber feststellen, daß Stegerwald unmittelbar nach der Revolution auf eine Initiative zur Umgestaltung des Zentrums verzichtete.[123] Dazu entschloß sich aber Heinrich Brauns, geistlicher Direktor des Volksvereins, da er die Zukunftschancen des Zentrums in seiner bisherigen Form negativ beurteilte. Brauns wollte sozial und demokratisch denkende Kreise über den Rahmen des Zentrums hinaus zu einer überkonfessionellen christlichen Volkspartei zusammenfassen. Er glaubte, daß dafür auch die von Stegerwald geführten Christlichen Gewerkschaften zur Verfügung stünden. Eine Diskreditierung der Neugründung durch bisherige Demokratiegegner im Zentrum sollte vermieden werden. Brauns' Gedanken wurden zwar bei späteren Überlegungen über eine Umgestaltung des Zentrums wieder aufgegriffen, unmittelbar nach der Revolution gingen sie jedoch in der allgemeinen Diskussion über die Reaktivierung des Zentrums unter.

Auch in anderen Kreisen des Zentrums machten sich unterschiedliche Wünsche in bezug auf einen Neuanfang geltend, insofern daran gedacht wurde, der traditionellen Bezeichnung »Zentrum« Zusätze hinzuzufügen und dadurch die eine oder andere Akzentuierung vorzunehmen, meist auch, um einen neuen Anlauf zu tatsächlicher Interkonfessionalität zu unternehmen. So wurde etwa im rheinischen Zentrum der Zusatz »Christlich-Demokratische Volkspartei« oder »Freie Deutsche Volkspartei« vorgeschlagen. Die verschiedenen Vorschläge gingen davon aus, daß der Katholizismus oder bestimmte seiner Gruppen durch einen politischen Stellungswechsel ihre Anziehungskraft erhöhen oder sich für die Verfolgung ihrer Ziele Bundesgenossen suchen müßten, um dadurch ihr Gewicht zu verstärken. Das wurde teilweise durchaus unter Zurückstellung spezifisch konfessioneller Ziele zuungunsten von Kirche und Katholizismus angestrebt. Die erhoffte Breitenwirkung wurde eindeutig einer als allzu eng empfundenen Konfessionalität übergeordnet und eine erhöhte Wirkung unter Nutzung der bisher schon in das Zentrum eingebundenen Kräfte gesucht. Wie bei einer politischen Akzentverschiebung, etwa in Richtung auf ein ständisches Konzept oder eine christlich-demokratische bzw. christlichsoziale Bewegung, die immer noch breite Integrationskraft des Zentrums hätte nutzbar gemacht werden können, zeichnete sich in den Vorschlägen aber kaum ab. Es entsprach daher einer inneren Logik, wenn die Stimmung bald zugunsten der Beibehaltung des alten Namens umschlug, auch wenn man das Zentrum in der einen oder anderen politischen oder sozialen Richtung besonders aktivieren wollte.

Die auf Trennung von Kirche und Staat abzielende, kulturkämpferische Politik in Preußen und in anderen Einzelstaaten hatte eine schnelle und einseitige Rückbesinnung auf die Tradition des Zentrums in der Verteidigung der Rechte der Kirche zur Folge. Durch die Bedrohung der bisherigen Stellung von Kirche und Katholizismus schien der eindeutige Beweis erbracht, daß der feste Zentrumsturm erhalten und neu verstärkt, nicht aber umgebaut oder gar geschleift werden müsse. Die Tradition des Zentrums setzte sich neu durch. Eine gewisse Modifizierung war zwar durch den Sturz der Monarchie unumgänglich geworden. Die Zentrumspolitiker vollzogen sie zum Teil nur zögernd, indem sie der Nationalversammlung die Entscheidung über die endgültige Staatsform Deutschlands vorbehielten. Sie fanden auch nur zum Teil zu einer inneren Zustimmung zur Republik. Die meisten begnügten sich

schon mit Rücksicht auf die monarchisch gebliebenen konservativen Gruppen in der Partei damit, sich ohne Enthusiasmus,
lediglich aus Pflichtgefühl gegenüber Volk und Staat auf den
Boden der neuen Tatsachen zu stellen und als »Verfassungspartei« an der Lösung anstehender Probleme pragmatisch mit-
zuwirken. So wurde das Zentrum unter dem Druck der Tatsachen und nicht aufgrund der einheitlichen Überzeugung von
Führung und Massengefolgschaft zusammen mit den linksliberalen Deutschen Demokraten und der Sozialdemokratie in
der sog. Weimarer Koalition eine der verfassungstragenden
Parteien. Daß das Zentrum seine zwischen linksliberalem
Bürgertum und sozial-demokratischer Arbeiterschaft vermittelnde Funktion aus einer geschwächten Position heraus übernahm und daß sein Gewicht im weiteren Verlauf noch stärker
abnahm, wird noch zu zeigen sein. Zwar konnte die Partei in
der Weimarer Republik eine wichtige Rolle spielen, aber diese
machte einen ständigen politischen Kraftakt nötig, da sich die
Partei weder auf eine eindeutige Mehrheit des katholischen
Volksteils stützen, noch neue Kräfte dazu gewinnen konnte.
  Wenn in der Weimarer Republik das weltanschauliche Integrationselement der früheren Funktion der Neutralisierung
der internen politischen und sozialen Spannungen nicht mehr
in altgewohnter Stärke nachkommen konnte, lag das u. a.
daran, daß durch die Verfassung, an deren Ausarbeitung das
Zentrum stark beteiligt war, wichtige Freiheitsforderungen
von Kirche und Katholizismus erfüllt wurden, und zwar auf
der Grundlage der Gleichberechtigung der etablierten Religionsgemeinschaften. Glaubens- und Gewissensfreiheit wurden durch die Reichsverfassung ebenso gesichert wie freie Religionsausübung. Es kam nicht zu der vielfach befürchteten
Trennung von Kirche und Staat, sondern die Kirchen wurden
als Körperschaften des öffentlichen Rechts mit freier Verwaltung ihrer inneren Angelegenheiten anerkannt. Kirchliches
Eigentum und staatliche Zahlungen an die Kirche wurden unter Verfassungsgarantie gestellt. Die Seelsorge der Religionsgemeinschaften in öffentlichen Einrichtungen wie dem Heer
und den Krankenhäusern wurde garantiert. Religiöse Orden
erhielten Freiheit der Niederlassung und der Betätigung.
Wünsche blieben in bezug auf die Stellung der konfessionellen
Schulen offen.[124] Schulgesetzentwürfe von 1925 und 1927, de-

ren Ausarbeitung ein wichtiges Argument für das Zusammengehen des Zentrums mit der DNVP gewesen war, konnten parlamentarisch nicht durchgesetzt werden. Es kamen zwar Länderkonkordate in Bayern (1924), Preußen (1929) und Baden (1932) zustande, der Wunsch nach einem Reichskonkordat blieb jedoch bis zum Jahr 1933 unerfüllt. Demgegenüber ist es erstaunlich, daß die Weimarer Republik nur auf dem linken Flügel des Zentrums überzeugte Anhänger fand, im übrigen aber nur als vollendete Tatsache akzeptiert oder als Produkt der revolutionären Erhebung gegen die legitime Monarchie abgelehnt wurde. Auch darin macht sich ein Rückgang der Bedeutung weltanschaulicher Fragen bemerkbar. Die im Zentrum parteipolitisch gebundenen Katholiken sahen, wie viele ihrer Mitbürger in anderen Parteien, die Republik durch Revolution und Niederlage belastet. Auch auf sie vermochte die Republik kaum eine Werbewirkung auszuüben, obwohl sie manche bisher offenen Wünsche der Katholiken befriedigte. Die unerfüllten Ziele in den Schul- und Konkordatsfragen blieben, da sie der allgemeinen kritischen Haltung gegenüber der Weimarer Republik stärker entsprachen, eindeutig wirksamer.

Der deutsche Katholizismus, der bisher verhältnismäßig geschlossen im Zentrum organisiert gewesen war, erlitt in der Weimarer Republik trotz oder wegen seines schnellen Einschwenkens auf alte Traditionen auf verschiedene Weise eine Schwächung. Wenige Tage nach dem Ausbruch der Revolution trat in Bayern die Bayerische Volkspartei an die Stelle des Zentrums.[125] Das hieß, daß die besonderen föderalistischen und agrarischen Interessen des bayerischen politischen Katholizismus nicht mehr durch die Einbindung in die Zentrumspartei aufgefangen und in dessen allgemeine Politik integriert wurden, sondern daß sie ohne diese Korrektur zu einem erheblich weiter rechts liegenden Kurs der BVP führten. Die rund 4% der Mandate der BVP im Reichstag waren in Zukunft nicht mehr ohne weiteres dem Zentrum zuzurechnen. Die Bedeutung der Abspaltung der BVP vom Zentrum wurde besonders eklatant, als 1925 die BVP eine wichtige Rolle bei der Aufstellung Hindenburgs als Kandidat für die Reichspräsidentenwahl gegen den Zentrumsvorsitzenden Wilhelm Marx spielte und die BVP-Wähler den Ausschlag zur Wahl Hindenburgs gaben.[126] Die Abspaltung fiel umso stärker ins Gewicht, als der langsame Schwund der Wählerstimmen, den das Zentrum im Kaiserreich zu verzeichnen gehabt hatte, auch in der Weimarer Republik anhielt. Nur die Einführung des Frauenstimmrechts verhinderte, daß er bei der Wahl zum ersten Reichstag 1920 offensichtlich wurde, da Frauen in einem 6 : 4 höheren Anteil als Männer das Zentrum wählten. Auch fiel die bisherige Begünstigung des Zentrums durch die der Bevölkerungsentwicklung nicht mehr entsprechenden Wahlkreiseinteilung fort, die ihm im Kaiserreich ein Plus von etwa 25% an Mandaten gegenüber seinem Stimmanteil eingebracht hatte.

All diese Faktoren trugen dazu bei, daß das Zentrum schon im ersten Reichstag der Weimarer Republik 1920 nicht mehr wie im Reichstag von 1912 über 22,8%, sondern nur noch über ungefähr 13,6% der Mandate verfügte. 1932, in den letzten freien Wahlen der Weimarer Republik, erreichte das Zentrum 11,9% der Mandate, die BVP 3,1%. Die sich in diesen Zahlen ausdrückende Abwanderung katholischer Wähler zu anderen Parteien kam stärker den Linksparteien als den Rechtsparteien zugute.[127] Am Beispiel des »Quickborn« ist gezeigt worden, daß die katholische Jugend zu großen Teilen nicht für die Republik und auch nicht für deren pragmatische Bejahung durch das Zentrum gewonnen werden konnte.[128] Man wird davon ausgehen können, daß die Partei ihren ständigen Verlust an Wähleranteilen auch deshalb erlitt, weil sie die Jungwähler nicht in gleichem Maße zu aktivieren wußte wie die extremen Parteien.

Eine weitere Schwächung bedeutete es für das Zentrum, daß sich einerseits ein Kreis konservativer Katholiken in der Deutsch-Nationalen Volkspartei (DNVP) sammelte und sich andererseits unter Vitus Heller eine linkskatholische christlich-soziale Partei etablierte, deren Erfolg aber gering blieb. In dem Reichskatholikenausschuß der DNVP fand die konservative Gruppe ihre eigene Vertretung. Die politische Tätigkeit des Ausschusses richtete sich vor allem gegen das Zentrum und seinen Anspruch, die einzige politische Vertretung des Katholizismus zu sein. Seinen Anspruch sahen führende Persönlichkeiten des Ausschusses infolge der Zuwendung des Zentrums zur Republik und zur Zusammenarbeit mit Linksparteien als hinfällig an und machten demgegenüber ihre

Rechte in der Vertretung von Katholiken geltend. Die DNVP konnte etwa 6 bis 8% der katholischen Wähler an sich ziehen, ohne daß ihr damit jedoch der immer wieder gewünschte entscheidende Einbruch in die Wählerschaft des Zentrums gelungen wäre.

Die Stellung des Zentrums zwischen links und rechts, die ihm im Interesse von Koalitions- und Regierungsbildung immer wieder eine Vermittlungsleistung zwischen den benachbarten Parteien möglich machte, aber auch abverlangte, gab den Anstoß dazu, daß es im Verlauf der Weimarer Republik zu weiteren Initiativen einer das Zentrum betreffenden Umbildung des Parteiensystems kam. Im November 1920 machte Stegerwald auf einem Kongreß der Christlichen Gewerkschaften einen Vorstoß zugunsten einer großen überkonfessionellen Mittelpartei.[129] Stegerwald ging implizit von dem Gedanken aus, daß das Zentrum die von ihm für unbedingt erforderlich gehaltene ausgleichende sowie politisch und sozial kreative Funktion im Mittelpunkt des Weimarer Parteiensystems nicht mit dem dazu notwendigen Eigengewicht ausüben konnte. Für die neue Mittelpartei, die – ohne daß Stegerwald dies explizit zum Ausdruck brachte – auch das Zentrum umfassen sollte, sah er die Aufgabe der Vermittlung und Führung innerhalb des seiner Meinung nach bisher orientierungslosen Parteiensystems. Das religiöse Integrationselement des Zentrums sollte in der schon von dieser Partei intendierten, aber nicht realisierten überkonfessionellen Form zum Tragen kommen. Der Sozialdemokratie sollte die soziale und wirtschaftliche Zusammenarbeit aller Gesellschaftsgruppen unter Ablehnung sowohl sozialistischer als auch kapitalistischer Führungsansprüche, aber unter Betonung der Führungs- und Integrationsaufgaben des nationalen Staates entgegengestellt werden. Mit diesem Programm zielte Stegerwald auf ein Ausgreifen der propagierten Partei in die Führer- und Anhängerschaft nicht nur des Zentrums, sondern auch der bürgerlich-liberalen und konservativen Parteien, der DVP und DNVP, auf die sich die im Deutschen Gewerkschaftsbund zusammengefaßten christlich-nationalen Arbeitnehmer und Beamten verteilten.

Stegerwalds Vorstoß, bei den Christlichen Gewerkschaften als spektakuläres Ereignis angekündigt und gefeiert, führte in der Öffentlichkeit lediglich erneut zu Überlegungen, wie das Zentrum selber die Funktionen der vorgeschlagenen Mittelpartei übernehmen könne. Damit wurde die Möglichkeit eines nachhaltigen Versuchs zur Umbildung des Parteiensystems schon im Ansatz aufgegeben. Die Anregung Stegerwalds, die er selber nicht mit voller Konsequenz und letztem politischem Einsatz vorantrieb, führte über eine wirkungslose Diskussion nicht hinaus. Sie ließ das Dilemma der Zentrumspartei angesichts der Überforderung durch seine Mittelstellung deutlich hervortreten, vermochte aber nicht, tatsächlich Abhilfe zu schaffen. Der politische Katholizismus der Weimarer Republik erwies sich als zu wenig dynamisch, um die Chance einer Verbreiterung seiner Basis durch eine entschlossene Anstrengung, dem Anstoß Stegerwalds zu folgen, auf ihre Tragfähigkeit zu prüfen. Er gab der Bewahrung des Überkommenen den Vorzug, obwohl seine Substanz einem langsamen, aber stetigen Auszehrungsprozeß ausgesetzt war. Das Zentrum als die im politischen Katholizismus noch immer tonangebende Partei wurde weniger zur gestaltenden Kraft und forderte weniger zur Klärung der politischen Fronten heraus, als daß es dem allgemeinen Trend zur Verschiebung des Gravitationspunktes des Parteiensystems nach rechts folgte und dabei immer noch mit großer Energie Koalitions- oder zumindest Regierungskompromisse zustande brachte.

Es war nur folgerichtig, wenn das Ungenügen dieser Situation den zeitweiligen Reichskanzler Joseph Wirth mehrfach herausforderte, das Zentrum zu einer eindeutig republikanischen Haltung und zu einer nach links orientierten Politik zu veranlassen, von der nicht ganz deutlich war, ob sie mehr auf Zusammenarbeit mit der Sozialdemokratie oder auf Konkurrenz zu ihr abgestellt war.[130] Im Blick auf die Wählerschaft des Zentrums konnte Wirths Politik nur bedeuten, daß er die Abwanderung von Arbeiterwählern ins sozialdemokratische Lager zumindest bremsen, wenn nicht sogar rückgängig machen wollte. Wirth konnte sich zeitweilig auf die katholischen Arbeitervereine stützen und wurde auch von der einflußreichen *Rhein-Mainischen Volkszeitung* Friedrich Dessauers unterstützt. Diese Zeitung wurde seit der Mitte der zwanziger Jahre durch ihr Engagement für eine dezidiertere republikanische und demokratische Linie des Zentrums, welche die Partei in

Zusammenarbeit vor allem mit der Sozialdemokratie, dann aber auch mit der DDP verfolgen sollte, in kurzer Zeit aus einem Lokalblatt zu einer überall in Deutschland vor allem von jungen Katholiken gelesenen Zeitung.[131] In ihr wurden Überlegungen eines Frankfurter Kreises katholischer Intellektueller – etwa von Ernst Michel, Karl Neundörfer und Theodor Steinbüchel – und von Journalisten – wie Walter Dirks – mit einem verwandten religiösen und politischen Engagement in die politische Tagesdiskussion eingebracht.[132]

Von den Katholiken wurde ein konkretes gesellschaftliches Engagement zur Integration der Arbeiterschaft und zur Herstellung einer europäischen Friedensordnung gefordert. In einer beständigen Linksorientierung wurde für das Zentrum die Möglichkeit einer dynamischen Politik gesehen, die an die Stelle des sterilen Ausgleichs zwischen links und rechts treten sollte. Verwandt in der Linkstendenz, verbaute sich die »Christlich-soziale Partei« durch ihre Trennung vom Zentrum Mitte der zwanziger Jahre reale Wirkungsmöglichkeiten im politischen Katholizismus Süddeutschlands. Als Splittergruppe ohne Reichstagsmandat war sie ebenso einflußlos wie ihre Repräsentanten Heller und Ehlen. Mit akzentuierter sozialistischer Zielsetzung wurde Ende der zwanziger Jahre das *Rote Blatt* der katholischen Sozialisten gegründet, dessen Einflußbereich im deutschen Katholizismus noch enger begrenzt blieb.

Wirths Eintreten für die Politisierung und Linksorientierung des Zentrums hatte sich schon in seiner Politik als Reichskanzler in den Jahren 1921/22 gezeigt. Mehrfach griff er später die Koalitionspolitik des Zentrums mit der DNVP an. Er stürzte die Partei damit vor allem 1927 in eine Krise, die wie die Interessengegensätze innerhalb der Partei auf eine erneute Betonung ihres religiös-weltanschaulichen Integrationselements hinwirkte. Das Zentrum wählte 1928 mit dem Prälaten Kaas einen Geistlichen zum Vorsitzenden. Auch andere führende Positionen in Zentrum und BVP wurden in der Endphase der Weimarer Republik von Geistlichen eingenommen. Dabei hatte gerade die Forderung nach einem eindeutig politischen Charakter des Zentrums in den Vorstößen Wirths eine wichtige Rolle gespielt, und der Partei war auch aus dem Frankfurter Kreis ihre Unentschiedenheit zwischen weltanschaulicher und politischer Gruppierung angelastet worden.[133]

Die inneren Spannungen im politischen Katholizismus der Weimarer Republik traten im Zentrum, aber auch über seinen Rahmen hinaus, in verschiedenen Problemen zutage. Im sog. Verfassungsstreit, der sich vor allem am zweiten Satz der Reichsverfassung (»Alle Gewalt geht vom Volke aus«) entzündete, sich aber auch gegen die Abschaffung der obligatorischen Anrufung Gottes beim Eid und auf das Fehlen jeder Erwähnung Gottes im Verfassungstext richtete, konnte der Eingewöhnung der Katholiken in die Republik ein bis zu ihrem Ende immer neu aktivierter Störfaktor entgegengesetzt werden. Den genannten Satz interpretierten die Gegner der Republik als eine Leugnung des göttlichen Wirkens und sahen ihre Auffassung in dem Verzicht auf die Nennung Gottes in der Verfassung und im Eid bestätigt. Damit wurde sie zur »Verfassung ohne Gott« erklärt und zugleich zu einer Etappe in dem neuzeitlichen Prozeß der Verabsolutierung des Menschen gegenüber jeder göttlichen Einwirkung. Daß eine solche Aussage weder von den Verfassungsgebern gewollt sein konnte noch sich aus dem Kontext herauslesen ließ, wie die katholischen Verteidiger der Verfassung immer wieder argumentierten, war demgegenüber unwichtig. Die Tatsache, daß die Verfassung aus dem sie durchziehenden Prinzip der Neutralität in weltanschaulichen Sinnfragen auch in der Gottesfrage die entsprechenden Konsequenzen zog, erschien den Gegnern der Verfassung nicht als Befreiung der Sinnfindungsfähigkeit der einzelnen, sondern als Indifferenz oder – schlimmer noch – als Durchsetzung des Atheismus. Auf dem Katholikentag von 1922 äußerte sich die Spannung zwischen Anhängern der gestürzten Monarchien und den Befürwortern einer entschieden demokratischen Richtung als Konflikt zwischen dem Repräsentanten des bayerischen Episkopats Kardinal Faulhaber und dem Präsidenten des preußischen Staatsrats und Katholikentagspräsidenten Konrad Adenauer.[134] Während der Kardinal zugleich mit der Revolution die Weimarer Republik aufs schärfste angriff, rief Adenauer in gezielter Reaktion darauf zur Loyalität und Unterstützung des neuen Staatswesens auf. Im Episkopat blieben jedoch die Vorbehalte gegenüber der Republik stets stark.

Bei den Spannungen innerhalb des politischen Katholizismus

ging es aber keineswegs nur um grundsätzliche weltanschauliche oder staatspolitische Entscheidungen. Gegenüber dem Kaiserreich noch verstärkt kam es im Bereich der wirtschaftlichen Interessen zu einer Polarisierung, die sich im Zentrum in der Bildung verschiedener Beiräte abzeichnete, aber auch bei der Vergabe von Parteiämtern und der Aufstellung von Kandidaten für Wahlen eine wichtige Rolle spielte. In der Auseinandersetzung um die Beamtenbesoldungsreform von 1928 erreichten die wirtschaftlichen Interessendivergenzen einen eklatanten Höhepunkt. Gegen die beachtliche Erhöhung der Beamtengehälter, wie sie der dem Zentrum angehörende Finanzminister Heinrich Köhler durchführte, liefen in seiner eigenen Partei, auch in der Öffentlichkeit, die Christlichen Gewerkschaften unter Stegerwald ebenso Sturm wie Politiker, die wie Joseph Joos den katholischen Arbeitervereinen nahestanden. Die Besoldungsreform konnte daher nur gegen den Widerstand der Arbeitervertreter des Zentrums durchgesetzt werden. Der Konflikt hatte auch noch insofern ein bedeutsames Nachspiel, als auf dem 5. Parteitag des Zentrums in Köln 1928 nicht einer der Arbeitervertreter, Stegerwald oder Joos, zum neuen Vorsitzenden der Partei gewählt wurde, sondern der Prälat Kaas. Angesichts der Interessenkonflikte im Zentrum schien nur noch ein zu diesen Auseinandersetzungen in größerer Distanz stehender Geistlicher als Vorsitzender dem Bedürfnis der Partei nach verstärkter Integration zu entsprechen.

Neben den zahlreichen Schwachpunkten des Zentrums als der noch immer führenden politischen Vertretung des Katholizismus in Deutschland muß der pragmatische Einsatz der Partei für das Funktionieren des parlamentarischen Systems in der Weimarer Republik auch dann hervorgehoben werden, wenn damit eine schleichende Rechtstendenz einherging, die mit dem präsidialen Notverordnungsregime Brünings einen gefährlichen Schritt über das gegebene parlamentarische System hinaus tat und die Resistenz gegenüber dem Nationalsozialismus mit Hilfe eines Bündnisses aller systemerhaltenden Kräfte scheinbar überflüssig, in Wirklichkeit aber vor allem unwahrscheinlich, ja unmöglich machte.[135] Es lag sicher im Interesse der Selbsterhaltung der Partei, wenn sich das Zentrum, entsprechend den verschiedenen Strömungen in seinem Innern, die Koalitionsmöglichkeiten nach links und nach rechts grundsätzlich offenhielt und sich bemühte, ein möglichst breites Parteienspektrum in die jeweilige Koalition einzubinden, denn dadurch konnte es die zentrifugalen Kräfte in seinem Innern einschränken. Es diente damit jedoch zugleich der Kompromißfindung zwischen den Parteien, ohne die Kompromisse von sich aus entscheidend prägen zu können, da sein eigenes politisches Gewicht dazu nicht ausreichte. Dadurch, daß die im Zentrum organisierten politischen Kräfte nur geschlossen in die Waagschale geworfen werden konnten, und zwar vornehmlich im Sinne eines den Parteizusammenhalt nicht allzu sehr strapazierenden Kompromisses, fehlte dem deutschen Parteiensystem die eindeutige Alternative und der Wechsel von Links- oder Rechtsorientierung, von Regierung und Opposition. Sie hätte eine Polarisierung bedeutet, vielleicht aber auch eine Politisierung für oder gegen bestimmte, sich klar profilierende Alternativen, die durch Leistung um den Konsens der Wähler hätten wetteifern können. Statt dessen bestand die Hauptwirkung der Koalitionen und speziell der Beteiligung des Zentrums an ihnen darin, eine politische Profilierung der Regierungen im Sinne der hauptsächlich engagierten Parteien zu verhindern, die weder die eigenen Anhänger zufriedenstellte noch ihren Kritikern eindeutig Ansatzpunkte und damit die Möglichkeit zu Gegenangriffen boten.

Die Regierungen der Weimarer Republik sind denn auch trotz der schnellen Abfolge der einzelnen Kabinette nicht von abruptem politischem Wechsel, sondern eher von oft nur leichten »Abtönungen« ihrer politischen Tendenz bestimmt gewesen. Die Phase bis zum Sturz des zweiten Kabinetts Wirth stand im Zeichen der Weimarer Koalition. Diesem Bündnis hätten Wirth und der linke Flügel des Zentrums durch eine entschlossene Linkswendung gerne Dauer verliehen. Statt dessen setzten sich unter Mithilfe des Zentrums seit Ende 1922 mit einer kurzen Unterbrechung zunächst Regierungen der bürgerlichen Mitte durch, die – verschiedentlich nach rechts erweitert – den politischen Schwerpunkt des Systems nach rechts verschoben bzw. gleiten ließen, obwohl sich vor allem Wirth dem immer wieder entgegenstemmte. Diese Tendenz wurde 1928 durch die mühsame Regierungsbildung auf der Grundlage der Großen Koalition von SPD bis DVP unterbrochen, dann aber durch Brünings Präsidialkabinette und die darauf folgende Entwicklung wieder forciert aufgenommen.

Innerhalb dieser Regierungskonstellationen erlebte die Weimarer Republik eine jahrelange Stabilisierung, die aber mit zu vielen ungelösten Problemen belastet blieb, als daß sie eine tatsächliche Krisenfestigkeit hätte entstehen lassen. Unter dem langjährigen Arbeitsminister aus den Reihen des Zentrums, Brauns, gelang die Schaffung der Erwerbslosenfürsorge, ein Erfolg auch für die katholischen Arbeitnehmer und eine Errungenschaft, die an frühere sozialpolitische Leistungen des Zentrums anknüpfen konnte. Andere wichtige Anliegen des Katholizismus wurden nicht befriedigt. Ein seinen Wünschen entsprechendes Schulgesetz und ein Reichskonkordat kamen nicht zustande. Sie stellten enttäuschte Hoffnungen dar, die der Republik zur Last gelegt wurden. Eine umfassende Integrationskraft hatte die Republik auch zu dieser Zeit für die Katholiken nicht gewonnen. Das Zentrum blieb Verfassungspartei, deren jahrelang führende Persönlichkeit, Heinrich Brüning, dies jedoch nicht als Hindernis ansah, einen tiefgreifenden Verfassungsumbau anzustreben.[136] Er machte damit deutlich, daß ein Teil der Katholiken – wie auch ein gut Teil ihrer nicht-katholischen Mitbürger – durch die Republik nicht eigentlich gewonnen war, sondern sie zumindest in einem Teil ihrer Verfassungsordnung noch immer zur Disposition gestellt sah.

Im Rahmen dieser Stellung des deutschen politischen Katholizismus in und zu der Weimarer Republik ist seine Haltung zum Nationalsozialismus in dessen zweiter Aufstiegsphase Anfang der dreißiger Jahre zu sehen. Dafür, daß es sich beim Nationalsozialismus um eine Bewegung handelte, die eine Umwälzung der bestehenden demokratisch-parlamentarischen rechtsstaatlichen Ordnung anstrebte, lagen schon 1930 viele Beweise vor. Im politischen Tageskampf der folgenden Jahre kamen ständig neue hinzu. In seinem Buch *Mein Kampf* hatte Hitler sein politisch-ideologisches Glaubensbekenntnis als »Führer« der nationalsozialistischen Bewegung vorgelegt, aus dem die radikaldemagogischen Mittel und Ziele der angestrebten nationalsozialistischen Diktatur klar hervorgingen. An der täglichen Diffamierung von Politikern und Parteien und der Republik selber war abzulesen, daß bei einer Herrschaft der Nationalsozialisten die Instrumentalisierung des gesamten Staatsapparates für die Kampfziele der NSDAP drohte, ohne Rücksicht weder auf die bestehende Verfassungs- und Rechtsordnung noch auf allgemeine Rechtsgrundsätze. Wenn Zentrumspolitiker als »Novemberverbrecher« angegriffen wurden und vorausgesagt wurde, daß nach der nationalsozialistischen Umwälzung »Köpfe rollen« würden, so ließen diese Aussagen an Deutlichkeit nichts zu wünschen übrig. Die brutale Judenfeindlichkeit der Nationalsozialisten wurde durch tägliche Zeitungsangriffe und durch Äußerungen führender Repräsentanten der Bewegung immer wieder unterstrichen. Die Nationalsozialisten und vor allem ihre militanten Verbände wie die SA suchten in ihrem Auftreten durch Disziplin, Energie und Siegesbewußtsein anzulocken und zugleich durch handfeste kämpferische Überlegenheit einzuschüchtern.

Allgemeine Beachtung fanden die Nationalsozialisten erst nach den vorgezogenen Reichstagswahlen von September 1930, bei denen sie zur allgemeinen Überraschung 18,3% der abgegebenen Stimmen errangen; 1928 waren es nur 2,6% gewesen. Der Nationalsozialismus übertraf damit deutlich die Stärke des politischen Katholizismus, der durch Zentrum und BVP mit zusammen 14,8% beinahe den traditionellen Stimmenanteil erzielte. Zentrum und BVP hatten sich gegenüber der ersten nationalsozialistischen Offensive im wesentlichen behauptet, wenn sie auch einen geringen prozentualen Rückgang zu verzeichnen hatten. Zur Stellungnahme gegenüber dem Nationalsozialismus wurden Katholiken schon in dieser Aufstiegsphase in mehrfacher Hinsicht herausgefordert. Die wichtigsten politischen Repräsentanten der Katholiken im Zentrum und der BVP mußten eine Haltung gegenüber der neuen politischen Kraft finden. Kirchliche Stellen mußten sich durch die weltanschaulichen Grundsätze der Nationalsozialisten provoziert fühlen. Der einzelne Katholik war als Staatsbürger und in seiner jeweiligen wirtschaftlichen und gesellschaftlichen Lage zur politischen Orientierung gegenüber der nationalsozialistischen Partei gezwungen.

Für die Regierung unter dem Zentrumskanzler Brüning bedeutete das Ergebnis der Septemberwahl 1930, daß ihr jetzt mehr als 100 nationalsozialistische Abgeordnete gegenüberstanden. Sie engten die Manövrierfähigkeit Brünings weiter ein, da eine Zusammenarbeit zwischen Zentrum und NSDAP wegen der bestehenden Konfrontation nicht möglich war. Da sich auch keine Brüning genehme parlamentarische Mehrheit der bürgerlichen Mitte ergab, griff er auf das Notverordnungsrecht des Reichspräsidenten zurück – ein Vorgehen, das ihm die Sozialdemokratie durch ihre Tolerierungspolitik ermöglichte und bei dem ihn seine eigene Partei, das Zentrum, wie auch die Bayerische Volkspartei voll unterstützten. Immerhin sah Brüning den Gegensatz zwischen Zentrum und NSDAP auf längere Sicht nicht als absolut unveränderlich an, sondern dachte für spätere Phasen der Entwicklung an eine Zusammenarbeit auf der Grundlage einer die nationalen deutschen Interessen betonenden Politik. Nach dem Sturz Brünings und angesichts des erneuten explosionsartigen Erstarkens der NSDAP in den Juliwahlen von 1932 – die Partei errang jetzt 37,4% aller abgegebenen Stimmen – wurden die Bestrebungen im Zentrum sehr stark, sich mit Hilfe der Nationalsozialisten um eine parlamentarische Regierungsbildung zu bemühen und das Präsidialkabinett v. Papen zu verdrängen. Die Nationalsozialisten sollten durch die Regierungsbeteiligung »gezähmt« und »abgenutzt« werden. Das Scheitern dieses Planes ließ dann wieder die Konfrontation der Parteien des politischen Katholizismus mit den Nationalsozialisten eindeutig in den Vordergrund treten, obwohl die Parole dieser Parteien, die schwelende Staatskrise durch ein Solidaritätsbündnis zwischen den Parteien zu überwinden, den Weg zu einer Verständigung ständig offenhielt. Als Hitler schließlich vom Reichspräsidenten das Reichskanzleramt übertragen wurde, wurde das Zentrum von den Nationalsozialisten ausmanövriert und war in dem von Hitler gebildeten Präsidialkabinett nicht vertreten, konnte also sein Zähmungskonzept selber nicht anwenden.

Über die prinzipielle Gegnerschaft zwischen Zentrum/BVP und NSDAP kann in der Phase zwischen 1930 und 1932 kein Zweifel bestehen. Trotz dieser Gegnerschaft hielten Zentrumspolitiker zeitweilig eine partielle Zusammenarbeit im Rahmen einer betont nationalen Politik für möglich und wünschenswert, da sie sich durchaus zutrauten, während einer solchen Kooperation der maßgebende Seniorpartner zu sein, dem gegenüber die Nationalsozialisten durch Abnutzung und Zähmung schon bald an Einfluß verlieren würden. Darin lag eine eklatante Unterschätzung der Gefährlichkeit der NSDAP, die Zentrum und BVP aufgrund ihrer bisherigen politisch-parlamentarischen Erfahrung mit allen anderen politischen Kräften der Weimarer Republik teilten. Die Tatsache, daß Mussolini in Italien sein erstes Kabinett mit Hilfe der katholischen Volkspartei gebildet hatte, die er aber bald im Zusammenspiel mit dem Vatikan entmachtet hatte, wurde von katholischen Politikern zwar gelegentlich warnend erwähnt, scheint aber keinen nachhaltigen Eindruck gemacht zu haben.

Ablehnend stand dem Nationalsozialismus auch die kirchliche Hierarchie gegenüber. In einer Verlautbarung des Mainzer Ordinariats vom September 1930 wurde Katholiken unter Androhung kirchlicher Sanktionen die Mitgliedschaft in der NSDAP verboten.[137] Dieses Verbot wurde mit der nationalsozialistischen Rassenlehre begründet, die im Gegensatz zum allgültigen christlichen Gebot der Nächstenliebe stehe. Weitere Kritikpunkte waren Angriffe prominenter nationalsozialistischer Politiker gegen die katholische Kirche und ihr Eintreten für eine Nationalkirche. Wenn auch weniger scharf, wurde die Unvereinbarkeit von katholischer Lehre und Nationalsozialismus in den folgenden Monaten durch verschiedene bischöfliche Verlautbarungen bekräftigt. In einer Pastoralanweisung der bayerischen Bischöfe hieß es z.B.: »Die Bischöfe müssen also als Wächter der kirchlichen Glaubens- und Sittenlehre vor dem Nationalsozialismus warnen, so lange und soweit er kulturpolitische Auffassungen kundgibt, die mit der katholischen Lehre nicht vereinbar sind.«[138] Diese Konfliktpunkte waren also die Glaubens- und Sittenlehre der Kirche. Eine Auseinandersetzung mit den staatspolitischen Zielen des Nationalsozialismus lehnte diese pastorale Anweisung ausdrücklich ab. Dagegen lastete sie den Nationalsozialisten Konkordatsfeindlichkeit, Bevorzugung der Simultanschule und Radikalität des nationalen Denkens als kulturkämpferische Abwege an und deutete damit auf konkrete Beschwerdepunkte hin. Mit Recht ist festgestellt worden, daß hier die Ablehnung des Nationalsozialismus mit Zurückhaltung formuliert wurde und dabei Kompromißmöglichkeiten durchschienen, die Hitler sich nach seiner scheinlegalen Machtokkupation zunutze machen konnte.[139]

Unter der schnell anwachsenden Masse nationalsozialistischer Wähler befanden sich ohne Zweifel nicht wenige Katholiken. Ebenso offensichtlich ist es aber auch, daß Katholiken in der nationalsozialistischen Wählerschaft gegenüber ihrem Bevölkerungsanteil stark unterrepräsentiert waren. Das war nicht ausschließlich eine Folge der katholischen Glaubensprägung, sondern ist darauf zurückzuführen, daß ein großer Anteil kirchennaher Katholiken gleichzeitig in Zentrum oder BVP parteipolitisch fest gebunden war. Aus den Ergebnissen der Reichstagswahlen bis zum März 1933 ergibt sich eindeutig, daß die Wählerschaft von Zentrum und BVP zahlen- und anteilsmäßig fast konstant blieb, es mithin den Nationalsozialisten nicht gelang, nennenswerte Anteile der diesen Parteien angehörenden Katholiken zu sich herüberzuziehen.[140]

Für die Aufstiegszeit des Nationalsozialismus ergibt sich als zweifellos bestimmender Eindruck, daß die große Zahl der kirchlich und parteipolitisch gebundenen Katholiken gegenüber dem Nationalsozialismus an ihren bisherigen Bindungen festhielt. Diese Resistenz bedeutete nicht zugleich unbedingte Ablehnung des Nationalsozialismus. Für Zentrum und BVP war die NSDAP ein möglicher Partner, zugleich ein zeitweiliger, aber nicht unbedingt abgelehnter politischer Konkurrent. In nationalen Parolen, in der Frontstellung gegen den Bolschewismus und Marxismus, unterschwellig auch in der kritischen Haltung gegenüber der Verwirklichung des demokratisch-parlamentarischen Systems der Weimarer Republik lagen Themenbereiche vor, die eine Annäherung der Parteien und sogar eine partielle Zusammenarbeit ermöglichen konnten, wenn die politische Situation das nahelegte.

Die bischöflichen Verlautbarungen lehnten den Nationalsozialismus aus religiösen, sittlichen und kulturpolitischen Gründen zunächst eindeutig ab. Seine antimarxistische Tendenz erschien den Kirchenführern jedoch als anerkennenswert. Das Schweigen der Bischöfe zu staatspolitischen Gesichtspunkten entsprach der Tatsache, daß die katholische Kirche in Deutschland zwar bereit gewesen war, die demokratisch-parlamentarische Republik zu akzeptieren, daß sie damit aber lediglich ein Faktum hingenommen hatte, das dem Katholizismus im ganzen günstige Entfaltungsbedingungen bot.

Indifferenz gegenüber den Staatsformen war das Höchste, was sich die Kirche bei dem schwierigen Abschied von dem traditionellen Bündnis von Thron und Altar in der Auseinandersetzung mit der modernen Welt abzuringen vermochte. Das Scheitern von Reichskonkordat und umfassendem Schulgesetz in der Weimarer Republik bedeutete eine Enttäuschung für den deutschen Episkopat, selbst wenn das Fehlen eines Reichskonkordats an der päpstlichen Kurie stärker bedauert wurde als in der deutschen Kirche. Nicht wenige führende kirchliche Repräsentanten des Katholizismus standen der Republik persönlich fremd oder sogar ablehnend gegenüber. Ein rückhaltloses einheitliches Eintreten für die politische Ordnung der Weimarer Republik lag dem Episkopat schon aus diesen Gründen fern.

Die einzelnen Katholiken hielten angesichts der wirtschaftlichen und politischen Krisensituation der Weimarer Republik der freigiebig mit Versprechungen arbeitenden nationalsozialistischen Propaganda in erstaunlichem Umfang stand. Diese Abwehr konnte jedoch nur solange durchgehalten werden, wie sie durch die Kirchenleitung massiv gestützt wurde. Das war in den bischöflichen Stellungnahmen bis 1933 der Fall. Dirks hat als Zeitgenosse wiederholt darauf hingewiesen, daß der Widerstand der katholischen Wählermassen zusammenzubrechen drohe, wenn ihm diese Stütze genommen werde.[141] Dann schlügen die allgemeinen politischen, wirtschaftlichen und sozialen Interessen durch, die schon bis dahin die große Wählerbewegung zugunsten des Nationalsozialismus bewirkt hätten. Auch die Resistenz der katholischen Wählermassen gegenüber dem Nationalsozialismus hatte – darin kann man der Analyse Dirks' auch heute noch folgen – vorwiegend kulturpolitische und religiöse Gründe, die sich aber in der Unterstützung von Zentrum und BVP parteipolitisch artikulierten und stabilisierten. Das starke Engagement katholischer Geistlicher in der Führung von Zentrum und BVP und in der anhaltenden propagandistischen Unterstützung dieser Parteien durch das Kirchenvolk waren Ausdruck und Gewähr der Resistenz katholischer Wähler. Mit ihr mußte sie stehen und fallen. Wie sich der politische Katholizismus 1918 in seinen repräsentativen Parteien ohne Enthusiasmus oder – was vor allem die BVP betraf – nur mit Widerstreben auf den Boden der neuen Tatsachen gestellt hatte, dabei aber vielfach von der tatsächlichen Entwicklung der parlamentarischen Demokratie in Deutschland enttäuscht wurde, waren die katholischen Wähler, obwohl in langsam sinkender Zahl, dieser Politik vorwiegend gefolgt, ohne zugleich für die verfassungsmäßige Ordnung und ihre demokratischen Ideale auch tatsächlich und tiefgehend gewonnen zu sein.

Hitlers Machtantritt vollzog sich im Zusammenspiel mit traditionellen Kräften in Wirtschaft und Gesellschaft, gestützt auf NSDAP und DNVP. Das Zentrum und mit ihm die BVP wurde gegen den eigenen Willen aus den entscheidenden Verhandlungen und aus der neuen Regierungskoalition ausgeschlossen. Es gelang dem Zentrum nicht, im Sinne seines Zähmungskonzepts die nationalsozialistische Regierungstätigkeit an die eigene Mitarbeit zu binden. Statt dessen konnten die Nationalsozialisten bei Hindenburg die Auflösung des Reichstags und Neuwahlen durchsetzen. Sie konnten nun einen neuen Wahlkampf führen, den sie durch Verwaltung, Polizei und SA zumindest in Preußen bereits massiv zu ihren Gunsten beeinflußten. Der Wahlkampf war von einer großen Zahl von Willkür- und Terrorakten begleitet, die sich besonders gegen KPD und SPD, in vielen Fällen aber auch gegen das Zentrum richteten. Zahlreiche Zeitungsverbote wurden erlassen. Wahlversammlungen und Wahlredner des Zentrums wurden sowohl von Behörden als auch von der SA massiv behindert. Obwohl der Wahlkampf nicht mehr als frei bezeichnet werden kann, widerstanden die Wähler von Zentrum und BVP auch diesmal weitgehend sowohl den Lockungen als auch den Drohungen der Nationalsozialisten und sicherten den ungeschmälerten Bestand ihrer Parteien. Deren Stellung wurde trotzdem durch die Wahlentscheidung geschwächt, da die Regierungsparteien, NSDAP und DNVP, zusammen über 50% der abgegebenen Stimmen errangen. Es wäre ihnen nun möglich gewesen, parlamentarisch zu regieren, ohne noch auf die Unterstützung durch andere Parteien, etwa durch Zentrum und BVP, angewiesen zu sein.

Nur weil die Regierung durch die Verabschiedung eines sog. Ermächtigungsgesetzes unbegrenzte diktatorische Vollmachten anstrebte, erhielt das Zentrum noch einmal eine Schlüsselstellung, da seine Stimmen für die benötigte Zweidrittelmehrheit erforderlich waren. In Verhandlungen mit Hitler und anderen führenden Nationalsozialisten legte die Zentrumsführung einen Katalog von Forderungen vor, deren Erfüllung Hitler, wenn auch nicht schriftlich, so doch mündlich zugestand und in seiner Rede zum Ermächtigungsgesetz auch öffentlich bestätigte.[142] Das waren sowohl Vorstellungen kulturpolitischen Inhalts, wie die Sicherung des christlichen Einflusses auf Schule und Erziehung, die Respektierung der Länderkonkordate und der Rechte der christlichen Konfessionen, als auch verfassungs- und rechtspolitische Forderungen, wie die Wahrung der Stellung des Reichspräsidenten, die Beibehaltung von Reichstag und Reichsrat, das Weiterbestehen der Länder und die Unabsetzbarkeit der Richter. Damit hatte das Zentrum einen Erfolg zu verbuchen – falls den Zusagen Hitlers zu vertrauen war. Nach der bisherigen Praxis der Regierung konnte daran aber erheblicher Zweifel bestehen, zumal dem Zentrum jedes wirksame Druckmittel fehlte, die Einhaltung der Zusagen zu erzwingen.

Die Zustimmung zum Ermächtigungsgesetz war in der Reichstagsfraktion des Zentrums hart umkämpft. Entsprechend der Willensrichtung der Fraktionsmehrheit wurde schließlich für die Annahme entschieden. Zahlreiche Faktoren spielten bei dem Beschluß der Zentrumsfraktion eine Rolle: Scheu vor der demonstrativen Kampfansage gegen die Regierung wie auch die Befürchtung, daß Hitler seine Ziele bei einem Scheitern des Ermächtigungsgesetzes gewaltsam durchsetzen werde; daneben ein nach der Märzwahl im Zentrum deutlich wirkender resignativer Trend, sich dem Regierungskurs mehr und mehr anzupassen, nicht zuletzt auch der Druck auf Anhänger des Zentrums in der Beamtenschaft, die schon vielfältigen Schikanen, z. T. der Entlassung ausgesetzt waren. Umstritten ist noch immer die Frage, ob die Möglichkeit eines Reichskonkordats die Stellungnahme des Zentrumsvorsitzenden Kaas oder eines weiteren Personenkreises der Fraktion bei ihrer Entscheidung für das Ermächtigungsgesetz beeinflußt hat. Eine solche Einflußnahme ist als wahrscheinlich erwiesen[143], ohne daß letzte dokumentarische Beweise dafür beigebracht werden konnten. Bei der engen Verbindung von Kaas mit der Materie des Konkordats in Deutschland und im faschistischen Italien erscheint es aber als fast undenkbar, daß er in dieser Entscheidungssituation ein mögliches Konkordat nicht mit in seine Überlegungen einbezogen hätte. Wieweit das der Fall war und ob er solche Überlegungen auch an andere weitergab, könnte nur durch explizite Belege nachgewiesen werden. Forscher, die einen Einfluß als nicht gegeben ansehen, können sich bisher noch auf das Fehlen eindeutiger Quellenbelege berufen.[144]

Eine weitere wichtige Entscheidung im Verhältnis zwischen Katholizismus und Nationalsozialismus muß in der Verlautbarung der Fuldaer Bischofskonferenz Ende März 1933 gesehen werden, in der die bis dahin gültigen Verbote gegenüber dem Nationalsozialismus aufgehoben wurden.[145] In der Kundgebung wurde unter Bezug auf die Rede Hitlers aus Anlaß des Ermächtigungsgesetzes ausschließlich die Sicherung kirchlicher und kulturpolitischer Interessen des Katholizismus als für die neue Haltung der Bischöfe ausschlaggebend herausgestellt. Mit einem Hinweis auf die Verpflichtungen der katholischen Christen gegenüber der rechtmäßigen Obrigkeit wurde die nationalsozialistische Regierung implizit ohne Vorbehalt anerkannt, und die Katholiken wurden ausdrücklich zur Respektierung der neuen Obrigkeit verpflichtet. In dieser Zeit war aber schon unübersehbar, daß die nationalsozialistische Regierung an der Beseitigung der gesamten politischen und rechtlichen Ordnung arbeitete. Während die bisherige Haltung der Bischöfe den politischen Widerstand der Katholiken gegen den Nationalsozialismus eindeutig gestützt hatte, empfahl nun eine wohlwollende Beurteilung dem einzelnen Katholiken eher eine schnelle Anpassung an die jüngste politische Entwicklung. Nun trat die Wirkung ein, die Dirks in seinen erwähnten Stellungnahmen vorausgesehen hatte. Allenthalben in Zentrum und BVP wurde die Tendenz deutlich, sich der neuen politischen Entwicklung möglichst bald anzupassen. Die Barriere gegen das Eindringen des Nationalsozialismus in den kirchlich und parteipolitisch gebundenen katholischen Volksteil war weithin gefallen. Demgegenüber traten Erwartungen auf eine Regeneration der Partei, die sich Anfang Mai mit der Übernahme des Parteivorsitzes durch Brüning verknüpften, sehr bald zurück, und Brüning selber konnte nur noch wenig tun, was auch nur den Anschein einer Reorganisation erweckt hätte. Die folgenden Konkordatsverhandlungen taten ein übriges,

Zentrum und BVP als überflüssig erscheinen zu lassen und ihnen dadurch auch in wachsenden Kreisen der ehemaligen Anhänger die innere und äußere Unterstützung zu entziehen.

Die Konkordatsverhandlungen, die seit Anfang April 1933 mit verschiedenen Unterbrechungen in Rom stattfanden und am 8. Juli, drei Tage nach der Selbstauflösung des Zentrums, zur Paraphierung der Vereinbarungen führten, setzten die Linie des Arrangements zwischen Nationalsozialismus und Kirche konsequent fort, wie sie sich seit der Etablierung der nationalsozialistischen Regierung unter wachsendem terroristischen Druck auf die Mandatsträger des politischen Katholizismus und auf viele einzelne Parteiangehörige und -anhänger überall im Lande entwickelt hatte. Die katholischen Vereine, deren ungehindertes Weiterbestehen gerade durch das Konkordat gesichert werden sollte, waren auch schon in der Zeit der Verhandlungen scharfem Druck und immer neuen Übergriffen von seiten nationalsozialistischer Institutionen und Amtsträger ausgesetzt. Das Reichskonkordat brachte mit seinem generellen Verbot der politischen Betätigung von Geistlichen eine endgültige Bestätigung der inzwischen praktisch schon vollzogenen Ausschaltung des politischen Katholizismus, denn gerade Kleriker spielten Ende der zwanziger, Anfang der dreißiger Jahre in Zentrum und BVP eine bedeutende Rolle, und das Zusammenwirken der Partei mit dem Pfarrklerus hatte ihren stärksten Rückhalt ausgemacht.

Die Beurteilung des Konkordats für die Stellung des Katholizismus im »Dritten Reich« ist in der wissenschaftlichen Diskussion umstritten. Für die positive Bewertung wird darauf verwiesen, daß die Kirche mit dem Konkordat den Raum für ihre Glaubensverkündigung rechtlich absicherte und daß sie darüber hinaus rechtliche Grundlagen zur Verteidigung des kirchlichen Vereins- und Pressewesens gewann. Dem steht gegenüber, daß die Kirche das Konkordat mit einem Regime vereinbarte, das schon vor dem Vertragsabschluß bewiesen hatte, daß es Recht und Gesetz nicht achtete und mit größter Brutalität, ohne jeden Skrupel gegen seine innenpolitischen Gegner vorging; mit einem Regime, das nur darauf wartete, das Prestige der katholischen Kirche für sich auszunutzen,[146] zugleich aber die Eigenständigkeit seiner katholischen Bürger soweit wie nur irgend möglich einzuschränken gedachte. Dieser Einwand gilt auch dann, wenn man annimmt, daß der Konkordatsabschluß von seiten des Nationalsozialismus zunächst auf die Ausschaltung des politischen Katholizismus berechnet war, der schon vor Abschluß des Vertrages der inneren und äußeren Auflösung verfiel, so daß der Vertrag Hitler also nicht den angestrebten Gewinn eingebracht habe und ihn den Gesichtspunkt des Prestigegewinns hochspielen ließ.[147] Berücksichtigen muß man auch, daß die Tatsache der Konkordatsverhandlungen die Position des deutschen politischen Katholizismus nach innen und außen außerordentlich schwächte. Hitler hat insofern den Preis des Konkordats schon vorweg in Empfang nehmen können.

Anfang der sechziger Jahre ist das Verhalten des deutschen Katholizismus im Jahre 1933 auf folgende allgemeine Gründe zurückgeführt worden: »Erstens die Beschränkung des politischen Denkens auf den kirchen- und kulturpolitischen Bereich, hervorgegangen aus der Kulturkampfsituation; zweitens die naturrechtliche Staatslehre in der Gestalt, die sie durch Papst Leo XIII. hat, die ebenfalls eine Reduzierung des Politischen auf den kirchen- und kulturpolitischen (= naturrechtlich unmittelbar relevanten) Bereich begünstigt; drittens den Antiliberalismus und damit verbunden eine Affinität zu autoritären Regimen, sofern man der Ansicht ist, daß sie auf christlicher Grundlage stehen.«[148] Diesen Gründen wurde als weitere zusammenfassende Ursache das Handeln nach Kirchenräson hinzugefügt. Diese Interpretation greift weit über die Situation von 1933 hinaus und konfrontiert den Katholizismus erneut mit der freiheitssichernden Bedeutung einer Unterscheidung von Staat und Gesellschaft.[149] Trotz der Politisierung des Katholizismus im 19. und 20. Jahrhundert, welche die Konsequenz des Auseinandertretens von Staat und Gesellschaft war und auf die er im Interesse seiner weiteren Wirkungsmöglichkeit nicht verzichten wollte und konnte, hatte er eine Tendenz behalten, der Verselbständigung der Gesellschaft zu mißtrauen und ihr in dazu geeignet erscheinenden Situationen entgegenzuwirken oder sich zeitweilig von ihr abzuwenden. Während sich der niedere deutsche Klerus in der Tradition des Zentrums für eine Vertretung der Interessen des Katholizismus und der Kirche im Kampf der Parteien einsetzte, war die Bereitschaft von Episkopat und Kurie groß, die

Interessen von Katholizismus und Kirche den gesellschaftlichen Auseinandersetzungen zu entziehen und ihre Stellung durch eine internationale konkordatäre Vereinbarung der Kurie mit dem Staat eindeutig zu regeln. Diese Vorstellung bezog sich auf einen autoritären Staat, der die Vereinbarung noch dadurch verlockender machte, daß in ihm nicht die Gefahr bestand, daß sie bei ihrem Zustandekommen oder bei ihrer Durchführung von entgegenstehenden gesellschaftlichen Kräften im Parlament oder in der öffentlichen Diskussion ernsthaft angegriffen oder gar zu Fall gebracht werden könnte. Durch das Konkordat sollte in Absprache mit dem Staat die Entfaltungssphäre von Kirche und Katholizismus in der Gesellschaft unabhängig von dieser Gesellschaft selber gesichert werden. Die politisch-gesellschaftliche Realität des Vertragspartners kam für die Kurie nur so weit in den Blick, als ihre innere und äußere Stabilität die Einhaltung der getroffenen Vereinbarungen zu gewährleisten schien, nicht aber unter dem Gesichtspunkt, wie sie das Verhältnis des Staates zu den von ihm umfaßten politisch-gesellschaftlichen Kräften regelte. Der nationalsozialistische Staat als Vertragspartner schien dem Vatikan mehr durch seine Qualität als rechtmäßige Obrigkeit, denn als Unterdrückungsapparat der ihm widerstrebenden politisch-gesellschaftlichen Kräfte gekennzeichnet.

Dem vergeblichen Selbstbehauptungskampf des Zentrums, der durch die Zustimmung zum Ermächtigungsgesetz, durch die bischöfliche Erklärung vom 28. März und durch die Konkordatsverhandlungen über das durch den terroristischen Druck der nationalsozialistischen Herrschaft hinaus gegebene Maß von innen geschwächt wurde, standen weiter entgegenkommende Reaktionen von Katholiken auf die nationalsozialistische Herrschaft zur Seite. Ihre Feindschaft gegen die als Parteienstaat angegriffene Weimarer Republik sowie auch ihre eigenen nationalistischen Vorstellungen bewogen diese Katholiken zu einer positiven Beurteilung des Nationalsozialismus, selbst wenn sie lange Zeit den konservativen Kräften der DNVP den Vorrang bei der grundlegenden Neuordnung Deutschlands einräumten. Das Verhältnis des Nationalsozialismus zum Katholizismus beurteilten sie trotz ihrer Kritik im einzelnen allgemein als günstig und konnten sich in diesem Urteil durch die Märzverlautbarung der Bischöfe indirekt bestätigt fühlen. Spahn stellte z.B. seit Mitte Februar Überlegungen über einen Übertritt zur NSDAP an, vollzog ihn aber dann aus taktischen Gründen erst Anfang Juni zusammen mit anderen konservativen Katholiken.

Als Motiv einer Flucht aus der Wirklichkeit der Weimarer Republik hat der Mythos eines »Deutschen Reiches« am Ende der Weimarer Republik im Katholizismus eine beachtliche Bedeutung gewonnen.[150] Es war die Flucht in eine durch theologische Vorstellungen geförderte und untermauerte historisierende Ideologie, mit der Tendenz zu einer immer vageren, aber in der Polemik gegen die Gegenwart eindeutig positiv gefärbten Reichsvorstellung. Mit ihrer Hilfe wurde einer realistischen Konfrontation mit konkreten Problemen in Staat und Gesellschaft bewußt oder unbewußt ausgewichen. Dadurch kam es zu einer wachsenden Beliebigkeit der Verwendung der Reichsideologie. Sie wurde von den Nationalsozialisten gern zur Vernebelung des eigenen Machtanspruchs mißbraucht und trug in katholischen Kreisen zu einer Selbsttäuschung über den wahren Charakter des »Dritten Reiches« bedeutend bei. Im April 1933 wurde unter der Schirmherrschaft v. Papens eine überparteiliche Sammlungsbewegung deutscher Katholiken, »Kreuz und Adler«, gegründet. Sie versuchte, eine Reichsidee aus christlich-konservativen Gedanken hochzuhalten und wollte das Autoritätsprinzip und den Gedanken der ständischen Gesellschaftsgliederung herausstellen. Es war ein schwacher Versuch von Katholiken, sich doch noch organisiert in die politische Gestaltung des nationalsozialistischen Staates einzuschalten. Bereits im Herbst 1934 wurde der Verband aufgelöst, nachdem er schon vorher jede Eigenständigkeit gegenüber dem Nationalsozialismus verloren hatte. Das Verhältnis zwischen Staat und Kirche trat immer eindeutiger und ausgeprägter unter das Vorzeichen des alle Lebensbereiche und nicht zuletzt den Staat durchdringenden Nationalsozialismus und des ebenso eindeutig in die Defensive gedrängten und von Angriffen der verschiedensten Art bedrängten Katholizismus.[151]

Mochte 1933 noch bei manchen Katholiken die Illusion vorherrschen, daß der Nationalsozialismus seine Angriffe gegen Kirche und Katholizismus nach der Phase der Machteroberung mehr oder weniger schnell aufgeben werde – besonders, nachdem mit der völligen Entmachtung und Auflösung des politischen Katholizismus diese Herausforderung für seinen politischen Durchsetzungswillen entfallen war –, wurde sie durch den Gang der Ereignisse widerlegt. In immer neu ansetzenden Maßnahmen gegen das kirchliche Vereinswesen, gegen die katholische Presse und gegen die Konfessionsschulen wurden nach und nach die Möglichkeiten von Kirche und Katholizismus, in die Gesellschaft hineinzuwirken, durch das Eingreifen der verschiedenen Parteiorganisationen, später auch staatlicher Stellen, systematisch lahmgelegt.[152] Durch dauernde Bespitzelung wurde der Versuch gemacht, die Geistlichen an jedem freien Wort der Kritik zu hindern und sie zugleich so weit wie nur irgend möglich von den Gläubigen abzukapseln, um dadurch ihren Einfluß zurückzudrängen. Durch die Propagierung eines rassistischen Religionsersatzes in Gestalt von Alfred Rosenbergs *Mythus des 20. Jahrhunderts* wurde auch der Kernbereich der katholischen Lehre in Frage gestellt. In einem mit großem organisatorischen und propagandistischen Aufwand vorgetragenen Angriff gegen die geistlichen Orden wurde der Versuch gemacht, den Klerus in den Augen der Katholiken zu diskreditieren und dadurch den inneren Zusammenhalt der Kirche zu erschüttern.[153] Im Krieg wurden neue Maßnahmen zur Enteignung von Kloster- und Kirchenbesitz eingeleitet, die zeigten, daß nicht einmal in dieser Lage ein Stillstand der Unterdrückung erwartet werden konnte und der Höhepunkt antikirchlicher Maßnahmen noch keineswegs erreicht war. Das war auch an den Vernichtungsmethoden abzulesen, die das Regime gegen andere unerwünschte Gruppen wie Juden und geistig Behinderte anwendete.

Gegen Rosenbergs Angriffe gegen das Christentum konnten Katholiken noch in verschiedenen Publikationen den geistigen Kampf aufnehmen.[154] Gegen die vielfältigen Unterdrückungsmaßnahmen jedoch fand die Kirche kein wirksames Mittel. Der deutsche Episkopat, vor allem der Vorsitzende der Fuldaer Bischofskonferenz, Kardinal Bertram, und auch der Vatikan benutzten zwar die im Konkordat gewonnene Rechtsgrundlage zu zahlreichen schriftlichen Protesten gegen die verschiedenen Übergriffe auf kirchliche Einrichtungen, erzielten damit aber keine ins Gewicht fallenden Erfolge. 1937 bedeutete die päpstliche Enzyklika »Mit brennender Sorge«, die durch Kanzelverkündigung den Gläubigen zur Kenntnis gebracht wurde, einen aufrüttelnden Protest gegen die kirchenfeindliche Politik, ja, gegen das gesamte totalitäre System des Nationalsozialismus, ohne aber den Fortgang der Übergriffe verhindern zu können. Die Enzyklika leistete einen wichtigen Beitrag zur Bewußtseinsbildung der Katholiken, der ihnen half, sich wenigstens im Kernbereich des christlichen Bekenntnisses dem Totalitätsanspruch des Nationalsozialismus zu entziehen, da sie die Anklage gegen die Bedrückung der Kirche in Deutschland verband mit einer ausführlichen Bekräftigung katholischer Glaubensinhalte.[155] Daß in dieser Selbstbewahrung der Katholiken ein ständig aktueller oder potentieller Störfaktor für die nationalsozialistische Herrschaft lag, zeigen z. B. die Regierungspräsidentenberichte zur kirchlichen Lage in Bayern.[156] Da sich die Bischöfe aber auch weiter auf schriftliche Eingaben beschränkten, verzichteten sie durch ihr Schweigen weithin darauf, das geschärfte Bewußtsein der Katholiken gegen das Regime oder auch nur gegen einzelne seiner Maßnahmen zu aktivieren. Nur die Predigten des Bischofs von Münster, Clemens August Graf v. Galens, fanden mit ihrer scharfen Kritik an der Euthanasie-Aktion ein breites Echo. Der Text der Predigten wurde in Abschriften unter der Hand von einem zum anderen weitergegeben.[157] Sie erreichten, wenn auch spät, einen Abbruch der Aktion.

Im übrigen wurde der Wille zu energischerer Gegenwehr schon im Kreis des Episkopats selber so weit neutralisiert, daß keine der angeregten Initiativen, massiv Kritik am Regime zu üben, verwirklicht wurde. Die Solidarität des Episkopats verhinderte eine entschiedene Stellungnahme gegen die zahlreichen himmelschreienden Verbrechen des Regimes gegen Juden, gegen andere Bevölkerungsgruppen und gegen einzelne. Sie reichte jedoch nicht aus, deplacierte Geburtstagsglückwünsche des Vorsitzenden der Fuldaer Bischofskonferenz, Kardinal Bertram, an Hitler unmöglich zu machen. Diese waren auch nicht dadurch zu rechtfertigen, daß ihnen vorsichtige Mahnungen hinzugefügt wurden, zumal dieses Vorgehen ja auch noch an die Fiktion anknüpfen mußte, Hitler sei in irgendeiner Weise von den Verbrechen des Regimes zu trennen und daher als Berufungsinstanz geeignet. Woher sollte der einzelne Katholik die Kraft zur Verweigerung, zum Bekenntnis seines Dissenses, zum Protest gegen NS-Verbrechen finden, wenn einzelne Bischöfe und sogar ihre Mehrheit sich nicht einmal bereitfanden, ihrem Gewissen statt der Solidarität mit einigen ihrer Amtsbrüder zu folgen?

Trotz dieser Schwächen ist es unbestreitbar, daß Kirche und Katholizismus eine beachtliche Leistung in der Selbstbehauptung gegenüber dem Totalitätsanspruch des nationalsozialistischen Regimes erbrachten. Sie verschlossen sich weitgehend dem weltanschaulichen Einfluß des Nationalsozialismus. Das gilt auch, wenn man in Rechnung stellen muß, daß viele einzelne Katholiken mit mehr oder weniger schlechtem Gewissen und gestützt auf mehr oder weniger achtbare Beweggründe ihren Beitrag zum Funktionieren des nationalsozialistischen Regimes leisteten, ja selbst, wenn man sehen muß, daß auch viele Katholiken sich in Schuld verstrickten. Wer will den vielen zum Vorwurf machen, daß ihnen der Mut zum individuellen passiven oder gar aktiven Widerstand fehlte? Das moralische Bewußtsein muß eine solche Widerstandshaltung postulieren. Die Einsicht in menschliche Schwäche kann das Fehlen dieser Haltung im Einzelfall nicht in einen Vorwurf ummünzen. Unter diesem Aspekt kann auch das Verhalten der Bischöfe verständlicher erscheinen. Umso höher muß bewertet werden, daß der Katholizismus vielen einzelnen, Laien und Priestern, den Rückhalt zum Widerstand bot, selbst wenn dieser Widerstand nur selten über die Selbstbehauptung hinausging und noch seltener auf die gesamte politisch-gesellschaftliche Realität zielte. Der Katholizismus nahm hier nicht als politische, sondern als ethisch-religiöse Kraft Einfluß, wobei aber seine Geltung gegenüber dem totalen Anspruch des nationalsozialistischen Regimes eine fundamental politische Wirkung hatte. Auch gegenüber dem nationalsozialistischen Staat kam in der Regel wieder die Neigung des Katholizismus zum Tragen, den gesellschaftlichen Bereich in seinem Engagement zurückzustellen und sich möglichst auf die Verteidigung der eigenen ethisch-religiösen Existenz oder höchstens noch der Existenz der Kirche und ihrer Institutionen zu beschränken.[158]

Abgesehen von der Gesamthaltung und von den vielen Einzelaktionen des Widerstands gegen den Nationalsozialismus in den verschiedensten Abstufungen passiver Selbstbehauptung und aktiven Aufbegehrens, wie sie vom katholischen Selbstverständnis inspiriert wurden, ist auch die Beteiligung von Katholiken am Kreisauer Kreis signifikant für die Bedeutung der geistigen Selbstbehauptung, die als Widerstandsleistung des Katholizismus zu bewerten ist, selbst wenn man in vielen Situationen die Forderung an die Kirchenführung nach entschiedener Ablehnung und weniger klugem Taktieren als nur zu berechtigt ansieht.

Der Kreis war bei seiner Entstehung und blieb in seinem Kern protestantisch inspiriert. Er zog zu seinen entscheidenden Sitzungen jedoch auch Katholiken, vorwiegend Jesuiten, hinzu und nahm Verbindungen nicht nur mit evangelischen, sondern auch mit katholischen Bischöfen auf. Der Kreis sah nicht die Beseitigung des Nationalsozialismus als seine Aufgabe an, sondern die grundlegende Vorbereitung einer Neuordnung nach dem wie auch immer erfolgten Sturz des Regimes. Es ist eindrucksvoll zu sehen, wie in den aus der Arbeit des Kreises überlieferten Papieren eine christliche Gestaltungskomponente deutlich hervortritt.[159] Dem Christentum in seinen verschiedenen Konfessionen, auch in seinen kirchlichen Institutionen, wurde größte Bedeutung bei dem für nötig gehaltenen Prozeß der Umkehr und Erneuerung und der äußeren Neuordnung zugesprochen. Stellte katholische Christlichkeit auch nur eine zusätzliche Komponente der ursprünglich und vor allem protestantischen Motivierung des Kreisauer Kreises und seiner Ziele dar, wird doch in seinen Überlegungen besonders klar, wie wichtig die religiöse Verankerung in einer der christlichen Konfessionen für eine entschlossen oppositionelle Haltung gegenüber dem nationalsozialistischen Regime war. Die Aufzeichnungen, die der Jesuit Alfred Delp in seiner Haft machte, sind ein eindrucksvolles Zeugnis für die religiösen Quellen, aus denen sich katholische Widerstandshaltung speiste und aus denen sie in Situationen äußerster Bedrängnis Halt und Zuversicht schöpfte.[160] Aus den Neuordnungsplänen des Kreisauer Kreises geht allerdings auch hervor, daß sich aus der angestrebten christlichen Erneuerung neue Gefahren für die freie Entwicklung der Gesellschaft ergeben konnten, wenn der christliche Beitrag nicht nur aus der freien politisch-gesellschaftlichen Aktivität der Christen, sondern auch von verpflichtenden Weichenstellungen des Staates erwartet wurde.

Die religiöse Haltung weiter Volksteile verteidigt zu haben, war ein Verdienst des katholischen Widerstandes trotz all der

Mängel, die man in der Haltung der katholischen Hierarchie und katholischer Laien in bestimmten Fragen oder Situationen beobachten kann. Wenn außer der Anerkennung Schwächen des katholischen Widerstands gegen das »Dritte Reich« festgestellt werden, geschieht das nicht, um anzuklagen, sondern um das Problem des Widerstands im weiteren Rahmen der Spannung zwischen Katholizismus und moderner Gesellschaft zu betrachten. Wurde der Widerstand der Katholiken gegen das »Dritte Reich« in der Endphase der Weimarer Republik und zu Beginn der nationalsozialistischen Herrschaft noch in großer Breite aktiviert, da politische Parteien, Episkopat und Wählermassen daran auf ihre je besondere Weise mitwirkten, zeigte sich doch auch schon in dieser Zeit ein starkes Vorherrschen weltanschaulicher, kirchen- und kulturpolitischer Interessen der eigenen Gruppe, denen gegenüber die Verteidigung des gesamten Staatswesens und seiner gültigen politisch-gesellschaftlichen Ordnung in den Hintergrund geriet. Diese Tendenz zur einseitigen Berücksichtigung kirchlicher und weltanschaulicher Interessen verstärkte sich angesichts der Machtentfaltung der nationalsozialistischen Regierung und setzte sich mit den Konkordatsverhandlungen generell durch. Demgegenüber wurden Gewalt- und Willkürakte des Regimes gegen Kommunisten und Juden und allgemein gegen Recht und Verfassung zu wenig als gleichgewichtige Herausforderungen angesehen und behandelt. Auch der katholische Widerstand nahm sich zu wenig des physisch bedrohten und geschädigten Mitmenschen an, obwohl seit den ersten Tagen der Hitlerregierung und dann immer dramatischer sich steigernd überreichlich Anlaß zum helfenden Eingreifen und zum empörten Aufbegehren gegeben war. Das verkleinert nicht den Einsatz von einzelnen und von Institutionen, die wie der Berliner Dompropst Lichtenberg oder der Hilfsausschuß für katholische Nichtarier das »zu wenig« noch deutlicher hervortreten lassen.[161] Auch der katholische Widerstand konzentrierte sich zu sehr auf seine eigene Selbstbestätigung und auf die Selbstbehauptung eines eng gezogenen Interessenbereichs – eine problematische Verengung der Perspektive, der aber auch andere Opponenten des Nationalsozialismus unterlagen und mit der sie alle die äußere Durchsetzung des Nationalsozialismus bedeutend erleichterten.

2. Neuansätze im politischen Katholizismus Frankreichs

Der Erste Weltkrieg gab dem französischen Katholizismus insofern eine neue Stellung, als die Beteiligung der Klerus an den Kämpfen und an den Opfern des Krieges die politische Solidarität des Katholizismus mit der französischen Nation eindrucksvoll bewiesen hatte. »Von den 32700 Klerikern, die für den aktiven Dienst mobilisiert wurden, wurden 4618 getötet und 10414 ausgezeichnet.«[162] Katholische Kreise beteiligten sich auch engagiert an der Aktivierung der französischen Kriegspropaganda. Der Laizismus konnte nach diesem Eintreten der Katholiken für die Verteidigung Frankreichs nicht mehr das Argument geltend machen, daß der Katholizismus ein Feind der französischen Republik sei.

Eine erneute von der »Action Française« drohende politische Mobilisierung von Katholiken gegen die Republik wurde dadurch verhindert, daß diese Bewegung 1926/27 durch den Papst verboten wurde.[163] In ihr hatten sich katholische legitimistische Republikgegner unter Führung von Maurras gesammelt. Beeinflußt durch die vom Krieg ausgelöste nationalistische Welle waren sie mit radikal-nationalistischen Rechtskräften eine Zusammenarbeit eingegangen, die von Pius XI. eben wegen des extremen Nationalismus verurteilt wurde. Damit wurde der Bewegung ihre erhebliche Ausstrahlungskraft besonders auf die französische Jugend genommen. Allerdings konnte ihre Auflösung keineswegs ohne Widerstand durchgesetzt werden, in den sogar Mitglieder des französischen Episkopats verwickelt waren. Erst 1933 wurde der Konflikt der Kirche mit der »Action Française« beigelegt, nachdem der Vatikan den Widerruf der anstößigen Auffassungen der Bewegung durchgesetzt hatte. Das päpstliche Verbot Ende der zwanziger Jahre hat immerhin das Vordringen der Bewegung verhindert und damit ein erneutes Einschwenken der französischen Katholiken gegen die Republik mit allen daraus zu erwartenden Folgen für das Verhältnis von Kirche und Staat unterbunden. Konsequenzen der Ralliement-Politik machten sich auch in dieser Situation noch bemerkbar.

Das neue Klima für die Katholiken in der Nachkriegszeit wirkte sich auch auf die Praktizierung der Trennung von Kirche und Staat aus. Hinzu kam, daß Frankreich am Kriegsende die seit 1870 dem Deutschen Reich angegliederten Provinzen Elsaß-Lothringen wieder an sich zog; Gebiete, in denen das napoleonische Konkordat noch in Kraft war. Auch dadurch wurde eine Milderung der Politik gegenüber der Kurie nahegelegt, da den zurückkehrenden Provinzen die Beibehaltung ihres religiösen Status (staatliche Bezahlung der Geistlichen und Konfessionsschulen) zugesagt wurde. 1921 wurden die diplomatischen Beziehungen mit der Kurie wieder aufgenommen, und 1924 stimmte Pius XI. der Bildung von Diözesanverbänden zu, die zu Partnern des Staates bei der Verwaltung des kirchlichen Besitzes und neuer kirchlicher Stiftungen werden konnten. Damit wurde eine Streitfrage beigelegt, die seit der Trennung von Kirche und Staat offengeblieben war. Die seit der Trennung in abgeschwächter Form erhaltene Frontstellung von Staat und Kirche wurde dadurch weiter abgebaut.

Obwohl die laizistische Gesetzgebung mit ihrer Enteignung kirchlichen Eigentums und mit der ungesicherten Stellung religiöser Orden erhalten blieb, wurde auch im Unterrichtswesen der Zwischenkriegszeit der Einfluß der privaten katholischen Schulen wieder gesteigert, ohne daß der Staat finanzielle Beihilfen geleistet hätte, wie das von katholischer Seite immer wieder gefordert wurde. In Vereinen der privaten Schulen, ihres Personals und der Eltern suchten die Katholiken vom Staat wenigstens eine Teilfinanzierung des privaten Schulwesens zu erreichen, das ihm unbestreitbar einen großen Teil der schulischen Ausbildung abnahm. 1937/38 existierten in Frankreich 1400 private katholische Gymnasien mit fast 250000 Schülern.[164] Die außenpolitische Bedrohung durch die Entwicklung des nationalsozialistischen Deutschland trug dazu bei, trotz der Aufrechterhaltung der laizistischen Gesetze und der offiziellen Neutralität des Staates gegenüber der Kirche eine Wiederannäherung zwischen Kirche und Staat zu fördern. Die Katholiken hatten sich 1919 in großer Zahl dem gemäßigten nationalen Block angeschlossen. Sie vereinigten sich jedoch nicht zu einer großen Partei der Katholiken, obwohl im Hinblick auf die Vertretung der Interessen von Kirche und Katholizismus eine solche Partei nahegelegen hätte. Sie gehörten vielmehr verschiedenen Parteien der Mitte und der Rechten an, in denen sie nicht nur in der allgemeinen Politik, sondern auch gegenüber unmittelbaren Problemen der Kirche und des Katholizismus unterschiedliche politische Linien verfolgten. Die hervorstechende Eigenheit des französischen politischen Katholizismus blieb damit erhalten. Er schloß sich nicht zu einer einheitlichen Bewegung zusammen, sondern ordnete sich den verschiedenen politischen Gruppen des französischen Parteienspektrums zu.

Die größte katholische Gruppe gehörte seit 1924 dem »Parti démocrate populaire« an; in ihr vereinte sich zunächst etwa ein Dutzend christlich-demokratischer Abgeordneter auf parlamentarischer Ebene, ohne daß es ihnen gelang, alle christlich-demokratischen Kräfte an sich zu ziehen.[165] Die Partei wies Einflüsse des italienischen »Partito popolare« und ihres Initiators Sturzo auf, insofern sie akonfessionell war und sich auf ein antiindividualistisches und organisches Bild von Staat und Gesellschaft bezog – eine Konzeption, die Sturzo neu aktualisiert hatte. Der innere Zusammenhalt der Partei war locker. Sie gab regionalen Zusammenschlüssen Raum und ermöglichte dadurch die Zusammenarbeit unterschiedlich geprägter politischer Kräfte. Ihr gehörten auch Abgeordnete des Elsaß an, unter denen die Tradition des deutschen Zentrums nachwirkte. Für den »Parti démocrate populaire« bedeutete es eine Stärkung, als Ende 1926 die »Action Française« verurteilt wurde, die sich der besonderen Unterstützung der kirchlichen Hierarchie erfreut hatte, zumal der Vatikan seine Sympathie für die Partei zu erkennen gab.

In den Wahlen von 1928 konnte der PDP seinen größten Erfolg erringen. Er eroberte 20 Sitze und konnte dabei an manchen Orten den Nachfolger für monarchistische Kandidaten stellen; er gewann zusätzlich die Unterstützung republikanischer Kräfte. Der PDP beteiligte sich auch an der Regierung und bildete dabei den sozialen Flügel einer gemäßigten Mehrheit, ohne allzu großes Gewicht zu erlangen. In den Wahlen von 1932 und 1936 ging die Zahl der Abgeordneten des PDP erst auf 16, dann auf 11 Vertreter zurück; das ließ den Abstieg der Partei erkennen. Sie behauptete sich jedoch gegenüber den Links- und Rechtsgruppen und trat wiederum in die Regierung ein, als die Volksfrontpolitik in Frankreich gescheitert war.[166] Der PDP konnte weiterhin nicht alle christlich-demokratischen Kräfte binden bzw. auf sich vereinen, so daß sich

u. a. eine eigene elsaß-lothringische Gruppe abspaltete und 1932 eine republikanisch-soziale Gruppe auftrat. Innerhalb der christlich-demokratischen Kräfte stellten sich wachsende Gegensätze heraus. Vor allem die Jugend war unzufrieden mit der Arbeit der Partei. Die christlich-demokratischen Zeitschriften *Politique* und *L'Aube* standen ihr nahe, gehörten ihr jedoch nicht an. Der Wille zur Vereinigung und Erneuerung der Christlichen Demokraten äußerte sich in der 1938 von dem Freundeskreis von *L'Aube* gegründeten Bewegung »Nouvelles Equipes Françaises«, die als eine Vorbereitung des Beitrages der Christlichen Demokraten zur Résistance erscheint.[167] Insgesamt blieb die französische Situation von dem Faktum bestimmt, daß im französischen Katholizismus weiterhin Pluralismus dominierte und eine beherrschende katholische Partei fehlte. Zwar gab es lebendige politische Impulse bei den Christlichen Demokraten, aber im Verhältnis zur Entwicklung des sozialen Katholizismus blieben sie bescheiden.

War die Parteipolitik des französischen Katholizismus nur schwach ausgeprägt und ohne weitreichende Anziehungskraft auf die Massen der Katholiken, existierten andere Bereiche, in denen der Katholizismus erfolgreich eine Durchdringung der Gesellschaft betrieb.[168] Eine Organisation der Arbeiterjugend, »Jeunesse Ouvrière Catholique«, und neben ihr zahlreiche Berufsorganisationen für Jugendliche und Erwachsene sammelten viele Anhänger und trugen dabei soziale Vorstellungen des Katholizismus in die Gesellschaft. Alle diese Ansätze wurden in der »Action Catholique« zusammengefaßt. Eine langsame, aber ständige Aufwärtsentwicklung erlebten auch die christlichen Gewerkschaften. Sie vertraten die Freiheit der gewerkschaftlichen Arbeit mit Streikrecht und mit dem Recht zum Abschluß von Tarifverträgen. Sie strebten konkrete soziale Forderungen und soziale Sicherheit an und betonten besonders die menschliche Würde und die Freiheit des Individuums. Bis in die dreißiger Jahre stieg die Mitgliederzahl der christlichen Gewerkschaften auf 500 000 an. Es entwickelte sich nach und nach eine Zusammenarbeit mit den stärkeren nicht-christlichen Gewerkschaften, die im Zweiten Weltkrieg zu voller Solidarität führte. In ihr fand der Widerstand der Arbeiter gegen die deutsche Besatzung seine Grundlage.

Die Verurteilung der »Action Française« hatte dem nach außen repräsentativ hervortretenden Bündnis zwischen Katholizismus und Reaktion ein Ende gesetzt. Wenn auch in der Folgezeit Katholiken durchaus noch in Rechtsparteien engagiert waren, verteidigten doch andere ausdrücklich die Republik. Sie wurde dadurch dem ausschließlichen Einfluß der Antiklerikalen entzogen. Katholiken waren in Frankreich überall auch dort zu finden, wo Widerstand gegen faschistische Tendenzen geleistet wurde, Widerstand gegen Hitlers Judenpolitik und gegen das Emporkommen Francos in Spanien. Gegen die Bevollmächtigung des Vichy-Regimes des Marschall Pétain durch das Parlament der Dritten Republik stimmten auch christlich-demokratische Abgeordnete. Der französische Episkopat kooperierte aber mit der Vichy-Regierung, die dem Katholizismus durch finanzielle Unterstützung der katholischen Schulen, durch die Aufhebung des Ordensverbots und durch die Wiedereinführung der Kreuze in den Schulen entgegenkam und in den Höheren Schulen auch den Religionsunterricht wieder einführte. Andererseits nahm er jedoch auch gegen die judenfeindliche Gesetzgebung Stellung und geriet deshalb nicht völlig durch sein gutes Verhältnis zur Vichy-Regierung und die Kollaboration mit der deutschen Besatzungsmacht in Verruf. Die Diskreditierung der Kirche und des Katholizismus wurde auch dadurch in Grenzen gehalten, daß der niedere Klerus mit dem Volk auch in der Résistance gegen die deutsche Besetzung eng verbunden blieb. Der Sturz des Vichy-Regimes und die Befreiung von der deutschen Besatzung führten zwar zur Ablösung des päpstlichen Nuntius in Frankreich und zum Rücktritt dreier Bischöfe, aber nicht zu einer weitergreifenden Auswechslung des Episkopats, wie sie von Regierungsseite zunächst gefordert worden war. Ein entscheidendes Hindernis für eine günstige Stellung der Katholiken in dem zu erneuernden französischen Staat der IV. Republik ergab sich aus dem Zwischenspiel der Vichy-Regierung und der deutschen Besetzung nicht.

3. Der politische Katholizismus in Italien vom »Partito Popolare« zum Arrangement mit dem Faschismus

Die italienischen Katholiken gingen aus dem Ersten Weltkrieg mit gestärktem Selbstvertrauen hervor. Sie hatten in ihrer Mehrzahl den Eintritt Italiens in den Krieg nicht gefördert und nach dem italienischen Kriegseintritt die Verpflichtung der gegebenen Situation in voller Solidarität anerkannt, obwohl die päpstliche Politik daraus ausgerichtet gewesen war, dem als unnütz angesehenen Kampf ein möglichst schnelles Ende zu setzen. Nach dem Krieg mußten innen- und außenpolitische Probleme gelöst werden, an denen die Katholiken aufs höchste interessiert waren und gegenüber denen ihre indirekte politische Beteiligung auf der Grundlage des »Patto Gentiloni« als unzureichend erscheinen mußte. In dieser Situation ergriff Sturzo eine neue Initiative zur Gründung einer eigenen Partei der Katholiken. Sturzo hatte in der christlich-demokratischen Bewegung mitgearbeitet und nach deren Zurückdämmung eine intensive politische und organisatorische Tätigkeit auf lokaler Ebene in Sizilien entfaltet; er bekleidete in der katholischen Bewegung hohe Ämter.[169]

Die Ende 1918 von Sturzo und einem kleinen Kreis führender Katholiken gegründete Volkspartei (»Partito Popolare«) entstand mit Zustimmung der Kurie. Sie wurde als konfessionell nicht gebundene Partei konzipiert. Damit sollte sie freigehalten werden vom Einfluß der kirchlichen Hierarchie und andererseits durch ihr politisches Wirken auch keine Belastung für die Kirche herbeiführen. Die Katholische Aktion mit ihrem religiösen Auftrag sollte eindeutig von der politisch-sozialen Aktivität der Partei unterschieden und getrennt werden. Obwohl die Partei christlichen Grundsätzen folgen sollte, wurde auch auf den ursprünglich erwogenen Zusatz »christlich« verzichtet, um nicht die umfassende Bezeichnung »christlich« mit einer einzigen Partei zu verbinden – ein Vorbehalt, der auch bei anderen Parteigründungen ähnlicher Art artikuliert wurde, dort aber nicht als entscheidendes Hindernis für die Benennung von Parteien als christlich angesehen wurde. Die Partei gab sich betont volkstümlich, indem sie für die stärkere politische Beteiligung und die wirtschaftliche Förderung besonders der ländlichen Volksmassen eintrat. Ihr schloß sich im bestehenden Parlament eine Gruppe von 18 Abgeordneten an, die sich für die Einführung eines Verhältniswahlrechts und des Frauenwahlrechts, aber auch für die Förderung von Landreformen einsetzten. Die Wahlreform zielte auf eine gleichmäßigere Beteiligung aller Volksschichten am Parlament und sollte dessen in der Kriegszeit gemindertes Ansehen wieder aufwerten.

Die Volkspartei legte ihr Programm in zwölf Punkten nieder.[170] Die ersten Punkte galten der Förderung von Familie und Schule. Weitere Punkte enthielten u.a. die Forderung nach voller Organisationsfreiheit, nach Hilfsmaßnahmen gegenüber den Risiken des Arbeitslebens, nach Entwicklung von Arbeiterkooperativen, nach Förderung der Produktivkräfte und nach innerer Kolonisation. Großen Wert legte das Programm auf die Herstellung lokaler und professioneller Selbständigkeit gegenüber dem Staat. Die Dezentralisierung des Staates sollte einen organischen Staatsaufbau anstelle des bisherigen zentralistischen Einheitsstaats ermöglichen. Außerdem wurden die Freiheit der Kirche und des privaten Wohltätigkeits- und Unterstützungswesens und die Reform des Wahlrechts gefordert. Auch machte sich die Partei das Völkerbundprogramm Wilsons zu eigen.

Nachdem die Kurie das »Non expedit« zurückgezogen hatte, gelang der Volkspartei in den Wahlen Ende 1919 ein erster großer Erfolg. Sie errang rund 20 % der abgegebenen Stimmen und 100 Parlamentssitze. Damit hatte sich die Verselbständigung des politischen Katholizismus nach außen voll durchgesetzt. Ein Schwachpunkt für die Partei blieb es, daß sie sich aus verschiedenen Elementen zusammensetzte, aus christlichen Demokraten der alten Gefolgschaft Murris, aus Angehörigen der katholischen Landarbeiterorganisationen, aus Nationalkonservativen und aus Vertretern mittlerer Positionen. Dementsprechend standen neben dem mehrheitlichen Zentrum ein linker Flügel der Vertreter der katholischen Arbeiterorganisationen und ein rechter Flügel, der bis zur Gründung der Volkspartei das Bündnis mit den Liberalen besonders unterstützt hatte.

Mit der Volkspartei sahen sich die Liberalen, zusätzlich zu den noch stärkeren Sozialisten, mit einer zweiten volkstümlichen Massenbewegung konfrontiert, die ihre Herrschaft anfocht oder die zumindest nicht wie in der Giolitti-Zeit ohne weiteres in das liberale System zu integrieren war. Zu den verschiedenen liberalen Kabinetten, die einander bis zum faschistischen Marsch auf Rom folgten, stand die Volkspartei in kritischer Distanz, wenn sie auch durchaus zeitweilig zur Zusammenarbeit bereit war, sobald ihr Programm dadurch gefördert wurde. Die Volkspartei beharrte dabei auf ihrer Selbständigkeit, die andererseits von den Liberalen nur ungern gesehen und anerkannt wurde. Wegen dieses Gegensatzes kam es Anfang 1922 nicht zu einer neuen Kooperation zwischen Giolitti und den Popolari, eine Tatsache, die den Popolari später immer wieder als Veto Sturzos gegen Giolitti angelastet wurde, da es Giolittis Regierungsübernahme als einzige noch mögliche Alternative zur faschistischen Machtokkupation verhindert habe. Noch folgenschwerer war es vielleicht, daß Meda die ihm angebotene Regierungsbildung nicht übernahm und auch diese mögliche Chance zur Eindämmung der Faschisten ungenutzt ließ.

In ihren Forderungen zugunsten der Landbevölkerung stand die Partei jedoch im Gegensatz zum landbesitzenden Bürgertum und Adel und damit zu wichtigen Gruppen der Liberalen. Ihre Vorstellungen zielten auf die Verteidigung und Entwicklung des ländlichen Kleineigentums, auf die Einrichtung von Berufsvertretungen für die verschiedenen Gruppen der ländlichen Arbeitskräfte, auf die Förderung von Bewirtschaftungskooperativen und auf die Aufteilung extensiv bewirtschafteter Latifundien zur Schaffung eines familienfreundlichen Kleineigentums.

Der gegebene Bündnispartner für die Volkspartei wäre die zweite große Massenpartei, die Sozialisten gewesen, wenn sie sich zu einer reformistischen Zusammenarbeit bereitgefunden hätte. Gerade das war jedoch nicht der Fall, da bei den Sozialisten die maximalistische Strömung hochgespannter revolutionärer Erwartungen tonangebend war, die reformistischen Ansätzen keinen Raum gab. Spannungen bestanden zwischen Volkspartei und Sozialisten auch aus weltanschaulichen Gründen. Die Religionsfeindlichkeit vieler Sozialisten ließ ein Bündnis mit ihnen vor allem für die kirchliche Hierarchie als problematisch erscheinen; es traf in wichtigen Situationen auf entschiedene Abwehr.[171] Beim Aufkommen der Volkspartei

und der mit ihr verbundenen Arbeiterorganisationen entstand
zwischen Sozialisten und Volkspartei ein besonders scharfes
Konkurrenzverhältnis, da beide die ländlichen Massen zu
gewinnen suchten, wobei die Katholiken besonders den
Kleinbesitz verteidigten und Agrarreformen zu seinen Gunsten anstrebten, während die Sozialisten ihren revolutionären
Vorstellungen der Vergesellschaftung des Eigentums näher-
kommen wollten. Trotz vieler sozialistischer Gewaltmaßnahmen trat die Volkspartei antisozialistischen Ordnungsblöcken
nicht bei, da sie sich damit wieder in die Gefolgschaft der Liberalen begeben hätte. So existierten erhebliche innere und äußere Widerstände gegen ein Bündnis zwischen Katholiken
und Sozialisten, für das andererseits gewichtige sachliche Argumente sprachen. Katholiken und Sozialisten verfügten im
Parlament zusammen über eine Mehrheit, und beide Parteien
waren entschlossen, die unteren Volksschichten in der Entwicklung ihrer politischen und wirtschaftlichen Emanzipation
voranzubringen. Daher lag in dem Bündnis zwischen Katholiken und Sozialisten eine Möglichkeit, die in der italienischen
Öffentlichkeit während der ersten Hälfte der zwanziger Jahre
zwar vielfach erörtert, aber nicht ernsthaft erprobt wurde.
  Eine Zusammenarbeit von Katholiken und Sozialisten wäre
gerade auch durch das Emporkommen des Faschismus Anfang der zwanziger Jahre gefordert worden, denn nur mit
Hilfe dieser Parteien wäre eine parlamentarisch genügend
abgesicherte Regierung möglich gewesen, die sich dem Faschismus hätte entgegenstellen können. Allerdings zeigte die
Entwicklung, daß Sturzo als politischer Sekretär seinen antifaschistischen Kurs in der Volkspartei nur mit Mühe und keineswegs mit voller Konsequenz durchzusetzen vermochte. Gegen Sturzos Willen beteiligte sich die Volkspartei an der ersten
Regierung Mussolinis. Bei dieser Regierungsbildung setzten
sich in der Volkspartei die Kräfte durch, die in der Tradition
des Bündnisses mit den Liberalen zur Zusammenarbeit auch
mit den Faschisten bereit waren. Mussolini begnügte sich jedoch nicht mit diesem Erfolg, sondern fühlte sich schon bald
stark genug, auf die Unterstützung der Volkspartei zu verzichten. Er verdrängte sie aus seiner Regierung, als in der Partei weiterhin ein starker Widerstand gegen die faschistische
Regierung zum Ausdruck kam. Sturzo wurde der Verbleib in

seinem Amt unmöglich gemacht, indem man ihn in einen Konflikt zwischen seinen politischen Auffassungen und seinen Verpflichtungen als Priester trieb.

Seine Politik gegen die Volkspartei verband Mussolini zugleich mit zahlreichen Andeutungen eines Entgegenkommens gegenüber Kurie und Katholizismus. Das war eine wichtige Voraussetzung dafür, daß unter dem neuen Pontifikat Pius' XI. der Rückhalt für die Volkspartei bei der Kurie zurückging. Die Kurie machte deutlich, daß die Volkspartei nicht mehr ihre, wenn auch nur stillschweigende, Unterstützung finde. Jetzt zeigte sich, daß die Volkspartei trotz ihres betont akonfessionellen Charakters abhängig von dem Beistand war, den sie im Vatikan fand. Der Kurswechsel der Kurie wirkte sich auch auf die Führung der Partei durch Sturzo aus, der einen wichtigen Faktor in der Abwehr des Faschismus dargestellt hatte. Nicht ohne Zutun der Kurie verlor Sturzo die Führung der Volkspartei, während sich innerhalb der Partei die Gegensätze zwischen den verschiedenen Strömungen verstärkten. Die Stellungnahme der Volkspartei gegen ein die Faschisten begünstigendes Wahlgesetz war nicht mehr einheitlich. Eine Gruppe rechtsstehender Abgeordneter stimmte für die faschistische Vorlage. Es kam auch zum Austritt repräsentativer Persönlichkeiten aus der Partei, die sich z. T. zu einer nationalen Vereinigung zusammenschlossen, die als Sammelbecken für philofaschistische Katholiken gegründet wurde. In den nach dem neuen Wahlgesetz abgehaltenen Wahlen verlor die Volkspartei mehr als die Hälfte ihrer Kandidaten. Allerdings stellte die Erringung von 40 Mandaten im Klima der Unterdrückung während der Wahl noch einen relativen Erfolg dar.

Die Volkspartei beteiligte sich nach der Ermordung des sozialistischen Abgeordneten Matteotti an dem Boykott des von den Faschisten beherrschten Parlaments, an der sog. Vereinigung des Aventin. Sie konnte jedoch nicht verhindern, daß sich nach der Verschärfung des faschistischen Kurses Anfang 1925 eine zunehmende Zahl von Anhängern von ihr abwandte. Immer wieder waren Einrichtungen und Mitglieder der Partei faschistischen Gewalttaten ausgesetzt. Mussolini konnte schließlich der Partei ein Ende bereiten, indem er ihr zuerst die bei der letzten Wahl errungenen Abgeordnetenmandate absprach und die Partei dann Ende des Jahres 1926 verbot.

Damit hatte die letzte Phase des politischen Katholizismus in den inneren Auseinandersetzungen des Landes schon nach wenigen Jahren ein schnelles Ende gefunden. Die Katholiken waren zwar maßgeblich daran beteiligt, die Fortdauer des liberalen Regimes der Vorkriegszeit unmöglich zu machen, sie waren aber nicht in der Lage gewesen, von sich aus führend die Gestaltung der italienischen Nachkriegssituation in die Hand zu nehmen. Nicht zuletzt infolge der Verselbständigung der Katholiken in der Politik gewann die faschistische Reaktion Auftrieb, die einem Teil des Bürgertums Schutz gegen die volkstümlichen Massenbewegungen der Nachkriegszeit bieten zu können schien. Ein ausschlaggebendes Gegengewicht gegen den Faschismus konnte die Volkspartei nicht werden, da sie dazu weder die innere Geschlossenheit besaß, noch einen beständigen und starken Rückhalt an der Kurie fand. Im Vatikan verstärkten sich vielmehr Tendenzen, die Förderung der eigenen Interessen nicht mehr bei der Partei der Katholiken zu suchen, die sie im allgemeinen Kontext der politisch-gesellschaftlichen Auseinandersetzung verfolgen mußte, sondern ihre Befriedigung von dem Arrangement mit einem autoritären Regime zu erhoffen, das in der Lage war, jede ihm genehme Vereinbarung unangefochten durch den Widerstand gesellschaftlicher Gegenkräfte durchzusetzen. Gegenüber der Tatsache der gegenseitigen Annäherung von Kurie und faschistischer Regierung konnte sich die durchaus vorhandene Opposition in der Volkspartei gegen den Faschismus nicht lange halten. Der Faschismus vermochte vielmehr auf längere Sicht, in der einen oder anderen Weise selbständiges politisches und gesellschaftliches Handeln der Katholiken zu unterdrücken und auch die Katholiken an sich zu binden. Die bemerkenswerte Tatsache, daß Sturzo und einige weitere Führer der Volkspartei im Exil erbitterte Feinde des Faschismus blieben, hatte in Italien selber keine weitreichende Wirkung. Hier war entscheidend, daß den katholischen Gewerkschaften, den ländlichen Kassen und den Volksbanken der Katholiken ihre Existenzgrundlage ebenso entzogen wurde wie der Volkspartei. Die Katholiken wurden aus politisch-gesellschaftlichen Positionen verdrängt und konzentrierten sich mit neuer Intensität auf den religiösen Bereich.

Dieser Entwicklung entsprach es, daß die schwebenden Probleme zwischen Kirche und Staat jetzt ohne die Katholiken gelöst wurden. Der Faschismus konnte in dem Hauptproblem, der Klärung der römischen Frage, an frühere Bemühungen anknüpfen. Die Bedeutung, die der römischen Frage von katholischer Seite beigemessen wurde, war deutlich erkennbar in dem Maße zurückgegangen, in dem sich die Katholiken in ihrer politischen Betätigung auf den Boden der Tatsachen stellten. In der Nachkriegszeit wurden dann auch schon Verhandlungen über eine eventuelle Beilegung des Konflikts geführt. Dadurch, daß sie nicht zum erfolgreichen Abschluß gebracht wurden, ließ sich das liberale Regime und mit ihr die Volkspartei eine Chance entgehen, die wahrzunehmen ihnen beiden in ihrem Verhältnis zum Vatikan und in ihrem allgemeinen Selbstbehauptungskampf nützlich gewesen wäre.

Als der Faschismus die Aufgabe löste, tat er das in einem Doppelschritt, indem er einerseits einen Vertrag über die römische Frage schloß. In diesem Vertrag zeigte die Kurie großes Entgegenkommen und begnügte sich mit dem symbolischen Territorialbestand des Vatikanstaates. Der zweite Schritt war andererseits der Abschluß eines Konkordats, durch das der Staat mit seiner Tradition religiöser Indifferenz brach und mit der Kirche als prinzipiell gleichberechtigtem Partner ein Vertragsverhältnis einging, das der Kirche im religiösen Bereich große Selbständigkeit verbriefte. Vertrag und Konkordat entsprachen zusammengenommen dem Interesse der vertragschließenden Parteien. Im Vertrag wurde die römische Frage in einer Weise gelöst, die den Staat ein Minimum an Entgegenkommen kostete. Im Konkordat gestand der faschistische Staat den religiösen Freiheitsraum zu, für den jetzt keine politische Partei mehr eintrat. Durch das Konkordat suchte und erhielt die Kirche ihre Sicherheit wieder in Vereinbarungen auf höchster Staatsebene, nachdem sie schon vorher darauf verzichtet hatte, ihre Interessen von der gerade erst gegründeten Partei der Katholiken, von der Volkspartei, weiterhin vertreten zu lassen. Durch die Abkommen mit der Kurie erzielte der Faschismus einen innen- und außenpolitischen Prestigegewinn, der ihm bei der inneren und äußeren Konsolidierung seiner Machtstellung äußerst wichtig war und, wie erhofft, voll zustatten kam.

Das Verhältnis zwischen Katholizismus und faschistischem Staat blieb aber trotz der Übereinkünfte zwischen Kirche und Staat auch in Zukunft nicht ohne Spannung. In der Enzyklika »Non abbiamo bisogno« von 1931 verwahrte sich der Papst vielmehr entschieden gegen Übergriffe der Faschisten gegen die katholische Aktion und erreichte damit immerhin eine Beruhigung zwischen Kirche und Faschismus, die zumindest eine äußere Anerkennung des faschistischen Regimes und seiner Politik förderte. Gegen eine ideologische Anerkennung des Faschismus durch die Katholiken waren aber schon vorher Schranken aufgerichtet worden, so z. B. als der Papst 1926 die Ideen der »Action Française« verurteilte und dabei die auch auf Italien anzuwendende Warnung aussprach, die Religion nicht der Politik dienstbar zu machen. Daß diese Warnung auch an die Adresse des Faschismus gerichtet war, zeigte sich jedes Mal, wenn Papst oder Kurie sich gegen faschistische Übergriffe wandten. Auch wenn die Kirche Übereinkünfte mit dem faschistischen Staat schloß, war sie im Prinzip nicht bereit, ihre religiösen Belange diesem Staat ein- oder unterzuordnen. Nur wenn sie ausgeklammert blieben, war das vielfach zum Ausdruck kommende gute Verhältnis von Kirche und Staat im faschistischen Italien zu erhalten. »Die Kirche erreichte in diesen Jahren eine durchgehend günstige Anwendung der konkordatären Gesetzgebung und konnte ihren Einfluß in allen Bereichen bemerkenswert ausdehnen, die sie interessierten; im Austausch damit gestand sie, wenn auch mit einigen ideologischen Vorbehalten, dem faschistischen Regime sowohl in seinen innen- als auch in seinen außenpolitischen Initiativen eine wirksame Unterstützung zu.«[172]

Durch die Annäherung Italiens an das nationalsozialistische Deutschland, in dem der Konflikt zwischen Kirche und Staat voll entbrannt war, wurde das Verhältnis der Kirche zum faschistischen Staat erneut belastet, vor allem, als es zur Übernahme der antijüdischen Rassegesetze in Italien kam. Jetzt bildete sich ein moralisch begründeter Widerstand gegen den Faschismus, der im Verlauf der Entwicklung des Krieges in eine Teilnahme von Katholiken am Widerstand gegen die deutsche Herrschaft in Italien einmündete. So stand auch für die Katholiken am Anfang ihrer Beteiligung am Wiederaufbau eines neuen Staates die Abwendung vom Faschismus. Sie war durch den Gegensatz zum Nationalsozialismus erleichtert worden, konnte aber die lange Phase der äußeren Zusammenarbeit mit dem faschistischen Staat nicht so schnell vergessen machen.

Zwar durchlief der politische Katholizismus in Deutschland, Frankreich und Italien auch zwischen den beiden Weltkriegen eine jeweils eigene Entwicklung, aber es zeigten sich doch zumindest in Deutschland und Italien verwandte Züge. In Deutschland konnte das Zentrum in der Weimarer Republik, wenn auch geschwächt, eine bedeutende politische Vermittlungsrolle spielen, die aber mit der Machteroberung des Nationalsozialismus ein schnelles Ende fand. Ohne noch eine ins Gewicht fallende politische Wirkung entfalten zu können, wurde der Katholizismus zu einer gesellschaftlichen Kraft, die immer wieder die Willkürherrschaft des Nationalsozialismus zu spüren bekam. Es ist als Leistung anzuerkennen, daß sie im großen und ganzen den engsten religiösen Bereich, wenn auch unter ständigen Anfeindungen, gegenüber dem nationalsozialistischen Regime zu behaupten vermochte. In Deutschland setzte der Nationalsozialismus nach italienischem Vorbild eine Konkordatspolitik für seine Ziele ein. Es besteht aber ein wichtiger Unterschied zwischen der Entwicklung in Italien und in Deutschland darin, daß der Nationalsozialismus in Deutschland einen sich phasenweise mehr oder minder rigoros verschärfenden Konflikt mit der Kirche austrug, während der italienische Faschismus die religiöse Betätigung trotz aller Anfeindungen im einzelnen akzeptierte und aus seinen totalitären Bestrebungen praktisch ausklammerte.

In Italien trat der politische Katholizismus unmittelbar nach dem Ersten Weltkrieg zum ersten Mal machtvoll parteipolitisch organisiert hervor und schien bestimmt, eine ausschlaggebende Kraft in der politisch-gesellschaftlichen Nachkriegsentwicklung zu werden. Hier erschien es jetzt möglich, eine Partei der Katholiken heranzubilden, die in der Lage war, in Italien eine ähnlich große Bedeutung zu erreichen, wie das Zentrum sie in Deutschland lange Zeit innegehabt hatte. Das Aufkommen des gewalttätigen Faschismus zusammen mit der Unfähigkeit der Volkspartei, ihre Kräfte geschlossen zum Bündnispartner einer antifaschistischen Koalition zu machen, ließen die Partei dann schon bald an Einfluß verlieren, zumal ihr der Vatikan seine anfängliche Unterstützung entzog. Schon Jahre vor der Entscheidung über die Lateranverträge zwischen faschistischem Staat und Kurie war die Partei mit Gewalt vom politischen Schauplatz verdrängt.

In Frankreich vermochte der Katholizismus weiterhin nur eine begrenzte politische Bedeutung zu erlangen. Der Gegensatz zwischen Kirche und Dritter Republik wurde aber in dieser Zeit weiter abgebaut, und es folgte eine kräftige Stärkung katholischer Organisationen. Zwar kompromittierte sich die Amtskirche während der deutschen Besetzung Frankreichs durch die Zusammenarbeit mit der Vichy-Regierung, aber es wurden doch durch die Beteiligung zahlreicher Katholiken an der Résistance gleichzeitig Voraussetzungen dafür geschaffen, die Katholiken Frankreichs zu einer Erneuerung des französischen Staates aufzurufen, und das unter einem eigenen politischen Vorzeichen, d. h. unter der Sammlung verschiedenartigster katholischer Elemente zu einer einzigen politischen Kraft. Während also in Deutschland und Italien der politische Katholizismus schwere Niederlagen hinnehmen mußte, traten in der französischen Entwicklung vor allem die positiven Impulse zu einem völligen Neuansatz hervor.

VIII. Der politische Katholizismus nach 1945

1. Die Neukonstituierung des politischen Katholizismus in Deutschland als überkonfessionelle Sammlungspartei

Der deutsche politische Katholizismus in Gestalt der Zentrumspartei hatte 1933 unerwartet schnell ein Ende gefunden. Erhalten blieben jedoch trotz zahlreicher Anfeindungen durch den Nationalsozialismus die katholische Kirche und ihre Strukturen, während das katholische Vereinswesen entgegen den Konkordatsvereinbarungen weitestgehend beseitigt worden war. In ihrer Verteidigungsstellung und unter dem Druck der Notlage des Krieges, die in den Bedrängnissen der unmittelbaren Nachkriegszeit eine bedrückende Fortsetzung fand, nahm die religiöse Integrationskraft der Kirche zu.[173] Nicht zuletzt wegen ihrer Selbstbehauptung gegen den Nationalsozialismus erfreute sich die katholische Kirche – wie übrigens auch die protestantischen Kirchen – eines gewachsenen Ansehens in der öffentlichen Meinung. Diese Tatsache läßt sich etwa schon an den Planungen des Kreisauer Kreises ablesen.[174]

Der Kreis hatte Verbindung auch mit katholischen Bischöfen gesucht, da ihm der moralische Rückhalt der Kirchen bei einer politisch-gesellschaftlichen Neuordnung als unerläßlich erschienen war und diese Neuordnung einen ausgeprägt christlichen Charakter haben sollte. Katholiken, Priester und Laien, die wie der Jesuit Alfred Delp im »Kreisauer Kreis« mitgewirkt hatten[175] oder die wie Bernhard Letterhaus und Nikolaus Groß in einem Kölner Kreis um den in Resten erhalten gebliebenen katholischen Arbeiterverein Neuordnungspläne erwogen hatten[176], waren der Verfolgung des Nationalsozialismus zum Opfer gefallen. Andere waren eingekerkert worden oder hatten ihre innere Oppositionshaltung gewahrt, ohne mit dem Regime direkt in Konflikt zu geraten. In der Abwehrstellung gegen den Nationalsozialismus hatte sich ein neues Verhältnis zwischen den christlichen Konfessionen angebahnt, das nicht mehr zu Unterscheidung und Konfrontation, sondern zu Gemeinsamkeit und Zusammenarbeit tendierte.

Nach der deutschen Kapitulation im Mai 1945 wurde Deutschland in vier Besatzungszonen aufgeteilt.[177] Zum Teil dadurch bedingt, entwickelte sich das politische Leben in verschiedenen Formen und in unterschiedlicher Schnelligkeit. Die Gemeinsamkeit bestand darin, daß die politische Organisation nach der Beseitigung des nationalsozialistischen Gewaltregimes neu in Angriff genommen werden mußte. In dieser Phase der politischen Neuorganisation spielten die traditionellen politischen Kräfte der Weimarer Republik eine unterschiedlich wichtige Rolle. KPD und SPD konnten aufgrund ihrer Frontstellung gegen das nationalsozialistische Regime schnell zu ihrem Neuaufbau schreiten. Problematischer war die Lage für die Anhänger der ehemaligen liberalen und konservativen Parteien, die gegenüber dem Nationalsozialismus große äußere und innere Schwäche gezeigt hatten. Im Bereich des politischen Katholizismus gingen die Anstöße zur Neuordnung vorwiegend von ehemaligen Angehörigen des Zentrums aus. Entscheidend war, daß es dabei nicht zu einer kritiklosen Reaktivierung der alten Zentrumspartei kam, sondern daß an den Mittelpunkten der Neugründung, Berlin und Köln, aber auch an zahlreichen anderen Orten, jetzt der Versuch gemacht wurde, die Überlegungen zur Ausweitung des Zentrums auf breitere Kreise des Bürgertums, wie sie vor allem Stegerwald in der Weimarer Zeit angestellt hatte, mit neuer Intensität aufzugreifen und unter den neuen gesellschaftlichen Rahmenbedingungen Wirklichkeit werden zu lassen.

In Berlin gehörten zu den Protagonisten der Gründung einer neuen, umfassenden christlichen Partei Andreas Hermes und Jakob Kaiser. Kaiser war 1933 an dem Versuch beteiligt gewesen, die Christlichen Gewerkschaften mit den übrigen zu einer Einheitsgewerkschaft zusammenzuschließen.[178] Er sowie andere Träger der Berliner Parteigründungsinitiative hatten Kontakte zur Gruppe der Verschwörer vom 20. Juli 1944 gehabt. Jetzt, im Juni 1945, riefen sie zu einer Sammlung aller christlichen und demokratischen Kräfte auf, nachdem sie schon einige Tage zuvor die »Christlich-Demokratische Union Deutschlands« (CDUD), vorerst allerdings nur für die sowjetische Besatzungszone, gegründet hatten. Neben schar-

fer Kritik an dem gestürzten nationalsozialistischen Regime
enthielt der programmatische »Aufruf an das deutsche Volk«
die Forderung nach Verstaatlichung des Bergbaus und anderer
Schlüsselindustrien und zur Heranziehung des Großgrundbe-
sitzes bei der Schaffung neuer Bauernstellen. Er lehnte Privat-
eigentum nicht ab, wollte es jedoch auf eine mittlere Größe beschränkt wissen und vor allem den mißbräuchlichen Einfluß
wirtschaftlicher Macht auf den Staat ausschließen. Soziale
Forderungen wurden zugunsten notleidender und sozial
schwacher Gruppen wie Kriegsgeschädigter und berufstätiger
Frauen erhoben.

Obwohl die Berliner Initiative allen anderen Ansätzen zur
Gründung einer gegenüber dem Zentrum erweiterten christlichen Partei vorausging, war ihr kein dauerhafter Erfolg be-
schieden. Das lag vor allem daran, daß die sowjetische Besatzungsmacht auf die neue Partei stärksten Einfluß nahm und sie
auf eine Zusammenarbeit mit der »Sozialistischen Einheits-
partei Deutschlands« (SED) festlegte. Sie behinderte die
Parteiführer in ihrer Kontaktnahme mit ähnlich gerichteten
Initiativen in Westdeutschland und kam so westdeutschen
Bestrebungen entgegen, sich vom Einfluß der Berliner Parteiführung freizuhalten. Die CDUD verfolgte unter Kaisers
Führung bis 1947 einen als christlichen Sozialismus bezeich-
neten innenpolitischen Reformkurs. Sie betonte den gesamtdeutschen Zusammenhalt und hatte das Ziel, Deutschland von
den Bindungen an die jeweils in den einzelnen Besatzungszonen maßgebenden Großmächte freizuhalten und ihm statt
dessen eine Brückenfunktion zwischen Ost und West zu geben. 1948 geriet die CDUD dann gänzlich unter den politischen Einfluß der SED, während ihre Reste als Exil-CDU mit
der Gesamtpartei verschmolzen. Der politische Katholizismus fand so in der sowjetischen Besatzungszone und später in
der DDR keinen speziellen Ausdruck mehr, während sich ihm
in der CDU/CSU der Bundesrepublik ein erweiterter Ak-
tionsraum öffnete.

Die folgenreichste Initiative zur politischen Neuorganisie-
rung des Katholizismus wurde im Rheinland, und hier besonders in Köln, entwickelt.[179] Auch im Rheinland ging der
Anstoß von ehemaligen Zentrumspolitikern aus. Ihre erste
Übereinkunft bestand darin, das alte Zentrum nicht zu reakti-

vieren, sondern die neu zu gründende Partei um protestanti-
sche Kreise zu erweitern und dabei ehemalige Konservative
und Liberale miteinzubeziehen. Evangelische Persönlichkeiten konnten schon zu den ersten programmatischen Überlegungen herangezogen werden, als deren Ergebnis im Juli 1945
die Kölner Leitsätze veröffentlicht wurden. Die Parteigründung erfolgte hier unter dem Namen »Christlich-Demokratische Partei« (CDP). Erst Ende des Jahres wurde auf einer Go-
desberger »Reichstagung« der Christlichen Demokraten allgemein die Bezeichnung »Christlich-Demokratische Union«
(CDU) angenommen. Eine badische »Christlich-Soziale
Volkspartei« (BCSV) schloß sich erst 1947 der CDU an und
übernahm auch ihren Namen, während die »Christlich-Soziale Union« (CSU) in Bayern ihre Selbständigkeit auf Dauer
beibehielt und ihr politisches Sondervotum von Fall zu Fall
mit unterschiedlichem Erfolg und unterschiedlichen Mitteln
gegenüber der CDU, mit der sie sehr eng zusammenarbeitete,
geltend machte.
  Die Kölner Leitsätze entstanden in mehreren Diskussions-
runden, die im Dominikanerkloster Walberberg geführt wurden. An ihnen hatte der Kölner Zentrumspolitiker Leo
Schwering einen führenden Anteil. Grundlagen zu der Programmdiskussion waren schon während der nationalsozialistischen Zeit in Gesprächen zwischen den Dominikanern
Laurentius Siemer und Eberhard Welty und verschiedenen katholischen Laien in Köln gelegt worden. Die starke Betonung
eines christlichen Sozialismus, die vor allem Siemer einbrachte, setzte sich in den weiteren Verhandlungen nicht
durch, fand vor allem keinen Niederschlag im Namen der
neuen Partei, wie es Siemer gewünscht hätte. Immerhin ist
auch noch in den Leitsätzen die Forderung nach einem »wahren christlichen Sozialismus« enthalten, dem unter dem Einfluß der Dominikaner eine naturrechtliche Begründung gegeben wurde. Die Leitsätze enthielten neben den politischen
Forderungen nach Rechtsstaatlichkeit und Freiheit der Meinungsäußerung auch weitgehende soziale Forderungen, indem sie eine »soziale Lohngestaltung, gerechten Güteraus-
gleich« und eine Sozialisierung im Interesse des Gemeinwohls
anstrebten. Wie im Berliner »Aufruf an das deutsche Volk«
kam auch in den Kölner Leitsätzen die Kritik an der Großin-

dustrie und der Wille zur Förderung des mittleren Eigentums besonders in der Landwirtschaft zum Ausdruck.

In der Folgezeit gewann der von Jesuiten entwickelte christliche Solidarismus größere Bedeutung für den Einfluß des politischen und sozialen Katholizismus auf Programmatik und Praxis der Unionsparteien.[180] In der von Heinrich Pesch ausgearbeiteten und von Gustav Gundlach und Oswald v. Nell-Breuning weiterentwickelten solidaristischen Konzeption wurden das Gemeinwohl und seine Erfordernisse nicht so beherrschend in den Vordergrund gestellt wie in dem christlichen Sozialismus der Dominikaner. Dem Individuum und seiner Entfaltung wurde vielmehr breiter Raum gegeben, wenn auch durchaus seine soziale Bindung und Verpflichtung durch das Gemeinwohl ernst genommen wurde. Der Solidarismus war flexibel genug, einerseits kapitalistische Wirtschaftsmethoden zur Entfaltung kommen zu lassen, andererseits aber Interessen des Gemeinwohls und eine gesamtgesellschaftliche Solidarität zur Geltung zu bringen. Der freien politischen und wirtschaftlichen Initiative der einzelnen wurde größte Bedeutung beigemessen und dem staatlichen Handeln auf den verschiedenen gesellschaftlichen Ebenen nur subsidiäre und sozial korrigierende Funktion zugebilligt. Reglementierende sozialistische oder staatssozialistische Tendenzen wurden als Wegbereiter eines unheilvollen Kollektivismus abgelehnt. Aber auch eine liberale Wirtschaftsführung ohne Bindung an das Gemeinwohl wurde zurückgewiesen. Die betonte soziale Komponente in der Politik der Unionsparteien verdankte der solidaristischen Schule in der katholischen Soziallehre allgemein die ideelle Grundlegung und immer wieder neue Impulse.[181]

Die Gründe für die Abwendung vom Zentrum, die sich aber im Laufe der weiteren Entwicklung in Westfalen als schwieriger erwies, lagen in der gegenüber der Gründungszeit des Zentrums gewandelten politischen Situation der Katholiken. Sie standen jetzt nicht mehr in Abwehrhaltung gegen einen starken protestantischen Staat und sein Staatskirchentum, auch war ihr Anteil an der westdeutschen Bevölkerung auf rund 45 % gestiegen. Das Zentrum hatte zwar, wie das von der neu zu gründenden Partei erwartet wurde, den Anspruch einer grundsätzlich über die Katholiken hinausgreifenden Integration christlicher Kräfte erhoben, war jedoch nie in der Lage, ihn zu realisieren, und konnte infolge seines fortdauernden »Images« als katholische Partei auch nach dem Zusammenbruch des nationalsozialistischen Regimes in dieser Hinsicht mit keinem größeren Erfolg rechnen. Daß der Wille zur Zusammenarbeit mit anderen politischen Kräften in der Auseinandersetzung mit dem Nationalsozialismus sehr erstarkt war, zeigte auch die Entwicklung der Gewerkschaften.[182] 1949 wurden die Einheitsgewerkschaften gegründet, in denen die ehemaligen Christlichen Gewerkschaften aufgingen. Diese Entwicklung konnte auch durch eine 1955 erfolgende Neugründung von Christlichen Gewerkschaften, die nur begrenzten Erfolg hatte (200000 Mitglieder), nicht rückgängig gemacht werden. Gegen die Tendenz der Einheitsgewerkschaften bildete sich in den fünfziger Jahren die christlich-soziale Kollegenschaft im Deutschen Gewerkschaftsbund (DGB) als Zusammenschluß christlicher Gewerkschaftsfunktionäre. Insgesamt setzte sich aber eine starke Affinität des DGB zur SPD durch.[183]

Durch seine Begrenzung auf einen abnehmenden Kreis von Katholiken war das Zentrum in der Weimarer Republik in eine defensive Haltung gezwungen worden. Jetzt konnte die Zusammenfassung der alten Mitte in Gestalt des Zentrums mit den infolge der Entwicklung orientierungslos gewordenen konservativen und liberalen Kräften die Chance bieten, in einer neuen Partei neue Integrations- und Gestaltungskraft herauszubilden und sie im politischen Handeln konkret sich entfalten zu lassen. Auch die neue Partei sollte eine christliche Partei sein. Sie sollte Katholiken und Protestanten zu tatsächlicher Zusammenarbeit vereinen, wozu durch den gleichgerichteten Kampf der christlichen Konfessionsgemeinschaften gegen den Nationalsozialismus auf allen Seiten eine erhöhte Bereitschaft vorhanden war. Nur in der politischen Zusammenarbeit der Christen aller Konfessionen schien eine christliche Prägung der Gesellschaft weiterhin möglich.

Mit dem Willen zur konfessionellen Zusammenarbeit war aber auch eine innere Spannung zwischen dem unter dem Einfluß der Dominikaner stehenden sozialreformerischen Kreis von Katholiken und den Protestanten heraufbeschworen, die vorwiegend von weiter rechts stehenden Parteien der Weimarer Republik zur CDU stießen. Dies machte sich schon im Zusammenhang mit der Formulierung der Kölner Leitsätze in dem Einfluß eines Wuppertaler protestantischen Kreises bemerkbar[184], wirkte sich aber auch in dem Erfolg von Bemühungen Konrad Adenauers aus, die sozialreformerische Richtung der sich konsolidierenden CDU zugunsten eines gezügelten kapitalistischen Systems zurückzudrängen, bei denen er sich auf evangelische Kreise stützen konnte.

Trotz der gewichtigen Gründe gegen eine Wiederbegründung des Zentrums hielt ein kleiner Kreis von Zentrumspolitikern an der alten Partei fest. Sie gründeten im Oktober 1945 die »Deutsche Zentrumspartei« (DZP), ohne daß diese Partei jedoch eine ernste Konkurrenz für die sich schnell entwickelnde CDU hätte darstellen können. Schon bis 1949 ging ein großer Teil der Zentrumswähler zur CDU über, und die Anhängerschaft der DZP verringerte sich derart, daß sie 1953 nur noch mit Hilfe einer Wahlabsprache mit der CDU in den Bundestag gelangte. Zentrumsgründungen in Hessen (1947/48) und in Baden (1951) führten nicht zu dauerhaftem Erfolg.

Von kirchlich-katholischer Seite wurde offenbar Kritik an dem Vorhaben Schwerings, des Initiators der Kölner Parteigründungsdiskussion, geübt, »das Schulwesen von oben bis unten im Geiste der christlichen Simultanschule mit obligatem Religionsunterricht auszugestalten«.[185] Die kirchliche Seite drängte auf die Wiedererrichtung des konfessionellen Schulwesens. Auch in der Programmdiskussion von Walberberg stieß Schwerings Vorschlag auf Widerstand. So traten die Kölner Leitsätze schon in ihrer ursprünglichen Fassung für das Elternrecht ein, d. h. für die Möglichkeit, konfessionelle Schulen aufgrund des Votums der Eltern ins Leben zu rufen. In einer zweiten Fassung der Leitsätze vom September/Oktober 1945 wurde dann wieder – wohl mit Rücksicht auf die Tradition des Zentrums und den Wunsch der Bischöfe – die weltanschauliche Gestaltung des Schulwesens gefordert, ohne daß diese Vorstellung jedoch in der Folgezeit konsequent hätte verwirklicht werden können. Die konfessionelle Schule mußte auch vom politischen Katholizismus schließlich als nicht realisierbare Maximalforderung erkannt werden. Sie verlor im Laufe der fünfziger Jahre ihre Bedeutung für das Verhältnis des politischen Katholizismus zur Gesamtgesellschaft. Die Durchsetzung des konfessionellen Religionsunterrichts mußte statt dessen genügen. In der weiteren Entwicklung der Bundesrepublik hatten die Unionsparteien noch hinlänglich Gelegenheit, sich gegen nivellierende Tendenzen im Schulwesen zur Wehr zu setzen und der Forderung nach allgemeiner Gleichheit die differenzierende nach individueller Chancengleichheit entgegenzustellen. Katholische Schulen wurden zwar nicht zum Regelfall, aber in einer viel wichtigeren und der tatsächlichen Wirksamkeit des Katholizismus viel besser entsprechenden Weise wurden sie zur Alternative und zum Korrektiv des öffentlichen Schulwesens, die ihrerseits ein Element gesellschaftlicher Pluralität und als solche Chancen für die weiterwirkende gesellschaftliche Gestaltungskraft des Katholizismus darstellen. Immerhin dürfte das Abgehen von Schwerings ursprünglicher Konzeption des Schulwesens dazu beigetragen haben, dem katholischen Episkopat die positive Stellungnahme gegenüber der neuen Partei zu erleichtern. Allgemein entwickelte sich ein enges Verhältnis der katholischen Kirche zu den Unionsparteien und zum neu entstehenden Staat und zur Gesellschaft der Bundesrepublik.[186] Zustimmung zur CDU kam nicht nur von der katholischen, sondern auch von der evangelischen Kirche, so daß die christliche Grundlegung der neuen Sammlungspartei auch in dieser Beziehung bestätigt wurde.

In der CDU setzte sich unter maßgeblichem Einfluß Adenauers die Zurückdrängung betont gemeinwirtschaftlicher und sogar christlich-sozialistischer Ideen fort, die schon in den Kölner Leitsätzen in Auseinandersetzung mit den Vorschlägen der Dominikaner begonnen hatte. Zu dieser Tendenz stellten weder der Frankfurter Gründungskreis der CDU noch die *Frankfurter Hefte,* die seit 1946 von Walter Dirks und Eugen Kogon herausgegebene Monatsschrift, ein ausreichendes Gegengewicht dar. Dirks vertrat schon im Frankfurter Gründungskreis der CDU einen Sozialismus aus christlicher Verantwortung, in dem er marxistische Anstöße für eine christliche Politik fruchtbar machen wollte. Er sprach die »leidenschaftliche Warnung an die Christdemokraten« aus, »als politische Partei nicht noch einmal das Christentum durch Verfilzung mit bürgerlicher Ideologie zu diskreditieren«.[187] Mit seiner Warnung stellte sich Dirks in Gegensatz zu dem sich in der CDU auswirkenden Willen eines großen Teils der Gründer, die CDU als christliche Weltanschauungspartei zum Sammelbecken gerade auch bürgerlicher Rechtskräfte zu machen. Wenn diese Sammlung auch nicht vollständig gelang – die Gründung der Freien Demokratischen Partei (FDP) war dafür ein deutliches Anzeichen –, so wäre sie bei stärkerem Einfluß der Dirksschen Konzeption vermutlich vollends unmöglich geworden.

Dezidiert sozialreformerische Tendenzen in der CDU konnten noch einmal deutlich auf dem Reichstreffen der Christdemokraten in Bad Godesberg Ende 1945 zum Zuge kommen.[188] In einer Entschließung wurde ein »Sozialismus aus christlicher Verantwortung« offiziell als maßgeblich für die CDU anerkannt. Somit schien sich der Einfluß des sozialreformerischen Flügels der Partei zu verstärken, zumal auch die ostzonale CDU den christlichen Sozialismus ausdrücklich als Programmpunkt übernahm und durch Kaiser auch in Westdeutschland propagierte. Eine gegenläufige Entwicklung brachte dann aber ein von Adenauer für die CDU der britischen Besatzungszone in Neheim-Hüsten vorgelegter Programmentwurf, der auf absehbare Zeit auf Verstaatlichung der Grundstoffindustrien und auf die staatliche Überwachung der Banken und des Versicherungswesens verzichtete. Alle sozialen Forderungen wurden von dem Gedanken der freien Persönlichkeit abgeleitet, die die Anerkennung der Rechte und der Verantwortlichkeit von Arbeitnehmern und Arbeitgebern beinhaltete. Sie sollten besonders auch auf wirtschaftlichem Gebiet verwirklicht werden. Indirekt wurde damit auch der Unternehmerinitiative Raum geschaffen, die jetzt erst sekundär auf das Gemeinwohl verpflichtet werden konnte, während in den Vorstellungen der Sozialreformer das Gemeinwohl die primär grundlegende und maßgebende Größe dargestellt hatte.

Die sozialreformerische Tendenz der CDU kam schließlich noch in dem Ahlener Programm der CDU der britischen Zone zum Ausdruck.[189] Das Programm wurde durch eine Präambel eingeleitet, in der das Ungenügen des kapitalistischen Wirtschaftssystems festgestellt und eine grundlegende Neuordnung gefordert wurde. Eine gemeinwirtschaftliche Ordnung sollte den inneren und äußeren Frieden sichern. Innere Span-

nung erhielt das Programm dadurch, daß es in seinem Hauptteil stark die Freiheit der Person auf politischem und wirtschaftlichem Gebiet betonte. Dadurch wurden die Neu-
ordnungsimpulse nicht in einer wie auch immer gearteten
Gemeinwirtschaft gesucht, sondern in der Entfaltung des
einzelnen, wenn auch die Zusammenballung wirtschaftlicher
Macht ausdrücklich abgelehnt wurde.

Nach einer ausführlichen Kritik an der industriellen Wirtschaft der Vergangenheit formulierte das Programm Grundsätze zur Schaffung einer Wirtschaftsstruktur, die im Interesse
der Entfaltung des einzelnen weder durch eine »unum-
schränkte Herrschaft des Privatkapitalismus« noch von einem
an seine Stelle tretenden »Staatskapitalismus« bestimmt
werden sollte. Sie wandten sich also in gleicher Weise gegen
Kapitalismus und Sozialismus und suchten statt dessen einen
dritten Weg der Mitte. Durch Begrenzung von Konzernen,
Kartellen und Aktienbesitz sollte der allzu großen wirtschaftlichen Machtzusammenballung entgegengetreten werden.
Vergesellschaftung wurde für den Kohlebergbau und für die
Eisenerzeugung gefordert. Genossenschaften, Klein- und
Mittelbetriebe sollten gefördert werden. Im Verhältnis von
Arbeitgebern und Arbeitnehmern sollte die Stellung der Ar-
beitnehmer durch Mitbestimmung und Recht auf Information
über die Lage der Betriebe gestärkt werden. In sozialen Fragen
sollte der Betriebsrat Mitspracherecht erhalten. Planung und
Lenkung der Wirtschaft wurden für wirtschaftliche Notlagen
akzeptiert, als Selbstzweck jedoch abgelehnt. Die gesamte
Neuordnung sollte sich am Wohl des Volkes orientieren.

Während das Ahlener Programm durchaus noch tiefe Eingriffe in die im Wiederaufbau befindliche Wirtschaftsordnung
ins Auge faßte, traten in der weiteren Entwicklung grundlegende Reformmaßnahmen in den Hintergrund. In der sozialen Marktwirtschaft, die in ihren ersten beiden Jahrzehnten
weitgehend von Ludwig Erhard gestaltet wurde, erhielt die
kapitalistische Wettbewerbswirtschaft wieder breiten Spielraum in der CDU-Programmatik und -Praxis, wenn sie auch
zugunsten des Gemeinwohls und zugunsten sozial schwacher
Gruppen und Individuen durch die staatliche Wirtschafts-
und Sozialpolitik korrigiert wurde. Die wirtschaftspolitischen
Leitlinien der CDU, die sog. Düsseldorfer Leitsätze, definier-

ten die soziale Marktwirtschaft: »Die ›soziale Marktwirtschaft‹ ist die sozial gebundene Verfassung der gewerblichen
Wirtschaft, in der die Leistung freier und tüchtiger Menschen
in eine Ordnung gebracht wird, die ein Höchstmaß von wirtschaftlichem Nutzen und sozialer Gerechtigkeit für alle
bringt.«[190] Die soziale Marktwirtschaft wurde ausdrücklich
jeder »Planwirtschaft«, aber auch der »Wirtschaft liberalisti-
scher Prägung« entgegengesetzt. Daher wandte sie sich gegen
eine Reglementierung von seiten des Staates ebenso wie gegen
bestimmende Einflüsse einzelner oder von Gruppen, deren
Gewicht sie durch Monopolkontrolle in Grenzen zu halten
trachtete. Dem Staat wurde eine »planvolle Beeinflussung der
Wirtschaft mit den organischen Mitteln einer umfassenden
Wirtschaftspolitik« vorbehalten, in der auch die Sozialpolitik
ihren Rückhalt finden sollte.
  Die Düsseldorfer Leitsätze wurden in der Partei als eine
marktwirtschaftliche Ergänzung des Ahlener Programms bezeichnet, stellten aber im Grunde eine starke und endgültige
Verlagerung der CDU-Politik von der gesellschaftlich-wirt-
schaftlichen Reformpolitik auf eine kapitalistische Marktpoli-
tik dar, deren soziale Bindung die Aufgabe einer Politik
wurde, die sich von Mal zu Mal auf die sozialen Probleme zu
besinnen hatte und ihrer Lösung im Entscheidungsprozeß gegen die Interessenpolitik der wirtschaftlichen Gruppen und
Kräfte zum Durchbruch verhelfen mußte. Innerparteilich
machten sich die »Sozialausschüsse der christlich-sozialen Arbeitnehmerschaft« (CDA), in der sich die reformerischen
Kräfte eines sich schon seit 1945 konstituierenden Arbeitneh-
merflügels gesammelt hatten, vielfach inspiriert vom katholischen Solidarismus zum Sprecher sozialer Ziele. Sie konnten
sich dabei aber oft nur ansatzweise gegen Vertreter eines möglichst ungebundenen Kapitalismus inner- und außerhalb der
Partei durchsetzen.
  Im Hamburger Programm von 1953 trug die CDU einen umfassenden Katalog ihrer Leistungen und Ziele vor. Als staats-
politischer Grundsatz wurde formuliert: »Es ist die Aufgabe
des Staates, dem Menschen zu dienen. Der Einzelne soll als
freier Bürger Träger der Verantwortung für das Ganze sein.
Die Staatsgewalt hat keinen Totalitätsanspruch.«[191] Das Programm führte dann einen Katalog von rechtspolitischen For-

derungen auf, in denen u. a. die Sicherung der vollen Freiheit und Unabhängigkeit der Kirchen für ihren öffentlichen Auftrag genannt und gegen eine Neubelebung des konfessionellen Hasses Stellung genommen wurde. Sozialen und wirtschaftlichen Problemen war in dem Programm breiter Raum gegeben. Der »Eingliederung der Vertriebenen und Flüchtlinge«, der »Erhöhung der Produktivität und des Lebensstandards« und dem verstärkten Wohnungsbau wurden eigene Abschnitte gewidmet. Die Ausführungen zur Sicherung des sozialen Friedens wurden mit der Grundsatzerklärung eingeleitet: »Unsere Sozialpolitik ist kein Anhängsel an die soziale Marktwirtschaft, sondern ihr Ziel.« Im einzelnen wurden behandelt: Betriebsverfassung und Mitbestimmung, Sicherung der Rechte der Familie, Kriegsopferversorgung, Sozialversicherung und Altersversorgung. Weitere Abschnitte des Programms galten einer breiten Eigentumsbildung, der Förderung der Jugend und der Stellung der Bundesrepublik in der Gemeinschaft freier Völker. Insgesamt bot das Hamburger Programm das Bild einer Partei, die sich ihrer Leistungen bewußt war und aus diesem Bewußtsein die Lösung weiterer anstehender Probleme in Angriff nahm. Daß die CDU 1957 die Bundestagswahl mit einer absoluten Mehrheit gewann, hatte seinen Grund sicher nicht zuletzt in der Einführung der dynamischen Altersrente.[192] Das allgemeine Selbstvertrauen und der programmatische Schwung der Partei, die sich im Hamburger Programm äußerten, stellten für diesen Erfolg die Grundlage dar.

Als die soziale Marktwirtschaft noch unter der Führung Ludwig Erhards zur »formierten Gesellschaft« weiterentwikkelt werden sollte, bedeutete dies eine Akzentverlagerung von dem Pluralismus der gesellschaftlichen Kräfte auf die Steuerungsfunktion des Staates. Gerade zur gleichen Zeit, in der zweiten Hälfte der sechziger Jahre, machten sich jedoch Bestrebungen nach erhöhter politischer und wirtschaftlicher Partizipation geltend, die, von SPD und FDP aufgegriffen, die CDU aus ihrer fast zwei Jahrzehnte währenden Regierungsführung verdrängten und sie in die Opposition verwiesen, aus der sie erst 1982, nun ihrerseits unterstützt von der FDP, in die Regierungsverantwortung zurückkehrte.

Da die CDU seit Anfang der sechziger Jahre einem Prozeß

fortschreitender Schwächung unterlag, bemühte man sich mit dem Berliner Programm in seinen beiden Fassungen von 1968 bzw. 1971 um eine Reorganisation und Regeneration. Dabei versuchten vor allem die Sozialausschüsse der christlich-demokratischen Arbeitnehmerschaft und die Junge Union (JU), einen politischen Kurs zu propagieren, der in Fragen der betrieblichen Mitbestimmung und in bezug auf eine verstärkte Demokratisierung dem Trend der öffentlichen Diskussion in verstärktem Maße gerecht werden sollte. Die beiden Gruppen konnten jedoch in der Gesamtpartei ihren Forderungen keine genügende Geltung verschaffen. Erst in der späteren Diskussion um Unternehmensrecht, Vermögensbildung, Bildungspolitik und ein soziales Wohnrecht konnte sich, gestützt auf eine neue Parteiführung, eine Reformbereitschaft in größerem Maße durchsetzen.[193] In der Mannheimer Erklärung griff die CDU zusätzliche Probleme auf. So analysierte sie die Lage von sozial schwachen Randgruppen gegenüber jenen Gruppen mit starkem politischem und gesellschaftlichem Einfluß und erkannte darin eine neue soziale Frage neben dem Konflikt zwischen Kapital und Arbeit. Dem Staat wurde auch in diesem Konflikt eine Ausgleichsfunktion zugesprochen, dabei wurde aber zugleich vor einem zu weit ausgreifenden Staatshandeln gewarnt. Die Tendenz zur Ausweitung staatlicher Aktivität wurde von der CDU auch gerade als Folge der Politik der sozialliberalen Koalition kritisiert und statt dessen eine stärkere Aktivierung gesellschaftlicher Institutionen und Gruppen gefordert.

Gegenüber der sozialen Reformtätigkeit der regierenden SPD/FDP-Koalition und gegenüber wachsenden wirtschaftlichen Schwierigkeiten von Arbeitslosigkeit und hoher Staatsverschuldung hielt die CDU an dem Konzept der sozialen Marktwirtschaft auch in der neuen Situation und angesichts neuer Probleme Anfang der achtziger Jahre und nach ihrer Rückkehr in die Regierungsverantwortung 1982 fest. Wenn auch vielfältig durchbrochen durch lenkende und subventionierende Maßnahmen des Staates, wird der Regierungskurs der CDU/FDP-Koalition wieder bestimmt durch die Konzeption einer kapitalistischen Wettbewerbswirtschaft, an welcher die Regierung, animiert durch die entsprechenden sozialen Interessentengruppen und durch eine sozial und ökologisch sensibilisierte öffentliche Meinung, ihre Korrekturen zugunsten des Gemeinwesens und seiner einzelnen Gruppen anzubringen versuchen muß.

Die Entwicklung von CDU/CSU kann weitgehend mit der Entwicklung des politischen Katholizismus in der Bundesrepublik gleichgesetzt werden[194], wenn auch vor allem seit Ende der fünfziger Jahre die Polarisierung im Verhältnis zu der deutschen Sozialdemokratie abgebaut wurde und zunehmend auch dezidiert katholische Christen in ihrer politisch-gesellschaftlichen Einstellung, in ihrem Wahlverhalten und in der Bewegung »Christen für den Sozialismus« parteipolitische Entscheidungsfreiheit für sich in Anspruch nahmen und praktizierten.[195] Der »Bensberger Kreis«, eine locker zusammengeschlossene Gruppe von Katholiken, versucht seit der zweiten Hälfte der sechziger Jahre, unbeeinflußt durch einseitige parteipolitische Rücksichtnahme, brennende Probleme aus der Position christlicher Verantwortung anzusprechen, um ihre Diskussion besonders auch unter diesem Aspekt in der Öffentlichkeit anzuregen.[196] Der Kreis fand sein wohl größtes Echo, als er im Vorfeld der Verträge mit Rußland und Polen Schritte der Versöhnung und des Friedens gegenüber Polen befürwortete und durch eine Denkschrift moralisch stützte. Seine Denkschrift zum Verhältnis von Christentum und Sozialismus war dazu geeignet, eine vorurteilsfreie Auseinandersetzung von Christen, insbesondere von Katholiken, mit dem Sozialismus zu fördern, wurde in ihren historischen Abschnitten jedoch den Verdiensten der katholischen Soziallehre und den von ihr ausgehenden sozialpolitischen Impulsen nicht gerecht.[197] Diese und ähnliche Initiativen vermochten die politische Diskussion und Reflexion unter Katholiken und in der Gesellschaft insgesamt immer wieder zu beleben, nicht aber, das Mehrheitsverhalten des politischen Katholizismus zu bestimmen, der seit der Gründungszeit der CDU/CSU mit diesen Parteien verbunden blieb.

Ein wirkungsvolleres Spannungselement im parteipolitisch verfaßten politischen Katholizismus stellte seit der unmittelbaren Nachkriegszeit die bayerische CSU dar. Die Partei war eine parallele Gründung zur CDU und ging auf Sammlungsimpulse zurück, die auch in der CDU wirksam gewesen waren. Sie mußte jedoch besonderen landesinternen, durch lange historische Traditionen gefestigten Verhältnissen gerecht werden, die ihr einen eigenständigen Charakter gaben und auch die Grundlage eines hohen, nicht selten übersteigerten Selbstbehauptungswillens bildeten. Entgegen der Entwicklung anderer Regionalparteien, die früher oder später in die CDU integriert wurden, behielt die CSU ihre Selbständigkeit und wußte eine Doppelfunktion als bayerische Partei und als Bundespartei zu entwickeln, die sie einerseits zur führenden politischen Kraft in Bayern, andererseits zu einem eigenständigen Faktor der Bundespolitik werden ließ.[198]

In der CSU kamen seit ihrer Gründung eine nordbayerische und eine südbayerische Gruppe des politischen Katholizismus zum Zuge. Der nordbayerische, fränkisch-schwäbische Katholizismus befürwortete die Sammlungspolitik der CDU und war einer Mitarbeit an der westdeutschen Entwicklung zugeneigt. Der südbayerische Katholizismus blieb stärker der Tradition der Bayerischen Volkspartei verhaftet und betonte vor allem die bayerische Eigenständigkeit. Erst nachdem Auseinandersetzungen dieser Gruppen, die die Partei an den Rand des Scheiterns brachten, in den fünfziger Jahren überwunden wurden, gewann die Partei die Kraft, innerbayerische Parteikonkurrenten, wie vor allem die in Nordbayern an Bedeutung gewinnende Bayernpartei (BP), zu absorbieren und dadurch als eigenständige politische Kräfte auszuschalten, gleichzeitig aber auch Flüchtlinge und Vertriebene für sich zu gewinnen. Da sie, vor allem in den siebziger Jahren, immer stärker in die evangelischen Teile Bayerns einzudringen vermochte, errang sie nach einem Tiefstand ihres Wähleranteils 1950 immer bessere Wahlergebnisse, nicht nur in den Landtagswahlen, sondern auch in den Bundestagswahlen. Während die Ergebnisse der CSU in Bundestagswahlen auf Bayern bezogen schon seit 1957 beständig über 50% lagen, gelang es der Partei seit 1970 auch bei den Landtagswahlen immer wieder, die absolute Mehrheit der Stimmen z. T. beachtlich zu übertreffen.

Entgegen anfänglichen Tendenzen, die CSU eng mit einer zu errichtenden »Reichs-CDU« zu verbinden, setzte sich in der CSU der Wille zu akzentuierter bayerischer Eigenständigkeit auch auf parteipolitischer Ebene durch. Die Tradition der BVP und die Konkurrenz der BP verstärkten den Trend zur Eigenständigkeit. So war die CSU Bayerns 1946 nur zur gleichberechtigten Zusammenarbeit mit anderen Landesparteien bereit und stellte bei der Konstituierung des Bundesverbandes der CDU 1950 nur durch Arbeitsgemeinschaften und die Fraktionsgemeinschaft im Bundestag die Verbindung mit der CDU her. Möglichkeiten, ihren Einfluß auf Südbaden und aufs Saarland auszudehnen, nahm die bayerische CSU nicht wahr.

Nach 1970 kam es zu erhöhten Spannungen zwischen CSU und CDU über der Frage, wie die seit 1969 regierende sozialliberale Koalition zu stürzen sei. In der CSU entwickelten sich Tendenzen, eine vierte Bundespartei als Sammelbecken aller Rechtskräfte zu schaffen. Die bundesweite Gründung von Freundeskreisen der CSU wurde als organisatorische Vorbereitung einer solchen Partei interpretiert und Franz Josef Strauß, seit langem stärkster Exponent der Politik der CSU auch auf Bundesebene, mit ihnen in Zusammenhang gebracht. Strauß selbst nährte diese Vermutungen immer wieder, indem er auf die Notwendigkeit einer vierten Partei zum Sturz der SPD/FDP-Koalition hinwies. Verwirklicht wurde weder eine Ausweitung der CSU auf andere Bundesländer noch eine vierte Partei. Unter der maßgebenden Führung von Strauß, der der Haltung der CSU gegenüber ihrer Schwesterpartei zeitweise einen ausgesprochen aggressiven Charakter gab, gelang es der CSU in den siebziger Jahren immer wieder, Einfluß auf die CDU zu nehmen. Sie setzte dabei durchweg sowohl innenpolitisch als auch außenpolitisch auf einen Konfrontationskurs, indem sie den Gegensatz zur Sozialdemokratie betonte und sich vom außenpolitischen Entspannungskurs der Regierungskoalition distanzierte. 1980 bedeutete dann die Kandidatur von Strauß als Kanzlerkandidat von CDU/CSU einen Höhepunkt des CSU-Einflusses auf die Gesamtpolitik der Unionsparteien, zugleich aber auch mit dem Scheitern dieser Kandidatur eine Abnahme des Gewichtes der bayerischen Partei. Die CSU vermag jedoch durchaus auch noch innerhalb der neuen CDU/CSU/FDP-Koalition ihr Sondervotum geltend zu machen und betrachtete sich bei aller Affinität zur CDU als selbständigen Koalitionspartner.

Das Votum des politischen Katholizismus für die Gründung der CDU ist für seine Entwicklung bis heute von ausschlaggebender Bedeutung gewesen. Nicht nur waren ehemalige Zentrumspolitiker führend beteiligt an den vielerorts spontan entstehenden Gründungskreisen der neuen christlichen Sammlungspartei, sondern auch das Wahlverhalten der Katholiken verschaffte der Partei ihren wachsenden Erfolg, der es ihr erlaubte, nach und nach auch in evangelischen Gebieten an Rückhalt bei der Wählerschaft zu gewinnen. Das andauernde überproportionale Engagement der Katholiken für die CDU läßt sich über einen großen Zeitraum hinweg beobachten, auch wenn die Partei in dieser Zeit Schwankungen unterworfen war, die sie von 25,2 % (+ CSU 31 %) im Jahr 1949, 36,4 % (+ CSU 45,2 %) 1953, 39,0 % (+ CSU 50,2 %) 1957 und 35,8 % (+ CSU 45,4 %) 1961 bis zum Verlust der Regierungsführung mit 36,6 % (+ CSU 46,1 %) der Stimmen 1969 führte, als die FDP nicht mehr zur Koalition bereit war. Bis 1969 entschieden sich zwischen 60 % und 62 % der Katholiken für die CDU/CSU.[199] Für die folgenden Wahlen bis 1980 ist eine Abwanderung von katholischen Wählern zur SPD und FDP festgestellt worden. Katholiken sind aber nach wie vor unter den Wählern der Unionsparteien stark überrepräsentiert. Das Wahlverhalten gegenüber den Parteien zeigt auch aufs deutlichste den Zusammenhang mit der Kirchennähe der Katholiken.[200] So spricht vieles dafür, die Unionsparteien weiterhin als besonderen Ausdruck des politischen Katholizismus zu betrachten. Mit dem Einfluß des Katholizismus mischt sich freilich, der Gründungsidee der Unionsparteien gemäß, der Einfluß evangelischer Kreise, die sich ebenfalls auf ein umfängliches Wählerpotential stützen können, sowie konservativer und liberaler Kräfte, die von der christlichen Sammlungspartei ebenfalls integriert wurden.[201]

Das Engagement der Katholiken für die Unionsparteien fand einen Rückhalt in der zufriedenstellenden Position, die die Kirche in der Verfassungsordnung der Bundesrepublik trotz mancher unerfüllter Wünsche erringen konnte. Die Bestimmungen des Verhältnisses von Kirche und Staat wurden aus der Weimarer Verfassung in die der Bundesrepublik übernommen. Die bestehenden Konkordate einschließlich des Reichskonkordats von 1933 wurden als gültig anerkannt. Der katholischen wie der evangelischen Kirche wurden Funktionen und Mitspracherechte in den öffentlichen Institutionen eingeräumt. Gesellschaftliche Einrichtungen, wie Kindergärten, Einrichtungen für die Jugend, Krankenhäuser u. a. mehr, sind unter weitgehender staatlicher Finanzierung der Leitung der Kirche anvertraut und bieten die Grundlage für deren fortdauernde Präsenz in der Gesellschaft. Wenn diese Position der Kirche auch keine einseitige Angelegenheit der Unionsparteien ist, waren diese doch gegenüber ihrer Realisierung am aufgeschlossensten. Sie konnten sich ihrerseits der vielfach in kirchlichen Verlautbarungen zu Wahlen mehr oder weniger deutlich zum Ausdruck kommenden Unterstützung der katholischen Hierarchie erfreuen. Seit den sechziger Jahren wurde das Verhältnis zwischen katholischer Kirche und den Unionsparteien jedoch zunehmend problematischer. Dazu trugen verschiedene Faktoren bei: das Anwachsen der Unionsparteien zu weit in evangelische Kreise hineinwirkenden Volksparteien, die abnehmende Konfrontation mit der Sozialdemokratie, das allgemeine »Aggiornamento« durch das Zweite Vatikanische Konzil, das auch in politischer Hinsicht neue Perspektiven eröffnete.[202] Wenn auch unter Schwankungen, blieb dennoch eine gewisse prinzipielle Affinität erhalten und konnte 1980 in einer Verlautbarung der Bischöfe zur Bundestagswahl noch einmal stärker akzentuiert werden. Eine Säkularisierung hat sich aber zweifellos auch in den Unionsparteien durchgesetzt, der bei den katholischen Wählern eine wenn auch begrenzte Tendenz zu politischem Pluralismus entspricht. Daran konnte auch die Tatsache nichts ändern, daß die gesetzlichen Initiativen der sozial-liberalen Koalition zur Ehescheidung und besonders zur Abtreibung zu einer erneuten Konfrontation der Kirche mit diesen Parteien führten. Auch die neue CDU/CSU-FDP-Koalition konnte nicht daran denken, die konsequente kirchlich-katholische Ablehnung der Abtreibung offiziell zu übernehmen oder sie gar zur Grundlage korrigierender gesetzgeberischer Maßnahmen zu machen.

Im Hinblick auf die grundlegenden politischen Entscheidungen der Unionsparteien für die Politik der Bundesrepublik sind verschiedene Themen zu erwähnen, die von richtungweisender Bedeutung für die Gesamtentwicklung der Bundesrepublik waren. Auf diese Entscheidungen wirkte sich der Einfluß Adenauers ausschlaggebend aus. Adenauer hatte schon in der Weimarer Republik als Kölner Oberbürgermeister, als

Mitglied des Preußischen Staatsrats und als prominentes Mitglied der Zentrumspartei eine politische Rolle gespielt. In der nationalsozialistischen Zeit hielt er sich vom aktiven Widerstand fern, wurde von den Nationalsozialisten jedoch zeitweilig in Haft genommen.

1945 schloß sich Adenauer erst nach einigem Zögern den Bestrebungen zur Gründung einer neuen christlichen Partei im Rheinland an, wenn er auch von Anfang an mit deren rheinischem Führungskreis in Verbindung gestanden hatte. Nachdem er seit Ende 1945 seine politische Aktivität intensiviert hatte, stieg er schnell in die Führung der neuen Partei auf. Anfang 1946 übernahm er den Landesvorsitz der rheinischen CDU und bekam damit bedeutenden Einfluß auf die Gesamtentwicklung der Partei. Das Programm der CDU der britischen Zone von Neheim-Hüsten wurde von Adenauer entworfen und erhielt durch ihn seine Prägung. Weitere Stationen seines Aufstiegs waren Ende 1946 der Vorsitz in der CDU-Fraktion des nord-rhein-westfälischen Landtags, im September 1948 seine Präsidentschaft im »Parlamentarischen Rat« und schließlich 1949 seine Wahl zum ersten Bundeskanzler der Bundesrepublik. 1950 wurde Adenauer bei der Gründung der CDU als Gesamtpartei deren Vorsitzender. Dieses Amt behielt er bis 1966. Bis zu seinem Tode 1967 war er Ehrenvorsitzender der Partei. Er wußte nicht nur bis Anfang der sechziger Jahre der Politik der CDU/CSU die Richtung zu weisen, sondern die gesamte politische Entwicklung der Bundesrepublik tiefgehend zu beeinflussen.

An der Entwicklung der CDU-Programmatik[203] und -Politik von der anfänglichen starken Akzentuierung sozialreformerischer Tendenzen zur sozialen Marktwirtschaft hatte Adenauer insofern bedeutenden Anteil, als er die Freiheit der Person sowohl im politischen als auch im wirtschaftlichen Bereich betonte und auf dieser Grundlage auch für den Unternehmer in der Wirtschaft volle Bewegungsfreiheit forderte. Mit diesen Bestrebungen kam Adenauer zugleich protestantischen Kreisen entgegen, die dem starken Einfluß naturrechtlich begründeter sozialreformerischer Vorstellungen in der neuen Partei abgeneigt waren. Außerdem erleichterte er mit der Wendung zur sozial gebundenen Marktwirtschaft die Mitarbeit von Liberalen in der Partei, die in dieser Politik die Chance sehen konnten, liberalen Vorstellungen einen möglichst breiten Durchbruch zu verschaffen. Andererseits konnten Adenauer und die Unionsparteien sich durch die sozialethischen Impulse des Solidarismus vielfältig inspirieren lassen.

Adenauer verband diese Wirtschaftspolitik mit einer ausgeprägt den Westmächten – USA, Großbritannien und Frankreich – zugewandten Außenpolitik. Während Kaiser und die CDU der sowjetisch besetzten Zone im Hinblick auf die deutsche Einheit einer engen Bindung der einzelnen deutschen Besatzungszonen an ihre Besatzungsmächte zu entgehen suchten, befürwortete Adenauer für die Westzonen eine enge Anlehnung an die westlichen Alliierten. Er ging dabei von der Anerkennung eines Sicherheitsbedürfnisses besonders in Frankreich aus und interpretierte die Stellung Rußlands zu Deutschland und zu Westeuropa eindeutig als Bedrohung. So forderte Adenauer einen europäischen Zusammenschluß unter dem Vorzeichen einer Abwehr weiterer sowjetischer Expansion. Die uneingeschränkte Bindung der drei westlichen Besatzungszonen an die Westmächte sollte eine Einflußnahme Sowjetrußlands ausschließen und für einen wiedererstehenden westdeutschen Staat den Rahmen neuer politischer Selbständigkeit und Bewegungsfreiheit bilden. Zugunsten dieser prowestlichen Konzeption war Adenauer bereit, auf einen gesamtdeutschen Friedensvertrag mit den ehemaligen Kriegsgegnern zu verzichten und sich auf eine Verständigung der drei westlichen Besatzungszonen Deutschlands mit den Westmächten zu beschränken.

Adenauer verfolgte seine Politik der Anlehnung an die westlichen Staaten schon in den verschiedenen Parteigremien und in seinen Verhandlungen mit westlichen Politikern vor der Entstehung der Bundesrepublik. Deren Gründung gab ihm die Gelegenheit, in dem Petersberger Abkommen die Politik der Bundesrepublik auf die Westorientierung endgültig festzulegen, obwohl er dabei auf die erbitterte Ablehnung der deutschen Sozialdemokratie stieß, die darin ein negatives Präjudiz für eine Politik der nationalen Wiedervereinigung sah. Die Bundesrepublik trat im Sinne der Westorientierung auch der internationalen Ruhrbehörde bei und stimmte damit der von den Westmächten beschlossenen Herauslösung großer Teile der Ruhrindustrie aus der deutschen Wirtschaft zu.

Durch die deutsche Beteiligung wurde die gegen Deutschland gerichtete Maßnahme zu einer Grundlage der Zusammenarbeit mit den Westmächten.

Die Bundesregierung beschloß, auch wieder gegen die scharfe Opposition der SPD, den Beitritt der Bundesrepublik zum 1949 gegründeten Europarat, obwohl gleichzeitig mit ihr das von der Bundesrepublik abgetrennte Saarland in den Rat aufgenommen werden sollte. Adenauer entschied sich zu dieser Politik weitestgehenden Entgegenkommens gegenüber den Westmächten, um schließlich auch seinerseits Konzessionen für eine neue Selbständigkeit der Bundesrepublik im Rahmen der voranschreitenden Westintegration zu erreichen. Einen weiteren Schritt im Sinne der Integrationspolitik gegenüber den Westmächten stellte die Gründung der Montanunion dar, durch die Frankreich, Italien, die Benelux-Staaten und Deutschland ihre Kohle- und Energiewirtschaft einer internationalen Verwaltung unterstellten. Bei seiner Europapolitik, in der sich dezidierte Abwehr jedes sowjetrussischen Einflusses auf Westdeutschland mit voller Integrationsbereitschaft gegenüber den westeuropäischen Staaten verband, konnte Adenauer aufs engste mit den Christlichen Demokraten in Italien und Frankreich zusammenarbeiten. De Gasperi und Schuman waren seine wichtigsten Partner bei der Konstituierung der Einheit einer Kerngruppe von europäischen Staaten. Die Integrationspolitik fand von kirchlich-katholischer Seite wohlwollende Zustimmung, während sie in evangelischen Kreisen, die mehr gesamtdeutsch ausgerichtet waren, stärkere Vorbehalte wachrief.

Die deutsche Wiederbewaffnung wurde seit Ende 1949 zu einer hart umstrittenen Frage der internationalen Politik und der Innenpolitik. Sie war auch in katholischen Kreisen anfänglich umkämpft.[204] In der Gesamtpolitik Adenauers entsprach sie dem Sicherheitsbedürfnis gegenüber der Sowjetunion und auch gegenüber der sowjetisch besetzten Zone, wurde aber auch als Mittel zur Förderung der Zusammenarbeit der Bundesrepublik mit den Westmächten eingesetzt. Wenn die Integration auf militärischem Gebiet in der französischen Republik auch auf starken Widerstand stieß und nicht in der ursprünglich vorgeschlagenen Weise zustande kam, bedeutete sie doch einen entscheidenden Schritt auf dem Weg der Bundesrepublik zu Integration und Zusammenarbeit mit den westlichen Staaten, mit dessen Konsequenzen sich spätere Bundesregierungen, ob unter christlich-demokratischer oder sozialdemokratischer Führung, immer wieder auseinanderzusetzen hatten und haben. Integrations- und Aufrüstungspolitik führten die Bundesrepublik 1959 in das westliche Verteidigungsbündnis der Nato. Die deutsche Mitgliedschaft in der westeuropäischen Union und in der westeuropäischen Wirtschaftsgemeinschaft war ebenfalls eine Konsequenz und Weiterführung der europäischen Integrationspolitik. Die Vorbehalte, die von evangelischen, aber auch von katholischen Christen gegen die deutsche Wiederbewaffnung und Aufrüstung geltend gemacht wurden, sind immer wieder aufgeflammt, wenn der Fortgang der Rüstung neue Entscheidungen nötig machte. Sie sind Ausdruck eines politischen Katholizismus, der sich immer wieder in die Spannung politischer Erfordernisse und ethischer Verantwortung gestellt sieht und dieser Spannung nicht durch pragmatische Entscheidungen entfliehen darf, wenn er seiner Eigenart als religiös verantworteter und inspirierter politischer Haltung gerecht werden will.

Die CDU/CSU stützte ihre zunächst weitgehend von Adenauer bestimmte Politik von 1949 bis 1953 auf eine Koalition mit der FDP und der Deutschen Partei (DP), d.h. auf die Zusammenarbeit mit liberalen und konservativen Kräften außerhalb der eigenen Partei. 1953 errangen die Schwesterparteien zwar die absolute Mehrheit der Bundestagsmandate, gingen aber trotzdem eine Koalition mit der FDP, der DP und dem Bund der Heimatvertriebenen und Entrechteten (BHE) ein. Die Regierungskoalition verfügte damit über die Zweidrittelmehrheit, die ihr die für die Wiederbewaffnungspolitik notwendigen Verfassungsänderungen ermöglichte. 1955 verließ der BHE aus parteiinternen Gründen die Koalition und ging in die Opposition. Die FDP spaltete sich und wechselte bis auf einen Rest von Abgeordneten, der in der Koalition blieb, zur Opposition über. 1957 errangen CDU/CSU sogar eine absolute Mehrheit der abgegebenen Stimmen. Sie koalierten jetzt nur noch mit der DP, die gegen Ende der Legislaturperiode in einem Prozeß zunehmender Auflösung geriet. Die Verhandlungen über die Regierungsbildung gestalteten sich 1961 besonders schwierig, da die CDU/CSU ihre absolute Mehrheit verloren hatte und die gestärkte FDP als einzig verbliebene kleine Partei ihre Bereitschaft zur Koalition vom Ausscheiden Adenauers aus dem Kanzleramt abhängig machte. Durch Verhandlungen über eine große Koalition mit der SPD, durch die Adenauer Druck auf die FDP ausübte, gelang es ihm noch einmal, sich als Kanzler zu behaupten, obwohl die Zeit seiner Kanzlerschaft in Verhandlungen mit der FDP begrenzt wurde. Nach schweren parteiinternen Konflikten wurde schließlich gegen den Widerstand Adenauers Ludwig Erhard als sein Nachfolger benannt und im selben Jahr 1963 zum Bundeskanzler an der Spitze einer CDU/CSU-FDP-Koalition gewählt. Diese Koalition zerfiel Ende 1966 und wurde für eine kurze Zeit durch ein Minderheitskabinett der CDU/CSU ersetzt. An dessen Stelle trat von 1966 bis 1969 eine große Koalition von CDU/CSU und SPD unter dem CDU-Politiker Kurt Georg Kiesinger. Von 1969 bis 1982 wurde die CDU/CSU durch eine Koalition aus SPD und FDP in die Opposition gedrängt, sie konnte erst wieder 1982 unter Kanzler Helmut Kohl in einer Koalition mit der FDP die Regierung übernehmen.

2. Der Versuch der Gründung einer Mittelpartei durch den politischen Katholizismus in Frankreich

Vielfältig waren die ideellen und personellen Anstöße, die aus den christlich-demokratischen Gruppen der Vorkriegszeit in der Zeit nach dem Zweiten Weltkrieg auf eine neue Initiative zur Schaffung einer katholischen Massenbewegung in Frankreich einwirkten. Als unmittelbare Vorbereitung für die 1944 erfolgende Gründung des »Mouvement Républicain Populaire« (MRP) ist die französische innenpolitische Situation nach der Niederlage gegen Deutschland zu sehen. Zahlreiche Angehörige katholischer Jugendorganisationen traten in Opposition gegen das kollaborationistische Vichy-Regime und beteiligten sich an dem immer härter werdenden Kampf der französischen Résistance gegen die deutsche Besatzung.[205] Sie folgten dabei nationalen und moralischen Motiven und erreichten eine enge Zusammenarbeit mit den verschiedenen anderen Widerstandsgruppen. Durch die Teilnahme vieler

Katholiken an der Résistance ist der überkommene Gegensatz zwischen Katholiken und Republik weiter abgebaut worden, so daß er nicht mehr als hervorstechendes Charakteristikum der französischen Innenpolitik gelten kann. Das Verhältnis von Staat und Kirche erfuhr dadurch eine anhaltende Verbesserung.

Wichtige Anregungen für die Gründung des MRP gingen von dem Studenten Gilbert Dru aus, der selbst aber noch vor der tatsächlichen Gründung des MRP als Mitglied der Widerstandsbewegung erschossen wurde.[206] Dru wurde sich bewußt – und konnte das auch anderen überzeugend darlegen –, daß die französischen Katholiken in diesem ganz besonderen Moment aktiv werden mußten. Aus dem Widerstand mußte eine politische Erneuerung hervorgehen. Sie war in einer genuin demokratischen Republik zu suchen, zu der die Katholiken aus christlicher Inspiration einen eigenständigen Beitrag zu leisten hatten. Sie sollten als dritte Kraft zwischen die Kommunisten und die Rechte treten und dadurch deren unvermittelte Konfrontation verhindern. Die christliche Tradition sollte in engsten Kontakt mit der Tradition der Republik gebracht werden, zu der sie im Zeichen von Revolution und Laizismus so lange in Gegensatz oder zumindest in Distanz gestanden hatte. Georges Bidault wurde tätiger Verbindungsmann zwischen verschiedenen Gruppen, die in der geplanten Partei vereinigt werden sollten. Er blieb neben Robert Schuman und Pierre Henri Teitgen einer der prominentesten Repräsentanten und Führer des MRP.

Die Gründung des MRP erfolgte schon, als die Befreiung Frankreichs noch nicht vollzogen war. Der MRP beteiligte sich dann auch an der provisorischen Regierung, die Charles de Gaulle noch vor der endgültigen deutschen Niederlage im September 1944 bildete. In den ersten Wahlen von 1945 und 1946 vermochte der MRP bedeutende Erfolge zu erzielen. Im Oktober 1945 und im Juni und November 1946 bei den Wahlen zu den verfassunggebenden Versammlungen bzw. bei den ersten allgemeinen Wahlen wurden für die Partei 23,9% bzw. 28,2% und 25,9% der abgegebenen Stimmen gezählt. Damit errang sie 150 bzw. 166 sowie 173 Sitze und wurde eine politische Kraft, die zwischen den Kommunisten und der Rechten eine starke Mitte bildete.[207]

Außer den traditionellen christlich-demokratischen Wählern zog der MRP viele konservative katholische Wähler an, die die Rechte durch ihre Zusammenarbeit mit den Deutschen kompromittiert sahen und sich trotzdem nicht zu einer Stimmabgabe für die Linke entschließen konnten. Obwohl die Partei unter praktizierenden Katholiken die größte Gefolgschaft fand und kirchlich gesinnte Katholiken den Hauptteil ihrer Führungskräfte stellten, bemühte sie sich um einen akonfessionellen Charakter und versuchte, alle nicht-kommunistischen Kreise anzusprechen. Sie hielt daher auch ihre Kontakte zur kirchlichen Hierarchie in engen Grenzen, auch wenn sich zunächst deutlich das Wohlwollen der französischen Bischöfe für die neue Partei zeigte. Die Unterstützung des Episkopats für den MRP ging im Laufe der Jahre zurück und kam allen Parteien mit Ausnahme der Kommunisten mehr oder weniger zugute. Allgemein verdankte die Partei der katholischen Aktion und der katholischen Gewerkschaftsbewegung ihre schnellen Erfolge in der Frühzeit der Republik.

Die Bemühungen um Akonfessionalität konnten nicht verhindern, daß die Partei über katholische Kreise hinaus nur geringfügige Erfolge errang und generell als Partei der kirchennahen Katholiken angesehen wurde, die sie tatsächlich auch war. Auf parlamentarischer Ebene vertrat die Partei kirchliche Interessen in der Familienpolitik, der Erziehungspolitik und der Wahrung der öffentlichen Moral. Die Partei besaß regionale Schwerpunkte in West- und Nordwestfrankreich und konnte nie eine gleichmäßige Unterstützung in der Gesamtbevölkerung erreichen. Ländliche Bevölkerungsgruppen waren in ihr stark vertreten, doch vermochte sie durchaus auch städtische Bevölkerungsteile und Industriearbeiter anzuziehen.

In der Frühzeit der Republik betrieb der MRP eine Politik der engen Zusammenarbeit mit de Gaulle, die sich jedoch seit 1947 lockerte, als der General mit dem »Rassemblement du peuple français« seine eigene politische Bewegung gründete, die dem MRP kurzfristig starken Abbruch tat. Auch in späteren Phasen der politischen Entwicklung konnte sich de Gaulle jedoch noch vielfach auf den MRP stützen. Seine Gefolgschaft war nicht mehr so einmütig wie in den ersten Jahren der Vierten Republik, da die Parteiführung gegenüber dem persönlichen Regiment de Gaulles an ihren demokratischen Idealen sowohl zugunsten des Mitspracherechts des Parlaments als auch im Interesse der Teilhabe der Minister an wichtigen Regierungsentscheidungen festzuhalten versuchte.

Wie sich schon bei den Regionalwahlen von 1947 und 1949 andeutete, ging in dieser Zeit der Einfluß des MRP in der französischen Wählerschaft zurück. Schwierigkeiten bereitete der Partei ihre Mittelstellung, in der sie unter Beteiligung an zahlreichen Kabinetten der Vierten Republik eine Reformpolitik zu verfolgen versuchte, die den politischen Auffassungen ihrer teilweise konservativen Wählerschaft nicht vollständig entsprach. Unter dem Druck der Entwicklung mußte sie vor allem später in der Fünften Republik politische Konzessionen machen, die ihren Schwerpunkt zunehmend nach rechts verschoben, obwohl sie damit die Abwanderung eines beachtlichen Teils ihrer Wählerschaft nicht verhindern konnte. Vor allem das Eintreten des MRP für die Konfessionsschule brachte die Partei in engeren Kontakt zu den Rechtsparteien. 1951 sank der Stimmenanteil des MRP auf 12,6% der abgegebenen Stimmen und ging 1956 erneut, aber nur noch geringfügig, auf 11,1% der abgegebenen Stimmen zurück. Die Partei entsandte nur noch 95 bzw. 83 Abgeordnete ins Parlament. Ihr Stimmenanteil war also schon in der Vierten Republik mehr als halbiert worden.

In der 1958 aufgrund der unlösbaren Schwierigkeiten unter maßgeblichem Einfluß de Gaulles, aber auch mit Hilfe des MRP errichteten Fünften Republik konnte der MRP nur noch eine begrenzte Rolle spielen. Das lag daran, daß in der Fünften Republik das politische Gewicht des Staatspräsidenten auf Kosten des Parlaments bedeutend verstärkt wurde und de Gaulle von diesen Kompetenzen exzessiven Gebrauch machte. Immerhin behielt die Partei Einfluß, soweit und solange sie mit de Gaulle zusammenarbeitete. Bei den allgemeinen Wahlen von November 1958 errang sie noch 11,1% der abgegebenen Stimmen. Als dann jedoch 1962 die »Union pour la nouvelle République« die Partei de Gaulles wurde, erlitt der MRP einen weiteren Aderlaß, da er ein Drittel des ihm 1958 verbliebenen Wähler- und Abgeordnetenpotentials verlor. Dieser Rückgang hatte zur Folge, daß die Partei 1963 ihr Aufgehen in eine neue politische Gruppierung der Mitte beschloß.

Georges Lecanuet rief Ende 1965 die Gruppierung des

»Centre démocrate« (CD) ins Leben, mit dessen Hilfe er die politische Mitte zu einer ausschlaggebenden Kraft sammeln wollte. Dem CD flossen auch Reste des christlich-sozialen MRP zu, ohne daß die christlich-demokratische Richtung jedoch auf diesem Wege eine parteipolitische Wiederauferstehung hätte feiern können. Ehemalige Angehörige des MRP zerstreuten sich vielmehr auf das gesamte französische Parteienspektrum. Es wird daran deutlich, wie wichtig der Katholizismus und das christlich-demokratische und christlich-soziale Denken für die Formierung und auch für den Zusammenhalt des MRP gewesen waren. Denn nur mit seiner Hilfe waren Kräfte von so unterschiedlichen politischen Entwicklungsmöglichkeiten zusammenzuführen und zusammenzuhalten gewesen. Andererseits ist unübersehbar, daß der Katholizismus das konstituierende Element der Partei nur gegen den Willen führender Persönlichkeiten des MRP blieb, die einen Zusammenhalt der politischen Mitte auf breiterer Grundlage und mit Hilfe von genuin politischen Integrationsfaktoren bevorzugt hätten. Hatte der MRP zeitweilig namhafte Teile der französischen Katholiken zusammengeführt, war das dem CD nicht mehr möglich.

Zwar verlor der französische Katholizismus mit der Auflösung des MRP seinen hervorragenden parteipolitischen Exponenten, der in der Entwicklung des französischen politischen Katholizismus eine einzigartige Stellung einnahm. Damit ist jedoch die politische Wirkung des Katholizismus auch in Frankreich keineswegs erschöpft, denn die verschiedensten Gruppen und Grüppchen innerhalb der Rechten, der Mitte und der Linken lassen sich in ihrer individuellen politischen Entwicklung auf ihre Weise weiter durch katholische Impulse in ihrem Handeln inspirieren. Der »Centre des Démocrates Sociaux« (CDS), der Partner der europäischen christlich-demokratischen Parteien in Frankreich, ist eine von diesen Gruppen, ohne daß er bisher auch nur entfernt die Bedeutung des MRP erreicht hätte.[208]

Seine politischen, sozialen, wirtschaftlichen und kulturellen Vorstellungen stützte der MRP auf eine eigene christlich geprägte Auffassung vom Menschen und der Geschichte. Er kritisierte das individualistische Konzept des Liberalismus, das der Französischen Revolution entsprungen sei. Die Revolution sei zwar wichtig, da sie die bürgerliche Gleichheit gebracht habe, aber sie sei auch verderblich, da sie zugleich eine Polarisierung des Eigentums nach sich gezogen habe. Der individualistische Freiheitsbegriff sei unangemessen. Er bewirke den Reichtum der wenigen und die Armut der vielen. Der Kommunismus versuche zu Unrecht, die Fehler des Individualismus durch seinen gleichmachenden Kollektivismus zu überwinden. Durch ihn werde der einzelne rücksichtslos der Allgemeinheit ein- und untergeordnet.

Der MRP wandte sich gegen Kapitalismus und gegen Staatstotalitarismus. Er wollte jeden Staatsbürger an der Gestaltung auch des wirtschaftlichen Lebens beteiligen. An den wirtschaftlichen Entscheidungen seines konkreten Lebenskreises sollte er ebenso partizipieren, wie ihm ein gleichmäßigerer Anteil bei der Verteilung des Einkommens zufallen sollte. Auf diese Weise sollte mit Hilfe von »natürlichen« sozialen Gruppen im Verhältnis zwischen den einzelnen und dem Staat ein Weg jenseits von nivellierendem Kollektivismus und ungezügeltem, ungeordnetem Individualismus gefunden werden. Die Rechte aller sollten auf je besondere Weise berücksichtigt werden. Mit dieser Konzeption wollte der MRP auch die traditionelle Gegenüberstellung der antidemokratischen Katholiken und der fortschrittlichen Antiklerikalen überwinden. »Historisch entstand diese Teilung (der französischen öffentlichen Meinung in zwei einander entgegenstehende Blöcke) aus der Gegenüberstellung der antidemokratischen und konservativen Katholiken zu den demokratischen und fortschrittlichen Antiklerikalen. Der MRP ist jetzt katholisch, demokratisch und fortschrittlich.«[209]

Der MRP stellte den konsequentesten und erfolgreichsten Versuch in der französischen Geschichte dar, die französischen Katholiken in einer großen, akonfessionellen, aber von christlichem Denken bestimmten Partei zusammenzufassen und diese Partei eindeutig zu einer Kraft des politischen und gesellschaftlichen Fortschritts zu machen. Wenn dieser Versuch zunächst einen so schnellen und großen Erfolg hatte, lag das z. T. daran, daß sich der konservative Teil der französischen Katholiken stärker auf das Vichy-Regime eingelassen hatte und nach dem Krieg gern von der Möglichkeit Gebrauch machte, dem neuen aus der Résistance erwachsenden Impetus des MRP zu folgen, auch wenn er nicht tiefgehend von dessen fortschrittlichen Ideen erfaßt wurde. Nach wenigen Jahren sollte sich im französischen Katholizismus erneut die Neigung durchsetzen, die eigenen Stimmen auf eine Mehrzahl von Parteien zu verteilen und immer weniger der auf christliches Denken gestützten und von katholisch geprägten Politikern geführten, wenn auch betont akonfessionell ausgerichteten Partei Gefolgschaft zu leisten.

In der Kulturpolitik waren der MRP und später auch der CDS beständige Fürsprecher der konfessionellen Privatschulen. In dieser Frage besaß die Partei einen wichtigen Berührungspunkt mit weiter rechts stehenden Parteien, obwohl sie von ihrem Gründungsimpuls her stärker nach links tendierte. 1959 kam unter Mitwirkung des MRP eine Regelung der staatlichen Finanzierung der katholischen Privatschulen zustande, wodurch ein langwieriger Konflikt zwischen Kirche und Staat aus dem Weg geräumt wurde. Auch in anderen Fragen, wie dem Scheidungsrecht und der Schwangerschaftsunterbrechung, vertrat der MRP die katholische Auffassung, dies aber mehr aufgrund einer allgemein katholischen Prägung als unter dem Einfluß kirchlicher Stellen. Von ihm suchte sich die Partei bewußt freizuhalten, obwohl oder vielleicht weil sie schon wegen ihres katholischen Wählerpotentials allgemein als katholische Partei angesehen wurde.

In der Gestaltung der französischen Außenpolitik ist der MRP am meisten in das allgemeine Bewußtsein getreten, da führende Vertreter der Partei, Bidault und Schuman, in entscheidenden Situationen als Minister die französische Außenpolitik leiteten und der MRP zum Träger einer europäischen Integrationspolitik wurde, durch die auch noch die heutige politische Wirklichkeit Frankreichs bestimmt ist; dies, obwohl de Gaulle, darin bekämpft vom MRP, alle Anstrengungen machte, die europäischen Bindungen zugunsten der nationalen französischen Unabhängigkeit zurückzudrängen. Auch im MRP wurden die Katholiken zu einer Hauptstütze der Integration des westlichen Europa.

Die unmittelbare Nachkriegspolitik des MRP war geprägt durch die Erfahrung des Krieges und der Résistance. Die Partei stimmte mit de Gaulle darin überein, Frankreich eine möglichst starke, unabhängige Stellung zu geben. Dementsprechend sollte Deutschland weitestgehend geschwächt werden, damit es niemals mehr in die Lage komme, eine einheitliche souveräne Politik zu treiben und dadurch seinen Nachbarn gefährlich zu werden. Erst als das Weltmachtstreben Frankreichs seine Kräfte weit überstieg und als der Kalte Krieg eine zunehmende Polarisierung zur Sowjetunion brachte, verlor der Gegensatz zu Deutschland an Schärfe und machte einer wachsenden Bereitschaft zur europäischen Zusammenarbeit Platz, in die auch Deutschland miteinbezogen werden sollte.

Schuman war es, der 1950 den Vorschlag zu einer französisch-deutschen Kohle- und Stahlgemeinschaft machte, um durch diese Gemeinschaft ein neues, gefährliches Wiederaufleben des deutsch-französischen Gegensatzes zu verhindern. Für die europäische Verteidigungsgemeinschaft setzten sich der MRP und seine führenden Politiker ebenfalls ein, obwohl dem einen oder anderen die Wiederaufrüstung Deutschlands eher als eine unumgängliche Notwendigkeit denn als Beginn einer begrüßenswerten Partnerschaft erschien. Seit 1950 galt die Partei mit Recht als die am meisten europäisch gesinnte Partei, die auch nach dem Scheitern der europäischen Verteidigungsgemeinschaft an ihrem Europa-Enthusiasmus festhielt und viel dazu beitrug, ihn durch konkrete politische Vereinbarungen, wie die Begründung des Europäischen Marktes und Euratom, zu konkretisieren. Der MRP erwies sich in dieser Politik als ebenbürtiger Partner der christlich-demokratischen Parteien in Deutschland und Italien, CDU und DC, mit denen zusammen er zum erfolgreichen Vorkämpfer der europäischen Einheit wurde. Als die Partei Ende der fünfziger, Anfang der sechziger Jahre in ihre Auflösungsphase geriet, hatte sie mit der Grundlegung der französischen Europapolitik einen Anstoß gegeben, dessen Wirkung trotz aller Störungen und Modifizierungen, die inzwischen eingetreten sind, auch heute noch spürbar ist.

In der französischen Politik konnten der MRP und seine Politiker ihren Einfluß lange Jahre aus der Position der Regierungsbeteiligung geltend machen. Ein besonderes Problem stellte dabei für ihn die Aufgabe des Staates dar, das wirtschaftliche Leben zu gestalten. Auf der einen Seite war die Partei dem Gedanken der wirtschaftlichen Planung aufgeschlossen, da nur auf diese Weise die unbeschränkte Entwicklung des privatwirtschaftlichen Kapitalismus mit seinen verderblichen politischen und sozialen Folgen zu verhindern war. Andererseits fürchtete sie als Konsequenz der Planung – zumal wenn sie mit der Nationalisierung von Teilen der Wirtschaft einherging, wie es im Frankreich der unmittelbaren Nachkriegszeit geschah – ein unbezähmbares Anwachsen der Staatsmacht, verbunden mit einem Vorrang der Bürokratie und der Technokraten vor dem parlamentarischen Mitspracherecht aller Staatsbürger. So forderte und unterstützte der MRP zwar durchgreifende Maßnahmen zur Nationalisierung von Banken, Versicherungen, der Kohle-, Gas- und Elektrowirtschaft sowie zur Entwicklung von staatlichen Wirtschaftsplänen, suchte dabei aber immer auch die Beteiligung der betroffenen wirtschaftlichen Interessengruppen zu sichern. Nationalisierung und Planung waren nicht ideologisch verfochtene Zwecke an sich, sondern sie wurden in ihrer Gesamtheit als Mittel aufgefaßt, die wirtschaftliche Vorherrschaft von einzelnen und Gruppen zugunsten des Gemeinwohls und des Mitspracherechts sowie der gleichmäßigen Erfolgsbeteiligung aller zu brechen. Geplantes Wirtschaftswachstum und wirtschaftlicher Fortschritt wurden als Mittel zur Befreiung und Humanisierung des Menschen angesehen. Die Meinungen über das Ausmaß der staatlichen Eingriffe in das Wirtschaftsleben waren in der Partei unterschiedlich. Während ein Teil der führenden Persönlichkeiten des MRP diese Eingriffe möglichst klein zu halten bestrebt war, stand ihnen ein anderer Teil wohlwollend und fördernd gegenüber. Die Differenzen waren jedoch nicht so groß, daß sich daraus eine Gefährdung der Parteieinheit ergeben hätte.

Besondere Aufmerksamkeit wandte der MRP der Teilhabe der Arbeiter an dem Betrieb der Industrie zu. Sie war ihm ein Mittel, die bisher mangelhafte Integration der Arbeiter in die Gesellschaft voranzutreiben. So fand die Einführung von Betriebsräten (Comités d'entreprise), die von der provisorischen Regierung de Gaulles 1944/45 begonnen und später in verschiedenen Gesetzgebungsakten wieder aufgegriffen wurde, die Unterstützung des MRP in der öffentlichen Diskussion und im Parlament. Die christlichen Demokraten des MRP wollten die Betriebsräte auf möglichst viele Betriebe ausdehnen und sie zum Instrument einer partnerschaftlichen Gestaltung des Verhältnisses zwischen Arbeitern und Arbeitgebern machen. Daß die entsprechenden Bemühungen bis in die siebziger Jahre reichten, zeigt, wie groß die Schwierigkeiten waren, die der Initiative von seiten der Unternehmensleitungen in den Weg gelegt wurden. Die Hoffnungen im MRP, daß die Betriebsräte eine schnelle und durchschlagende Wirkung auf eine Verbesserung des sozialen Klimas bringen würden, erfüllten sich daher nicht. Vielmehr gehörten die unerfüllten Erwartungen der Arbeiter im Hinblick auf die Funktion und Wirkung der Betriebsräte noch zur Vorgeschichte der schweren inneren Unruhen von 1968.

Wegen seines hervorstechenden Anteils an der politischen Vertretung der Landbevölkerung war die Agrarpolitik für den MRP besonders wichtig. Entsprechend seiner allgemeinen politischen Ausrichtung setzte er sich hier vor allem für die Stärkung der Familienbetriebe ein. Die zunächst hauptsächlich verfolgten Ziele waren Erhöhung der Produktion und Ausweitung des Exports. Eine große Rolle spielte dementsprechend die Mechanisierung der Landwirtschaft und die Entwicklung des Vertriebs der Agrarprodukte. Obwohl die Notwendigkeit struktureller Veränderungen im Agrarsektor – sie mußten sich vor allem mit der stark unterschiedlichen Größe und Leistungsfähigkeit der Betriebe in den diversen Landesteilen auseinandersetzen – in der Partei vielfach artikuliert wurde, waren die realen Fortschritte gering. Dafür war teilweise die anfänglich einseitige Bevorzugung der bäuerlichen Familienbetriebe verantwortlich. Starke Modernisierungsimpulse empfing die Agrarpolitik des MRP und über ihn die gesamte französische Agrarpolitik durch die »Jeunesse agricole chrétienne«, die mit dem MRP aufs engste verbunden war. Die Gründung des Gemeinsamen Europäischen Marktes, zu dessen Vorbereitung die Außenpolitik des MRP einen ausschlaggebenden Beitrag leistete, schuf dann die äußeren Voraussetzungen zu einer weiteren, im ganzen erfolgreichen Agrarpolitik, die bis in die achtziger Jahre reicht.

3. Die »Democrazia Cristiana« als politische Führungskraft des republikanischen Italien

Erst die Erschütterung des faschistischen Regimes durch den Verlauf des Kriegs weckte in nennenswertem Umfang Initiativen zu einer Neukonstituierung des politischen Katholizismus in Italien. Überwiegend gingen sie von ehemaligen Repräsentanten der Volkspartei aus, die sich bis dahin aufgrund des Arrangements zwischen faschistischem Staat und Kirche jeder aktiven Opposition gegen das faschistische Regime enthalten hatten. Bedeutung hatte dann noch aufgrund des Zeitpunktes ihres Entstehens und des Inhalts ihrer bisherigen politischen Aktivität eine Gruppe, die in Mailand und in der Lombardei bestand, die sog. »Guelfische Bewegung«.[210] Sie war schon Ende der zwanziger, Anfang der dreißiger Jahre aus der Opposition gegen die Einigung zwischen faschistischem Staat und Kirche entstanden und hatte sich unter Katholiken um eine Bewußtseinsbildung gegen diese Einigung bemüht. Als sie ihren Einfluß immer weiter ausdehnte, hatte das 1933 zu ihrer Entdeckung durch die faschistische Polizei geführt. Die Führer der Bewegung, Piero Malvestiti und Giacchino Malavasi, waren von einem faschistischen Sondergericht zu mehreren Jahren Haft verurteilt worden. Das hat sie nicht daran gehindert, auch später wieder konspirativ tätig zu werden.

Seit 1942 wurden Kontakte zwischen den verschiedenen katholischen Gruppen aufgenommen, in die auch Mitglieder der »Azione cattolica«, der die kirchlichen Kräfte des Katholizismus organisatorisch zusammenfassenden katholischen Aktion, einbezogen wurden.[211] Die Zusammenarbeit der »Guelfen« mit den ehemaligen Volksparteilern bewirkte, daß sich gegen eine bloße Reaktivierung der italienischen Volkspartei Name und Idee einer neuen Partei, der »Democrazia Cristiana« (DC), durchsetzten. Diese konnten zwar auch auf eine lange Tradition zurückblicken, konnten aber schon wegen der allgemeinen Wandlung der Verhältnisse nicht allzu eng von dieser Tradition geprägt werden und boten insofern der neuen Partei mehr Entfaltungsfreiheit. Die Zustimmung der Kurie zu der neuen Parteibildung stand nicht von vornherein fest, da von ihr ein autoritäres Regime nach dem Vorbild Salazars in Portugal und Francos in Spanien bevorzugt worden wäre. Im

Verlauf der ersten zwei Jahre der Existenz der Partei gewann sie jedoch zunehmend die Unterstützung der Kurie. Erst dadurch wurde sichergestellt, daß die DC erfolgreich um die Massengefolgschaft der Katholiken werben konnte. Weiter links stehende Gruppierungen von Katholiken, wie die kommunistisch tendierende »Christliche Linke«, wurden von der Kurie eindeutig abgelehnt.

In der Gründungsgruppe der neuen DC war der Wille lebendig, die aufzubauende Partei nach Ablösung des Faschismus zum demokratischen Gravitationszentrum der politischen Neuordnung werden zu lassen. Auch dazu wäre es nicht dienlich gewesen, alte Konflikte durch eine bloße Reaktivierung der Volkspartei wieder aufleben zu lassen. Außerdem mußten die Vertreter einer jüngeren Generation eher durch eine neue Partei angesprochen werden, die mitzuprägen sie eine größere Chance hatten, selbst wenn ehemalige Führer der Volkspartei in der DC einflußreiche Positionen einnahmen.[212]

Größten Einfluß bei der Parteigründung und in einer bis zu seinem Tod im Jahr 1954 reichenden Phase übte Alcide de Gasperi aus.[213] Seine politische Erfahrung ging bis in das alte Österreich zurück. Er war gebürtiger Trentiner und hatte in Trient die italienische Irredenta, die nationale Freiheitsbewegung gegen Österreich, vertreten. Nach dem Ersten Weltkrieg hatte er schon in der Volkspartei eine führende Rolle gespielt. Während der Herrschaft des Faschismus wurde er durch eine Anstellung im Vatikan politisch und materiell gesichert. Die von de Gasperi initiierte und von anderen italienischen Regierungen immer wieder aufgegriffene und geförderte Europapolitik Italiens hat aus den lange zurückreichenden politischen Erfahrungen de Gasperis wertvolle Impulse empfangen.

Programmatisch wurde die neuentstehende Partei sowohl von der Mailänder Gruppe als auch von de Gasperi beeinflußt, wobei ein breites Meinungsspektrum berücksichtigt wurde. Meinungsvielfalt, Dezentralisierung und die Vertretung der verschiedenen wirtschaftlichen Interessen und Berufe, aber auch eine soziale Erneuerung mit einer Agrarreform und der Sozialisierung monopolistischer Betriebe fanden unter den programmatischen Forderungen ebenso Platz wie die Beteiligung der Arbeiter an Führung, Kapital und Ertrag der Betriebe. Der Aufbau einer funktionstüchtigen Demokratie und

ihre Ausgestaltung in der Realität der italienischen Nachkriegszeit war ein besonderes Ziel de Gasperis. Mit Erfolg versuchte er, für dieses Konzept auch die Kurie zu gewinnen.
Diese Zustimmung war für die DC um so wichtiger, als zunächst ihre eigenen organisatorischen Verbindungen zu der zu
aktivierenden katholischen Massengefolgschaft schwach waren und sie in dieser Hinsicht seit 1944 weitgehend auf die
Hilfe der »Azione cattolica« angewiesen war, zu der in der
Führerschaft der DC auch enge personelle Beziehungen entstanden. De Gasperi gelang es, der Partei trotz dieser Hilfestellung eine relative Selbständigkeit von der kirchlichen Hierarchie zu sichern.

Die neugegründete DC wurde in der Zeit der Lösung von
dem ehemaligen deutschen Bündnispartner und der Befreiung
von dessen Besatzung Mitglied des nationalen Befreiungsko-
mitees und reihte sich damit in die Bewegung des Widerstandes ein, die sich nicht nur gegen die deutsche Besatzung, sondern auch gegen die letzten Ausläufer der faschistischen Herrschaft richtete. Sie konnte damit an dem allgemeinen Wider-
standsmythos partizipieren, auf den das Nachkriegsitalien
sein antifaschistisches, zukunftserschließendes Identitätsbe-
wußtsein stützte. Das Ausmaß ihres tatsächlichen Engage-
ments in den Widerstandskämpfen ist umstritten, zumal die
Frage, wie weit in dieser Hinsicht der im Kern nicht zu be-
streitende Vorrang linker Kräfte reichte, ein immer wieder ak-
tuelles Politikum darstellt. Die DC beteiligte sich an den verschiedenen provisorischen Regierungen der Widerstandszeit.
1945 übernahm de Gasperi außer dem Amt des Ministerpräsi-
denten das des Außenministers. Gerade de Gasperi und die
DC wurden zu entschiedenen Befürwortern einer europäischen Politik, an der auch der politische Katholizismus in
Deutschland und Frankreich entscheidenden Anteil nahm.

Die Frage der Abschaffung der Monarchie, die schließlich in
einem Referendum mit 54,3% der Stimmen positiv beantwor-
tet wurde, entschärfte die DC für sich, indem sie die Abstimmung für ihre Anhänger freistellte. Sie vermied dadurch einen
Zusammenstoß verschiedener Strömungen innerhalb der Partei, die sich angesichts dieser Grundfrage der politischen
Neuordnung Italiens entgegenstanden. Nach anfänglicher
Zusammenarbeit mit Kommunisten und Sozialisten vollzog

die DC im Zuge des aufziehenden Kalten Krieges gegen starke innerparteiliche Widerstände 1947 den Bruch in der Regierungskoalition mit Kommunisten und Sozialisten. Trotzdem wurde die Kommunistische Partei bei den Verfassungsberatungen vielfach zum Bundesgenossen der DC und ermöglichte auch die Übernahme der Lateranverträge in die Verfassung. De Gasperi führte die Partei zu einer zentristischen Politik, die die DC in den Mittelpunkt des italienischen Parteienspektrums stellte und damit dem prononcierten Reformwillen des linken Parteiflügels implizit eine Absage erteilte. In den ersten Wahlen nach der Beratung und Verabschiedung der neuen Verfassung gelang der DC, nachdem sie schon in den Wahlen zur verfassunggebenden Versammlung mit 35,2% einen großen Stimmenanteil erzielt hatte, der große Erfolg, die absolute Mehrheit der Parlamentssitze für sich zu gewinnen.

Dieser Erfolg wurde in seiner Bedeutung dadurch relativiert, daß die DC als sozial breit angelegte Partei der kirchennahen Katholiken und eines mittleren Bürgertums seit ihrer Gründung verschiedene, oft stark unterschiedliche, ja, gegensätzliche Strömungen umfaßte, die den Regierungskurs zu beeinflussen versuchten und ihm damit vielfach die Geradlinigkeit und Konsequenz nahmen. Die verschiedenen innerparteilichen Strömungen sind ein Charakteristikum der DC bis in die Gegenwart geblieben. In ihrem vielfältigen Mit- und Gegeneinander, in dem taktische und strategische Gesichtspunkte ein mindestens ebenso großes Gewicht haben wie die Stellungnahme zu Sachfragen und in dem persönliche Klientelen eine zusätzliche Differenzierung wirksam werden lassen, besaß und besitzt die DC sowohl ein Element der inneren Lebendigkeit und Anpassungsfähigkeit als auch der Unüberschaubarkeit und Unberechenbarkeit, die ein Verständnis der Partei und ihrer Politik bis in die Gegenwart stark erschweren. Es erscheint kaum wahrscheinlich, daß es der DC ohne ihre innere Untergliederung in verschiedene Strömungen gelungen wäre, eine solche Fülle von gewichtigen innen- und außenpolitischen Problemen und Schwierigkeiten anzugehen und teilweise zu lösen. Dies wurde möglich, da sie immer neue Aktions- und Kompromißformeln und auch Führungspersönlichkeiten anzubieten hatte. Wenn man bedenkt, daß die zeitweilig sechs oder acht verschiedenen Parteiströmungen in unterschiedlichem Maße konsens- und kompromißfähig sind und daß von ihnen aus vielfältige Verbindungen auch zu den übrigen italienischen Parteien laufen, ergibt sich daraus ein Bedingungs- und Beziehungsgeflecht, das ohne detaillierte Analyse nicht zu entwirren ist und das zu immer neuen Interpretationen Anlaß gab und gibt. Nur in einigen Grundfragen sind im folgenden diese Verhältnisse aufzuzeigen, ohne die weder die innere Entwicklung noch die Politik der DC auch nur im Ansatz zu verstehen sind.

Die Bedeutung der internen Strömungen der DC und der Frage der Koalitionspartner liegt u. a. darin, daß in ihnen die verschiedenen Tendenzen der italienischen Politik und Gesellschaft zum Ausdruck kommen und die anstehenden Konflikte ausgetragen werden. Wenn man den breiten Raum, den die Zeitungen den entsprechenden Vorgängen widmen, als Kriterium nehmen darf, vollziehen sich die innenpolitischen Positionskämpfe unter ähnlich großer Teilnahme der Öffentlichkeit wie die verhältnismäßig häufig aufeinanderfolgenden Koalitionsverhandlungen. Italien hatte von 1946 bis Ende 1985 43 Regierungen. In den Verhandlungen zur Bildung der Regierungen fällt ein gut Teil der Grundsatzentscheidungen sowohl über die Innen- und Außenpolitik als auch über die Wirtschafts- und Sozialpolitik, ohne daß immer deutlich würde, welche Sachfragen eigentlich im Mittelpunkt stehen und wie ihre Lösung sich zur gesamten Entwicklung verhält. Die allzu vielen Verlautbarungen, Kongresse, Beratungen und Beschlüsse von Parteiorganen bringen es mit sich, daß die eigentlichen Weichenstellungen durch die Fülle der Stellungnahmen eher verdeckt als geklärt werden. Trotzdem kann eine Übersicht über die Hauptfragen der Koalitions- und Regierungsbildungen einen Eindruck von der Politik der DC vermitteln, da sie in der gesamten Nachkriegsgeschichte Italiens als stärkste Partei ausschlaggebend war für die Grundlinien der Politik.

Nach dem großen Wahlsieg von 1946 standen einander in der DC konservative, gemäßigte und reformwillige Kräfte gegenüber. De Gasperis mittlere Linie wurde hauptsächlich von den linken Anhängern Giuseppe Dosettis um die Zeitschrift *Cronache Sociali* kritisiert. Sie forderten eine Reformpolitik, die aber bei den Koalitionspartnern, die de Gasperi an seinen ver-

schiedenen aufeinander folgenden Regierungen beteiligte –
Sozialdemokraten, Republikaner, Liberale – auf mehr oder
weniger große Reserve stieß. Während der sechsten Regierung
de Gasperis 1950 kamen endlich verschiedene Reformen in der
Agrarpolitik zugunsten von Kleinbesitzern und in der Steuerpolitik zustande. Besonders wichtig war die Gründung der
»Cassa per il mezzogiorno«, durch die ein umfangreiches
wirtschaftliches Entwicklungsprogramm für Süditalien eingeleitet wurde. Bei allen Vorbehalten gegenüber Einzelmaßnah-
men ist nicht zu übersehen, daß die »Südkasse« über Jahrzehnte eine aufwendige Entwicklungspolitik für Süditalien in
die Wege leitete und damit einen ernsthaften Versuch darstellt,
dem wirtschaftlichen Ungleichgewicht zwischen Nord- und
Süditalien entgegenzuwirken.

Nachdem die Reformströmung Dosettis, wenn auch nur
zeitweilig und stark begrenzt, an Einfluß gewonnen hatte, den
sie dann aber wieder verlor, wußte De Gasperi die neu entstehende linke Reformgruppe »Iniziativa democratica« mit seiner Politik der mittleren Linie zu verbinden und dadurch zu
neutralisieren. Das bedeutete jedoch nicht, daß die Partei einen kompakten Kurs gefunden hätte.[214] Vielmehr formierte
sich auch jetzt wieder eine innerparteiliche linke Oppositions-
gruppe, die auf stärkere Durchsetzung christlich-sozialer Pro-
grammpunkte der Partei drängte. Mit anderen Splittergrup-
pen zusammen bildete sie 1952 die neue Parteirichtung »Forze
sociali«.

In der DC machte sich Ende der fünfziger, Anfang der sechziger Jahre Aldo Moro als Generalsekretär der Partei zum wirkungsvollen Befürworter des Mitte-Links-Bündnisses, das
zum Träger einer wirtschaftlichen und sozialen Reformpolitik
werden sollte. So kam es in der Auseinandersetzung zwischen
den verschiedenen ablehnenden und zustimmenden Parteiströmungen, unter denen Moro einen Ausgleich vermittelte,
1962 zur Bildung einer Regierung Amintore Fanfanis. Sie
wurde außer von der DC von Sozialdemokraten und Republikanern getragen und ließ sich durch die Sozialisten von außen
stützen. Diese Mitte-Links-Koalition blieb für mehrere Jahre
bis 1968 die tragende Regierungsformel. Dabei kam es zu
mehreren für italienische Verhältnisse außergewöhnlich lange
amtierenden Regierungen Moros, die ihn im ganzen fast fünf

Jahre im Amt beließen. Der Handlungsspielraum dieser Regierungen war aber schon von seiten der DC aufs stärkste durch Auseinandersetzungen der konkurrierenden Strömungen innerhalb der Partei eingeengt, die nur durch größtes Geschick des langjährigen Regierungschefs bei der endlich erreichten Zusammenarbeit mit den Sozialisten zu halten waren. Trotzdem wurde in dieser Phase die in den fünfziger Jahren in einem »italienischen Wirtschaftswunder« geschaffene Wirtschaftskraft für eine Reformpolitik eingesetzt, durch die das Schulwesen ausgebaut, die Alters- und Krankenversicherung auf ein neues Niveau gebracht, im Wohnungswesen Verbesserungen eingeführt und die wirtschaftliche und gesellschaftliche Lage der Arbeiterschaft verbessert wurden.

In der ersten Hälfte der siebziger Jahre wurde die Politik der DC aufs stärkste durch die Frage der zivilen Ehescheidung belastet. Gegen ihre gesetzlich erfolgte Einführung bildete sich eine starke katholische Opposition, die die Aufhebung des Gesetzes durch einen Volksentscheid betrieb. Die Frage war für die DC besonders deshalb von größter Explosivität, weil sie die langsam, aber stetig auf Kosten der kirchlich-konfessionellen Prägung vorangetriebene Politisierung und Verselbständigung der Partei gegenüber der Kirche rückgängig zu machen drohte und die Partei außerdem in Gegensatz zu einer Reihe von langjährigen politischen Verbündeten bringen mußte, auf deren Zusammenarbeit sie als seit dem Krieg ununterbrochen regierende Mehrheitspartei auch weiterhin angewiesen war. Das Scheitern des Referendums bedeutete zwar einerseits eine Niederlage für die Partei insofern, als sich ihre intransigent katholische Gefolgschaft nicht hatte durchsetzen können, andererseits wurde dadurch die Kontinuität ihrer Entwicklung gewahrt, in der auch die DC immer mehr zu einer Partei geworden war, die innerhalb einer pluralistischen Gesellschaft um politische Anerkennung und Einfluß kämpfen muß und sich nur noch in geringerem Maße auf die Integrationskraft konfessioneller Fragen und des konfessionellen Zusammenhalts stützen kann. Insofern erwies es sich für die kirchlich eng gebundenen Katholiken und ihre Protektoren an der Kurie als höchst zweifelhafte Entscheidung, die weltanschaulich berechtigte Ablehnung der Ehescheidung zum Gegenstand politischer Forderungen und einer politischen Offensive zu machen.

Die Mitte-Links-Regierungen wurden auch nach den Wahlen von 1968 fortgesetzt. In Frage gestellt wurden sie durch eine Welle von Terrorakten, die den politischen Kampf in der Öffentlichkeit ungeheuer verschärften, weil die Urheberschaft der verschiedenen, häufig ungeklärten Gewalttaten wechselseitig der Rechten oder der Linken zur Last gelegt wurde. Die Gewalttaten erweckten und bezweckten vielleicht auch den Eindruck im italienischen Bürgertum, daß nur eine straffere Regierungsführung Abhilfe schaffen könne, daß mithin ein scharfer Rechtskurs unumgänglich sei. Ein Erfolg des »Movimento Sociale Italiano« (MSI), der neofaschistischen Partei, auf Kosten der DC erweckte in der Partei Befürchtungen vor weiteren Verlusten in der Wählerschaft zugunsten des MSI. Der Abbau der Mitte-Links-Regierungen wurde durch eine Regierung Andreotti im Bündnis mit den Liberalen angesteuert. Da die Regierung im Parlament keine Mehrheit fand, folgten 1972 Neuwahlen, die den Vormarsch des MSI zugunsten der DC nicht bestätigten. Nach den Wahlen kehrte man erneut zu Mitte-Links-Regierungen zurück.

Jetzt wurde auch die Aufnahme der Kommunisten in die Regierung diskutiert, die in verschiedenen Wahlen ihren gewachsenen Einfluß bewiesen hatten und die auch von sich aus in die Regierungsbeteiligung drängten. Diese Einbeziehung der Kommunisten in den Kreis der möglichen Regierungsparteien unter Absprache insbesondere mit der DC wurde im Rückblick auf die Anfänge der Republik, an der die Kommunisten ja auch beteiligt gewesen waren, als »historischer Kompromiß« bezeichnet. Um diesen »historischen Kompromiß« kreiste jahrelang die Diskussion auch in der DC, da er in der Partei sowohl Verfechter als auch Gegner hatte. Während die einen darauf hinwiesen, daß es auf die Dauer nicht angehe, eine Partei mit der Gefolgschaft ungefähr eines Drittels der Wählerschaft wie die Kommunistische Partei Italiens in der Opposition zu halten, und daß es notwendig sei, sie an den Entscheidungen und dadurch auch an der Verantwortung zu beteiligen, fürchteten andere für die Kommunisten einen zusätzlichen Prestige- und Machtgewinn, dem die DC auch im Bündnis mit anderen kleinen Parteien auf längere Sicht kein entsprechendes Gegengewicht entgegensetzen könne. Eine

Zusammenarbeit mit den Kommunisten kam im Ansatz zustande, als eine von der DC geführte Minderheitsregierung auch von den Kommunisten toleriert wurde. 1978/79 wurde eine von der DC unter Giulio Andreotti gebildete Regierung von den Kommunisten sogar unterstützt, ohne daß jedoch damit eine dauerhafte Zusammenarbeit eingeleitet worden wäre.

Seit 1981 wurden Koalitionsregierungen, allerdings unter Ausschluß der Kommunisten, gebildet, die zum ersten Mal nicht von der DC, sondern von ihrem kleineren Koalitionspartner geführt wurden, und zwar von dem Republikaner Giovanni Spadolini. Später vermochte die sozialistische Partei ihren Einfluß zu verstärken und in der Person ihres Parteisekretärs Bettino Craxi die Führung der Regierung zu übernehmen. Das änderte jedoch nichts an der Tatsache, daß auch jetzt noch, schon aufgrund ihres zahlenmäßigen Anteils, die DC ausschlaggebenden Einfluß auf die Regierung behielt. Immerhin scheint ein schleichender Machtverlust der DC aus dem Wechsel an der Regierungsspitze unübersehbar hervorzugehen. Die starke Stellung der Kommunisten und die schließlich sich erweisende Unfähigkeit der DC – trotz starker Tendenzen zu einer solchen Lösung –, die Kommunisten in die von ihr geführten Regierungen einzubinden, dürften einen wichtigen Faktor für die Machtverlagerung darstellen, die sich in der mehrjährigen Regierungsführung Craxis als erstaunlich stabil erwiesen hat. Die Tatsache, daß der Nachfolger des Sozialisten Sandro Pertini im Amt des Staatspräsidenten 1985 der Christdemokrat Francesco Cossiga wurde, deutet darauf hin, daß die augenblickliche Machtverteilung auf die Parteien der Regierungskoalition eine gewisse Stabilität erreicht hat und die Grundlage einer weiteren Verlängerung der ohnehin schon ungewöhnlich lange im Amt befindlichen Koalitionsregierung des Sozialisten Craxi zu sein verspricht.

Der politische Katholizismus wurde nach dem Zweiten Weltkrieg in Deutschland, Frankreich und Italien zu einer der entscheidenden politischen Gestaltungskräfte. In Deutschland gewann er eine bisher nicht gekannte Wirkung dadurch, daß es ihm gelang, sich zum Kristallisationspunkt einer großen christlichen Sammlungspartei zu machen, die mehr und mehr eine alle Schichten umfassende integrierende Volkspartei wurde. Die neue christliche Partei erhielt dadurch ein politisches Gewicht, wie es das Zentrum nie besessen hatte. Sie wurde zu einem Gegengewicht gegen die Sozialdemokratie, das diese auf lange Zeit an politischem Einfluß übertraf und auf die Dauer einen zumindest gleichgewichtigen Gegenspieler abgab. Die Bedeutung des politischen Katholizismus war nur durch Bündnisse mit anderen politischen Gruppen zu erringen und zu behaupten. Grundlegend für seine Bündnispolitik wurde es, daß der konfessionelle Gegensatz zu den evangelischen Christen nach der nationalsozialistischen Zeit auch auf politischem Gebiet abgebaut war und blieb und daß den neuen Bündnispartnern in der Programmatik und Personalpolitik der CDU/CSU eine wirklich gleichberechtigte Partnerschaft eröffnet wurde. Durch das politische Bündnis zwischen katholischen und evangelischen Christen wurde die Integration bürgerlich-liberaler und bürgerlich-konservativer Kreise in die neue Partei bedeutend erleichtert, so daß die CDU/CSU schon von dem sich schnell durchsetzenden Gründungskonzept her ihrer Sammlungsfunktion gerecht werden konnte.

Die Bündnispolitik stellte jedoch für den politischen Katholizismus zugleich auch den Verzicht auf eine von äußeren Rücksichten freie Gestaltung seines politischen Kurses dar. Die Entwicklung von einer anfänglich gesamtgesellschaftlichen und auf Umorientierung der gesamten Wirtschaft gerichteten Reformpolitik auf eine Marktwirtschaft mit mehr oder weniger deutlich hervortretenden Elementen sozialer Bindung entsprach zwar traditionellen sozialen Spannungen im politischen Katholizismus selber, verstärkte jedoch bedeutend seine einer Sozialreform abgeneigte liberale Komponente. Auf breiterer Grundlage als das Zentrum mußten CDU/CSU einen ähnlichen Ausgleich divergierender sozialer Strömungen in ihrem Innern leisten, wie er im politischen Katholizismus seit jeher notwendig gewesen war. Daß die Partei diesen Ausgleich nicht nur zur Zeit ihrer Regierungsführung, sondern auch in der für diese Aufgabe weit schwierigeren Situation als Oppositionspartei zustande brachte, gab ihr kontinuierlich einen hohen politischen Stellenwert. In CDU/CSU erwuchs dem politischen Katholizismus der Bundesrepublik ein Aktionsfeld, das ihm einerseits erhöhte Einflußmöglichkeiten eröffnete, andererseits aber auch erweiterte Konzessions- und

Kompromißbereitschaft und verstärkte Integrationskraft abverlangte.

In Frankreich gelang im »Mouvement Républicain Populaire« zum ersten Mal der Zusammenschluß einer Partei, die von ihren Führern, von ihrer Wählerschaft her und in ihrer Programmatik und Politik eine Partei von Katholiken war. Die Partei spielte ihren katholischen Charakter aber nach Kräften herunter, um sich als politisch-gesellschaftliche Kraft unter anderen entfalten und betätigen zu können. Insbesondere suchte die Partei jeden Anlaß zu vermeiden, daß man ihr engere Bindungen an den Klerus nachsagen konnte. Die Funktion einer dritten, eigenständigen Kraft zwischen den Links- und Rechtsparteien vermochte der MRP nur in der unmittelbaren Nachkriegszeit auszuüben. Den innergesellschaftlichen Antagonismus konnte der MRP aus seiner katholischen Prägung heraus zwar vermindern, aber nicht endgültig in einer harmonisierten Gesellschaft aufheben. Vielfach zur Regierungsarbeit bereit und herangezogen, hatte der MRP wichtigen Anteil an innen- und außenpolitischen Weichenstellungen, die teilweise bis heute fortwirken. Besonders in der Europapolitik war er ein bedeutsamer Partner der christlich-demokratischen Parteien in Deutschland und Italien. Die Partei war in ihrer Mittelposition einem schnellen politischen Abnutzungsprozeß ausgesetzt, der das Gewicht ihrer politischen Mitarbeit laufend verminderte. Mit ihrem Niedergang stellte sich der alte Zustand der Verteilung der Kräfte des französischen politischen Katholizismus auf ein breites Spektrum von Parteien wieder her, wie er bis zur Entstehung des MRP existiert hatte. Er scheint dem starken laizistischen Einschlag in der französischen Gesellschaft zu entsprechen, doch zugleich auch den französischen Katholiken innerhalb der Parteien und der verschiedenen gesellschaftlichen Gruppen eine Fülle von Aktionsmöglichkeiten zu bieten.

In Italien hat der politische Katholizismus nach dem Zweiten Weltkrieg wie in Deutschland eine neue parteipolitische Form gefunden. Die DC hat es verstanden, die italienische Politik seit Kriegsende führend zu gestalten, obwohl die Partei nur kurze Zeit über eine absolute Mehrheit im Abgeordnetenhaus verfügte. Diese Leistung wurde der Partei durch eine innere Anpassungsfähigkeit möglich, die ihr je nach der politischen

Gesamtlage die Zusammenarbeit mit verschiedenen Koalitionspartnern ermöglichte, während die Kommunisten sich nicht zum Kern einer mit ernsthaften Chancen konkurrierenden Linkskoalition zu machen vermochten. Die Anpassungsfähigkeit der DC hatte allerdings häufig die Kehrseite einer inneren Labilität, die die Partei dem Antagonismus der vielen inneren Parteiströmungen auslieferte und sich in den unüberschaubar vielen Regierungswechseln sichtbar niederschlug.

Wenn die Politik der DC auch im ganzen, entsprechend ihrer wechselnden Koalitionspolitik, starken Schwankungen unterlag, konnte sie doch der Europapolitik Frankreichs und Deutschlands wichtige Anstöße und einen zusätzlichen Rückhalt geben.

Schlußbetrachtung

Überschaut man die gesamte Entwicklung des Katholizismus im 19. und 20. Jahrhundert in den drei berücksichtigten Ländern, ist nicht zu verkennen, daß er eine erstaunliche Lebenskraft gezeigt hat, die es ihm ermöglichte, in neuen Formen und in neuer Intensität auch im Bereich von Gesellschaft und Politik tätig und wirksam zu werden. Während im Verlauf der Französischen Revolution die Weichenstellung auf eine schnelle Entmachtung und Beseitigung von Kirche und Katholizismus zu erfolgen schien, haben beide in der ersten Hälfte des 19. Jahrhunderts eine außerordentliche Regenerations- und Durchsetzungskraft entwickelt, die es ihnen erlaubt hat, ihren Einfluß auf breite Bevölkerungsmassen nicht nur zu behaupten, sondern organisatorisch und weltanschaulich zu festigen. Das Papsttum gewann dabei an Bedeutung, obwohl es sich durch moderne ideologische und politische Strömungen, wie vor allem den Liberalismus, zu einer starren Abwehrhaltung gegen die auf politische, wirtschaftliche und gesellschaftliche Modernisierung drängenden Tendenzen der Zeit herausfordern ließ; sie verband sich mit einer vorher nicht gekannten Zentralisierung von Kirchenleitung und Kirche.

Die in Frankreich von Lamennais heraufgeführte Annäherung an den Liberalismus und seine modernen politischen Aktionsformen gelang daher nur in Ansätzen und auf beschränkte Zeit. Gegenüber Napoleon III. konnte sie sich nicht behaupten. In Italien entschied die Frage der weltlichen Macht des Papstes über einen schnellen Wechsel von kurzfristiger Annäherung und langdauernder Konfrontation von politischem Katholizismus und liberaler Einigungsbewegung. Die »römische Frage« bestimmte bis zur Jahrhundertwende und in einer Grundstimmung noch weit darüber hinaus das Verhältnis zwischen politischem Katholizismus und liberalem Staat. Daß in Deutschland Katholizismus und Liberalismus den spätabsolutistischen Staat in ähnlicher Weise als Gegner sahen, brachte sie verschiedentlich in eine gewisse Nähe. Daraus entstand jedoch keine wirkliche Bundesgenossenschaft, da der Katholizismus ebenso viel Neigung zeigte, bei der Erfüllung seiner eigenen Freiheitsforderungen gegenüber dem Staatskirchensystem seinen Frieden mit dem monarchischen Staat zu machen, wie der Liberalismus die Tendenz entwickelte, staatliche Zwangsmaßnahmen gegenüber der Kirche hinzunehmen, zu unterstützen oder sogar zu forcieren. Die endgültige Konstituierung des politischen Katholizismus erfolgte in Deutschland seit Beginn des Kulturkampfs. Sie stand in erzwungener Frontstellung gegen den neugegründeten Staat, zugleich aber auch in immer tieferem Gegensatz zum kulturkämpferischen Liberalismus. Der französische Katholizismus ließ dagegen nach 1870 die Möglichkeit ungenutzt, sich als große geschlossene Bewegung zu konstituieren und dadurch seine Stellung zu festigen. Statt dessen wurde er in eine langdauernde Auseinandersetzung mit laizistischen Kräften gedrängt. Während der politische Katholizismus in Frankreich bis zum Ende des Ersten Weltkrieges weithin neutralisiert wurde und auch danach erst langsam zu einem eigenständigen Verhalten fand, spielte er in Italien und in Deutschland auf je eigene Art eine ausschlaggebende Rolle. In Italien gab er einem gemäßigt fortschrittlichen Liberalismus die Unterstützung, die ihm die Durchführung seiner Politik auch gegen starke konservative und sozialistische Gegenkräfte ermöglichte. In Deutschland übernahm der politische Katholizismus nicht zuletzt mit Rücksicht auf eigene innere Spannungen eine Ausgleichsfunktion und verhinderte eine krisenhafte Zuspitzung des schwebenden Konfliktes zwischen den monarchischen Regierungen und den sie tragenden konservativen Kräften einerseits, der politisch und gesellschaftlich nach vorn drängenden Arbeiterschaft andrerseits, das allerdings auf eine Weise, durch die das System künstlich in der Schwebe gehalten wurde. Die Machtfrage und damit die Entscheidung über die Verwirklichung der politischen, wirtschaftlichen und gesellschaftlichen Entwicklungsmöglichkeiten blieb im großen und ganzen unentschieden.

Nach dem Ersten Weltkrieg vermochte sich der politische Katholizismus Frankreichs dem herrschenden politischen System besser als zuvor einzupassen, ohne jedoch eine größere eigenständige Rolle spielen zu können. In Italien kam es zu dem kurzen Experiment der italienischen Volkspartei, das durch seine offenen politischen und gesellschaftlichen Möglichkeiten, zu deren Verwirklichung ein Bündnis mit den Sozialisten hätte verhelfen können, mit dazu beitrug, das verunsicherte Bürgertum in die Arme des Faschismus zu treiben. Die Faschisten verstanden es dann, sich der Kurie als vollwertiger und wirkungsvollerer Ersatz für den entmachteten politischen Katholizismus zu empfehlen, indem sie kirchlichen Wünschen entgegenkamen und schließlich in den Lateranverträgen im Arrangement mit dem Papsttum eine Lösung der »römischen Frage« zustande brachten.

In Deutschland trug das Zentrum zur Lebensfähigkeit der Weimarer Republik wesentlich bei, ohne daß es der Republik aber zu einer unbedingt verläßlichen Gefolgschaft hätte verhelfen können. Gegenüber dem Nationalsozialismus konnte das Zentrum sich zwar zunächst behaupten, wurde dann aber in die allgemeine Gleichschaltung um so leichter und gründlicher einbezogen, als dem Nationalsozialismus im Reichskonkordat in ähnlicher Weise wie dem italienischen Faschismus ein Arrangement mit der römischen Kurie gelang. Nachdem und soweit kirchliche und religiöse Positionen in Frage gestellt wurden, kam es dann aber in Deutschland zu einem katholischen Widerstand gegen den Nationalsozialismus.

Nach dem Zweiten Weltkrieg nahm der politische Katholizismus sowohl in Westdeutschland als auch in Italien und Frankreich einen erstaunlichen Aufschwung. In Westdeutschland gelang ihm die Integration in eine überkonfessionelle Partei, in der er seine Gestaltungskraft in engem Bündnis mit andersgerichteten politischen Kräften entfalten konnte. In Frankreich übernahm der politische Katholizismus für die wichtigen Anfangsjahre, in Italien bis heute die politische Führung. Der Grund für diesen erstaunlichen Aufschwung dürfte nicht zuletzt darin zu sehen sein, daß alle katholischen Parteien ein Konzept der politischen Mitte verfolgten und damit zum Zuge kamen, als in Europa durch den Faschismus, insbesondere durch den Nationalsozialismus, eine rechte Politik ebenso diskreditiert war wie das unmittelbar nach dem Krieg durch die expansive Aggressivität des kommunistischen Sowjet-Regimes für extreme linke Politik galt.

In der Mittelstellung lagen und liegen allgemein Gefahr und Chance eines politischen Katholizismus. Dadurch, daß er mittels seiner weltanschaulichen Integrationskraft meist heterogene gesellschaftliche und politische Kräfte verbindet oder doch die Tendenz hat, dies zu tun, neigt er von sich aus zu einer Politik des Ausgleichs sowohl nach innen als auch nach außen. Extremen Forderungen vermag er nicht oder nur widerwillig zu entsprechen, da ihn das sofort vor eine innere Zerreißprobe zu stellen droht. Einer solch gemäßigten Haltung fehlt häufig entschlossener Gestaltungswille aber auch ein Bundesgenosse zur Durchsetzung einer entsprechenden Konzeption: Zur Stagnation neigende Kompromisse liegen näher. Der politische Katholizismus hat daher die Tendenz, Forderungen von rechts oder links wenigstens teilweise entgegenzukommen, um ihnen die Spitze zu nehmen und sie in sein Ausgleichskonzept zu integrieren. Dadurch gerät er in die Gefahr, entweder von allen Seiten als unentschieden angefeindet oder von entschlosseneren politischen Kräften benutzt zu werden.

Positiv gestaltend scheint die beschriebene Mittelstellung nur anwendbar zu sein, wenn sie mit beträchtlichem Eigengewicht betrieben werden kann. Sie muß dann aktiv und erfolgreich zur pragmatischen Lösung anstehender Probleme in christlich vertiefter Verantwortung gegenüber den Menschen und ihren legitimen gesellschaftlichen und individuellen Interessen und orientiert an den Richtlinien einer konkreten situationsbezogenen Gerechtigkeit eingesetzt werden. Durch verantwortungsvolle Interessenabwägung muß die Überzeugung geweckt und erhalten werden, daß es sich bei diesen Lösungen um Elemente eines tatsächlichen, lebendigen Interessenausgleichs, der immer wieder neu aufzunehmen und weiterzuführen ist, handelt, nicht aber um die verkappte Durchsetzung von Sonderinteressen. Gerade schwachen und benachteiligten Gruppen und Individuen hat die besondere Aufmerksamkeit zu gelten, und ihnen muß die Solidarität der Gesamtgesellschaft zugeführt werden, soweit diese Gesellschaft nicht u. a. aus christlichen Impulsen eigene Initiativen des Ausgleichs und der Hilfeleistung entwickelt.

Wenn für den Anfang des 19. Jahrhunderts betont wurde, daß die Regenerierung von Katholizismus und Kirche erst das Potential für die spätere Entfaltung des politischen Katholizismus schaffen mußte, kann man angesichts der heutigen Situation die Frage nicht übergehen, wie lange der religiöse Katholizismus noch die Basis für den politischen Katholizismus zusammenzuhalten in der Lage sein wird. In Italien und in Westdeutschland war zu beobachten, daß die Parteien des politischen Katholizismus nur noch mit einer zurückgehenden weltanschaulichen Integration rechnen konnten. In Frankreich ist die politische Prägekraft des religiösen Bekenntnisses schon früher starken Schwankungen unterworfen gewesen. Die rapide fortschreitende Säkularisierung großer Bevölkerungsgruppen wird die religiöse Integrationskraft weiter vermindern, wenn sie nicht zugleich das religiöse Bewußtsein kleinerer gesellschaftlicher Gruppen so schärft, daß diese beeinflussend und gestaltend auf die anerkannt pluralistische Gesamtgesellschaft einzuwirken vermögen. Ob das der Fall sein kann, wird nicht zuletzt dort entschieden, wo an der Kirchenspitze politisch-gesellschaftliches Engagement weithin sichtbar geleistet, vernachlässigt oder verweigert wird, wo glaubhaft Überzeugungstreue realisiert oder ein neuer Integralismus beschworen wird, wo christliche Verantwortung das Verhalten nach innen und außen bestimmt oder einseitig die Erfordernisse der Institution in den Vordergrund gerückt werden.

Wie weit das religiöse Bekenntnis und seine Inspiration für das politische Handeln im Sinn eines Ausgleichs der Interessen weiterhin tatsächlich von Bedeutung sein kann und wird, bleibt abzuwarten. Zumindest als Korrektiv wird man auf religiöse Werte und christliche Tugenden in der Politik nicht verzichten wollen und können. Man wird sie in einem gewissen Maße auch einklagen dürfen, jedoch nicht so, daß der politische Katholizismus in jeder politischen Wendung und Zielsetzung an den höchsten Werten zu messen ist. Hingegen hat er sich der Auseinandersetzung mit diesen Werten immer wieder zu stellen. Der politische Katholizismus kann nicht aufgrund seiner Rückbindung an eine religiöse Weltanschauung eo ipso erhöhte Einsicht und Problemlösungsfähigkeit für sich in Anspruch nehmen, wohl aber eine erhöhte Verantwortungsbereitschaft gegenüber dem Menschen. Wie er diese Aufgabe erfüllt, wird zugleich über seine Zukunftschancen entscheiden.

Anmerkungen

1 Zum Beitrag von Kirche und Katholizismus zur modernen Welt vgl. E. W. Böckenförde, Zum Verhältnis von Kirche u. moderner Welt, in: R. Koselleck Hg., Studien zum Beginn der modernen Welt, Stuttgart 1977, 154-177.

2 Vgl. hierzu K. O. v. Aretin, Heiliges Römisches Reich 1776-1806. Reichsverfassung u. Staatssouveränität, 2 Bde, Wiesbaden 1967.

3 Vgl. zum Folgenden besonders H. Maier, Revolution u. Kirche. Studien zur Frühgeschichte der christlichen Demokratie (1789-1901), Freiburg 1965²; R. Aubert, Die katholische Kirche u. die Revolution, in: H. Jedin Hg., Handbuch der Kirchengeschichte, Bd. VI/1, Freiburg 1978, 3-104.

4 K. D. Erdmann, Volkssouveränität u. Kirche, Köln 1949, 228.

5 Vgl. R. Belvederi, Il papato di fronte alla rivoluzione e alle conseguenze del congresso di Vienna (1775-1846), Bologna 1965.

6 Vgl. dazu Aubert, 3-104.

7 Vgl. z. B. P. Wende, Die geistlichen Staaten u. ihre Auflösung im Urteil der zeitgenössischen Publizistik, Lübeck 1966.

8 Die genaue Darstellung dieser Vorgänge für Westfalen in: H. Reif, Westfälischer Adel 1770-1860, Göttingen 1979.

9 R. Morsey, Wirtschaftliche u. soziale Auswirkungen der Säkularisation in Deutschland, in: Festschrift f. K. v. Raumer, Münster 1966, 361-383, hier 374.

10 C. Dipper, Probleme einer Wirtschafts- u. Sozialgeschichte der Säkularisation in Deutschland, in: A. v. Reden-Dohna Hg., Deutschland u. Italien im Zeitalter Napoleons, Wiesbaden 1979, 123-70.

11 H. Klueting, Die Folgen der Säkularisationen. Zur Diskussion der wirtschaftlichen u. sozialen Auswirkungen der Vermögenssäkularisation in Deutschland, in: H. Berding u. H.-P. Ullmann Hg., Deutschland zwischen Revolution u. Restauration, Düsseldorf 1981, 187-207.

12 Zum Verhältnis der Katholiken zum Wirtschaftsliberalismus vgl. K. H. Grenner, Wirtschaftsliberalismus u. katholisches Denken, Köln 1967.

13 Vgl. Aubert.

14 Vgl. zum Folgenden Maier, 143 ff.; zu de Maistre siehe F. Bayle, Les idées politiques de J. de Maistre, Paris 1945; B. Reardon, Liberalism and Tradition. Aspects of Catholic Thought in Nineteenth-Century France, Cambridge 1975.

15 Zu de Bonald siehe R. Spaemann, Der Ursprung der Soziologie aus dem Geist der Restauration. Studien über L. G. A. de Bo-

nald, München 1959.

16 F. Margiotta Broglio, Das französische Konkordat u. sein Einfluß auf die Situation der katholischen Kirche in Italien zu Beginn des 19. Jahrhunderts, in: v. Reden-Dohna Hg., 105-22.

17 Vgl. zum Folgenden vor allem F. Schnabel, Deutsche Geschichte im Neunzehnten Jahrhundert, Bd. 4: Die religiösen Kräfte, Freiburg 1955³; vgl. auch R. Aubert u. R. Lill, Die katholische Kirche und die Restauration, in: H. Jedin Hg., VI/1, 105-310; E.R. Huber, Deutsche Verfassungsgeschichte, I, Stuttgart 1957, 387 ff.

18 K. Hausberger, Staat u. Kirche nach der Säkularisation. Zur bayerischen Konkordatspolitik im frühen 19. Jahrhundert, St. Ottilien 1983.

19 Zum Einfluß der Aufklärung vgl. E. Hegel, Die katholische Kirche Deutschlands unter dem Einfluß der Aufklärung des 18. Jahrhunderts, Opladen 1975.

20 Zu Adam Müller vgl. ders., Ausgewählte Abhandlungen, Hg. J. Baxa, Jena 1921.

21 Zu den religiös-gesellschaftlichen Zusammenhängen in Bayern vgl. vor allem W.K. Blessing, Staat u. Kirche in der Gesellschaft. Institutionelle Autorität u. mentaler Wandel in Bayern während des 19. Jahrhunderts, Göttingen 1982.

22 Vgl. zum Folgenden C. Bauer, Deutscher Katholizismus, Frankfurt 1964.

23 Vgl. R. Lange, Franz Joseph Ritter v. Buß u. die soziale Frage seiner Zeit, Freiburg 1955.

24 Vgl. zum Folgenden W. Lipgens, Ferdinand August Graf Spiegel u. das Verhältnis von Kirche u. Staat 1789-1835. Die Wende vom Staatskirchentum zur Kirchenfreiheit, 2 Bde., Münster 1965.

25 Zu den ideologisch-kirchenpolitischen Entwicklungen im Rheinland vgl. Ch. Weber, Aufklärung u. Orthodoxie am Mittelrhein 1820-1850, München, Paderborn, Wien 1973.

26 Vgl. dazu auch W. Frühwald, Anfänge der katholischen Bewegung. Zur Parteinahme der Romantiker im Streit zwischen Kirche u. Staat in den preußischen Westprovinzen 1819-1845, in: Rheinische Vierteljahrblätter 41. 1977, 231-48.

27 Vgl. F. Keinemann, Das Kölner Ereignis, sein Widerhall in der Rheinprovinz und in Westfalen, I, Münster 1974.

28 Vgl. dazu R. Pesch, Die kirchlich-politische Presse der Katholiken in der Rheinprovinz vor 1848, Mainz 1966. Zu äußeren Einflüssen auf die deutsche Entwicklung H. v. d. Dunk, Der deutsche Vormärz u. Belgien 1830-1848, Wiesbaden 1966; K. Holl, Die irische Frage in der Ära Daniel O'Connells und ihre

Beurteilung in der politischen Publizistik des deutschen Vormärz, Diss. Mainz 1958.

29 Vgl. dazu die Arbeit von W. Schieder, Kirche u. Revolution. Sozialgeschichtliche Aspekte der Trierer Wallfahrt von 1844, in: Archiv für Sozialgeschichte 14. 1974, 419-54; dazu R. Lill, Kirche u. Revolution. Zu den Anfängen der katholischen Bewegung im Jahrzehnt vor 1848, in: ebd. 18. 1978, 565-75.

30 Zur politischen Bedeutung der Deutschkatholischen Bewegung, die sich aus der Kritik an der Trierer Wallfahrt entwickelte, vgl. F. W. Graf, Die Politisierung des religiösen Bewußtseins. Die bürgerlichen Religionsparteien im deutschen Vormärz: Das Beispiel des Deutschkatholizismus, Stuttgart 1978.

31 Vgl. dazu C. Jantke u. D. Hilger Hg., Die Eigentumslosen, München 1965, bes. 485-510.

32 Zum Folgenden vgl. F. Eyck, Liberalismus u. Katholizismus in der Zeit des deutschen Vormärz, in: W. Schieder Hg., Liberalismus in der Gesellschaft des deutschen Vormärz, Göttingen 1983, 133-46.

33 Aubert u. Lill, Die katholische Kirche u. die Restauration; u. R. Aubert u. R. Lill, Zwischen der Revolution von 1830 u. der Krise von 1848, in: Jedin Hg., VI/1, 311-506.

34 Zum Folgenden vgl. bes. W. Gurian, Die politischen u. sozialen Ideen des französischen Katholizismus 1789-1914, M. Gladbach 1929; siehe auch J. R. Derré, Lamennais, ses amis et le mouvement des idées à l'époque romantique, 1824-1834, Paris 1962.

35 Vgl. zu diesem Problem J.-M. Mayeur, Des Partis catholiques à la Démocratie chrétienne, XIXe-XXe siècles, Paris 1980, 22 ff.

36 Zu Lamennais und Belgien vgl. K. Jürgensen, Lamennais u. die Gestaltung des Belgischen Staates, Wiesbaden 1963.

37 Zum Folgenden vgl. besonders G. Candeloro, Il movimento cattolico in Italia, Rom 1974³; G. de Rosa, Il movimento cattolico in Italia. Dalla restaurazione all'età giolittiana, Bari 1970; u. Aubert u. Lill, Zwischen der Revolution.

38 R. Lill, Historische Voraussetzungen des Dogmas vom Universalepiskopat u. von der Unfehlbarkeit des Papstes, in: Stimmen der Zeit 186. 1970, 289-304.

39 Candeloro, 43 ff.

40 Vgl. dazu R. Romeo, Problemi storico-sociali del movimento nazionale in Italia, in: Th. Schieder Hg., Sozialstruktur u. Organisation europäischer Nationalbewegungen, München 1971, 39-47.

41 De Rosa, 27.

42 Vgl. zum Folgenden besonders Candeloro. Zur restaurativen

Aktivität dieser Kreise im Bezug auf Kirche und Staat siehe auch G. Verucci, Per una storia del cattolicesimo intrasigente in Italia dal 1815 al 1848, in: Rassegna storica toscana 1958, 251-285.

43 Candeloro, 27.

44 Noch immer grundlegend F. Schnabel, Der Zusammenschluß des politischen Katholizismus in Deutschland im Jahre 1848, Heidelberg 1919. Die Zurückhaltung der rheinischen Katholiken stellt allerdings K. Repgen (Märzbewegung u. Maiwahlen des Revolutionsjahres 1848 im Rheinland, Bonn 1955) fest.

45 Zum rheinischen Katholizismus in der Wahlbewegung vgl. Repgen.

46 Zitiert bei Schnabel, Zusammenschluß, 90 f.

47 Vgl. dazu R. Lill, Die ersten deutschen Bischofskonferenzen, 1964.

48 Die Verfassungstexte bei E. R. Huber Hg., Dokumente zur deutschen Verfassungsgeschichte, I, Stuttgart 1961.

49 E. R. Huber, Deutsche Verfassungsgeschichte, III, Stuttgart 1963, 115 f.

50 Vgl. H. Hömig, Rheinische Katholiken u. Liberale in den Auseinandersetzungen um die preußische Verfassung unter besonderer Berücksichtigung der Kölner Presse, Köln 1971.

51 Aubert u. Lill, Zwischen der Revolution, 493-501.

52 Vgl. zum Folgenden Gurian; sowie Aubert u. Lill, Zwischen der Revolution, 488-503.

53 Ebd., 492 f.

54 Siehe Ch. Morel, Un journal démocrate chrétien en 1848-1849. L'ère nouvelle, in: Revue d'Histoire de l'Église de France. 1977, 25-55; u. C. Bressolette, L'abbé Maret. Le combat d'un théologien pour une démocratie chrétienne 1840-1851, 1977.

55 Gurian, 217.

56 Vgl. zum Folgenden K. Bachem, Vorgeschichte, Geschichte u. Politik der Deutschen Zentrumspartei, Bd. 2, Köln 1929/ND Aalen 1967, 75-220.

57 Der Text ebd., 216 f.

58 Die Angaben ebd., 132 f.

59 Vgl. zum Folgenden ebd., 221-359.

60 Zur badischen Entwicklung vgl. vor allem J. Becker, Liberaler Staat u. Kirche in der Ära von Reichsgründung u. Kulturkampf, Mainz 1973.

61 Vgl. zu dem angesprochenen Problemkreis L. Gall, Die partei- u. sozialgeschichtliche Problematik des badischen Kulturkampfes, in: Zeitschrift für die Geschichte des Oberrheins 113. 1965.

62 Vgl. Blessing, 132-45.

63 Vgl. zum Folgenden Gurian; R. Aubert, R. Lill u. J. Corish,

Die katholische Reaktion gegen den Liberalismus, in: Jedin Hg., VI/1, 507-796.

64 Vgl. zum Folgenden De Rosa; Aubert, Lill u. Corish.

65 Vgl. zum Folgenden Candeloro, 76 ff.

66 Zu der großen Bedeutung der Jesuiten für die Intensivierung des kirchlich-religiösen Lebens vgl. De Rosa, 59 ff.

67 Zu der piemontesischen Entwicklung vgl. A. C. Jemolo, Il partito cattolico piemontese nel 1855, in: Il Risorgimento Italiano XI. 1918/19, 1-52.

68 Zur Bedeutung Roms für die italienische Einigungsbewegung vgl. F. Chabod, Storia della politica estera italiana dal 1870 al 1896, I, Bari 1965, 215-374.

69 Vgl. dazu De Rosa, 35 ff.

70 Vgl. dazu R. Lill, Die deutschen Katholiken u. Bismarcks Reichsgründung, in: Th. Schieder u. E. Deuerlein Hg., Reichsgründung 1870/71, Stuttgart 1970, 345-65.

71 Zur Stellung Kettelers gegenüber den politischen Strömungen seiner Zeit vgl. A. M. Birke, Bischof Ketteler u. der deutsche Liberalismus, Mainz 1971.

72 Zu Jörg u. den »Historisch-politischen Blättern« vgl. K.-H. Lucas, J. E. Jörg. Konservative Publizistik zwischen Revolution u. Reichsgründung 1852-1871, Diss. Köln 1969.

73 Vgl. G. Franz, Kulturkampf. Staat u. katholische Kirche in Mitteleuropa von der Säkularisation bis zum Abschluß des preußischen Kulturkampfes, München 1954.

74 Vgl. W. Becker, Der Kulturkampf als europäisches u. als deutsches Phänomen, in: Historisches Jahrbuch 101. 1981, 422-46.

75 Zum Text des Programms und der Unterschriftenliste siehe Bachem, Vorgeschichte, III, 113 f.

76 Die Zahlen nach Huber Hg., II, 535 f; leicht abweichende Zahlen nennt R. Morsey, Der Kulturkampf, in: A. Rauscher Hg., Der soziale u. politische Katholizismus. Entwicklungslinien in Deutschland 1803-1963, I, München 1981, 76.

77 Vgl. zum Folgenden L. Gall, Bismarck. Der weiße Revolutionär, Frankfurt 1980. Zum Kulturkampf u. seiner Beilegung insgesamt: Huber, Verfassungsgeschichte, IV, Stuttgart 1969, 645 ff.

78 Vgl. zum Folgenden H. Bornkamm, Die Staatsidee im Kulturkampf, in: Historische Zeitschrift 170. 1950, 41-72 u. 273-306.

79 Die Abgeordnetenzahlen bei Huber Hg., II, 536 f.

80 Vgl. dazu R. Morsey, Der politische Katholizismus 1890-1933, in: Rauscher Hg., 124 ff.

81 Morsey, Kulturkampf, 91.

82 Von den vatikanischen Akten ausgehend verfolgt R. Lill (Die

Wende im Kulturkampf, in: Quellen u. Forschungen aus italienischen Archiven u. Bibliotheken 50. 1970, 227-82; 52. 1972, 657-729) die Verhandlungen im Spannungsfeld der Intentionen Leos XIII., Bismarcks und des Zentrums. Instruktiv für die wechselvollen Verhandlungsperioden im Spannungsfeld liberaler u. ultramontaner Einflüsse Ch. Weber, Kirchliche Politik zwischen Rom, Berlin u. Trier 1876-1888. Die Beilegung des preußischen Kulturkampfes, Mainz 1970.

83 Zur Bedeutung Windthorsts vgl. vor allem M. L. Anderson, Windthorst, Oxford 1981.

84 Eine gelungene positive Würdigung eines Vertreters des liberalen Katholizismus bringt die Einleitung zu Ch. Weber Hg., Liberaler Katholizismus. Biographische u. kirchenhistorische Essays von F. X. Kraus, Tübingen 1983.

85 Zur Entwicklung des Organisationsaufbaus des Zentrums von seinen Anfängen in den Parlamentsfraktionen her vgl. U. Mittmann, Fraktion u. Partei. Ein Vergleich von Zentrum u. Sozialdemokratie im Kaiserreich, Düsseldorf 1976.

86 Vgl. die ausführliche Einleitung zu dem Quellenband H. Lepper Hg., Sozialer Katholizismus in Aachen. Quellen zur Geschichte des Arbeitervereins zum hl. Paulus für Aachen u. Burtscheid 1869-1878 (88), Mönchengladbach 1977.

87 Zum Vorstehenden vgl. auch W. Loth, Katholiken im Kaiserreich. Der politische Katholizismus in der Krise des wilhelminischen Deutschlands, Düsseldorf 1984, 82.

88 Zu agrarischer Bewegung u. Zentrum vgl. K. Müller, Zentrum u. agrarische Bewegung im Rheinland 1882-1903, in: K. Repgen u. S. Skalweit Hg., Festschrift M. Braubach, Münster 1964, 828-57.

89 Vgl. zur Entwicklung des Zentrums im Kaiserreich besonders Loth.

90 Vgl. dazu F. Focke, Sozialismus aus christlicher Verantwortung. Die Idee eines christlichen Sozialismus in der katholischsozialen Bewegung u. in der CDU, Wuppertal 1981[2].

91 Siehe H. Heitzer, Der Volksverein für das katholische Deutschland im Kaiserreich 1890-1918, Mainz 1979, 314.

92 Die Zahlenangaben bei J. Aretz, Katholische Arbeiterbewegung u. christliche Gewerkschaften. Zur Geschichte der christlich-sozialen Bewegung, in: Rauscher Hg., II, 159-214. Eine detaillierte Darstellung der verschiedenen Organisationsformen der christlichen Arbeiterschaft vgl. bei H. D. Denk, Die christliche Arbeiterbewegung in Bayern bis zum Ersten Weltkrieg, Mainz 1980.

93 Zur Verwicklung der Presse in den Zentrumsstreit vgl. W. Kisky Bearb., Der Augustinus-Verein zur Pflege der katholischen Presse 1878-1928, Düsseldorf 1928.

94 Zum gesamten Themenkomplex R. Brach, Deutscher Episkopat
u. Gewerkschaftsstreit 1900-1914, Köln 1976.

95 Zur Bedeutung Erzbergers vgl. K. Epstein. Matthias Erzberger
u. das Dilemma der deutschen Demokratie, Berlin 1962, Th.
Eschenburg, Matthias Erzberger, München 1973.

96 Zur Konversion des Zentrums zur »nationalen Machtpolitik«
des Wilhelminischen Kaiserreichs vgl. E. Deuerlein, Bekehrung
des Zentrums zur nationalen Idee, in: Hochland 62. 1970, 432-
449.

97 Vgl. E. Heinen, Zentrumspresse u. Kriegszieldiskussion unter
besonderer Berücksichtigung der »Kölnischen Volkszeitung« u.
der »Germania«, Diss. Köln 1962.

98 Zur Ausstrahlung pazifistischer Ideen auch auf den deutschen
Katholizismus vgl. H. Lutz, Deutscher Krieg u. Weltgewissen.
F. W. Foersters politische Publizistik u. die Zensurstelle des
bayrischen Kriegsministeriums, in: Zeitschrift für bayerische
Landesgeschichte 25. 1962, 470-549.

99 Zur Geschichte des Zentrums in der Endphase des Krieges u. in
der Weimarer Republik vgl. besonders R. Morsey, Die Deutsche Zentrumspartei 1917-1923, Düsseldorf 1966.

100 Vgl. zum Folgenden besonders J. McManners, Church and
State in France 1870-1914, London 1972; J. Gadille, Das Schei-
tern der Aussöhnung der Katholiken mit der Republik in
Frankreich, in: Jedin Hg., VI/2, 1973, 100-12.

101 Gurian, 273.

102 Zu de Mun vgl. C. Molette, Albert de Mun 1872-1890, Paris
1970; R. Talmy, Albert de Mun, Paris 1964.

103 Zur umstrittenen Stellung christlich-demokratischer u. republikanischer Politik im französischen Katholizismus vgl. J.-M.
Mayeur, Un prêtre démocrate. L'Abbé Lemire 1853-1928,
o. O. 1968 u. ders., Les congrès nationaux de la Démocratie
chrétienne à Lyon 1896-1897-1898, in: Revue d'histoire moderne et contemporaine IX. 1962, 171-206, sowie M. Montuclard, Conscience religieuse et démocratie. La deuxième démocratie chrétienne en France 1891-1902, Paris 1965.

104 Vgl. dazu M. Launay, La crise du »Sillon« dans l'été 1905, in:
Revue historique XCV. 1971, 393-426 u. J. Caron, Le »Sillon«
et la démocratie chrétienne 1894-1910, Paris 1967, sowie M.
Barthélemy-Madaule, Marc Sangnier 1873-1950, Paris 1973.

105 Vgl. E. Nolte, Der Faschismus in seiner Epoche. Die Action
française, der italienische Faschismus, der Nationalsozialismus,
München 1963 u. ö.

106 M. Larkin, Church and State after the Dreyfus Affair. The Separation Issue in France, London 1974.

107 Vgl. zum Folgenden vor allem De Rosa.

108 Zu Kreisen von Katholiken mit konservativ-nationaler Tendenz vgl. O. Pellegrino Confessore, »Cattolici col Papa, liberali con lo statuto«. Ricerche sui conservatori nazionali 1863-1915, Rom 1973.

109 Zur Situation des Katholizismus unmittelbar nach der Einigung vgl. Chiesa e religiosità in Italia dopo l'unità 1861-1878, Atti del quarto convegno di Storia della chiesa 1971, Mailand 1973.

110 Die Entwicklung des Nationalgefühls der Katholiken stellt unter außenpolitischem Aspekt dar L. Ganapini, Il nazionalismo cattolico. I cattolici e la politica estera in Italia dal 1871 al 1914, Bari 1970.

111 Zum Verhältnis der intransigenten zu den liberalen Katholiken vgl. F. Catalano, Storia dei partiti politici italiani dalla fine del '700 al fascismo, Turin 1978³, 133-64.

112 Vgl. A. Gambarin, Il movimento sociale nell'Opera dei Congressi 1874-1904, Rom 1958.

113 De Rosa, 119.

114 B. Croce, Geschichte Italiens 1871-1915, Berlin 1928.

115 Zu der Lage der christdemokratischen Kräfte zwischen gemäßigten Liberalen u. der sozialistischen Bewegung vgl. M. G. Rossi, Le origini del partito cattolico. Movimento cattolico e lotta di classe nell'Italia liberale, Rom 1977.

116 Zu Murri vgl. G. Rossini Hg., Romolo Murri nella storia politica e religiosa del suo tempo, Rom 1972; M. Guasco, Romolo Murri e il modernismo, Rom 1968.

117 Zur Auseinandersetzung des italienischen Katholizismus mit Kapitalismus und Sozialismus vgl. P. Pecorari, Giuseppe Toniolo e il socialismo. Saggio sulla cultura cattolica tra '800 e '900, Bologna 1981.

118 Zur Entwicklung des Katholizismus unter dem Eindruck des Modernismuskonflikts unmittelbar nach Jahrhundertanfang vgl. P. Scoppola, Crisi modernista e rinnovamento cattolico in Italia, Bari 1961.

119 Zur weiteren Entwicklung der christlichen Demokraten vgl. C. Giovannini, Politica e religione nel pensiero della lega democratica nazionale 1905-1915, Rom 1968.

120 Zur Begegnung u. Zusammenarbeit zwischen gemäßigten Liberalen und Katholiken vgl. P. L. Ballini, Il movimento cattolico a Firenze 1900-1919, Rom 1969.

121 Zur sich entwickelnden Organisationsstruktur des Zentrums vgl. Mittmann.

122 Vgl. dazu Morsey, Zentrumspartei.

123 Vgl. dazu G. Clemens, M. Spahn u. der Rechtskatholizismus in

der Weimarer Republik, Mainz 1983.

124 Vgl. dazu G. Grünthal, Reichsschulgesetz u. Zentrumspartei in der Weimarer Republik, Düsseldorf 1968.
125 Zur BVP vgl. K. Schönhoven, Die Bayerische Volkspartei 1924-1932, Düsseldorf 1972; R. Keßler, H. Held als Parlamentarier. Eine Teilbiographie 1868-1924, Berlin 1971.
126 Vgl. J. K. Zeender, The German Catholics and the Presidential Election of 1925, in: Journal of Modern History 35. 1963, 366 ff.
127 Zu detaillierten Untersuchungen über das Wahlverhalten der Katholiken vgl. J. Schauff, Das Wahlverhalten der deutschen Katholiken im Kaiserreich u. in der Weimarer Republik (1928), Hg. R. Morsey, Mainz 1975.
128 Vgl. H. Lutz, Demokratie im Zwielicht. Der Weg der deutschen Katholiken aus dem Kaiserreich in die Republik 1914-1925, München 1963, 110 ff.
129 Vgl. A. Stegerwald, Deutsche Lebensfragen, Berlin 1921; zu den näheren Umständen der Verkündung des Essener Programms vgl. Morsey, Zentrumspartei, 360-378.
130 Zu Wirths Politik als Reichskanzler vgl. E. Laubach, Die Politik der Kabinette Wirth 1921/22, Marburg 1966.
131 B. Lowitsch, Der Kreis um die Rhein-Mainische Volkszeitung, Wiesbaden 1980.
132 Vgl. H. Blankenberg, Politischer Katholizismus in Frankfurt 1918-1933, Mainz 1981.
133 Als Beispiel K. Neundörfer, Die Problematik der deutschen Zentrumspartei, in: Zwischen Kirche u. Welt, Hg. ders. u. W. Dirks, Frankfurt 1927, 154-71.
134 Vgl. dazu Lutz, Demokratie, 91 ff.
135 Zur Politik des Zentrums in Preußen vgl. H. Hömig, Das preußische Zentrum in der Weimarer Republik, Mainz 1979.
136 Vgl. H. Brüning, Memoiren 1918-1934, Stuttgart 1970, 453 f. u. ö.
137 H. Müller Hg., Katholische Kirche u. Nationalsozialismus, München 1965, 40-42.
138 Ebd., 47.
139 K. Scholder, Die Kirchen u. das Dritte Reich, Bd. I, Vorgeschichte und Zeit der Illusionen 1918-1934, Frankfurt 1977, 168 f.
140 Zu eingehender Auseinandersetzung fordern die Darlegungen über antiparlamentarische u. antidemokratische Bewußtseinsbildung bei Katholiken der Weimarer Republik in folgender Regionalstudie heraus, da sie in offensichtlichem Kontrast zur Resistenz der Zentrums- bzw. BVP-Wählerschaft gegenüber dem

Nationalsozialismus stehen: G. Plum, Gesellschaftsstruktur u. politisches Bewußtsein in einer katholischen Region 1928-1933. Untersuchung am Beispiel des Regierungsbezirks Aachen, Stuttgart 1972.

141 Vgl. W. Dirks, Die nationalsozialistische Sozialrevolte u. die Katholiken, in: Rhein-Mainische Volkszeitung 1931, Reichsausgabe Nr. 151, 1.

142 Vgl. R. Morsey, Der Untergang des politischen Katholizismus. Die Zentrumspartei zwischen christlichem Selbstverständnis u. nationaler Erhebung 1932/33, Stuttgart 1977.

143 Scholder, 300-21.

144 Vgl. K. Repgen, Über die Entstehung der Reichskonkordats-Offerte im Frühjahr 1933 u. die Bedeutung des Reichskonkordats. Kritische Bemerkungen zu einem neuen Buch, in: Vierteljahreshefte für Zeitgeschichte 26. 1978, 499-534.

145 Müller, Katholische Kirche, 88 f.

146 Vgl. dazu Hitlers Beurteilung der Lateranverträge, zitiert bei Scholder, 488 f.

147 Zum inneren u. äußeren Machtverfall des Zentrums vgl. Morsey, Untergang, 207.

148 E. W. Böckenförde, Kirchlicher Auftrag u. politische Entscheidung, Freiburg 1973, 118 f.

149 Vgl. A. Hollerbach, Katholische Kirche u. Katholizismus vor dem Problem der Verfassungsstaatlichkeit, in: Rauscher Hg., I, 50.

150 K. Breuning, Die Vision des Reiches. Deutscher Katholizismus zwischen Demokratie u. Diktatur 1929-1934, München 1969.

151 Zum Versuch scharfer Opposition gegen den Nationalsozialismus auch über die Machtergreifung hinaus vgl. K. Gotto, Die Wochenzeitung Junge Front/Michael. Eine Studie zum katholischen Selbstverständnis u. zum Verhalten der jungen Kirche gegenüber dem Nationalsozialismus, Mainz 1970.

152 Zur regionalen Ausprägung des nationalsozialistischen Kampfes gegen den Katholizismus vgl. U. v. Hehl, Katholische Kirche u. Nationalsozialismus im Erzbistum Köln 1933-1945, Mainz 1977.

153 Vgl. dazu H. G. Hockerts, Die Sittlichkeitsprozesse gegen katholische Ordensangehörige und Priester 1936/1937. Eine Studie zur nationalsozialistischen Herrschaftstechnik u. zum Kirchenkampf, Mainz 1971.

154 R. Baumgärtner, Weltanschauungskampf im Dritten Reich. Die Auseinandersetzung der Kirchen mit A. Rosenberg, Mainz 1977.

155 Der Text der Enzyklika in D. Albrecht Hg., Der Notenwechsel

zwischen dem Heiligen Stuhl u. der deutschen Reichsregierung I. Von der Ratifizierung des Reichskonkordats bis zur Enzyklika »Mit brennender Sorge«, Mainz 1965, 404-43.

156 Vgl. die Bände: Die kirchliche Lage in Bayern nach den Regierungspräsidentenberichten 1933-1943 (= Veröffentlichungen der Kommission für Zeitgeschichte bei der katholischen Akademie in Bayern. Reihe A: Quellen; Bd. 3, 8, 14, 16, 24, 31, 32). Ein Widerstandspotential blieb lange in der katholischen Arbeiterbewegung erhalten, vgl. J. Aretz, Katholische Arbeiterbewegung u. Nationalsozialismus. Der Verband katholischer Arbeiter- u. Knappenvereine Westdeutschlands 1923-1945, Mainz 1978.

157 Zu v. Galen vgl. H. Portmann Hg., Bischof Graf v. Galen spricht! Ein apostolischer Kampf u. sein Widerhall, Freiburg 1946.

158 Zur Hemmung des katholischen Widerstands durch das Konkordat vgl. F. Muckermann, Im Kampf zwischen zwei Epochen. Lebenserinnerungen, bearb. N. Junk, Mainz 1973, 584 f.

159 Vgl. G. van Roon, Neuordnung im Widerstand. Der Kreisauer Kreis innerhalb der deutschen Widerstandsbewegung, München 1967, Dokumentenanhang.

160 Siehe dazu A. Delp, Ges. Schriften, Hg. R. Bleistein, IV: Aus dem Gefängnis, Frankfurt 1984.

161 Vgl. L.-E. Reutter, Katholische Kirche als Fluchthelfer im Dritten Reich. Die Betreuung von Auswanderern durch den St.-Raphaels-Verein, Recklinghausen, Hamburg 1971.

162 J. N. Moody u. a., Catholicism and Society in France, in: J. N. Moody Hg., Church and Society. Catholic Social and Political Thought and Movements 1789-1950, New York 1953, 169.

163 Zum Folgenden vgl. Mayeur, Des partis, 118-122, P. Blett, Die katholische Kirche Frankreichs, in: Jedin Hg., VII, 593-610.

164 Blett, 601.

165 Zu dieser Partei siehe R. Laurent, Le Parti Démocrate Populaire 1924-1944, Paris 1965; R. Rémond, Les Catholiques dans la France des années 30, 1979.

166 Siehe R. Rémond, Les catholiques, le communisme et les crises, 1929-1939, Paris 1960.

167 Vgl. dazu F. Mayeur, L'Aube (1932-1940), étude d'un journal d'opinion, 1966.

168 Vgl. zum Folgenden Moody u. a.; Blett.

169 Vgl. zum Folgenden vor allem G. de Rosa, Il Partito Popolare Italiano, Rom 1969; P. Scoppola, Dal neoguelfismo alla Democrazia Cristiana, Rom 1979³. Zu Sturzo vgl. F. Malgeri, Profilo biografico di L. Sturzo, Rom 1978; L. Sturzo nella storia d'Ita-

lia, Bd. 1 u. 2, Rom 1973, sowie L. Sturzo, I discorsi politici, Rom 1951.

170 Der Text des Programms bei P. Scoppola Hg., Dal neoguelfismo alla democrazia cristiana. Antologia di documenti, Rom 1963, 158-162.

171 Vgl. Mayeur, Des partis, 109-17.

172 Candeloro, 508.

173 Vgl. dazu K. Forster, Der deutsche Katholizismus in der Bundesrepublik Deutschland, in: Rauscher Hg., 209-64.

174 v. Roon, Neuordnung.

175 Zu Delp vgl. K.-E. Lönne, Angefochten u. ausgesetzt: Alfred Delp im Gefängnis, in: Orientierung 49, 1985, 2, 14-17.

176 Aretz, Arbeiterbewegung.

177 Vgl. die umfassenden Bibliographien U. v. Hehl u. H. Hürten Hg., Der Katholizismus in der Bundesrepublik Deutschland 1945-1980. Eine Bibliographie, Mainz 1983; G. Hahn, Bibliographie zur Geschichte der CDU u. CSU 1945-1980, Stuttgart 1982.

178 Vgl. zum Folgenden U. Schmidt, Christlich-demokratische Union Deutschlands, in: R. Stöß Hg., Parteienhandbuch. Die Parteien der Bundesrepublik Deutschland 1945-1980, Opladen 1983, 490-661.

179 Vgl. dazu H. G. Wieck, Die Entstehung der CDU u. die Wiedergründung des Zentrums im Jahre 1945, Düsseldorf 1953.

180 Zu dem gesamten Problemkreis R. Uertz, Christentum u. Sozialismus in der frühen CDU. Grundlagen u. Wirkungen der christlich-sozialen Ideen in der Union 1945-1949, Stuttgart 1981.

181 O. v. Nell-Breuning, Der Beitrag des Katholizismus zur Sozialpolitik der Nachkriegszeit, in: A. Rauscher Hg., Kirche und Staat in der Bundesrepublik 1949-1963, Paderborn 1979, 109-21.

182 Vgl. P. Haungs, Die Christlich Demokratische Union Deutschlands (CDU) u. die Christlich Soziale Union in Bayern (CSU), in: H.-J. Veen Hg., Christlich-demokratische u. konservative Parteien in Westeuropa, I, Paderborn 1983, 9-194, hier 137 ff.

183 Vgl. dazu J. Aretz, Einheitsgewerkschaft u. christlich-soziale Tradition, in: A. Langner Hg., Katholizismus, Wirtschaftsordnung u. Sozialpolitik 1945-1963, Paderborn 1980, 205-228.

184 Vgl. Wieck, Entstehung.

185 Vgl. L. Schwering, Vorgeschichte u. Entstehung der CDU, Köln 1952² u. Wieck, Entstehung, sowie Schmidt, Christlich demokratische Union, 524 f.

186 R. Morsey, Katholizismus u. Unionsparteien in der Ära Adenauer, in: A. Langner Hg., Katholizismus im politischen Sy-

        stem der Bundesrepublik 1949-1963, Paderborn 1978, 33-59.
187 Focke, Sozialismus, 204.
188 Vgl. zum Folgenden Schmidt, Christlich demokratische Union.
189 Der Text bei O. K. Flechtheim Hg., Dokumente zur parteipoli-
        tischen Entwicklung in Deutschland seit 1945, II, Berlin 1963,
        53-58.
190 Der Text ebd., 58-76.
191 Der Text ebd., 94-105, hier 94.
192 H. G. Hockerts, Sozialpolitische Entscheidungen im Nach-
        kriegsdeutschland. Alliierte u. deutsche Sozialversicherungs-
        politik 1945-1957, Stuttgart 1980.
193 Vgl. dazu W. Schönbohm, CDU. Porträt einer Partei, Mün-
        chen 1979.
194 Vgl. dazu Morsey, Katholiken.
195 Vgl. W. Dirks, Ein »anderer« Katholizismus? Minderheiten im
        deutschen Corpus catholicorum, in: N. Greinacher u. H.T.
        Risse Hg., Bilanz des deutschen Katholizismus, Mainz 1965,
        292-310; F. Klostermann, Für eine Pluralität der Katholizismen
        in der einen Kirche. Aufgezeigt am Beispiel der Politik, in: N.
        Greinacher u. F. Klostermann, Vor einem neuen politischen
        Katholizismus? Frankfurt 1978, 29-93, sowie B. Hanssler, Der
        Pluralisierungsprozeß im deutschen Katholizismus u. seine ge-
        sellschaftlichen Auswirkungen, in: Langner Hg., Katholizis-
        mus, 103-21.
196 Zum Bensberger Kreis vgl. H. Misalla, Der Bensberger Kreis.
        Ein kritisches Selbstporträt, Düsseldorf 1973.
197 Die Denkschrift in: Antisozialismus aus Tradition? Memoran-
        dum des Bensberger Kreises zum Verhältnis von Christentum
        u. Sozialismus heute, Hamburg 1976.
198 Vgl. zum Folgenden A. Mintzel, Die Christlich-soziale Union
        in Bayern e. V., in: Stöß Hg., Parteienhandbuch, 661-718.
199 Vgl. dazu insgesamt Schmidt, Christlich-demokratische
        Union, 575 ff. Zur genaueren Analyse des Wahlverhaltens der
        Katholiken vgl. K. Gotto, Die deutschen Katholiken u. die
        Wahlen in der Adenauer-Ära, in: Langner Hg., Katholizismus,
        7-32.
200 Schmidt, Christlich-demokratische Union, 583.
201 Zum Verhältnis der Konfessionen zur CDU vgl. H. Rannacher,
        Das konfessionelle Gleichgewicht als Strukturproblem der
        Christlich-Demokratischen Union Deutschlands, Diss. Tübin-
        gen 1970; K. Forster Hg., Katholik u. christliche Partei, Würz-
        burg 1965.
202 Vgl. G. Lindgens, Katholische Kirche u. moderner Pluralis-
        mus. Der neue Zugang zur Politik bei den Päpsten Johannes

XXIII. u. Paul VI. u. dem Zweiten Vatikanischen Konzil, Stuttgart 1980.

203 Vgl. D. Buchhaas, Die Volkspartei. Programmatische Entwicklung der CDU 1950-1973, Düsseldorf 1981, 152 ff.

204 Zum Problem der Wiederbewaffnung vgl. A. Doering-Manteuffel, Katholizismus u. Wiederbewaffnung. Die Haltung der deutschen Katholiken gegenüber der Wehrfrage 1948-1955, Mainz 1981, u. H. Hürten, Zur Haltung des deutschen Katholizismus gegenüber der Sicherheits- u. Bündnispolitik der Bundesrepublik Deutschland 1948-1960, in: Langner Hg., Katholizismus, 83-102, sowie zur Westintegration insgesamt G. Kraiker, Politischer Katholizismus in der BRD, Stuttgart 1972, 84-91.

205 Vgl. zum Folgenden: F. Goguel, Christian Democracy in France, in: M. Einaudi u. ders., Christian Democracy in Italy and France, Notre Dame Indiana 1952, 107-225; Mayeur, Des partis, 161-173, sowie R. E. M. Irving, Christian Democracy in France, London 1973.

206 Vgl. J. Duquesne, Les catholiques français sous l'occupation, Paris 1966.

207 Vgl. dazu F. Bazin, Itinéraire politique d'une génération catholique. Les députés MRP élus en 1945 et 1946, unveröffentl. Diss., Institut d'Etudes Politiques, 1981.

208 Zur Entwicklung der verschiedenen Gruppen, die die Erbschaft des MRP antraten, vgl. U. Kempf, Die bürgerlichen Parteien Frankreichs. Das Rassemblement pour la République, die Parti Républicain und das Centre des Démocrates Sociaux, in: Veen Hg., II, 125-314.

209 Goguel, Christian Democracy 132.

210 Siehe C. Brezzi, Movimento guelfo, in: F. Traniello u. G. Camparini Hg., Dizionario storico del movimento cattolico in Italia 1860-1980, I/2, Turin 1981, 333-35.

211 Vgl. zum Folgenden P. Scoppola, Democrazia Cristiana, in: ebd. 257-277; M. Di Lalla, Storia della Democrazia Cristiana. Bd. I u. II, Turin 1979 u. 1981, sowie G. Galli, Storia della Democrazia Cristiana, Rom 1978, ferner A. Giovannini, La Democrazia Cristiana dalla fondazione al centro-sinistra (1943-1962), Florenz 1978, u. P. Pombeni, Il gruppo dossettiano e la fondazione della democrazia italiana, Bologna 1979.

212 Zur Entstehung der Führungselite der DC vgl. R. Moro, La formazione della classe dirigente cattolica 1929-1937, Bologna 1980.

213 Zu De Gasperi und seinem Einfluß auf die DC vgl. P. Scoppola, La proposta politica di De Gasperi, Bologna 1978²; G. Baget-Bozzo, Il partito cristiano al potere. La DC di De Gasperi e di

Dossetti 1945-1954, Florenz 1974.

214 Vgl. G. Mantovani, Gli eredi di De Gasperi. Iniziativa democratica e i »giovani« al potere, Florenz 1976.

Auswahlbibliographie

1. Deutschland

Adolph, W., Geheime Aufzeichnungen aus dem nationalsozialistischen Kirchenkampf 1935-1943, Hg. U. v. Hehl, Mainz 1979

Albrecht, D. Hg., Katholische Kirche im Dritten Reich. Eine Aufsatzsammlung zum Verhältnis von Papsttum, Episkopat u. deutschen Katholiken zum Nationalsozialismus 1933-1945, Mainz 1976

Ders. Hg., Der Notenwechsel zwischen dem Heiligen Stuhl u. der Deutschen Reichsregierung I. Von der Ratifizierung des Reichskonkordats bis zur Enzyklika »Mit brennender Sorge«, Mainz 1965

Ders. u.a. Hg., Politik u. Konfession, Festschrift K. Repgen, Berlin 1983

Alexander, E., Church and Society in Germany. Social and Political Movements and Ideas in German and Austrian Catholicism 1789-1950, in: J.N. Moody Hg., Church and Society. Catholic Social and Political Thought and Movements 1789-1950, New York 1953, 325-583

Anderson, M.L., Windthorst. A Political Biography, Oxford 1981

Antisozialismus aus Tradition? Memorandum des Bensberger Kreises zum Verhältnis von Christentum und Sozialismus heute, Hamburg 1976

Aretz, J., Katholische Arbeiterbewegung u. Nationalsozialismus. Der Verband katholischer Arbeiter- u. Knappenvereine Westdeutschlands 1923-1945, Mainz 1978

Bachem, K., Vorgeschichte, Geschichte u. Politik der Deutschen Zentrumspartei, 9 Bde., Köln 1927/Aalen 1967

Barion, H., Kirche oder Partei? Römischer Katholizismus u. politische Form, in: Der Staat 4. 1965, 131-76

Bauer, C., Deutscher Katholizismus, Frankfurt a.M. 1964

Ders., Politischer Katholizismus in Württemberg bis zum Jahr 1848, Freiburg 1929

Baumgärtner, R., Weltanschauungskampf im Dritten Reich. Die Auseinandersetzung der Kirchen mit Alfred Rosenberg, Mainz 1977

Baumgartner, A., Sehnsucht nach Gemeinschaft. Idee u. Strömungen im Sozialkatholizismus der Weimarer Republik, München 1977

Becker, J., H. Brüning u. das Scheitern der konservativen Alternative in der Weimarer Republik, in: Aus Politik u. Zeitgeschichte. Beilage zur Wochenzeitung »Das Parlament«, 31. 5. 1980, 3-17

Ders., Die deutsche Zentrumspartei 1918-1933. Grundprobleme ihrer Entwicklung, in: O. Hauser Hg., Politische Parteien in Deutschland u. Frankreich 1918-1939, Wiesbaden 1969, 59-74

Ders., Liberaler Staat u. Kirche in der Ära von Reichsgründung u. Kulturkampf, Mainz 1973

Becker, W., Liberale Kulturkampf-Positionen u. politischer Katholizismus, in: O.Pflanze Hg., Innenpolitische Probleme des Bismarck-Reiches, München 1983, 47-71

Ders., Georg v. Hertling 1843-1919. I: Jugend u. Selbstfindung zwischen Romantik u. Kulturkampf, Mainz 1981

Ders., Der Kulturkampf als europäisches u. als deutsches Phänomen, in: Historisches Jahrbuch 101. 1981, 422-46

Birke, A.M., Bischof Ketteler u. der deutsche Liberalismus, Mainz 1971

Blankenberg, H., Politischer Katholizismus in Frankfurt a.M. 1918-1933, Mainz 1981

Blessing, W.K., Staat u. Kirche in der Gesellschaft. Institutionelle Autorität u. mentaler Wandel in Bayern während des 19. Jahrhunderts, Göttingen 1982

Boberach, H., Berichte des SD u. der Gestapo über Kirchen u. Kirchenvolk in Deutschland 1933-1944, Mainz 1971

Böckenförde, E.W., Zum Verhältnis von Kirche u. moderner Welt, in: R. Koselleck Hg., Studien zum Beginn der modernen Welt, Stuttgart 1977, 154-77

Ders., Kirchlicher Auftrag u. politische Entscheidung, Freiburg 1973

Ders., Die Entstehung des Staates als Vorgang der Säkularisation, in: ders., Staat, Gesellschaft, Freiheit, Frankfurt o.J., 42-64

Bornkamm, H., Die Staatsidee im Kulturkampf, in: Historische Zeitschrift 170. 1950, 41-72, 273-306

Brach, R., Deutscher Episkopat u. Gewerkschaftsstreit 1900-1914, Köln, Wien 1976

Breuning, K., Die Vision des Reiches. Deutscher Katholizismus zwischen Demokratie u. Diktatur 1929-1934, München 1969

Brüning, H., Memoiren 1918-1934, Stuttgart 1970

Buchhaas, D., Die Volkspartei. Programmatische Entwicklung der CDU 1950-1973, Düsseldorf 1981

Buchheim, K., Ultramontanismus u. Demokratie. Der Weg der deutschen Katholiken im 19. Jahrhundert, München 1963

Ders., Geschichte der christlichen Parteien in Deutschland, München 1953

Clemens, G., Martin Spahn u. der Rechtskatholizismus in der Weimarer Republik, Mainz 1983

Conway, J.S., Die nationalsozialistische Kirchenpolitik. Ihre Ziele, Widersprüche u. Fehlschläge, München 1969

Delp, A., Gesammelte Schriften, Hg. R. Bleistein, Bd. 4: Aus dem Gefängnis, Frankfurt 1984

Deuerlein, E., Bekehrung des Zentrums zur nationalen Idee, in:

Hochland 62. 1970, 432-49

Ders., CDU/CSU, Köln 1957

Eyck, F., Liberalismus u. Katholizismus in der Zeit des deutschen Vormärz, in: W. Schieder Hg., Liberalismus in der Gesellschaft des deutschen Vormärz, Göttingen 1983, 133-46

Falconi, C., Das Schweigen des Papstes, München 1966

Focke, F., Sozialismus aus christlicher Verantwortung. Die Idee eines christlichen Sozialismus in der katholisch-sozialen Bewegung u. in der CDU, Wuppertal 1981[2]

Fohrmann, U., Trierer Kulturkampfpublizistik im Bismarckreich. Leben u. Werk des Preßkaplans Georg Friedrich Dasbach, Trier 1977

Forster, K. Hg., Katholik u. christliche Partei, Würzburg 1965

Ders. Hg., Christentum u. Liberalismus, München 1960

Franz, G., Kulturkampf. Staat u. katholische Kirche in Mitteleuropa von der Säkularisation bis zum Abschluß des preußischen Kulturkampfes, München 1954

Gall, L., Die partei- u. sozialgeschichtliche Problematik des badischen Kulturkampfes, in: Zeitschrift für die Geschichte des Oberrheins 113. 1965, 151-96

Gotto, K., Die Wochenzeitung »Junge Front/Michael«. Eine Studie zum katholischen Selbstverständnis u. zum Verhalten der jungen Kirche gegenüber dem Nationalsozialismus, Mainz 1970

Graham, R.A., Il Vaticano e il nazismo, Rom 1975

Hahn, G., Bibliographie zur Geschichte der CDU u. CSU 1945-1980, Stuttgart 1982

Hanssler, B., Die Kirche in der Gesellschaft. Der deutsche Katholizismus u. seine Organisationen im 19. u. 20. Jahrhundert, Paderborn 1961

Haungs, P., Die Christlich-Demokratische Union Deutschlands (CDU) u. die Christlich-Soziale Union in Bayern (CSU), in: H.-J. Veen Hg., Christlich-demokratische u. konservative Parteien in Westeuropa, I, Paderborn 1983, 9-194

Hegel, E., Die katholische Kirche Deutschlands unter dem Einfluß der Aufklärung des 18. Jahrhunderts, Opladen 1975

v. Hehl, U. u. H. Hürten Hg., Der Katholizismus in der Bundesrepublik Deutschland 1945-1980. Eine Bibliographie, Mainz 1983

Heinen, E. Hg., Staatliche Macht u. Katholizismus in Deutschland, 2 Bde., Paderborn 1969/1979

Heitzer, H., Der Volksverein für das katholische Deutschland im Kaiserreich 1890-1918, Mainz 1979

Hockerts, H. G., Sozialpolitische Entscheidungen im Nachkriegsdeutschland. Alliierte u. deutsche Sozialversicherungspolitik 1945 bis 1957, Stuttgart 1980

Hömig, H., Das preußische Zentrum in der Weimarer Republik, Mainz 1979

Ders., Rheinische Katholiken u. Liberale in den Auseinandersetzungen um die preußische Verfassung unter besonderer Berücksichtigung der Kölner Presse, Köln 1971

Huber, E. R. u. W. Huber Hg., Staat u. Kirche im 19. u. 20. Jahrhundert, Bde. 1-3, Berlin 1973-1983

Jedin, H. Hg., Handbuch der Kirchengeschichte, Bde. VI/1. u. 2, Bd. VII, Freiburg 1978/73/79

Ders., Freiheit u. Aufstieg des deutschen Katholizismus zwischen 1848 und 1870, in: ders., Kirche des Glaubens, Kirche der Geschichte. Ausgewählte Aufsätze I, Freiburg 1966, 469-84

Kaufmann, D., Katholisches Milieu in Münster 1928-1933. Politische Aktionsformen u. geschlechtsspezifische Verhaltensräume, Düsseldorf 1984

Keßler, R., Heinrich Held als Parlamentarier. Eine Teilbiographie 1868-1924, Berlin 1971

Klostermann, F., Für eine Pluralität der Katholizismen in der einen Kirche. Aufgezeigt am Beispiel der Politik, in: N. Greinacher u. F. Klostermann, Vor einem neuen politischen Katholizismus? Frankfurt 1978, 29-93

Konrad-Adenauer-Stiftung Hg., Christliche Demokratie in Deutschland. Analysen u. Dokumente zur Geschichte u. Programmatik der Christlich-Demokratischen Union Deutschlands u. der Jungen Union Deutschlands, Melle 1978

Kringels-Kemen, M. u. L. Lemhöfer Hg., Katholische Kirche u. NS-Staat. Aus der Vergangenheit lernen?, Frankfurt a.M. 1981

Langner, A. Hg., Katholizismus, Wirtschaftsordnung u. Sozialpolitik 1945-1963, Paderborn 1980

Ders. Hg., Katholizismus im politischen System der Bundesrepublik 1949-1963, Paderborn 1978

Ders. Hg., Säkularisation u. Säkularisierung im 19. Jahrhundert, München, Paderborn 1978

Lewy, G., Die katholische Kirche u. das Dritte Reich, München 1965

Lill, R. Hg., Vatikanische Akten zur Geschichte des deutschen Kulturkampfes, Leo XIII., I: 1878-1880, Tübingen 1970

Ders., Historische Voraussetzungen des Dogmas vom Universalepiskopat u. von der Unfehlbarkeit des Papstes, in: Stimmen der Zeit 186. 1970, 289-304

Ders., Die Beilegung der Kölner Wirren 1840-1842, Düsseldorf 1962

Lindgens, G., Katholische Kirche u. moderner Pluralismus. Der neue Zugang zur Politik bei den Päpsten Johannes XXIII. u. Paul VI. u. dem Zweiten Vatikanischen Konzil, Stuttgart 1980

Loth, W., Katholiken im Kaiserreich. Der politische Katholizismus in der Krise des wilhelminischen Deutschlands, Düsseldorf 1984

Lowitsch, B., Der Kreis um die Rhein-Mainische Volkszeitung, Wiesbaden 1980

Lucas, K.-H., Joseph Edmund Jörg. Konservative Publizistik zwischen Revolution u. Reichsgründung 1852-1871, Diss. Köln 1969

Lübbe, H., Säkularisierung. Geschichte eines ideenpolitischen Begriffs, München 1965

Lutz, H., Demokratie im Zwielicht. Der Weg der deutschen Katholiken aus dem Kaiserreich in die Republik 1914-1925, München 1963

Maier, H., Kirche u. Gesellschaft, München 1972

Ders. Hg., Deutscher Katholizismus nach 1945. Kirche, Gesellschaft, Geschichte, München 1964

Mintzel, A., Die Christlich-soziale Union in Bayern e.V., in: R. Stöß Hg., Parteienhandbuch. Die Parteien der Bundesrepublik Deutschland 1945-1980, Opladen 1983, 661-718

Missala, H., Der Bensberger Kreis. Ein kritisches Selbstporträt, Düsseldorf 1973

Mittmann, U., Fraktion u. Partei. Ein Vergleich von Zentrum u. Sozialdemokratie im Kaiserreich, Düsseldorf 1976

Morsey, R., Der Untergang des politischen Katholizismus. Die Zentrumspartei zwischen christlichem Selbstverständnis u. nationaler Erhebung 1932/33, Stuttgart, Zürich 1977

Ders., Die deutsche Zentrumspartei 1917-1923, Düsseldorf 1966

Ders., Das Zentrum zwischen den Fronten, in: Der Weg in die Diktatur 1918-1933, München 1962, 95-119

Muckermann, F., Im Kampf zwischen zwei Epochen. Lebenserinnerungen. Bearb. u. eingel. v. N. Junk, Mainz 1973

Müller, H. Hg., Katholische Kirche u. Nationalsozialismus, München 1965

Müller, M., Säkularisation u. Grundbesitz. Zur Sozialgeschichte des Saar-Mosel-Raumes 1794-1813, Boppard 1980

v. Nell-Breuning, O., Sozialer u. politischer Katholizismus, in: Stimmen der Zeit 193. 1975, 147-161

Ders., Der deutsche Gewerkschaftsstreit, in: P. v. Oertzen Hg., Festschrift für O. Brenner, Frankfurt 1967, 19-32

Oberndörfer, D. u. K. Schmitt Hg., Kirche u. Demokratie, Paderborn 1983

Pesch, R., Die kirchlich-politische Presse der Katholiken in der Rheinprovinz vor 1848, Mainz 1966

Rauscher, A. Hg., Der soziale u. politische Katholizismus. Entwicklungslinien in Deutschland 1803-1963, 2 Bde., München 1981/1982

Ders. Hg., Kirche u. Staat in der Bundesrepublik 1949-1963, Paderborn 1979

Raem, H.-A., Katholische Gesellenvereine u. deutsche Kolpingsfa-

331

milie in der Ära des Nationalsozialismus, Mainz 1982

Repgen, K., Pius XI. zwischen Stalin, Mussolini u. Hitler. Zur vatikanischen Konkordatspolitik der Zwischenkriegszeit, in: Aus Politik u. Zeitgeschichte. Beilage zur Wochenzeitung »Das Parlament« 39. 1979, 3-23

Ders., Über die Entstehung der Reichskonkordats-Offerte im Frühjahr 1933 u. die Bedeutung des Reichskonkordats. Kritische Bemerkungen zu einem neuen Buch, in: Vierteljahreshefte für Zeitgeschichte 26. 1978, 499-534

Ders., Klerus und Politik 1848. Die Kölner Geistlichen im politischen Leben des Revolutionsjahres. Als Beitrag zu einer »Parteigeschichte von unten«, in: Aus Geschichte u. Landeskunde, Bonn 1960

Ders., Märzbewegung u. Maiwahlen des Revolutionsjahres 1848 im Rheinland, Bonn 1955

Reutter, L.-E., Katholische Kirche als Fluchthelfer im Dritten Reich. Die Betreuung von Auswanderern durch den St. Raphaels-Verein, Recklinghausen, Hamburg 1971

Schauff, J., Das Wahlverhalten der deutschen Katholiken im Kaiserreich u. in der Weimarer Republik (1928), Hg. R. Morsey, Mainz 1975[2]

Schmidt, U., Christlich-demokratische Union Deutschlands, in: R. Stöß Hg., Parteienhandbuch. Die Parteien der Bundesrepublik Deutschland 1945-1980, Opladen 1983, 490-661

Schnabel, F., Deutsche Geschichte im 19. Jahrhundert, Bd. 4: Die religiösen Kräfte, Freiburg 1955[3]

Ders., Der Zusammenschluß des politischen Katholizismus in Deutschland im Jahre 1848, Heidelberg 1919

Schönbohm, W., CDU. Porträt einer Partei, München, Wien 1979

Schönhoven, K., Die Bayerische Volkspartei 1924-1932, Düsseldorf 1972

Scholder, K., Die Kirchen u. das Dritte Reich, I: Vorgeschichte u. Zeit der Illusionen 1918-1934, Frankfurt 1977; II: Das Jahr der Ernüchterung 1934. Barmen u. Rom, Berlin 1985

Schwan, A., Katholische Kirche u. pluralistische Politik. Politische Implikationen des II. Vatikanischen Konzils, Tübingen 1966

Spael, W., Das katholische Deutschland im 20. Jahrhundert. Seine Pionier- u. Krisenzeit 1890-1945, Würzburg 1964

Spotts, F., Kirchen u. Politik in Deutschland, Stuttgart 1976

Stankowski, M., Linkskatholizismus nach 1945. Die Presse oppositioneller Katholiken in der Auseinandersetzung für eine demokratische u. sozialistische Gesellschaft, Köln o.J.

Stegmann, F.J., Geschichte der sozialen Ideen im deutschen Katholizismus, in: H. Grebing Hg., Geschichte der sozialen Ideen in Deutschland, München 1969, 325-560

Uertz, R., Christentum u. Sozialismus in der frühen CDU. Grundlagen u. Wirkungen der christlich-sozialen Ideen in der Union 1945-1949, Stuttgart 1981

Valerius, G., Deutscher Katholizismus u. Lamennais. Die Auseinandersetzung in der katholischen Publizistik 1817-1854, Mainz 1983

Volkmann, K.J., Die Rechtsprechung staatlicher Gerichte in Kirchensachen 1933-1945, Mainz 1978

Wachtling, O., Joseph Joos. Journalist – Arbeiterführer – Parlamentarier. Politische Biographie 1878-1933, Mainz 1974

Weber, Ch. Hg., Liberaler Katholizismus. Biographische u. kirchenhistorische Essays von F. X. Kraus, Tübingen 1983

Ders., Aufklärung u. Orthodoxie am Mittelrhein 1820-1850, München 1973

Ders., Kirchliche Politik zwischen Rom, Berlin u. Trier 1876-1888. Die Beilegung des preußischen Kulturkampfes, Mainz 1970

Weiss, O., Der Ultramontanismus. Grundlagen – Vorgeschichte – Struktur, in: Zeitschrift für bayerische Landesgeschichte 41. 1978, 821-877

Wieck, H. G., Die Entstehung der CDU u. die Wiedergründung des Zentrums im Jahre 1945, Düsseldorf 1953

Zeender, J.K., The German Center Party 1890-1906, Philadelphia 1976

Ders., The German Catholics and the Presidential Election of 1925, in: Journal of Modern History 35. 1963, 366ff

2. Frankreich

Barthélemy-Madaule, M., Marc Sangnier 1873-1950, Paris 1973

Bayle, F., Les idées politiques de Joseph de Maistre, Paris 1945

Bazin, F., Itinéraire politique d'une génération catholique. Les députés MRP élus en 1945 et 1946, unveröffentl. Diss. 1981

Bichet, R., La démocratie chrétienne en France. Le Mouvement Républicain Populaire, Besançon 1980

Brezzi, C., I partiti democratici d'Europa, Mailand 1979

Bressolette, C., L'abbé Maret. Le combat d'un théologien pour une démocratie chrétienne 1840-1851, Paris 1977

Callot, E.-F., Un parti politique de la démocratie chrétienne en France. Le Mouvement Républicain Populaire, Paris 1978

Campanini, G. u. N. Antonetti, Maritain politico, Rom 1977

Caron, J., Le Sillon et la démocratie chrétienne 1894-1910, Paris 1967

Les catholiques libéraux au XIX siècle, in: Actes du Colloque international d'histoire religieuse de Grenoble des 30 septembre – 3 octobre 1971, Grenoble 1974

Coutrot, A. u. F. Dreyfus, Les forces religieuses dans la société française, Paris 1965

Dansette, A., Histoire religieuse de la France contemporaine, Paris 1965

Ders., Destin du catholicisme français 1926-1956, Paris 1957

De Guillou, L'évolution de la pensée religieuse de Félicité Lamennais, Paris 1966

Derré, J. R., Lamennais, ses amis et le mouvement des idées à l'époque romantique, 1824-1834, Paris 1962

Duquesne, J., Les catholiques françaises sous l'occupation, Paris 1966

Duroselle, J.-B., Les débuts du catholicisme social en France 1822-1870, Paris 1951

Erdmann, K.D., Volkssouveränität u. Kirche, Köln 1949

Gadille, J. Hg., Les catholiques libéraux au XIX siècle, Grenoble 1974

Ders., Das Scheitern der Aussöhnung der Katholiken mit der Republik in Frankreich, in: H. Jedin Hg., Handbuch der Kirchengeschichte, Bd. VI/2, Freiburg 1973, 100-12

Goguel, F. u. M. Einaudi, Christian Democracy in Italy and France, Notre Dame Indiana 1952

Guiral, P., Der französische Katholizismus von 1919-1939, in: O. Hauser Hg., Politische Parteien in Deutschland u. Frankreich 1918-1939, Wiesbaden 1969

Gurian, W., Die politischen u. sozialen Ideen des französischen Katholizismus 1789-1914, M.-Gladbach 1929

Irving, R.E.M., Christian Democracy in France, London 1973

Jedin, H. Hg., Handbuch der Kirchengeschichte, Bd. VI/1. u. 2, Bd. VII, Freiburg 1978/1973/1979

Jürgensen, K., Lamennais u. die Gestaltung des belgischen Staates, Wiesbaden 1963

Kempf, U., Die bürgerlichen Parteien Frankreichs: Das Rassemblement Pour la République, die Parti Républicain u. das Centre des Démocrates Sociaux, in: H.-J. Veen Hg., Christlich-demokratische u. konservative Parteien in Westeuropa, II., Paderborn 1983, 125-314

Klingler, N., Der französische Katholizismus in der politischen Gesellschaft. Eine Untersuchung über die Bedeutung der Gruppen u. der Tendenzen innerhalb des französischen Katholizismus u. ihren Einfluß auf die französische Politik der Gegenwart, Diss. Freiburg 1967

Larkin, M., Church and State after the Dreyfus Affair. The Separation Issue in France, London 1974

Latreille, A. u. R. Remond, Histoire du catholicisme en France, 3 Bde., 1962

Launay, M., La crise du »Sillon« dans l'été 1905, in: Revue historique

XCV. 1971, 393-426

Laurent, R., Le Parti Démocrate Populaire 1924-1944, Paris 1965

Lebrun, R. A., Throne and Altar. The Political and Religious Thought of J. de Maistre, Ottawa 1965

Letamendia, P., Le MRP, Diss. Bordeaux 1975

Maier, H., Revolution u. Kirche. Studien zur Frühgeschichte der christlichen Demokratie 1789-1901, Freiburg 1965²

Maiorini, M. G., Le origini del »Mouvement Républicain Populaire«, in: Storia e politica XV. 1976, 262-307

Mayeur, F., L'Aube (1932-1940), étude d'un journal d'opinion, o.O. 1966

Mayeur, J.-M., Les congrès nationaux de la Démocratie chrétienne à Lyon, 1896-1897-1898, in: Revue d'histoire moderne et contemporaine IX. 1962, 171-206

Ders., Des Partis catholiques à la Démocratie chrétienne, XIXᵉ-XXᵉ siècles, Paris 1980

Ders., Un prêtre démocrate. L'Abbé Lemire, 1853-1928, o.O. 1968

McManners, J., Church and State in France, 1870-1914, London 1972

Molette, Ch., Albert de Mun 1872-1890, Paris 1970

Ders., L'association catholique de la jeunesse française 1886-1907. Une prise de conscience du laicat catholique, Paris 1968

Montuclard, M., Conscience religieuse et démocratie. La deuxième démocratie chrétienne en France 1891-1902, Paris 1965

Moody, J.N., Ch.A. Micuad u. P. Vignaux, Catholicism and society in France, in: J.N. Moody Hg., Church and Society. Catholic Social and Political Thought and Movements 1789-1950, New York 1953, 93-278

Morel, Ch., Un journal démocrate chrétien en 1848-1849. L'ère nouvelle, in: Revue d'Histoire de l'Église de France 1977, 25-55

Olmi, M., Alle origini del »Mouvement Républicain Populaire«: movimento o partito? in: Il Mulino XXIV, 239. 1975, 338-358

Pezet, E., Chrétiens au service de la cité. De Léon XIII au Sillon et au MRP, 1891-1965, Paris 1965

Pierrard, P., Les pauvres, l'évangile et la révolution, 1977

Platz, H., Geistige Kämpfe im modernen Frankreich, München 1922

Prelot, M., Le libéralisme catholique, 1969

Reardon, B., Liberalism and Tradition. Aspects of Catholic Thought in Nineteenth-Century France, Cambridge 1975

Rémond, R., Les Catholiques dans la France des années 30, 1979

Ders., Les catholiques, le communisme et les crises, 1929-1939, Paris 1960

Rovan, J., Le catholicisme politique en Allemagne, Paris 1956

Simon, P.-H., Les catholiques, la politique et l'argent, Paris 1936

Spaemann, R., Der Ursprung der Soziologie aus dem Geist der Restauration. Studien über L.G.A. de Bonald, München 1959

Talmy, R., Le syndicalisme chrétien en France 1871-1930. Difficultés et controverses, Paris 1966

Ders., Albert de Mun, Paris 1964

Ders., Aux sources du catholicisme social. L'école de La Tour du Pin, Tournai 1963

Vaussard, M., Histoire de la démocratie chrétienne I. France, Belgique, Italie, Paris 1956

Verucci, G., Félicité Lamennais. Dal cattolicesimo autoritario al radicalismo autoritario, Neapel 1963

Winock, M., Histoire politique de la revue »Esprit« 1930-1950, Paris 1975

3. Italien

Acerbi, A., La chiesa nel tempo. Sguardi sui progetti di relazioni tra chiesa e società civile negli ultimi cento anni, Mailand 1979

Baget-Bozzo, G., Il partito cristiano e l'apertura a sinistra. La DC di Fanfani e di Moro, 1954-1962, Florenz 1977

Ders., Il partito cristiano al potere. La DC di De Gasperi e di Dossetti 1945-1954, Florenz 1974

Ballini, P. L., Il movimento cattolico a Firenze 1900-1919, Rom 1969

Belvederi, R., Il papato di fronte alla rivoluzione e alle conseguenze del congresso di Vienna 1775-1846, Bologna 1965

Brezzi, C., Movimento Guelfo, in: Dizionario storico del movimento cattolico in Italia 1860-1980, Bd. I/2, Turin 1981, 333-335

Campanini, G., Cristianesimo e democrazia. Studi sul pensiero politico cattolico del '900, Brescia 1980

Candeloro, G., Il movimento cattolico in Italia, Rom 1974³

Catalano, F., Storia dei partiti politici italiani dalla fine del '700 al fascismo, Turin 1978³

Chabod, F., Storia della politica estera italiana dal 1870 al 1896. Bd. 1, Bari 1965

Chasseriaud, J.P., Le parti démocrate chrétien en Italie. Cahiers de la Fondation nationale des Sciences Politiques, Paris 1965

Chiellino, C., Italien, I, Geschichte, Staat u. Verwaltung, München 1981

Ders., F. Marchio u. G. Rongoni, Italien, II, Wirtschaft, Gesellschaft, Politik, Kultur, München 1983

Chiesa, azione cattolica e fascismo nell'Italia settentrionale durante il pontificato di Pio XI, 1922-1939. Atti del quinto convegno di storia della chiesa 1977, Mailand 1979

Chiesa e religiosità in Italia dopo l'Unità 1861-1878. Atti del quarto convegno di storia della chiesa 1971, Mailand 1973

De Rosa, G., Il movimento cattolico in Italia. Dalla restaurazione all'età giolittiana, Bari 1970

Ders., Il Partito Popolare Italiano, Rom 1969

Ders., La crisi dello stato liberale in Italia, Rom 1955

Di Lalla, M., Storia della Democrazia Cristiana, Bde. I u. II, Turin 1979 u. 1981

Fonzi, F., I cattolici e la società italiana dopo l'unità, Rom 1977[3]

Galli, G., Storia della Democrazia Cristiana, Rom, Bari 1978

Ders., Il bipartismo imperfetto. Comunisti e democristiani in Italia, Bologna 1966

Gambarin, A., Il movimento sociale nell' Opera dei Congressi 1874-1904, Rom 1958

Ganapini, L., Il nazionalismo cattolico. I cattolici e la politica estera in Italia dal 1871 al 1914, Bari 1970

Gariglio, B. u. E. Passerin d'Entrèves, Introduzione alla storia del movimento cattolico in Italia, Bologna 1979 (mit ausführlichen Forschungsberichten über die jüngere Forschung zum italienischen Katholizismus)

Giovannini, C., La Democrazia Cristiana dalla fondazione al centrosinistra, 1943-1962, Florenz 1978

Ders., Politica e religione nel pensiero della lega democratica nazionale 1905-1915, Rom 1968

Guasco, M., Romolo Murri e il modernismo, Rom 1968

Guzzetti, G.B., Il movimento cattolico italiano dall'unità a oggi, Neapel, Bologna 1980

Jedin, H. Hg., Handbuch der Kirchengeschichte. Bd. VI/1 u. 2 u. Bd. VII, Freiburg, 1978/1973/1979

Jemolo, A. C., Chiesa e Stato in Italia negli ultimi cento anni, Turin 1971[4]

Ders., Il partito cattolico piemontese nel 1855, in: Il Risorgimento Italiano XI. 1918/19, 1-52

Lanaro, S., Movimento cattolico e sviluppo capitalistico, Padua 1974

Lariccia, S., Stato e chiesa in Italia 1948-1980, Brescia 1981

Lill, R., Geschichte Italiens vom 16. Jahrhundert bis zu den Anfängen des Faschismus, Darmstadt 1980

Maggi, G., Giovani cattolici e questione sociale, 1867-1874, Rom 1980

Malgeri, F. Hg., Storia del movimento cattolico in Italia, I, Mailand 1980

Ders., Profilo biografico di Luigi Sturzo, Rom 1978

Mammarella, G., L'Italia dopo il fascismo, 1943-68, Bologna 1972[3]

Mantovani, G., Gli eredi di De Gasperi. Iniziativa democratica e i »giovani« al potere, Florenz 1976

Menapace, L., La Democrazia Cristiana. Natura, struttura e organizzazione, Mailand 1974

Miccoli, G., Chiesa, partito cattolico e società civile, in: V. Castronovo, Hg., L'Italia contemporanea 1945-1975, Turin 1976, 191-252 (mit zahlreichen Literaturangaben)

Moro, R., La formazione della classe dirigente cattolica, 1929-1937, Bologna 1980

Il movimento cattolico e la società italiana in cento anni di storia, Rom 1976

Mura, V., Cattolici e liberali nell'età giolittiana. Il dibattito sulla tolleranza, Bari 1976

Passerin d'Entrèves, E. u. K. Repgen Hg., Il cattolicesimo politico e sociale in Italia e Germania dal 1870 al 1914, Bologna 1977

Ders., Il cattolicesimo liberale in Europa e il movimento neoguelfo in italia, in: Nuove questioni di storia del risorgimento e dell'unità d'Italia, Mailand, 1961, 565-606

Paulat, E., Catholicisme, démocratie et socialisme. Le Mouvement catholique et Mgr. Benigni. De la naissance du socialisme à la victoire du fascisme, Paris 1977

Pecorari, P., Giuseppe Toniolo e il socialismo. Saggio sulla cultura cattolica tra '800 e '900, Bologna 1981

Pellegrino Confessore, O., »Cattolici col Papa, liberali con lo statuto«. Ricerche sui conservatori nazionali 1863-1915, Rom 1973

Pombeni, P., Il gruppo dossettiano e la fondazione della democrazia italiana, Bologna 1979

Possenti, P., Storia della Democrazia Cristiana. Dalle origini al centrosinistra, Rom 1978[2]

Rossi, E. A., Dal Partito Popolare alla Democrazia Cristiana, o. O. 1969

Rossi, M. G., Le origini del partito cattolico. Movimento cattolico e lotta di classe nell'Italia liberale, Rom 1977

Rossini, G. Hg., Romolo Murri nella storia politica e religiosa del suo tempo, Rom 1972

Ders., Il movimento cattolico nel periodo fascista, Rom 1966

Salvatorelli, L., Chiesa e stato dalla rivoluzione francese ad oggi, Florenz 1961

Scoppola, P., Democrazia Cristiana, in: F. Traniello u. G. Campanini Hg., Dizionario storico del movimento cattolico in Italia 1860-1980. Bd. I, 2, I fatti e le idee, Turin 1981, 257-277

Ders., Dal neoguelfismo alla Democrazia Cristiana, Rom 1979[3]

Ders., La proposta politica di De Gasperi, Bologna 1978[2]

Ders. u. F. Traniello Hg., I cattolici tra fascismo e democrazia, Bologna 1975

Ders., La chiesa e il fascismo. Documenti e interpretazioni, Bari 1973

Ders., Chiesa e stato nella storia d'Italia. Storia documentata dall'unità alla repubblica, Bari 1967

Ders., Crisi modernista e rinnovamento cattolico in Italia, Bari 1961

Spadolini, G., Giolitti e i cattolici 1901-1914. Con documenti inediti, Florenz 1960[2]

Ders., L'opposizione cattolica da Porta Pia al '98, Florenz 1972[6]

Luigi Sturzo nella storia d'Italia. Bd. 1 u. 2, Rom 1973

Tessitore, F., Aspetti del pensiero neoguelfo napoletano dopo il sessanta, Neapel o. J.

Traniello, F. u. G. Campanini Hg., Dizionario storico del movimento cattolico in Italia 1860-1980. Bd. I, 2, I fatti e le idee, Turin 1981 (den thematischen Artikeln sind ausführliche Zusammenstellungen der Literatur bis in die jüngste Vergangenheit beigefügt)

Vecchio, G., La democrazia cristiana in Europa 1891-1963, Mailand 1979

Verucci, G., Per una storia del cattolicesimo intransigente in Italia dal 1815 al 1848, in: Rassegna storica toscana. 1958, 251-285

Villani, P., Wirtschaftliche Folgen der Säkularisierung in Italien – eine Umwälzung im Grundbesitz? In: A. v. Reden-Dohna Hg., Deutschland u. Italien im Zeitalter Napoleons, Wiesbaden 1979, 171-89

Zunino, P. G., La questione cattolica nella sinistra italiana 1940-1945, Bologna 1977

Ders., La questione cattolica nella sinistra italiana 1919-1939, Bologna 1975

edition suhrkamp. Neue Folge

198 Franz Böni, Der Johanniterlauf
199 Ngũgĩ wa Thiong'o, Der gekreuzigte Teufel
200 Walter Benjamin, Das Passagen-Werk. Hg. v. Rolf Tiedemann. Zwei Bände
201 Jugend und Kriminalität. Hg. v. Horst Schüler-Springorum
202 Friederike Mayröcker, Magische Blätter
203 Manfred Frank, Was ist Neostrukturalismus?
204 Chie Nakane, Die Struktur der japanischen Gesellschaft
205 Marguerite Duras, Sommer 1980
206 Roland Barthes, Michelet
207 Julius Posener, Geschichte der Architektur im 20. Jahrhundert
208 Grace Paley, Veränderungen in letzter Minute
209 Kindheit in Europa. Hg. v. Heinz Hengst
210 Stanley J. Stein/Barbara H. Stein, Das koloniale Erbe Lateinamerikas
211 Naturplan und Verfallskritik. Zu Begriff und Geschichte der Kultur. Hg. v. Helmut Brackert u. Fritz Wefelmeyer
212 Arbeitslosigkeit in der Arbeitsgesellschaft. Hg. v. Wolfgang Bonß u. Rolf G. Heinze
213 Tzvetan Todorov, Die Eroberung Amerikas
214 Ziviler Ungehorsam im Rechtsstaat. Hg. v. Peter Glotz
215 Peter Weiss, Der neue Prozeß
216 Ein Jahrhundert geht zu Ende. Hg. v. Karl Dedecius
217 Luise F. Pusch, Das Deutsche als Männersprache
218 Alfred Sohn-Rethel, Soziologische Theorie der Erkenntnis
219 Randzonen. Interviews – Kurzgeschichten. Hg. von Judith Ammann
220 Claude Lévi-Strauss / Jean-Pierre Vernant u. a., Mythos ohne Illusion
221 Christiaan L. Hart Nibbrig, Der Aufstand der Sinne im Käfig des Textes
222 V-Leute – Die Falle im Rechtsstaat. Hg. v. Klaus Lüderssen
223 Tilman Moser, Eine fast normale Familie
224 Juan Goytisolo, Dissidenten
225 Alice Schwarzer, Lohn: Liebe. Zum Wert der Frauenarbeit
226 Paul Veyne, Glaubten die Griechen an ihre Mythen?
227 Thank you good night. Hg. v. Bodo Morshäuser

228 »Hauptsache, ich habe meine Arbeit«. Hg. v. Rainer Zoll
229 »Mit uns zieht die neue Zeit«. Hg. v. Thomas Koebner
230 Gregorio Condori Mamani, »Sie wollen nur, daß man ihnen dient . . .«
231 Paul Feyerabend, Wissenschaft als Kunst
232 Meret Oppenheim, Husch, husch der schönste Vokal entleert sich. Hg. v. Christiane Meyer-Thoss
233 Politik der Armut. Hg. von Stephan Leibfried u. Florian Tennstedt
234 Die Ökologie des Körpers. Hg. v. R. Erben, P. Franzkowiak, E. Wenzel
235 Die wilde Seele. Hg. von Hans Peter Duerr
236 Ignácio de Loyola Brandão, Kein Land wie dieses
237 Gerold Foidl, Scheinbare Nähe
238 Kriegsursachen. Red. Reiner Steinweg
239 Reform und Resignation. Gespräche über Franz L. Neumann. Hg. v. Rainer Erd
240 Tim Guldimann, Moral und Herrschaft in der Sowjetunion
241 Werner Abelshauser, Wirtschaftsgeschichte der Bundesrepublik Deutschland 1945–1980
242 Dirk Blasius, Geschichte der politischen Kriminalität in Deutschland 1800–1980
243 Kurt Kluxen, Geschichte und Problematik des Parlamentarismus
244 Peter Marschalck, Bevölkerungsgeschichte Deutschlands im 19. und 20. Jahrhundert
245 Wolfgang Wippermann, Europäischer Faschismus im Vergleich 1922–1982
246 Michael Geyer, Deutsche Rüstungspolitik 1860–1980
247 Volker Hentschel, Geschichte der deutschen Sozialpolitik 1880–1980
248 Detlef Lehnert, Sozialdemokratie zwischen Protestbewegung und Regierungspartei 1848–1983
249 Jürgen Reulecke, Geschichte der Urbanisierung in Deutschland
250 Peter Alter, Nationalismus
251 Margret Kraul, Das deutsche Gymnasium 1780–1980
252 Manfred Botzenhart, Reform, Restauration, Krise. Deutschland 1789–1848
253 Jens Flemming, Deutscher Konservatismus 1780–1980
254 Hans-Ulrich Wehler, Grundzüge der amerikanischen Außenpolitik 1750–1900

255 Heide Wunder, Bäuerliche Gesellschaft in Deutschland 1524–1789

256 Albert Wirz, Sklaverei und kapitalistisches Weltsystem

257 Helmut Berding, Antisemitismus in Deutschland 1870–1980

258 Konrad H. Jarausch, Deutsche Studenten 1800–1970

259 Josef Mooser, Arbeiterleben in Deutschland 1900–1970

260 Dietrich Staritz, Geschichte der DDR 1949–1984

261 Gilbert Ziebura, Weltwirtschaft und Weltpolitik 1922/24–1931

262 Ulrich Kluge, Die Deutsche Revolution 1918/1919

263 Horst Dippel, Die Amerikanische Revolution 1763–1787

264 Karl-Egon Lönne, Politischer Katholizismus

265 Volker R. Berghahn, Unternehmer und Politik in der Bundesrepublik

266 Wolfram Siemann, Die Revolution 1848/49 in Deutschland

267 Dietrich Thränhardt, Geschichte der Bundesrepublik 1949–1984

268 Peter Christian Witt, Die deutsche Inflation 1914–1924

269 Horst Möller, Deutsche Aufklärung 1740–1815

270 Gotthard Jasper, Von der Auflösung der Weimarer Republik zum NS-Regime

271 Klaus J. Bade, Europäischer Imperialismus im Vergleich

272 Dieter Grimm, Deutsche Verfassungsgeschichte 1803–1980

273 Hanna Schissler, Geschichte des preußischen Junkertums

274 Jürgen von Kruedener, Deutsche Finanzpolitik 1871–1980

275 Rüdiger vom Bruch, Deutsche Universitäten 1734–1980

276 Reinhard Sieder, Geschichte der Familie

277 Heinz-Günther Reif, Sozialgeschichte des deutschen Adels

278 Michael Mitterauer, Sozialgeschichte der Jugend

279 Hans-Christoph Schröder, Die Englische Revolution 1640–1688

280 Ernst Hinrichs, Die Französische Revolution 1789

281 Bernd Wunder, Geschichte der deutschen Bürokratie

282 Wolfgang Hardtwig, Vereinswesen in Deutschland 1780–1980

283 Hans-Peter Ullmann, Wirtschaftliche und politische Interessenverbände in Deutschland 1870–1980

284 Ute Frevert, Geschichte der deutschen Frauenbewegung

285 Hartmut Kaelble, Europäische Sozialgeschichte 1880–1980

286 Dieter Langewiesche, Deutscher Liberalismus

287 Klaus Schönhoven, Deutsche Gewerkschaften 1860–1980

288 Martin Greschat, Politischer Protestantismus

290 Octavio Paz, Zwiesprache
291 Franz Xaver Kroetz, Furcht und Hoffnung der BRD
292 Wolfgang Hildesheimer, The Jewishness of Mr. Bloom/
     Das Jüdische an Mr. Bloom. Engl./Dt.
293 György Konrád, Antipolitik
294 Alexander Kluge, Neue Geschichten
295 Reto Hänny, Ruch
296 Atomkriegsfolgen. Der Bericht des »Office of Technology
     Assessment«
297 Peter Sloterdijks »Kritik der zynischen Vernunft«
298 Die Selbstbehauptung Europas. Hg. von Willy Brandt
299 Konrad Wünsche, Der Volksschullehrer Ludwig Wittgen-
     stein
300 edition suhrkamp. Ein Lesebuch

edition suhrkamp. Neue Folge

Abelshauser, Wirtschaftsgeschichte der Bundesrepublik
Deutschland 1945–1980 241

Abish, Quer durch das große
Nichts 163

Achebe, Ein Mann des Volkes
84

Achebe, Okonkwo oder das
Alte stürzt 138

Afonin, Im Moor 96

Alter, Nationalismus 250

Alves, Neigung zum Fluß 83

Alves, Maanja 159

Ammann (Hg.), Randzonen
219

Antes, Poggibonsi 1979–1980
35

Arlati, Auf der Reise nach
Rom 53

Aron/Kempf, Der sittliche
Verfall 116

Backhaus, Marx und die marxistische Orthodoxie 43

Bade, Europäischer Imperialismus im Vergleich 271

Badura (Hg.), Soziale Unterstützung und chronische
Krankheit 63

Barthes, Leçon/Lektion 30

Barthes, Das Reich der
Zeichen 77

Barthes, Die Rauheit der
Stimme 126

Barthes, Elemente der
Semiologie 171

Barthes, Michelet 206

Bayrle, Rasterfahndung 69

Becher, Der rauschende
Garten 187

Beckett, Flötentöne 98

Beckett, Mal vu mal dit/
Schlecht gesehen schlecht
gesagt 119

Benjamin, Moskauer Tagebuch
20

Benjamin, Das Passagen-Werk
200

Berding, Antisemitismus in
Deutschland 1870–1980
257

Berghahn, Unternehmer und
Politik in der Bundesrepublik 265

Bernhard, Die Billigesser 6

Beti, Remember Ruben 145

Biesheuvel, Der Schrei aus
dem Souterrain 179

Blanchard/Koselleck/Streit,
Taktische Kernwaffen 195

Blankenburg (Hg.), Politik
der inneren Sicherheit 16

Blasius, Geschichte der politischen Kriminalität in
Deutschland 1800–1980 242

Bloch, Abschied von der
Utopie? 46

Bloch, Kampf – nicht Krieg
167

Blok, Die Mafia in einem
sizilianischen Dorf
1860–1960 82

Böhmler, Drehbuch 91

Böni, Hospiz 4

Böni, Alvier 146

Böni, Der Johanniterlauf 198

Bohrer, Plötzlichkeit. Zum
Augenblick des ästhetischen
Scheins 58

Bohrer (Hg.), Mythos und
Moderne 144

Bonß/Heinze (Hg.), Arbeitslosigkeit in der Arbeits-
gesellschaft 212

Bornhorn, America oder Der
Frühling der Dinge 25

Bornhorn, Der Film der
Wirklichkeit 154

Botzenhart, Reform, Restauration, Krise 252

Brackert/Wefelmeyer (Hg.),
Naturplan und Verfalls-
kritik 211

Brandt (Hg.), Die Selbstbehauptung Europas 298

Brasch, Engel aus Eisen 49

Braun, Berichte von Hinze
und Kunze 169

Brodsky, Der Tatbestand und
seine Hülle 114

v. Bruch, Deutsche Universitäten 1734–1980 275

Bürger (Hg.), Zum Funktions-
wandel der Literatur 157

Bürger/Bürger/Schulte-Sasse
(Hg.), Aufklärung und
literarische Öffentlichkeit 40

Bürger/Bürger/Schulte-Sasse
(Hg.), Zur Dichotomisie-
rung von hoher und
niederer Literatur 89

Bulla, Weitergehen 2

Buro/Grobe, Vietnam!
Vietnam? 197

Buselmeier, Der Untergang
von Heidelberg 57

Buselmeier, Radfahrt gegen
Ende des Winters 148

Calasso, Die geheime
Geschichte des Senats-
präsidenten Dr. Daniel
Paul Schreber 24

Carpentier, Stegreif und
Kunstgriffe 33

Casey, Racheträume 70

Chi Ha, Die gelbe Erde und
andere Gedichte 59

Condori Mamani, »Sie wollen
nur, daß man ihnen
dient . . .« 230

Cortázar, Reise um den Tag
in 80 Welten 45

Cortázar, Letzte Runde 140

Dedecius (Hg.), Ein Jahrhundert geht zu Ende 216

Der religiöse Faktor 147

Dippel, Die Amerikanische
Revolution 1763–1787 263

Ditlevsen, Sucht 9

Ditlevsen, Wilhelms Zimmer 76

Ditlevsen, Gesichter 165

Doi, Amae – Freiheit in
Geborgenheit 128

Dorst, Mosch 60

Duerr (Hg.), Versuchungen.
Aufsätze zur Philosophie
Paul Feyerabends. 1. Bd. 44

Duerr (Hg.), Versuchungen.
Aufsätze zur Philosophie
Paul Feyerabends. 2. Bd. 68

Duerr (Hg.), Die wilde Seele
235

Duras/Porte, Die Orte der
Marguerite Duras 80

Duras, Sommer 1980 205

edition suhrkamp. Ein
Lesebuch 300

Eisenbeis (Hg.), Ästhetik und
Alltag 78

Elias, Der bürgerliche Künstler in der höfischen Gesellschaft 12

Enzensberger, Die Furie des
Verschwindens 66

Erben/Franzkowiak/Wenzel
(Hg.), Die Ökologie des
Körpers 234

Erd (Hg.), Reform und Resignation. Gespräche über Franz L. Neumann 239

Esser, Gewerkschaften in der Krise 131

Esser/Fach/Väth, Krisenregulierung 176

Feyerabend, Erkenntnis für freie Menschen 11

Feyerabend, Wissenschaft als Kunst 231

Flemming, Deutscher Konservatismus 1780–1980 253

Foidl, Scheinbare Nähe 237

Frank, Der kommende Gott 142

Frank, Was ist Neostrukturalismus? 203

Frevert, Geschichte der deutschen Frauenbewegung 284

Furtado, Brasilien nach dem Wirtschaftswunder 186

Geyer, Deutsche Rüstungspolitik 1860–1980 246

Glöckler, Seitensprünge 36

Glotz (Hg.), Ziviler Ungehorsam im Rechtsstaat 214

Glück, Falschwissers Totenreden(t) 61

Goffmann, Geschlecht und Werbung 85

Good (Hg.), Von der Verantwortung des Wissens 122

Goytisolo, Dissidenten 224

Greschat, Politischer Protestantismus 288

Grimm, Deutsche Verfassungsgeschichte 1803–1980 272

Guldimann, Moral und Herrschaft in der Sowjetunion 240

Handke, Phantasien der Wiederholung 168

Hänny, Zürich, Anfang September 79

Hänny, Ruch 295

Hardtwig, Vereinswesen in Deutschland 1780–1980 282

Hart Nibbrig, Der Aufstand der Sinne im Käfig des Textes 221

Hart Nibbrig/Dällenbach (Hg.), Fragment und Totalität 107

Heider, Schülerprotest in der Bundesrepublik Deutschland 158

Heimann, Soziale Theorie des Kapitalismus. Theorie der Sozialpolitik 52

Held/Ebel, Krieg und Frieden 149

Hengst (Hg.), Kindheit in Europa 209

Hennig, Der normale Extremismus 162

Henrich, Fixpunkte der Kunst 125

Hentschel, Geschichte der deutschen Sozialpolitik 1880–1980 247

Heusler (Hg.), Afrikanische Schriftsteller heute 92

Hildesheimer, The Jewishness of Mr. Bloom/Das Jüdische an Mr. Bloom (Engl./Dt.) 292

Hinrichs, Die Französische Revolution 1789 280

Hochstätter, Kalt muß es sein schon lang 95

Hörisch, Gott, Geld und Glück 180

Hohendahl/Herminghouse (Hg.), Literatur der DDR in den siebziger Jahren 174

Jackson, Annäherung an Spanien 1898–1975 108

Jarausch, Deutsche Studenten 1800–1970 258

Jasper, Von der Auflösung der Weimarer Republik zum NS-Regime 270

Jendryschik, Die Ebene 37

Jestel (Hg.), Der Neger vom Dienst. Afrikanische Erzählungen 28

Jestel (Hg.), Das Afrika der Afrikaner. Gesellschaft und Kultur Afrikas 39

Johnson, Begleitumstände. Frankfurter Vorlesungen 19

Joyce, Ulysses 100

Joyce, Penelope. Das letzte Kapitel des »Ulysses« 106

Kaelble, Europäische Sozialgeschichte 1880–1980 285

Kahle (Hg.), Logik des Herzens. Die soziale Dimension der Gefühle 42

Kaltenmark, Lao-tzu und der Taoismus 55

Kamper/Wulf (Hg.), Die Wiederkehr des Körpers 132

Kamper/Wulf (Hg.), Das Schwinden der Sinne 188

Kenner, Ulysses 104

Kickbusch/Riedmüller (Hg.), Die armen Frauen 156

Kirchhoff, Body-Building 5

Klöpsch/Ptak (Hg.), Hoffnung auf Frühling. Moderne chinesische Erzählungen I 10

Kluge, Schlachtbeschreibung 193

Kluge, Neue Geschichten 294

Kluge, Die deutsche Revolution 1918/1919 262

Kluxen, Geschichte und Problematik des Parlamentarismus 243

Knopf (Hg.), Brecht-Journal 191

Koch, Intensivstation 173

Koebner (Hg.), »Mit uns zieht die neue Zeit« 229

Köhler u. a., Kindheit als Fiktion. Fünf Berichte 81

Kolbe, Hineingeboren. Gedichte 1975–1979 110

Kolbe, Abschiede und andere Liebesgedichte 178

Konrád, Antipolitik 293

Koppe, Grundbegriffe der Ästhetik 160

Krall, Schneller als der liebe Gott 23

Kraul, Das deutsche Gymnasium 1780–1980 251

Kris/Kurz, Die Legende vom Künstler 34

Kroetz, Nicht Fisch nicht Fleisch. Verfassungsfeinde. Jumbo-Track. Drei Stücke 94

Kroetz, Frühe Prosa/ Frühe Stücke 172

Kroetz, Furcht und Hoffnung der BRD 291

v. Kruedener, Deutsche Finanzpolitik 1871–1980 274

Kubin (Hg.), Hundert Blumen. Moderne chinesische Erzählungen II 10

Laederach, Fahles Ende kleiner Begierden 75

Laederach, In extremis 161

Langewiesche, Deutscher
Liberalismus 286

Lao She, Das Teehaus 54

Lautmann, Der Zwang zur
Tugend 189

Lee, Russisches Tagebuch
194

Lehnert, Sozialdemokratie
zwischen Protestbewegung
und Regierungspartei
1848–1983 248

Leibfried/Tennstedt (Hg.),
Politik der Armut 233

Leisegang, Lauter letzte
Worte 21

Lem, Dialoge 13

Leroi-Gourhan, Die Religio-
nen der Vorgeschichte 73

Leutenegger, Lebewohl,
Gute Reise 1

Lévi-Strauss, Mythos und
Bedeutung 27

Lévi-Strauss/Vernant u. a.,
Mythos ohne Illusion 220

Lezama Lima, Die Ausdrucks-
welten Amerikas 112

Link-Salinger (Hyman) (Hg.),
Signatur G. L.: Gustav
Landauer im »Sozialist«
113

Lönne, Politischer Katholizismus 264

Löwenthal, Mitmachen wollte
ich nie 14

de Loyola Brandao, Kein
Land wie dieses 236

Lüderssen (Hg.), V-Leute –
Die Falle im Rechtsstaat
222

Luginbühl, Die kleine explo-
sive Küche 103

Lukács, Gelebtes Denken 88

Marechera, Das Haus des
Hungers 62

Marschalck, Bevölkerungs-
geschichte Deutschlands im
19. und 20. Jahrhundert
244

Martin/Dunsing/Baus (Hg.),
Blick übers Meer 129

Marx, Enthüllungen zur
Geschichte der Diplomatie
im 18. Jahrhundert 47

de Mause, Grundlagen der
Psychohistorie 175

Mayer, Versuche über die
Oper 50

Mayröcker, Magische Blätter
202

McKeown, Die Bedeutung der
Medizin 109

Meier, Die Ohnmacht des
allmächtigen Dictators
Caesar 38

Menninghaus, Paul Celan.
Magie der Form 26

Mercier, Beckett/Beckett 120

Mitterauer, Sozialgeschichte
der Jugend 278

Möller, Deutsche Aufklärung
1740–1815 269

Mooser, Arbeiterleben in
Deutschland 1900–1970
259

Morshäuser (Hg.), Thank you
good night 227

Moser, Eine fast normale
Familie 223

Moshajew, Die Abenteuer des
Fjodor Kuskin 72

Müller-Schwefe (Hg.), Von
nun an. Neue deutsche
Erzähler 3

Muschg, Literatur als
Therapie? 65

Nakane, Die Struktur der japanischen Gesellschaft 204

Ngugi wa Thiong'o, Verborgene Schicksale 111

Ngugi wa Thiong'o, Der gekreuzigte Teufel 199

Niederland, Folgen der Verfolgung: Das Überlebenden-Syndrom. Seelenmord 15

Office of Technology Assessment, Atomkriegsfolgen 296

Oppenheim, Husch, husch der schönste Vokal entleert sich 232

Paley, Veränderungen in letzter Minute 208

Paz, Suche nach einer Mitte 8

Paz, Der menschenfreundliche Menschenfresser 64

Paz, Zwiesprache 290

Pazarkaya (Hg.), Der große Rausch. Türkische Erzähler der Gegenwart 102

Pinget, Apokryph 139

Piven/Cloward, Aufstand der Armen 184

Platschek, Porträts mit Rahmen. Aufsätze zur modernen Malerei 86

Posener, Geschichte der Architektur im 20. Jahrhundert 207

Prokop, Medien-Wirkungen 74

Pruss-Kaddatz, Wortergreifung. Zur Entstehung einer Arbeiterkultur in Frankreich 115

Pusch (Hg.), Feminismus. Inspektion der Herrenkultur 192

Pusch, Das Deutsche als Männersprache 217

Rahnema (Hg.), Im Atem des Drachen. Moderne persische Erzählungen 93

Reif, Sozialgeschichte des deutschen Adels 277

Reulecke, Geschichte der Urbanisierung in Deutschland 249

Ribeiro, Unterentwicklung, Kultur und Zivilisation 18

Ribeiro, Die Brasilianer 87

Ribeiro, Sargento Getúlio 183

Rippel (Hg.), Wie die Wahrheit zur Fabel wurde 130

Rodinson, Die Araber 51

Rubinstein, Nichts zu verlieren und dennoch Angst 22

Rutschky (Hg.), Errungenschaften. Eine Kasuistik 101

Saage, Rückkehr zum starken Staat? 133

Schissler, Geschichte des preußischen Junkertums 273

Schleef, Die Bande 127

Schönhoven, Deutsche Gewerkschaften 1860–1980 287

Schröder, Die Englische Revolution 1640–1688 279

Schüler-Springorum (Hg.), Jugend und Kriminalität 201

Schwacke, Carte blanche 164

Schwarzer, Lohn: Liebe. Zum Wert der Frauenarbeit 225

Sebeok/Umiker-Sebeok, »Du kennst meine Methode« 121

Senghaas, Von Europa lernen 134

Sieder, Geschichte der Familie 276

Siemann, Die Revolution 1848/49 in Deutschland 266

Sinclair, Der Fremde 7

Sloterdijk, Kritik der zynischen Vernunft 99

Peter Sloterdijks »Kritik der zynischen Vernunft« 297

Sohn-Rethel, Soziologische Theorie der Erkenntnis 218

Sorescu, Abendrot Nr. 15 136

Staritz, Geschichte der DDR 1949–1984 260

Stein/Stein, Das koloniale Erbe Lateinamerikas 210

Steinweg (Red.), Der gerechte Krieg: Christentum, Islam, Marxismus 17

Steinweg (Red.), Das kontrollierte Chaos. Die Krise der Abrüstung 31

Steinweg (Red.), Unsere Bundeswehr? Zum 25jährigen Bestehen einer umstrittenen Institution 56

Steinweg (Red.), Hilfe + Handel = Frieden? Die Bundesrepublik in der Dritten Welt 97

Steinweg (Red.), Faszination der Gewalt. Politische Strategie und Alltagserfahrung 141

Steinweg (Red.), Die neue Friedensbewegung 143

Steinweg (Red.), Medienmacht im Nord-Süd-Konflikt 166

Steinweg (Red.), Vom Krieg der Erwachsenen gegen die Kinder 190

Steinweg (Red.), Rüstung und soziale Sicherheit 196

Steinweg (Red.), Kriegsursachen 238

Struck, Kindheits Ende. Journal einer Krise 123

Tabori, Unterammergau oder Die guten Deutschen 118

Tendrjakow, Sechzig Kerzen 124

Thompson, Die Entstehung der englischen Arbeiterklasse 170

Thränhardt, Geschichte der Bundesrepublik 1949–1984 267

Todorov, Die Eroberung Amerikas 213

Trevisan, Ehekrieg 41

Ullmann, Wirtschaftliche und politische Interessenverbände in Deutschland 1870–1980 283

Veil, Die Wiederkehr des Bumerangs 137

Vernant, Die Entstehung des griechischen Denkens 150

Veyne, Glaubten die Griechen an ihre Mythen? 226

Vobruba, Politik mit dem Wohlfahrtsstaat 181

Vogl, Hassler 182

Voigt (Hg.), Abschied vom Recht? 185

Wagner (Hg.), Literatur und Politik in der VR China 151

Walser, Selbstbewußtsein und Ironie. Frankfurter Vorlesungen 90

Wambach (Hg.), Der Mensch als Risiko 153

Wambach/Hellerich/Reichel
(Hg.), Die Museen des
Wahnsinns und die Zukunft
der Psychiatrie 32

Wehler, Grundzüge der
amerikanischen Außen-
politik 1750–1900
254

Wehler, Preußen ist wieder
chic ... 152

Weiss, Notizbücher 1971–
1980. Zwei Bände 67

Weiss, Notizbücher 1960–
1971. Zwei Bände 135

Weiss, Der neue Prozeß 215

Winkler, Die Verschleppung
177

Wippermann, Europäischer
Faschismus im Vergleich
1922–1982 245

Wirz, Sklaverei und kapitalistisches Weltsystem 256

Witt, Die deutsche Inflation
1914–1924 268

Wollschläger liest »Ulysses«
105

Wünsche, Der Volksschul-
lehrer Ludwig Wittgenstein
299

Wunder, Geschichte der deutschen Bürokratie 281

Wunder, Bäuerliche Gesellschaft in Deutschland
1524–1789 255

Ziebura, Weltwirtschaft und
Weltpolitik 1922/24–1931
261

Zoll (Hg.), »Hauptsache, ich
habe meine Arbeit« 228

Zschorsch, Glaubt bloß nicht,
daß ich traurig bin 71

Zschorsch, Der Duft der
anderen Haut 117